南京大学人文基金项目

江苏高校优势学科项目

U0564052

南 京 大 学 青 年 历 史 学 人 书 系

SINO-BRITISH NEGOTIATIONS ON THE HONG KONG ISSUE

1945-1949

无果而终

（1945-1949）

1945-1949

战后中英香港问题交涉

孙扬 著

社会科学文献出版社

SOCIAL SCIENCES ACADEMIC PRESS (CHINA)

总　序

今日之南京大学，可以溯源到 1902 年创设的三江师范学堂（经两江师范学堂、南京高等师范学校、东南大学、第四中山大学而至国立中央大学）和 1888 年创设的汇文书院（与宏育书院、基督书院合并为金陵大学堂，后定名为金陵大学），中间历经调整和分合。"南京大学"一词，最早见于 1920 年 4 月 7 日南京高等师范学校校长郭秉文先生关于在该校校址和南洋劝业会旧址设立大学的倡议。1949 年 8 月 8 日，"国立中央大学"改名为"国立南京大学"，是"南京大学"一词首次实际用于命名一所大学。1952 年，南京大学与金陵大学（由金陵大学和金陵女子文理学院合并而来）进行组合调整，今日南京大学的基本面貌于焉确立。

从南京大学发源的第一天起，历史学科就是南京大学的重要组成部分，迄今百多年矣。论南京大学历史学系的学脉，主要承袭原中央大学的历史系、边政系和金陵大学的历史系、中国文化研究所。这一个多世纪，国家多故，历史研究相关人员之进出，机构之设废分合，岂可胜数？

白云苍狗，世事变幻。深秋时节，霜林如画，伫立石头城下，南大历史学系的历史如电影般浮现眼前。全面客观地研究总结，作为历史学科下个百年的借镜，有待巨子鸿儒如椽大笔；小子不才，只能约略总结以下数端，以为引玉之砖。

第一，扎根中国大地，弘扬中国文化。

校友赛珍珠曾以《大地》描绘了生于斯长于斯的国人形象，中国这片土壤，养育了自己的孩子，国人食毛践土，生息繁衍，又在这片土地上深深地打下自己的烙印。氤氲熏陶，国人在世界各民族中自成一脉。百年来，南大历史学人亦是如此，以中国为荣，骄傲自尊，整理国故，弘扬传统，阐扬新知，不后于人。柳诒徵先生治中国文化史，柱立南雍，壁立百仞，后学仰止；胡小石先生家学渊源，得梅庵真传，与沈曾植、王静安等耆老名宿过从甚密，打通文史，不逊前人；缪凤林先生授中国通史，通古今之变，直入先贤堂奥；朱汉章先生讲经说道，旁征博引，天花乱坠；徐养秋先生主攻汉代教育，探微入幽，新见迭出；唐君毅先生发掘中国文化之精神价值，探索道德理想主义之人文世界；贝德士先生，身为美国人，精通南京方言，与友人史迈士等结成"南京帮"，更以中国的历史与文化为研究主题获得耶鲁大学博士学位……

五四新文化冲决网罗、涤荡腐朽之时，南大历史学人不人云亦云，"昌明国粹，融化新知"，一面赓续介绍引进新文化，一面匡正新文化之偏激与不足。1922 年，梅光迪、吴宓、胡先骕、刘伯明、柳诒徵等七人，发起创办《学衡》杂志。《学衡》的供稿者，除发起人外，还有吴芳吉、刘朴、赵思伯、缪凤林、张其昀、赵万里、胡梦华、陆维钊、王国维、陈寅恪、梁启超、张荫麟、林损、景昌极、刘永济、汤用彤、钱念孙等。吴宓说："今欲造成中国之新文化，自当兼取中西文明之精华，而熔铸之，贯通之。"学衡诸人珍视人伦精神和理想人格在中国文化中的永恒价值，目为"民族文化的基石"。"以人格而升国格"，才能使中华民族"重建民族的自尊"。以史学理论而言，学衡派认为史料考据仅是历史研究初步，还得"解释史事之原因变化与结果之由来，以及与过去及未来之关系"。历史研究，范围当通天彻地，左顾右盼。他们强调史学的社会功能：明历史之因果，彰往而察来，助益社会进化；开拓国人时空观念，培育刚健笃实、勇于进取之精神，增益道德关怀；表先贤功业，培养国民爱国心。

学衡派不激不随、不偏不废的辩证立场，在全盘西化或者言必称三代的两造之间，"俨然负起中流砥柱的重任"，随着时间的推移，日益彰显其价值。

发扬民族历史，彰显传统文化的现代价值，是南大历史学人的共同心声。无独有偶，国脉微弱之际，金大学长 1930 年与哈佛燕京学社合作，组建"中国文化研究所"，"（1）研究阐明本国文化之意义，（2）培养研究本国文化之专门人才，（3）协助本校文学院发展关于本国文化之学程，（4）供给本校师生研究中国文化之便利"。以徐养秋为所长，网罗李小缘、刘乃敬、刘国钧、贝德士、商承祚、吕叔湘、吕凤子、徐益棠、汪采白、杭立武、王钟麟、吴景超、黄云眉、陈登原、雷海宗、刘继萱、吴白匋、史岩、刘铭恕等一干文史名家。到因抗战而西迁时，金大已经出版"中国文化研究所丛刊（甲种）"《天一阁藏书考》《古今伪书考补证》《词源疏证》《殷契辑存考释》《福氏所藏甲骨文字考释》等国学力作 13 种，另有完成而待刊者 12 种，而在校外出版的《中国田赋史》《中国土地制度史》等填补了学术空白。

南大历史学人对中国文化传统的坚守，曾经被视为保守，甚或被认为"反五四"。如今，喧嚣的潮流退去，中国传统文化的内涵和现代价值日益得到重视和阐发，前贤的先见之明和事功，成为我们登高望远的基石。

第二，打通中西两界，立意创新学术。

胡适曾论中国人是"一分像人九分像鬼的不长进民族"，中国文明是"受物质环境的拘束与支配，不能跳出来，不能运用人的心思智力来改造环境改良现状的文明，是懒惰不长进的民族的文明，是真正唯物的文明"；而西洋文明"充分运用人的聪明智慧来寻求真理以解放人的心灵，来制服天行以供人用，来改造物质的环境，来改革社会政治的制度，来谋人类最大多数的最大幸福——这样的文明是精神的文明"。

南大历史学人谋"民族的自尊"，自然不可能同意这样贬低中国文明。他们明确提出："改造固有文化与吸取他人文化，皆须先有彻底研究，加以明确之评判，副以至精当之手绪。"在尊崇中国文化的同时，他们同样也在吸收西洋文化中的养分，消化、融合，创新学术，开拓出中国特色、中国气派和中国风格的学术路径。

南大历史学人崛起之时，近代考古学已经进入中国，但其对于中国历史研究的意义尚未充分显现。南大历史学人敏锐地注意到了其中的含义，李小缘先生指出："研究中国文化，可据资料，大别有二：曰史籍，曰古物。古物足以证史，亦足以纠史。而其弥补史阙，功用尤大。"基于这样的认识，南大郑重接受了原汇文书院创始人福开森捐赠的包括《王齐翰挑耳图》、《宋拓王右军大观帖》、小克鼎等国宝在内的大批中国文物，此后不断加以补充，构成今日南大历史博物馆的丰富收藏，并与历史典籍研究交相辉映，产生《十二家吉金图录》《历代著录画目》等著作。

打通考古与文献研究的实践，是南大人共同的旨趣，为中国近代历史学谱写了新篇章。抗战时期，连天炮火，曾昭燏先生奔波于川、滇一带，1939 年 3 月至 1940 年 9 月，主持发掘马龙遗址、佛顶遗址、龙泉遗址等，收获丰硕，这是中国考古学家较早运用近代考古技术和科学方法进行的"锄头考古"。经研究，她与同事们认定，云南这一地区的文化与中原地区有很大差异，将其定名为"苍河文化"。商承祚教授则两度深入长沙前线进行实地考察，收集文物，写作了《长沙文物闻见记》《楚漆器集》《长沙楚器发现纪略》等大作，论证了长沙在楚文化发源史上的地位，激发了前线军民强烈的爱国之心，朱自清、闻一多、宗白华等曾给予高度评价。

图书馆中国古已有之，但藏家往往作为独得之秘，重藏书而不重利用。南大历史学人 1927 年创建中国高校第一个图书馆系。刘国钧先生发表《图书馆学要旨》，陈长伟撰写《图书馆流通法》，他们和著有《图书馆学》的李小缘先生一起，建立了中国近代图书馆学的基本框架。李小缘先生认为，中国传统图书馆应当学习瑞士和美国的模式，把图书馆建成"传播消息及知识之总机关""宣传文化之总机关"，使之成为"精神娱乐的最高俱乐部"。在图书馆建设的基础上，李小缘撰写了《云南书目》《西人论中国边疆书目》等贯通中西的著作，程会昌先生则撰写了《目录学丛考》等，创造性地改造了中国传统的目录学。

不仅用西学更新再造传统学术，南大历史学人还深入西方学术前沿，结合中国需要，创建新的学科门类。沈刚伯的西洋史，顾毅宜的俄国近代史，陈训慈的欧洲民族殖民史，徐子明的德国史、法国史，刘继萱的朝鲜史，均领学界风气。这当中，王绳祖先生兼收并蓄，写作了《欧洲近代史》，1936 年由商务印书馆出版，打破了中国大学当时世界史教学由外国教材垄断的局面。该书将时间顺序的综合叙述和国别的分类叙述结合起来，评述了资本主义生产方式的确立，甚至超前分析了当时"如日中天"的德国纳粹兴起的根源和危险。在蒋介石等国民政府要人尚在鼓吹、引进法西斯主义的当时，学人的深邃和预见跃然纸上。留学英国后，他用中英两国外交档案写作了《马嘉里案和烟台条约》，由牛津大学出版社出版，获得中外学术界的高度评价，美国历史学会将其列入研究中国国际关系史的必读书目，成为学界绕不过去的里程碑式名著。此后，王绳祖在欧洲近代外交史、欧洲国际关系史等方面发表一系列论著。他的开创性努力，使中国的世界史、国际关系史、外交史等学科勃然兴起，至今惠及后学。

新中国建立以后，韩儒林先生的蒙元史研究，蒋孟引先生的英国史研究，茅家琦先生的太平天国对外关系史研究，张宪文先生的中华民国史研究，蔡少卿先生的民间秘密社会史研究，等等，无不立足中国、放眼世界，开创出新的学术天地。

第三，关注边疆问题，心系中国命运。

清政府崩溃以后，如何把帝国的遗产转化为共和国的财产、避免奥斯曼土耳其帝国崩塌后四分五裂的命运，是横亘在 20 世纪初期中国知识分子面前的重大历史和现实问题。南大历史学人与国家共呼吸、同命运，关注、研究边疆问题，在中国学界独树一帜，成就斐然。

1931 年，徐益棠教授等深入内战不断的四川，考察瑶族文化和生活。1934 年，金大历史学人感于边疆问题日益严重，开始开设"中国边疆概论""中国民族通志""中国西南边疆研究""满蒙外交关系"等课程，并邀请斯文·赫定等国际名家进行交流。抗战爆发、金大西迁后，柯象峰先生进入四川峨边县，考察彝民生活，并与徐益棠联袂深入西康，收集各少数族群文物，拍照记录。当时，徐益棠主攻"中国民族史研究""西南民族史"，商承祚、刘铭恕主攻"西蜀汉画像研究"，李小缘主攻"四川书目"，史岩主攻"西蜀壁画"，众多研究成果刊于《中国文化研究汇刊》。1941 年，徐益棠主编出版《边疆研究论丛》，并接手主编《西南边疆》。金大人一边进行历史学、人类学、民族学研究，一边收集边疆文物，总数达 2680 种，丰富了原先的福开森收藏。

中国的抗战，不同于依赖工业区和发达地带的西方国家，在东部繁华地域沦陷后，中国可恃者主要是西南和西北边疆。为开发边疆以支撑持久战，1944 年，中央大学特别设置了边政系，在中国高等教育中开了先河。当时，著名民族学家凌纯声担任系主任，专任教授有韩儒林、卫惠林、芮逸夫、董同和等，他们开设了边疆政治制度、社会、民族、宗教、历史、地理、语言等方面的课程，培养了中国第一批的边政人才。

南京大学的边政研究专家，很多人在 1949 年以后继续发挥学术领军人的作用，比如徐益棠先生后来担任历史系教授，卫惠林去台湾后，成为当地民族学、人类学的开山鼻祖。其中，韩儒林先生长期担任南大历史学系主任，把边疆民族研究推到新的境界。韩儒林在北京大学哲学系学习期间，得到陈垣、陈寅恪等名师的指点，学问日进；赴欧洲留学后，先后就读于比利时鲁汶大学、法国巴黎大学法兰西学院和德国柏林大学，亲炙于著名东方学家伯希和等人，主攻蒙古史、中亚史和中亚古文字，熟稔拉丁文、波斯文和蒙、藏、突厥等文字。韩先生上承乾嘉以来传统考据学的精髓，兼收近代欧洲汉学家的研究成果，吐纳蓄收，卓然自立，自 1935 年起，发表《突厥文阙特勤碑译注》等突厥部族史研究论文多篇。后研究重点转向蒙元史，陆续发表《成吉思汗十三翼考》等 20 多篇论文。他还利用汉藏文史料，研究唐代至清代的西藏史和蒙藏佛教史，发表了《吐蕃王族与官族》等论文。新中国建立以后，发表《论成吉思汗》等代表性论文，其主要著述多收入论文集《穹庐集》。还主编了《元朝史》和《中国大百科全书元史分册》。参与编纂《中国通史参考资料》元代部分，主持编绘《中国历史地图集》北方地区历代图幅。他还参与建立蒙古史学会、元史研究会和中亚文化研究协会，为蒙元史、西北民族史的学科建设做出了重大贡献，其弟子门生至今在中国边政研究和中亚伊斯兰研究中占据突出地位。

“国家兴亡，匹夫有责”，南大历史学人有尊贵的报国之心；“星垂平野阔，月照大江流”，南大历史学人有宏阔豪迈的境界；“欲穷千里目，更上一层楼”，南大历史学人有放眼五洲的视野；“长将一寸身，衔木到终古”，南大历史学人有精卫填海般的决心和毅力。百年功业，百丈高楼，南大的历史研究已经成为这个国家命运的缩影和写照。

如今的南京大学历史学系，迎来了历史上最好的发展时期。前人所经历的颠沛流离，已成历史；资金支持的丰足，国际学术交流的便捷，更非前人所敢奢望。如何继承前辈师长的进取精神和时代责任感，创新学术，服务人群，报效国家，成为历史研究的题中应有之义。

于是，对南京大学历史学系的青年人，有厚望焉。

张　生

2014 年 11 月 18 日

序　言

中华人民共和国成立初期，著名历史学家范文澜曾提议研究香港历史，但未引起人们足够的重视。当时中国内地只有少数学者写过几本香港史读物。

20 世纪 80 年代初，中英两国关于香港问题的谈判开始后，内地学者意识到香港问题的重要性，开始对香港史进行比较系统的研究，逐渐形成中国社会科学院近代史研究所和广东省社会科学院历史所南北两个香港史研究中心，先后编写出《十九世纪的香港》《二十世纪的香港》《简明香港史》《香港史话》《粤港澳近代关系史》《粤港关系史（1840～1984）》等影响较大的学术著作。暨南大学、中山大学学者的香港史研究也取得了相当的成绩。

到 1997 年香港回归前的几年，在内地香港史研究一度成为显学，许多专业和非专业的人士踏入这个领域，有关书籍数量不少，但水平参差不齐。只是这股热潮来得快，也退得快。1997 年后的几年间，在内地不仅香港史研究，整个香港研究似乎一下子进入了冰河期，仅有极少数的学者还在固守学术阵地。2003 年香港"七一大游行"爆发之后，香港研究再次引起内地政府部门和学者的关注，但侧重于现实问题的研究，香港史领域并无大的起色。在余绳武、刘存宽、金应熙等前辈学者驾鹤西归之后，内地香港史研究队伍青黄不接的问题显得更为严重。正因如此，看到孙扬博士这样年轻有为的学者加入香港史研究队伍，并写出了有相当学术水平的著作时，我甚感欣慰，也乐于应他的邀约，为他的专著写一篇简短的序言，希望能够引起政府部门和学术界对香港史研究的重视。

　　孙扬博士的这本专著研究 1945～1949 年中英两国关于香港问题的交涉，涉及受降之争、华军过境、肃奸风波、平民血案、拆迁事件和海关谈判等历史事件。将战后初期中英两国关于香港问题交涉的这些历史事件串联起来，进行系统的研究，孙扬博士可以说是第一人。其中，华军过境、肃奸风波和平民血案等事件，此前则几乎没有学者涉及；而受降之争、拆迁事件和海关谈判，过去香港和内地曾有一些学者做过研究，这本专著则进行了更为深入的探讨。总体说来，他的这部专著可以说是填补空白之作。

　　在研究方法方面，孙扬博士因循实证研究的史学方法，并注意借鉴政治学、社会学和国际关系等领域的研究方法。他试图将制度结构、政局演变、社会生态以及外交事件中的偶发因素等综合考察，融会贯通，努力还原历史的真实面目。因此，这部专著能够从多层次、多角度考察历史事件，具有相当的力度和纵深感，成为根底比较扎实的学术著作。

　　孙扬博士在其专著中，提出了许多独特的见解。例如，他指出："在战后香港问题上，一些看似是国民政府与香港政府之间的矛盾与冲突，实际却有着深刻的内政根源。"又如："香港社会矛盾与社会抗争的实质也并非'反抗港英殖民统治'这么简单笼统，香港民众正是在祖国与宗主国的夹缝中表达着自己的民族情感与利益诉求。"这些都是很有见地的看法。

　　"一国两制"的方针是一个伟大的创举，但在实践的过程中也面临许多挑战。为了顺利实施这一方针，中国历史和香港历史的研究及教育是必不可少的因素。我期望多几位像孙扬博士这样的年轻学者加入香港史研究的行列，也希望国家的整个香港研究得到进一步加强，培养出更多能够"读懂香港这本书"的专家学者。

刘蜀永

2014 年 10 月 26 日于香港

目　录

绪　论

一　国民政府与战后香港问题

香港是近代中国的起点之城，其历史命运折射出中华民族的兴衰荣辱。如何处理香港问题成为一把重要的政治标尺，通过它可以衡量近代中国历届政府在破除不平等条约之路上究竟能走多远。民国以降，战乱频仍，政治生态愈加复杂多变，民意舆论暗流汹涌。对于标榜民族主义和革命精神的国民政府而言，在香港主权问题和涉港事务上的作为既是其执政合法性的重要凭据，也是外界评价其执政能力的重要标准。20世纪40年代，历史为国民政府提供过一个短暂的契机，昭示了香港命运的多种可能性。

太平洋战争结束，传统大国势力衰微，新兴大国勃然崛起，世界逐渐走向以美苏两极格局为主要特征的冷战时代。英国对华外交政策的主轴是尽可能恢复战前在华利益，这主要受到三方面因素的制约：一是战时签订的平等新约所构成的中英关系的条约框架；二是英美关系、中美关系的相互作用，美国对华政策与英美在华利益格局；三是国共两党从政争到内战的中国政局演变进程。在与国民政府的交涉中，英国对国共之争秉持"不干涉"立场，经过持续的观望和等待，最终选择"与胜利者合作"。

而香港问题在战后中英关系中有着举足轻重的地位。对于英国而言，世界大战撼动了这个昔日殖民帝国在远东的地位，加上民族独立运动的推波助澜，"非殖民化"（decolonization）已成为不可阻遏的历史潮流。① 虽然"日不落帝国"无可避免地被迫从向欧洲回缩，但香港对英国来说有着特殊的政治和经济利益，继续维持在这里的统治是战后英国重返远东最重要的动机。对中国来说，国内外政局的复杂发展和走向将其命运卷入内政与外交的纠结缠绕中。名义上为"四强"之一的中华民国，在雅尔塔体系阴霾笼罩下，内外矛盾层层叠加，国民政府试图以中美同盟为基础，在解决国内冲突的同时，力图兑现和巩固太平洋战争中废除不平等条约的成果，以彰显其维护主权的"强国形象"，挽回在国共政争与内战中日益颓落的地位和威信。由此，在"非殖民化"世界历史浪潮的冲击下，在外力与内争交互作用的夹缝中，香港问题凸显出来，并被纳入战后中英两国的外交弈局。

就笔者所见，迄今为止尚未有学人将战后国民政府与英国关于香港的交涉作为一个完整的对象进行研究。② 本书择取的正是这一时段——太平洋战争结束前后到 1949 年中华人民共和国成立，香港问题在此期间蕴含着鲜明的时代特征、统一的历史主题和连贯的发展线索。就香港主权问题而言，战后国民政府作为有限，无果而终，而这一"失落"的结果似乎掩盖了这段历史的重要性。政治家常常看重结局，历史研究者却往往关注过程，笔者的研究兴趣即在于怎样的过

---

① 一般认为，香港在英国统治时期（1841～1997）不属于通常意义上的殖民地。香港问题属于历史上遗留下来的帝国主义强加于中国的一系列不平等条约的结果，回归之前，香港是被英国当局占领的中国领土的一部分，解决香港问题完全是属于中国主权范围内的问题。在恢复联合国合法席位后，中国常驻联合国代表黄华于 1972 年 3 月 8 日致函联合国非殖民化特别委员会主席，明确表示香港不应列入联合国《反殖民地宣言》适用的殖民地地区的名单之内，同年 11 月 8 日，联合国大会通过了有关将香港从该名单上除去的决议。1949 年之后，中国的政府文件和教科书对香港不使用"殖民地"一词指代，但是，"英国在香港的殖民统治"或与此类似的用语在官方的表述中又时常出现。本书使用"殖民地"一词，仅在其通常的含义上，即"由宗主国统治，没有政治、经济、军事和外交方面的独立权利，完全受宗主国控制的地区"。在涉及香港时，若非直接引文，会将殖民地一词加上引号。

② 值得一提的是香港资深报人谢永光《香港战后风云录》（香港，明报出版有限公司，1996）一书，该书虽非严格意义上的学术著作，着力点亦非中英外交角力，但作者具备历史亲历者的现场体验以及新闻工作者特有的时代敏锐感，将 1945～1949 年的香港历史集中呈现于同一主题之下，对笔者的研究颇有启发。

程导致了这样的结局。本书正是集中于这一问题意识：1945～1949年间，中英两国在香港问题上的角力是如何展开的，在国家实力、国际环境、制度结构、时代限定等多重因素的作用下又是怎样走向无果而终的结局。

在这里，有必要将 1945～1949 年香港问题的大致轮廓稍做勾勒。

国民政府开始认真考虑收回香港的可能性是在太平洋战争爆发后。在对德日作战中屡显颓势的英国于 1942 年 10 月发表声明，表示愿与中国谈判立即放弃在华治外法权，重新订立相关条约。国民政府正欲借此解决香港问题，其策略是借英国有意放弃在华租界与租借地之机，力求在新约中加入归还九龙租借地（即新界）的条款，从而达到收回整个香港的目的。然而谈判中，英国态度强硬，拒绝讨论九龙租借地问题，双方针锋相对，几陷僵局。最终国民政府让步，但中方以照会的形式提出中国对九龙租借地"保留日后提出讨论之权"。在中英新约搁置香港问题的情况下，英国政府为战后重返香港进行了周密的准备，国民政府亦对收回香港有所规划，双方战后第一个回合的较量即是争夺在香港接受日军投降的权利。按照同盟国的受降安排，香港本属于中国战区的受降范围，但英国坚持独自接收香港，由此爆发受降之争。中英双方都下达了向香港进军的命令，形势一度剑拔弩张。由于美国在关键时刻放弃支持国民政府，中国被迫妥协，中英双方达成协议，由一名英军指挥官以"英国政府与中国战区最高统帅双重代表"身份接受日军投降，英国最终得以成功重占香港。

紧接着受降之争的是中英关于中国军队过境香港的交涉。在英军登陆香港一个月后，即 1945 年 10 月，集结在华南的中国军队越过粤港边境，由九龙搭乘美国海军第七舰队运输舰开赴华北与东北，约十万之众，历时一年有余。国民政府既利用此举调兵北上接收华北与东北，为即将到来的内战排兵布阵；又借此宣示对香港的主权，借军队过境之机强化对香港内部事务的影响。香港政府则势处被动，心存疑虑，竭力避免影响其统治。华军过境期间，中英之间虽达成相关协议，但由于军纪问题，风波时起，双方摩擦不断。此外，华军过境激发了香港民众的民族情感，影响了战后香港社会的政治生态。

与此同时，抗战胜利后，为逃避政府的惩治，众多汉奸纷纷隐匿香港。由此，中英之间展开了引渡匿港汉奸的谈判，广东军政当局借机展开了在香港的"肃奸"行动。香港肃奸行动的本意为彰显国家意志，维护民族正义，强化国民政府对香港的政治影响。然而，汉奸身份认定随意混乱，肃奸机构及其人员因利益纠葛相互倾轧，香港政府对配合引渡口惠而不实，肃奸行动的目标由此发生了变异与扭曲。当肃奸行动屡屡触及其政治底线时，港府采取强硬措施，封闭国民党在香港的机关报——《国民日报》。事后双方虽达成谅解，事态平息，但香港政府与香港国民党组织之间的隔阂与不睦难以消弭。香港复杂的政治格局在该事件中得到了淋漓尽致的展现。

战后国民政府在香港问题上的频繁"出手"对港府是一种政治压力，对于内地和香港民众则是民族主义情绪的催化剂。1946 年下半年，香港和粤港边境接连发生军警与民众冲突导致粤港平民死亡的事件。其中，"王水祥事件"和"张添祥事件"是这一系列冲突中的典型案例。国民政府的介入导致事件善后演变为中英之间的外交风波，不了了之的结局进一步刺激了内地和香港民众的民族情感。而事件的影响也在战后中国的政治氛围中发酵弥散，成为 1948 年中国内地大规模反英浪潮的社会心理诱因之一。

战后数年，基于民族情感的爱国主义渐成香港华人社会的主流观念。香港民众在与港府发生纠纷时，往往以"祖国政府"为后盾，将利益诉求上升到政治高度，与内地收回港九运动遥相呼应，以此向港府施压。民众与港府在拆迁征地上的矛盾集中体现了这一特征。1948 年 1 月，港府强拆主权有争议的"飞地"——九龙城寨内的民居，引发中英两国在外交上的激烈对抗，由此中国内地掀起战后最大规模的反英浪潮。国民政府对民众运动的掌控与失控直接影响到两国外交谈判的进展，官方的高调鼓动酿成广州抗议游行过火、示威民众焚毁沙面英国总领事馆的严重事件，平添城寨交涉的变数与波折，虽经历时一年的谈判，城寨事件终成悬案，无果而终。

尽管战后国民政府试图在香港问题上有所作为，但以条约形式固定其在港权益的外交成果屈指可数，1948 年 1 月签订的关务协定即是其中一项。在字面上，这几乎是一个中国单方面受益的文件，然而，它的谈判和实施过程充满了波折。中英历经两年交涉，英方先在沿海贸易权问题上大做文章，协定签订后又以附图划界争议拖延实施；中方力争不懈，最终迫使英方妥协。然而，关务协定的实施遭到粤港工商界的共同抵制，原因在于国民政府严苛的进出口管制与民争利、祸及营生。协定实施一年不到，时局已天翻地覆，1949 年 10 月，九龙关响应人民政府海关总署号召，宣布起义。1950 年 1 月 6 日，英国正式宣布承认中华人民共和国，中英关于香港问题的交涉进入了新的历史阶段。

综上所述，受降之争、华军过境、肃奸风波、平民血案、拆迁事件和海关谈判构成了 1945～1949 年间香港问题的基本线索。在架构上，本书按照时间顺序，以上述六大事件为主干叙述铺陈，在重建史实的基础上，将它们置于统一的主题下进行有机的串联，以点带面展现中英交涉一波三折的过程和香港跌宕起伏的历史命运。由于笔者学术水平和史料获取等方面的局限，本书侧重于对中国方面交涉策略与实践的分析和评价，立足于民国史、中英关系史和香港史的学术领域。在研究方法与理论上，本书因循实证研究的史学方法，并注意借鉴政治学、社会学和国际关系等领域的研究方法。

二 先行研究回顾

本书的研究内容分散在民国史、中英关系史和香港史各领域之中，本着先因而后创的学术规范，有必要回顾相关研究的学术史脉络，在梳理和总结先行研究成果的基础之上确立本书的庚续与创新。

（一）海外学界相关研究回顾

对于战后中英关系史以及香港史的研究，海外学人早于中国内地学界，研究成果也多以英文出版。20 世纪 60 年代，出于对冷战格局下国际关系与中国局势的关注，关于战后中英关系史的两部英文著作相继出版，填补了这一领域的空白。曾任英国驻北京外交官的艾文·卢阿德（Evan Luard）① 在 *Britain and China* 一书中勾勒了 1945 年之后中英关系的大致轮廓。② 时任威尔士国际政治大学（International Politics University of Wales）讲师的布里安·波特（Brian Porter）利用英文报刊资料进行研究，他的学术成果于 1967 年出版，着重探讨英国政府对中国共产党和国共内战的态度与决策。③ 两本书的视野自然都是英国的，其兴趣点也在于评判英国对华外交的得失。由于当时官方档案文献尚未解密，作者只能依靠报刊、年鉴、议会辩论记录等资料进行研究，在史料方面有一定的局限。两位学者不约而同地注意到了香港问题，尽管未加详究，但这两本著作的出版标志着战后中英关于香港问题的交涉已开始进入学者视野。

随着英国政府相关档案的解密，战后中英关系史的研究空间得到了进一步的拓展。研究东亚事务的以色列学者谢爱伦（Aron Shai）利用 1978～1979 年在英国牛津大学担任访问学者的机会，查阅了英国国家档案馆（Public Records Office，现更名为 The National Archives）刚开放不久的外交部（Foreign Office）、殖民地部（Colonial Office）相关档案。他于 1984 年出版的专著探讨了从 1941 年太平洋战争爆发到 1947 年《胡伯备忘录》（Hooper Memorandum）出台前后的中英关系。④ 该书的后半部分着力描述战后英国重返远东的努力以及在香港受降问题、经贸关系等方面与中国的冲突和协调。

---

① 艾文·卢阿德，英国学者、政治家，1950 年进入英国外交部，1952～1954 年任英国驻北京的外交官。1956 年由于抗议英国卷入苏伊士危机（Suez Crisis）离开外交部，1957 年开始在牛津大学任职，研究中英关系。他曾是英国下院议员，先后加入过工党和社会民主党。

② Evan Luard, *Britain and China* (Baltimore: Johns Hopkins, 1962).

③ Brain Porter, *Britain and the Rise of Communist China: A Study of British Attitudes, 1945 - 1954* (London: Oxford University Press, 1967).

④ Aron Shai, *Britain and China* 1941 - 47: *Imperial Momentum* (London: The Macmillan Press LTD., 1984).

　　20 世纪 90 年代中期，英语学术界出版了多位华人学者有关 20
世纪四五十年代中英关系史的著作。冯仲平在英国兰开斯特大学
（University of Lancaster）攻读博士学位期间以战后英国对华政策为研
究对象，其博士论文以英国外交部、内阁档案为基础探讨了战后英国
与国民政府的关系，侧重于英国对华政策的发生与演变。① 旅美华裔
学者相蓝欣则从中、美、英三国关系的角度探讨战后英美两国对华政
策的分歧与协调。② 香港大学教授邓特抗（James Tuck-Hong Tang）
则关注 1949～1954 年间英国对中华人民共和国的政策。③ 关于香港
问题，三位学者虽着墨不多，但均有涉及，具有一定的参考价值。

　　至于香港史方面，一些西方学者的香港史论著或多或少涉及本书
讨论的问题。英国学者安德葛（G. B. Endacott）20 世纪 50 年代执教
香港大学历史系，主讲香港历史课程，他对太平洋战争时期的香港以
及香港政府与政治的研究为笔者提供了一些思路。④ 另外需要提及的
是由弗兰克·韦尔什（Frank Welsh）撰写的英语世界最为详尽的香
港通史。该书出版于 1993 年，运用英文资料，以全景方式勾勒出香
港 150 多年的变迁。作者以英国视角为叙述中心，专注于英国如何统
治、管理和应对变化中的香港，有关战后香港问题的一些观点亦颇具
见地。⑤ 除此之外，史维理（Peter Wesley-Smith）对新界问题的探讨
也具有相当的学术水准。⑥ 杜赞奇（Prasenjit Duara）从宏观层面阐

---

① Zhongping Feng, *The British Government's China Policy*, *1945 – 1950*（Keele：Keele
　University Press，1994）.

② Lanxin Xiang, *Recasting the Imperial Far East*：*Britain and America in China*, *1945 –
　1950*（New York：East Gate Book，1995）.

③ James Tuck-Hong Tang, *Britain's Encounter with Revolutional China*, *1949 – 1954*
　（New York：St. Matin's Press，1992）.

④ G. B. Endacott, *Hong Kong eclipse*（London：Oxford University Press，1978）.
　Government and People in Hong Kong, *1841 – 1962*：*A Constitutional History*（Hong
　Kong：Hong Kong University Press，1964）.

⑤ Frank Welsh, *A History of Hong Kong*（London：HarperCollins Publishers，1993）. 该
　书已由王皖强、黄亚红翻译成中文出版。

⑥ Peter Wesley-Smith, *Unequal Treaty 1898 – 1997*：*China*，*Great Britain and Hong
　Kong's New Territories*（Hong Kong：Oxford University Press，1983）.

述了处在冷战和民族主义夹缝中的战后香港，促使宗主国形成了
"新帝国主义"的统治模式，香港社会由此发生复杂而深刻的嬗
变。①

　　香港学者关于香港史的研究成果对笔者启迪颇多。香港华人学者
有研究地方史的学术传统，罗香林、简又文、饶宗颐等在这方面做出
了突出贡献。对于战后香港问题，林友兰、王赓武、霍启昌等撰写或
主编的香港史著作均有所涉及。② 值得一提的是执教于英国的香港学
者曾锐生（Steve Tsang），他在战后香港问题研究上颇多建树。20 世
纪 80 年代，中英之间以及香港社会关于九七之后香港政治体制的讨
论引发了曾锐生对 1945～1952 年香港政府一次夭折的民主化改革的
研究，其学术成果于 1988 年以英文专著的形式出版。③ 在该书中，
曾锐生尤其注重香港与中国内地政局的互动，探讨了国民政府的涉港
事务处置对港府民主化改革决策的影响。2004 年，曾锐生出版了一
本近现代香港通史的英文著作，在英语学术界影响较大，对于战后香
港问题的研究亦颇有新意。④ 此外，曾锐生还以通俗历史作品的方式
发表了多篇涉及战后香港问题的文章，这些文章虽非严格意义上的学
术论著，但其立论和陈述完全建立在作者对英国外交档案熟稔的基础
上，具有较高的可信度和较广的社会影响力。⑤ 与本书内容密切相关
的是梁炳华和叶汉明两位学者的研究成果。梁炳华在九龙城寨问题的

① 杜赞奇：《1941～1966 年香港与东亚新帝国主义》，《中国海洋大学学报》（社会科
　　学版）2008 年第 4 期。
② 林友兰：《香港史话》，香港，香港上海印书馆，1978；霍启昌：《香港与近代中
　　国》，香港，商务印书馆，1992；王赓武编《香港史新编》，香港，三联书店，
　　1997。
③ Steve Tsang, *Democracy Shelved: Great Britain, China, and Attempts at Constitutional
　　Reform in Hong Kong, 1945 - 1952* (New York: Oxford University Press, 1988).
④ Steve Tsang, *A Modern History of Hong Kong, 1841 - 1997* (Hong Kong: Hong Kong
　　University Press, 2004). 除曾锐生外，吴伦霓霞（Ng Lun Ngai Ha）、陈刘洁贞
　　（Chan Lau Kit-Ching）两位香港学者的英文香港通史类著作亦有相当的学术影响。
⑤ 曾锐生：《蒋介石为何不收回香港》《战后初期英国对港政策史话》《1949 年英国
　　对香港的防卫政策》等，分别载于鲁言等著《香港掌故》第 10、11、13 集，香
　　港，广角镜出版有限公司，1985、1987、1991。

研究上颇具功力，他通过研读大量中英官方藏档，重建了 1899～1949 年 50 年间中英两国政府有关九龙城寨交涉的史实。① 香港中文大学教授叶汉明聚焦于战后香港与中国革命的关系，她的研究以战后中共在香港的统战工作和民主党派在港活动为重点，揭示了"殖民地政治文化"的特殊性对国共政治斗争的深远影响。② 除此之外，执教台北大学的香港学者李朝津关注战后香港民众的民族情绪对外交事件的影响，通过对"王水祥事件"的个案解析，探究国民政府政治影响下的香港社会风潮。③

　　台湾学者对战后中英香港交涉的研究多从民国外交史的视角出发，与本书在考察角度和问题意识上有所关联。李云汉、吕芳上等学者关注 20 世纪 40 年代国民政府与英国在香港问题上的交涉，从宏观的角度论述这一历史过程，兴趣点在于检讨国民政府的外交得失。④ 陈进金以台北"国史馆"藏"蒋中正总统档案"为基础，说详蒋介石对中英新约谈判的态度。⑤ 吴淑凤考察了引渡匿港汉奸风波及九龙城寨事件和沙面事件，以此检视战后国民政府的香港政策，分析国民党内派系斗争对中英交涉的纷扰。⑥

---

① 梁炳华：《城寨与中英外交》，香港，麒麟书业有限公司，1995。
② 叶汉明：《香港与四十年代中国民主运动的边缘化》，《史薮》第 3 卷，1998 年 12 月；《殖民地与革命文化霸权：香港与四十年代后期的中国共产主义运动》（与蔡宝琼合著），《中国文化研究所学报》2001 年新第 10 期；《从"中间派"到"民主党派"：中国民主同盟在香港（1946～1949）》，《近代史研究》2003 年第 6 期。
③ 李朝津：《战后国民政府对香港问题之处理——王水祥事件个案研究》，港澳与近代中国学术研讨会论文集编辑委员会编辑《港澳与近代中国学术研讨会论文集》，台北，"国史馆"，2000。
④ 李云汉：《国民政府收回香港九龙之决策与交涉（1941～1948）》，台北《近代中国》第 119 期；吕芳上：《1940 年代中英香港问题交涉（1942～1945）》，《港澳与近代中国学术研讨会论文集》。
⑤ 陈进金：《蒋介石对中英新约的态度（1942～1943）》，《东华人文学报》2005 年第 7 期。
⑥ 吴淑凤：《抗战胜利后匿港汉奸的引渡》，《港澳与近代中国学术研讨会论文集》；《1948 年九龙事件再探——兼论战后国民党内的派系之争》，胡春惠、吴景平主编《现代化与国际化进程中的中国社会变迁——两岸三地历史学研究生论文发表会论文集》，复旦大学历史系、香港珠海书院亚洲研究中心，2003。

（二） 中国内地学界相关研究回顾

20 世纪 80 年代，中英关于香港问题的谈判直接推动了内地香港史研究机构的设置和学术研究的展开。中国社会科学院近代史研究所和广东省社会科学院历史研究所分别成立了相应的专门研究机构，组成了各有所长的研究团队。中国社会科学院近代史所组建了中外关系史第一研究室和第二研究室，第二研究室下设香港史课题组，由余绳武、刘存宽领军，刘蜀永、徐曰彪、张俊义、张丽等一批学者相继加入到香港史的研究队伍中。1980 年代初，近代史所购买了一批英国外交部、殖民地部档案的缩微胶片。在中文官方档案文献匮乏的情况下，学者们主要利用英文资料进行研究，发表和出版了一系列颇具学术水准和现实价值的论著。《二十世纪的香港》是香港史课题组的集体成果，采取专题研究与按历史时间顺序相结合的撰写方式，其中涉及战后中英香港交涉的部分由刘存宽、刘蜀永和张丽等人撰写，他们在梳理档案的基础上重建史实，具有较高的参考价值。① 刘存宽《英国重占香港与中英受降之争》②、刘蜀永《九龙城问题始末》③、张俊义《1948 年广州沙面事件之始末——以宋子文档案为中心》④ 等论文对有关史实进行了比较严谨的考证和重建，澄清了部分重大外交事件的疑点，本书从中借鉴良多。

粤港两地有着共同的历史文化传统，政治经济关系十分密切，广东学者对香港问题的关怀和研究与地缘因素有着较强的关系。1983 年广东省社会科学院历史研究所成立港澳史研究室，由金应

---

① 余绳武、刘蜀永主编《二十世纪的香港》，中国大百科全书出版社，1995。该书部分内容曾以专题论文的形式分别发表于《历史研究》《近代史研究》等刊物，详细情况此处不赘述。

② 刘存宽：《英国重占香港与中英受降之争》，《抗日战争研究》1992 年第 2 期。

③ 刘蜀永：《九龙城问题始末》，《近代史研究》1994 年第 6 期。

④ 张俊义：《1948 年广州沙面事件之始末——以宋子文档案为中心》，《中国社会科学》2008 年第 6 期。

熙主持。① 该室承担了国家重点科研项目"二十世纪的香港史",形成了以邓开颂、陆晓敏、刘泽生等学者为主力的香港史研究团队。《粤港澳近代关系史》是一部颇具代表性的学术著作,其中涉及战后部分,以广东和香港政局的相互影响为叙述框架,解读外交风潮和地方政治的关系。② 广东省内的高等院校亦有香港史研究的学术传统,设立了相关科研机构。1991 年中山大学港澳研究中心成立,由许锡挥主持,先后参与香港史研究的教学科研人员有 30 多人;③ 此外,暨南大学张晓辉亦有论著聚焦于战后香港的经济和贸易。④ 党史学者袁小伦有多篇论著涉及战后中共在香港的活动。⑤

除上述机构和个人的相关研究之外,内地史学界关注和参与香港史研究的学者为数不少,其研究趋势与香港回归中国的进程息息相关。1984 年中英联合声明的签署和 1997 年香港回归促成了内地学界两个香港史研究的高潮。陈谦平在战后中英关系研究领域建树颇多,《五十年代初期中英外交与香港》将英国对国共内战的态度与香港问题相联系,体现了作者打破事件区隔、贯通因果联系的史学意识。⑥ 陶文钊《太平洋战争期间的香港问题》⑦、李世安《太平洋战争时期的中英关系》⑧ 以英国官方档案文献为基础,重建中英新约谈判和香港受降之争的史实,详说英国重占香港的决策和实施过程。其他具有

---

① 广东史学界对于香港史的研究实际上在 20 世纪 50 年代便已开始,但当时仅有个别学者从事,未成规模。金应熙于 1983 年开始主持广东省社会科学院历史所港澳史室工作,1987 年借调至新华社香港分社从事《香港概论》编著,其间在港病逝。

② 邓开颂、陆晓敏主编《粤港澳近代关系史》,广东人民出版社,1996。

③ 邓开颂、陆晓敏:《广东学者研究香港史概述》,《香港史研究现状与前景研讨会论文集》(未出版),"香港史研究现状与前景研讨会",珠海,1995。

④ 张晓辉:《略论抗战后的粤港贸易关系(1945.9~1949.10)》,《暨南学报》2000 年第 2 期;《简论近代台湾与香港贸易》,《广东社会科学》2003 年第 5 期。

⑤ 袁小伦:《战后初期中共与香港进步文化》,广东教育出版社,1999;《战后初期中共利用香港的策略运用》,《近代史研究》2002 年第 6 期。

⑥ 陈谦平:《五十年代初期中英外交与香港》,胡春惠主编《五十年来的香港、中国与亚洲》,"五十年来的香港、中国与亚洲国际学术研讨会",香港,2000。

⑦ 陶文钊:《太平洋战争期间的香港问题》,《历史研究》1994 年第 5 期。

⑧ 李世安:《太平洋战争时期的中英关系》,中国社会科学出版社,1994。

较高学术水准的论作还有赵佳楹《抗日战争胜利前后中英在香港问题上的斗争》① 等。

三 研究路径与史料运用

（一） 研究路径

通过对学术史的回顾，大致可以为本书的研究确立定位、廓清思路。首先，中英关系史和香港史的研究者大多注意到 1945～1949 年这一时段的学术意义和现实价值，尤其是相当一部分论著建立在运用档案史料的基础上，集中于外交谈判过程的梳理，为之后的研究者提供了一个较高的学术起点。因此，在历史事件基本脉络大体清晰的情况下，本书试图进一步落实史实、细化问题和深入挖掘，还原历史现场。其次，前人研究大多因循两条路径进行：一是以英国对华政策的演变为线索，考察香港问题在中英关系中的起伏变化；二是从国民政府的外交政策去考察，检讨战后中国在香港问题上的策略得失。基于政策层面对外交事件进行考察固然于研究来说较为便利，然而，相对静态的政策研判往往忽略了历史事件中非结构性因素的作用，因此，本书试图将制度结构、政局演变、社会生态以及外交事件中的偶发因素贯通，综合考量，复原"动态"的历史场景。再次，学界对于战后中英香港交涉多集中于外交个案的探讨，较少注意事件彼此之间的联系。这容易产生两个倾向：一是研究者由于所研究事件的时空所限，难免目光投射范围过于狭窄，可能会出现以偏概全、将旁枝末节误为历史主干的情况；二是在研究中较多注意中英双边关系中的香港问题，对影响历史走向的其他因素，如国共势力的消长、复杂多变的地方政局、民族主义裹胁下的民意与舆论、冷战背景下香港在国际竞争中扮演的角色等尚未有充分的把握，难以洞见其中的核心要素。因

① 赵佳楹：《抗日战争胜利前后中英在香港问题上的斗争》，《外交学院学报》1997年第 3 期。

此，寻找各事件中的因果联系，以全局的观念把握这一时段的历史发展十分必要，这也正是本书试图解决的问题。从总体上看，先行研究成果在深度、广度和系统性上有所不足，随着近年来官方档案文献的陆续解密，笔者希望能够在前人基础上就这三个维度进行更加充分和深入的研究。

战后香港问题的主干是中英两国的关系，而中英交涉却是在两国多方、内力与外争的框架之中，受多重势力共同作用的影响。即便对于英国在香港的最高统治者——香港总督而言，如何定位自身的处境和权责，也仍然是一件模糊不清的事。1947～1957 年出任第 22 任香港总督的葛量洪（Alexander Grantham）在其回忆录中对香港的特殊性做出了如下表述。

> 与大多数的英国殖民地不同，香港最基本的政治问题不是自治或独立，而是一个对中国关系的问题。因此我的见解是香港应该隶属外交部，而不是殖民地部；它的官员可以由殖民地部调往外交部，因为他们都有过行政上的训练……实际上，几乎需要向伦敦请示的香港问题都是外交问题，而我们却要去和殖民地部商讨；这样不但费时失事，而且对问题的基本了解也少了。①

葛量洪的这段话有两个地方值得注意。

一是香港"与大多数的英国殖民地不同"。1843 年 4 月 5 日，英国政府以女王名义颁布《英王制诰》，即"香港宪章"（*Charter of Hong Kong*），明确地按照"直辖殖民地"（Crown Colony）模式规定香港政府的框架。即香港作为"直辖殖民地"，区别于传统的"移民殖民地"，这是香港与其他英国属地的区别之一。而更重要的不同在于，香港自被割让起就一直处于祖国中国和宗主国英国的夹缝之中，两国

---

① 〔英〕《葛量洪回忆录》，曾景安译、赵佐荣编，香港，广角镜出版有限公司，1984，第 139 页。

间的关系和相对国际地位的消长直接影响香港的命运。民国以降，历届中国政府或多或少都在冲破旧秩序的束缚，努力争取晚清以来丧失的国家利权。尤其在民族主义浪潮澎湃的时代趋向之中，回归之前，香港虽在国际法上是英国属土，但这个法理基础对于中国来说却是"不平等条约体系"奠定的，而"不平等条约体系"在中国朝野的认知中，一直以来就是非正义的体现，因此不具备任何的"合法性"。所以香港问题在某种程度上并不拘泥于国际法层面的约束，而具体落实到中英两国的实力与较量之中。另一个不同是香港的特殊地缘，体现在香港地理的"小"与"近"。"小"是指香港的地理面积小，只有1100 平方公里左右；"近"是指香港与中国内地的距离近，只隔一条狭窄的深圳河，香港的政治形势和经济发展深受其地理环境的制约。在此之上更为重要的是香港人口绝大多数都是华人，他们在民族国家（Nation-State）和自我身份的判定上从未脱离中国与中国人的认同。由此，正如葛量洪所说，香港最基本的政治问题就是与中国关系的问题。

二是香港政府与英国政府各机构的关系问题。法理结构上，香港总督是英王在香港的最高代表，享有至高权威。香港政府并不隶属于殖民地部，仅在相关事务方面接受其指导，在涉及香港的政策层面，殖民地部负责咨询、建议与协同决策。即便如此，葛量洪对这样的行政划分依然不满意，认为应当由港督和外交部共同处理香港事务。而在实际操作中，香港政府与外交部之间的关系更为密切，中英香港交涉中的重大决策几乎均由港督会同外交部做出，殖民地部的处境比较尴尬。

笔者以为，葛量洪只是揭开了中英香港交涉复杂性的"冰山一角"，"两国多方"的互动模式也许可以说明问题的实质。"两国"即指中英两国，"多方"包括交涉中对决策有影响的各方势力，呈现出中英两国外交当局、香港政府、广东地方政府、国共两党及其他在港政治势力等在多维层面上的角力。历史遗留问题与现实利益关系错综复杂，多层次多方面的力量竞逐对交涉结果产生不同影响。图 1-1试图展示战后中英两国关于香港问题的多层次交涉渠道，彰显"两国多方"格局的复杂性。

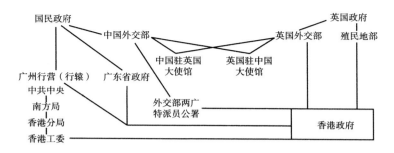

图 1 - 1　"两国多方"交涉格局示意

此外，外交虽是政府行为，但实际上民众与民意在外交谈判之中是一种"不在场的力量"。民国时期的中外关系，中国政治生态最具权重的砝码之一便是由民族主义引发的民意舆论与民众运动。在此环境中，两者与对外交涉之间的互动值得探究。战后中国，外交风波常因小事引发，进而激起全局震荡，往往令执政当局进退失据，猝不及防，以致威信扫地，民心渐失。非一句"国力衰弱，政局不稳"所能诠释清楚。一个政权的崩溃，是内政与外交的双重失败所致，且两者互为因果。民国时期，外交之胜负往往被置于革命与民族主义的大语境下，并不完全以国家利益的得失为尺度，舆论观感与民意倾向对评判外交胜负占有极大权重，这更增添此一时段历史研究的复杂性。

（二）史料运用

本书以对外交事件的考察为主轴，档案史料的运用是支撑历史铺陈的基础。有关战后中英香港交涉的中英官方藏档的情况大致如下。英国政府相关档案已于 20 世纪 70 年代逐渐公布。现存伦敦英国国家档案馆的内阁、外交部、殖民地部等相关机构的档案，除九龙城寨事件等少数档案未全部解密外，均已公布。① 与本书研究密切相关的殖

---

① 关于九龙城寨事件的官方档案，英国国家档案馆对殖民地部相关档案设定了 30 年、50 年和 75 年三个时段的解密期。其中设定为 75 年解密期的档案尚不可利用。

民地部档案 CO 129 系列和外交部档案 FO 371 系列已由该馆制作成缩微胶片，海内外有关研究机构均有购买收藏。① 香港历史档案馆（Public Records Office of Hong Kong）收藏了港英时代香港政府的官方档案，内容多偏重于香港地方事务，少数涉及外交。

中国第二历史档案馆典藏的相关档案分散于行政院、外交部等机构全宗之中。2002 年，该馆从馆藏档案中选择有关香港地区的文献编制成缩微胶片档案专题——《中国第二历史档案馆馆藏香港地区档案史料选编》，内容涉及民国时期香港地区的政情、社情及内地驻港各机构的活动等，对于研究战后香港问题具有重要的参考价值。② 广东省档案馆典藏的"广东高等法院档案""广东省侨务处档案"和"九龙海关档案"涉及战后粤港关系、匿港汉奸引渡与审判、华南走私与关务协定谈判等诸多方面的内容。除中国大陆地区外，台北"国史馆"典藏的"行政院档案"与"外交部档案"以及中研院近代史研究所档案馆典藏的"外交部欧洲司档案"中收录了相关文献资料。本书使用的未刊官方藏档主要来自上述 5 个档案馆。

近年来，中英文相关档案的编辑与出版工作为研究提供了一定的便利。值得一提的是《英国外交事务文件集》（*British Documents on Foreign Affairs*：*Reports and Papers from the Foreign Office Confidential Print*），该文件集自英国外交部与驻外使领馆之间往来文电编辑而成，其中战后远东卷册有大量涉及中英关系的档案文献。③ 惜编撰者多选取英国驻华使领馆有关中国内政的报告材料，较少涉及中英之间的外交事件，但该文件集仍然对本书有着重要的参考价值。20 世纪

---

① 笔者引用的英国殖民地部档案 CO 129 系列均来自香港中文大学图书馆向英国国家档案馆购买的缩微胶片。

② 目前中国第二历史档案馆尚未向研究者开放《中国第二历史档案馆馆藏香港地区档案史料选编》，而香港历史档案馆已购买该专题档案选编的复制缩微胶片，可供研究者使用。笔者引用的该专题档案选编即是在香港历史档案馆查阅的。本书在引用时，标注的是每份档案的原始全宗和案卷号。

③ Anthony Best，*Brithish Documents on Foreign Affairs*：*Reports and Papers from the Foreign Office Confidential Print Part IV Series E*．（University of Publications of America，2001 – 2003）．

90 年代，中国第二历史档案馆在《民国档案》上先后刊布了 1948 年
九龙城寨事件交涉期间驻英使馆与外交部之间的往来文电和战后各地
民意机构呈请中央政府收回港九的相关文电。① 另外，广东省档案馆
和中央档案馆亦编辑出版了一批档案文献选编，其中包含有关战后初
期中共在香港活动的史料。②

　　就本书的研究内容而言，报刊作为史料的重要性不亚于官方藏
档。近代中国的对外交涉游走于公开与隐秘的边缘，公众意志需要通
过舆论得以体现与宣泄，政府当局亦试图引导舆论以利自身。报刊不
仅是外交事件的报道工具，亦是朝野间各种势力在外交博弈中的舆论
载体。《申报》《大公报》等全国性报纸对香港问题有着敏锐的新闻
触觉，对战后香港的重大事件均有报道。而香港本地报刊更具研究价
值，抗战结束后，香港报业日趋繁荣，《星岛日报》《华侨日报》等
香港大众报纸担当了历史现场记录者的角色。另有一类报刊有着鲜明
的政治色彩，它们刊载的消息与评论亦体现了该报背后势力的政治立
场，不同的报刊对于相同的事件往往有不同的叙述方式，得出迥异的
结论。例如，《国民日报》是中国国民党港澳总支部的机关报，③ 而
《正报》《华商报》《群众》等报刊与在香港的中国共产党组织关系
密切，这些报刊不仅仅提供了史实的记录，亦反映了香港特殊政治氛
围中内争与外力的交错景象。因此，如何解读报刊史料，在历史细节
中抽丝剥茧以接近真相亦是撰写本书时笔者注力之处。

　　历史的"现场感"往往存于历史人物的日记和回忆录中。亲历
战后中英香港交涉的中外历史人物为数众多，相关个人文献浩如烟

---

① 中国第二历史档案馆编《1947～1948 年有关九龙城事件的中英交涉史料》（《民国
档案》1990 年第 3 期）、《抗战胜利后各地参议会要求收回香港电文一组》（《民
国档案》1997 年第 2 期）。

② 广东省档案馆编《华南党组织档案选编（1945～1949）》，广东省档案馆，1982；中
央档案馆、广东省档案馆编《中共中央香港分局文件汇集（1947.5～1949.3）》，广
东省档案馆，1989。

③ 香港《国民日报》于 1949 年更名为《香港时报》，1993 年停刊，其缩微胶片收藏
于香港大学孔安道图书馆。

海，难以搜罗穷尽，但日记无疑是最有价值的史料。已刊私人日记中，《陈君葆日记》①和《王世杰日记》②较有价值，前者是香港大学教授，日记部分内容即作者所亲见的战后香港社会；后者时任国民政府外交部部长，直接参与了战后中英香港交涉，他的日记是外交层面决策细节的丰富展示。已出版的相关当事人回忆录及口述历史资料亦相当丰富，难以一一详述，试举重要的略述如下。第 22 任港督葛量洪的回忆录涉及香港政府重大决策的酝酿细节，作者比较坦诚地叙述了自己的心态以及相关事件的决断内幕。顾维钧在太平洋战争期间担任中国驻英国大使，其回忆录的相关章节详细记录了中英新约谈判和香港受降之争的交涉过程。近年来，封存多年的张发奎回忆录得以公开出版，张氏曾在战后执掌华南军政大权，他的回忆录反映了战后广东政局以及粤港关系的一些情况。张发奎的部下李汉冲曾多次参与广东军事当局与香港政府的交涉，他撰写的回忆文章亦具有较高的参考价值。

综上所述，本书试图以中英两国官方相关藏档为叙述、立论基础，追溯交涉谈判的内幕，挖掘相关事件的细节，并参照和比对报刊、日记、回忆录等多种史料，力求从多重角度展现外交与内政的互动以及朝野之间的分歧与协调，最终还原战后中英香港交涉的历史过程。

---

① 谢荣滚主编《陈君葆日记全集》第 2 卷，香港，商务印书馆，1999。
② 《王世杰日记》（手稿本），台北，中研院近代史研究所，1990。

第一章　较量与妥协：
从中英新约谈判到香港受降之争

　　太平洋战争爆发后，中英两国对战后香港归属问题有着各自的认知、设想、计划与决策。在条约和国际法层面，1943 年 1 月签订的中英新约及此前的缔约谈判尤为关键，尽管香港问题在中英新约字里行间隐而不见，其实为左右谈判进程的核心要素。新约对香港问题的搁置实际确立了英国在战后重返香港的前景，而这种前景是否能成为现实，则取决于多种因素的共同作用。以中英新约为核心的条约体系的框架限定、英国重返香港的努力与规划、中国收回香港的立场与策略、美国政府的态度、战争的进程——这些因素下形成的国际政治弈局，共同决定了香港的命运。

　　日本宣布投降之时，亦是战时纠结的香港问题面临摊牌之际，中英双方为争夺香港受降之权在外交层面激烈对抗。受降仪式是一种古老的军事传统，既是战败者屈服的明证，又是对战胜者的褒奖，还在某种程度上暗含了获胜国家的权力意志以及战后地缘政治与利益分配格局。受降之争尚未平息，英国已派兵登陆香港。在沦陷三年零八个月后，英国人兵不血刃地卷土重来，战后香港命运的帷幕由此拉开。

第一节　中英新约谈判前后的香港问题：
　　　　僵局与搁置

　　香港问题对于国民政府来说是历史遗留的现实问题。谓其"历史遗留"，即香港问题的产生并非国民政府所愿所为，而是源于清廷和英国政府之间的三个不平等条约。谓其"现实问题"，即废除不平等条约是国民政府一直谋求实现的目标。① 作为第一个不平等条约产物的香港问题，亦是衡量国民政府执政能力和政权实力的政治标尺，不仅国内舆论民意反应若此，执政者本身自我判断亦然。南京国民政府建政初期，曾在意识形态层面秉持高调民族主义。观其对英交涉的行动，虽曾有收回镇江、厦门英租界和威海卫租借地的"革命外交"举措，但是，在复杂的国际国内环境之中，国民政府终究还是采行"务实外交"路线，尽量因循谈判协商途径，以另订新约的方式，逐步收回在不平等条约体系中失去的国家利权。而香港问题，亦延续这一解决思路。若要突破不平等条约体系，非仅凭国民政府一己之力可毕其功，以外交途径解决香港问题，则有待国内国际局势的变化，而太平洋战争的爆发即提供了这样一个契机。

一　中英新约谈判的历史背景

从辛亥革命到太平洋战争爆发之前，有关包括香港、九龙和新界在内整个香港地区的主权问题，历届中国政府在对外交涉中均未有专门而正式的处理。而新界由于其特殊地位，常被朝野有识之士设想为解决整个香港问题的突破口。原因在于：依据1842年的中英《南京条约》和1860年的中英《北京条约》，香港岛和九龙司地方一区割让于英国。而1898年的中英《展拓香港界址专条》则是明确将"九龙租借地"，即新界，以99年的期限

---

① 就意识形态层面而言，国民党的纲领性文件无外乎孙中山"一大宣言"，该件既是其有关外交目标的政治遗嘱，又是此后国民政府对外交涉的行动指针。宣言明确指出："一切不平等条约，如外人租借地、领事裁判权、外人管理关税权以及外人在中国境内行使一切政治权力分割中国主权者，皆当取消，重订双方平等互尊主权之条约。"见《中国国民党第一次全国代表大会宣言》（1924年1月），荣孟源主编《中国国民党历次代表大会及中央全会资料》上册，光明日报出版社，1986，第11页。

租借给英国。①

民国以降，尽管政局不靖，但随着民族意识的增强和争取国家利权观念深入人心，解决列强在华租界和租借地问题渐成朝野共识，亦成为国内各政治势力角逐竞争的自我标榜。在 1919 年巴黎和会上，北京政府曾以战胜国之身份向和会提出《中国希望条件说帖》，在归还租借地的要求中明确提到了"九龙拓界及香港附近之地面、海面"。② 但英国联合法国反对将租借地问题列入和会讨论范围，和会主席，即法国总理克里蒙梭（Georges Clemenceau）于 5 月 14 日宣布该提案不在和会讨论范围，建议由国际联盟理事会去考虑，实质上拒绝了中国的要求。此后，在华盛顿会议期间，中国代表团再次提出废止各国在华租借地问题，但仍未能有结果。③ 20 世纪 20 年代，国民革命在广东一隅兴起，国民党人与近在咫尺的"英帝国主义"势力——香港关系不睦。历经香港海员工潮、关余危机、商团叛乱直至省港大罢工，中英之间摩擦不断。尽管其间"收回港九"之呼声一时高涨，但彼时北伐统一才是迫在眉睫的要务，广州政府并没有提出收回香港。④ 北伐过程中，武汉国民政府先后收回了汉口、九江英租界。南京国民政府成立后，镇江、厦门英租界以及威海卫租借地亦次第收回，然而，九一八事变爆发，一系列复杂矛盾接踵而至，国民政府为制日有求于英、美，对英外交渐趋缓和，之前革命外交努力未竟全功。

1941 年 12 月 7 日太平洋战争爆发，8 日日军进攻香港，25 日香

---

① "九龙租借地"即"新界"。英国通过《展拓香港界址专条》和《香港英新租界合同》等条约文件租借九龙界限线（Boundary Line）以北至深圳河以南的土地，连同附近 233 个岛屿。由于新租借的土地没有统一的名称，所以英国人便称之为"New Territories"，中文译为"新界"。

② 《中国希望条件说帖》（1919 年 2 月），程道德、郑月明、饶戈平编《中华民国外交史资料选编（1919～1931）》，北京大学出版社，1985，第 40 页。

③ 刘存宽、刘蜀永：《1949 年以前中国政府收复香港的尝试》，《历史研究》1997 年第 3 期，第 9～10 页。

④ 有关国民革命期间香港与中国内地政局的相互影响可参见余绳武、刘蜀永主编《二十世纪的香港》第五、六章。

港总督杨慕琦（Mark Young）宣布投降，短短 18 天的战役暂时结束了英国在香港的殖民统治。香港的沦陷使英国颜面尽失，但为中国提供了收回失地的可能性。尤为重要的，是太平洋战争的爆发极大地改善了中国的国际环境，国际地位亦得到提升，中国与英、美结成了正式盟友。1942 年 1 月，由美、英、苏、中四国领衔签署的 26 国联合宣言发表之时，美国总统罗斯福（Franklin Roosevelt）即对中国外交部部长宋子文表示欢迎中国成为"四强"之一。① "四强"的身份并非中国的自我认定，而是美国"使中国成为大国"政策的既定方针。在获悉罗斯福关于"四强"的表述后，蒋介石在当年元月反省录中写道："二十六国共同宣言发表后，中、美、英、俄四国已成为反侵略之中心，于是我国遂列为四强之一。再自我允任中国战区最高统帅之后，越南、泰国亦划入本战区，于是国家与个人之声誉及地位，实为有史以来空前未有之提高，甚恐受虚名之害，能不惧戒乎哉！"② "甚恐受虚名之害"的心态充分反映了蒋介石面对中国地位突然提升的某种疑虑。这种疑虑不无道理，太平洋战争期间，战胜日本是美国在远东的主要目标，这一目标受到欧洲战场局势、进展的影响。在战略格局中，美国需要中国牵制日本，最大限度地利用中国的地缘与军力。基于以上考虑，美国"为了在远东建立战后的政治秩序，采取使中国成为大国的政策"。③ 然而，由于美国"先欧后亚"（Europe First）的总体战略布局，中国战区被定位于整个反法西斯战争的牵制性战场，被迫服从欧洲优先的方针；就军事和经济援助而言，中国所得到的远远低于预期。④ 诚如邹谠所言，美国"使中国成为大国"的

---

① 《宋子文致蒋介石电报》（1942 年 1 月 1 日），叶惠芬编《中华民国与联合国史料汇编——筹设篇》，台北，"国史馆"，2001，第 4～5 页。

② 周美华编注《蒋中正总统档案——事略稿本》（48），台北，"国史馆"，2011，第 200～201 页。

③ 〔美〕邹谠：《美国在中国的失败，1941～1945》，王宁、周先进译，上海人民出版社，1997，第 30 页。

④ 中美之间在缅甸战役、美国军事物资调配、贷款、史迪威的角色和职责等方面的分歧与矛盾均能体现上述观点，具体可参见陶文钊《中美关系史》上册（上海人民出版社，2004）第 200～216 页。

政治方针仅仅是以外交行动来实现的，这种形势的实质即美国的政策是把中国看成是个大国。①

在使中国成为大国的问题上，英国却与美国有着较大的分歧。②双方分歧的根源在于对战后远东秩序设想的差异。对于英国而言，恢复和重建其在海外领土的帝国统治是既定目标。战争中，英国在远东的属土多落入日本手中，香港的新主人在种族方面大做文章以美化其奴役统治。例如，在日本占领当局授意下，香港于 1942 年 8 月 29 日举行"南京条约一百周年纪念"，"华民代表会"等组织假借民意，揭英国统治香港之黑暗面，控诉前白人统治者的恶行，抒发"亚洲解放"的"畅快心情"。③ 日本以"东亚解放者"自居，无非是为掩饰其侵略行径，其宣传固然是欺人之谈，但影响却直指反法西斯同盟国的纲领性文件《大西洋宪章》和《联合国家共同宣言》名实难副的软肋，具体到英国的远东政策，即英国始终不愿承诺战后放弃在远东的殖民统治。

1942 年 8 月，英国首相丘吉尔（Winston Churchill）在致美国总统罗斯福的信中表示，若要将《大西洋宪章》适用于亚洲和非洲，需要深思熟虑。④ 此后不久，丘吉尔在会见美国政府官员时说："凡是属于大英帝国的，我们都要予以保护，我不是为了解散大英帝国而出任首相的。"⑤ 11 月 10 日，丘吉尔在伦敦市政厅演讲时又重复了上述的讲话，该内容被刊登于第二天的《泰晤士报》（*The Times*）。1942 年 3 月以后，中美两国舆论界在政府授意下对英国在殖民地问

① 〔美〕邹谠：《美国在中国的失败，1941～1945》，第 32 页。

② 有关太平洋战争期间英美之间关于"使中国成为大国"的争论（The "Strong China" Controversy）可参见 Lanxin Xiang, *Recasting the Imperial Far East：British and America in China, 1945 – 1950*, pp. 3 – 33.

③ 《"华民代表会"及"各界协议会"就〈南京条约〉百年纪念联名发表之谈话》，《香岛日报》1942 年 8 月 29 日，第 2 版。

④ Christopher Thorne, *Allies of a Kind：the United States, Britain, and the War against Japan, 1941 – 1945*（London：Hamilton, 1978）, pp. 160 – 161.

⑤ Christopher Thorne, *Allies of a Kind：the United States, Britain, and the War against Japan, 1941 – 1945*, p. 161.

题上的僵化思维进行了抨击，4 月宋美龄访问美国，多次批评英国的远东政策。① 在 1942 年 6 月的民意调查中，有 56% 的美国民众认为，由于英国从殖民地中获得了不光彩的利益，英国人也应当算作"压迫者"。② 对于中美两国的"反英"情绪，英国政府准备从舆论上加以反击，有关部门不仅制定了对华宣传战的计划，亦强调要"用舆论教育美国人"。但最终英国政府否决了对华宣传战的方案，而主张从外交途径协调与盟友之间的关系。③

美英关于中国之地位的分歧对于中国而言，既是契机也是挑战。国民政府对自身国际角色的定位并非一味被动接受美国政府的观念，亦有自己对国家利权伸张与维护的设想。目前所能见到的太平洋战争爆发后最早一份有关领土要求的计划，即是与谋求另订新约相联系的，这在蒋介石 1941 年 12 月 20 日的日记中有所体现。珍珠港事件发生后不到两周蒋介石已经开始考虑与盟国订立新条约的问题，他主张，中国除应向盟国提出军事要求外，还要提出政治经济方面的要求。其政治方面的要求包括："甲、对英要求其承认西藏九龙④为中国领土之一部；乙、对俄要求其承认外蒙新疆为中国领土之一部；丙、东四省、旅大南满要求各国承认为中国领土之一部；丁、各租借地及治外法权与各种特权及东交民巷等皆须一律交还中国，与取消一切不平等条约。"⑤ 这其中明确提出了涉及香港的领土主张。另一方面，1941 年春，顾维钧接替郭泰祺出任中华民国驻英国大使，7 月顾维钧抵英履职，据其回忆："我到伦敦任职不久便接到训令，要我研究并试探英国对香港问题的态度。训令不是直接要我进行谈判，只是

---

① 李世安：《太平洋战争时期的中英关系》，第 33 页。

② Christopher Thorne, *Allies of a Kind: the United States, Britain, and the War against Japan, 1941 - 1945*, p. 209.

③ 具体可参见李世安《太平洋战争时期的中英关系》第 42 ~ 51 页，陶文钊《太平洋战争期间的香港问题》(《历史研究》1994 年第 5 期，第 72 ~ 73 页)。

④ 蒋介石所说的"九龙"是指九龙租借地，即新界。

⑤ 蒋介石日记 (1941 年 12 月 20 日)，美国斯坦福大学胡佛研究所藏，转引自王建朗《大国意识与大国作为——抗战后期的中国国际角色定位与外交努力》，《历史研究》2008 年第 6 期。

指出香港是中国政府渴望尽快解决的问题之一。我本人认为，这是我在伦敦作为重点加以注意的问题之一。于是我便拟定了一个计划，要摸清英国各界对这个问题的看法。"① 这表明，中国试图运用至少是名义上的大国地位，以另订新约的方式谋求取得实质上的大国地位。

除了中国的主观努力之外，另订新约的推力亦来自美国，前述美国以外交行动实现中国大国地位的思维即是这一推力的逻辑起点。美国推动另订新约在某种程度上带有"补偿"中国的意味，由于"先欧后亚"的总体战略方针，美国对中国的援助屈从于欧洲战场的需要，颇让中国有口惠而不实之感；蒋介石又对中国不能派代表参加英美参谋长联席会议（Combined Chiefs of Staff，CCS）和军火分配委员会（Munition Assignments Board，MAD）时有怨言，因此，利用另订新约的方式"从政治上提高中国的地位以补偿军事上的待遇不公和物质的援助不足便成为紧迫的事情"。②

1942年6月中途岛战役的胜利使得太平洋战场局势趋向好转，美国倾向于采取主动，尽快与中国谈判废除治外法权。中美之间的互动无疑给英国施加了压力，英国外交部指示驻华大使薛穆（Horace Seymour）不要让美国人在中国占尽先机，亦要在废除治外法权的问题上采取主动姿态。③ 美国与英国经过一个半月的磋商，决定采取平行行动，分别与中国谈判废约。④ 1942年7月至10月，美国政府先后派出特使居里（Lauchlin Currie）和威尔基（Wendell Willkie）来华访问，蒋介石向两位特使均表明中国对平等待遇的祈盼和收复失地的决心。10月5日，蒋介石授意陈布雷拟写新闻稿，再次提出希望美国放弃对华不平等条约。其要旨在于敦促美国"百尺竿头，更进一步"，并向美国表示"何妨单独自动的将对华条约中所包含的不平

① 《顾维钧回忆录》第5册，中华书局，1987，第14~15页。
② 陶文钊：《中美关系史》上册，第223页。
③ Llewellyn Woodward, *British Foreign Policy in the Second World War*, Volume 4 (London: H. M. S. O., 1970), p.510.
④ 陶文钊：《中美关系史》上册，第224页。

等的条约，就在这时候率先声明放弃，不必待至战后……我们相信这一个希望应是美国当局和人民所乐于考虑的"。① 另一方面，日本所谓"东亚共荣"政策也在某种程度上促进了中国与英美之间新约谈判的展开。自 1937 年，日本即在策划以废除治外法权来宣扬所谓"中日亲善"。1940 年汪精卫政府成立后，日本政府的这种意图更加明显。而蒋介石十分担心与自己"汉贼不两立"的汪伪政权在这一问题上抢占先机。在这样的背景下，新约谈判提到了议事日程。在1942 年的中华民国国庆日当天，即 1942 年 10 月 10 日（美英时间 10月 9 日），美英两国政府分别通知中国大使馆，宣布自动废除不平等条约，并愿商订平等新约。蒋介石当即于国庆纪念大会上宣布这一消息，并于当天下午 4 时向全国发表广播讲话，新约谈判就此拉开帷幕。

二 中英双方的谈判底线

英国政府从未打算在战争期间将香港归还中国，无论是在新约谈判启动之前还是之后均是如此，在中英新约中不涉及香港问题是英国的既定方针。即便在战后，英国政府也从来没有主动要求归还香港。有意思的是，时任驻英大使的顾维钧在回忆录中着力强调了英国人对战后归还香港的意愿与承诺。他说自己通过好几个月的努力收集信息，得出的结论是——

英国——政府、金融巨头和普通老百姓——打算把香港全部归还给中国，不过人人都认为当前应先解决当务之急，香港问题最好留到战争胜利后去解决。我发现英国人都能正确理解中国收回香港的愿望，包括政府官员和一般公众。他们公开对我说，香港理应归还中国，有的说它是中国的领土，居民都是

---

① 周美华编注《蒋中正总统档案——事略稿本》(51)，台北，"国史馆"，2011，第351～352 页。

中国人；有的说中国战后将成为强国，香港是中国的国防前哨，对中国有用。①

顾维钧还声称自己与丘吉尔长谈过几次，丘吉尔说自己不反对归还香港，只是目前时机还不成熟，要等到战后再说。② 已公布的相关档案文献已经表明，丘吉尔在香港问题上的态度恰恰与顾维钧的回忆相反，丘吉尔从来没有表示要归还香港，他关于战后英国应当重返香港的立场非常坚定。③ 那么，《顾维钧回忆录》中有关英国政府与民间希望在战后归还香港的记载是否是空穴来风呢？

1942 年的 8 月至 9 月，英国外交部和殖民地部等相关部门曾就香港问题进行研究和讨论。这一轮香港政策讨论的诱因是 1942 年夏英国外交部远东事务主管克拉克（Ashley Clark）访问美国后提交给外交大臣艾登（Robert Eden）的报告。克拉克在报告中表示，中美之间的友好程度远比英国预料的要高得多，并且，美国政府倾向于支持将香港归还中国。④ 殖民地部负责远东事务的助理常务次官贞特（Edward Gent）⑤ 对克拉克的报告表示怀疑，认为外交部在远东问题上囿于美国的观点与判断，并强调英国的远东政策应以自身利益为出发点。贞特与殖民地大臣克兰伯恩（Salisbury Cranborne）、殖民地部负责远东事务的常务次官盖特（George Gater）进行了会商，于 1942 年 8 月提出了经过修改的《英国的远东政策》（*The British Government's*

① 《顾维钧回忆录》第 5 册，第 15 页。
② 《顾维钧回忆录》第 5 册，第 14~15 页。
③ 针对顾维钧有关丘吉尔不反对归还香港的回忆，刘存宽、刘蜀永等学者曾撰文指出，他们"为此在伦敦英国公共档案局查阅了英国外交部（FO）、殖民地部（CO）、内阁（Cab）、首相府（Prem）的有关案卷，丝毫找不到顾氏上述说法的依据"，参见刘存宽、刘蜀永《1949 年以前中国政府收复香港的尝试》（《历史研究》1997 年第 3 期，第 13 页）；笔者在英国国家档案馆和香港历史档案馆查阅了有关资料，亦未发现可以佐证顾氏说法的相关档案材料。
④ Mr. Clark's to Mr. Eden, 11th June, 1942, FO 371/3184. 英国外交部档案，英国国家档案馆藏；本书所引 FO 371 系列档案，如非特别注明，格式和出处均同此处。
⑤ Edward Gent，又被译作"郑艾华"或"爱德华"，1895 年出生，于 1946 年出任马来亚联邦（Malayan Union）第一任总督，1948 年 7 月 4 日死于空难。

Policy of Far East）备忘录，意在协调殖民地部与外交部之间的分歧。

在涉及香港政策方面，备忘录强调中国的重要性，表示英国若要处理好香港问题必须与中国合作。备忘录还强调地理因素对香港的制约，承认"在地理上"香港是中国的一部分。并说明新界对于整个香港的重要性，认为新界租期有限，但香港在供水等基础资源多方面依赖于新界，若新界归还中国则香港的地位将十分尴尬。备忘录还预计中国将在与英国另订新约的谈判中涉及香港问题，双方应当妥善处理。备忘录不反对战后与中国讨论香港的主权问题。①

此后，外交部有关人员就殖民地部的备忘录展开了讨论。总体而言，克拉克、远东司官员布雷南（John Brenan）、经济与重建司官员吉布（Gladwyn Jebb）和北美司官员巴特勒（Nevile Butler）等不反对战后在基于新界租期期满的前提下，"有条件地归还香港"。而远东司常务次官彼得森（Maurice Peterson）则持相反意见，他认为，无论是从帝国威信还是利益分配考虑，英国均不能在香港问题上让步。他提出了更深层次的忧虑，即美国有可能在战后将英国从远东排挤出去。而印度事务部赞同彼得森的看法，对于"有条件地归还香港"持否定意见，认为战后英国应当恢复在远东的地位。②

由此可见，英国政府内部对于香港问题虽然有不同声音，但基本上没有政府官员主张在战时就讨论归还香港的问题，严格来说，也没有人主张在战后可以主动、无条件放弃香港。的确，一部分民间人士和政府官员曾对战后英国能否重返香港表示过怀疑，但自始至终没有一种意见倾向于将香港问题纳入与中国废除治外法权和另订新约的谈判中。英国政府内部的讨论和争议是政策研究过程中的必要程序；作

---

① "The British Government's Policy of Far East", Memorandum by Edward Gent, August 1942, FO 371/31777.

② 有关1942年八九月间英国政府内部对香港政策讨论的资料可参见 FO 371/31777 和 FO 371/31801 系列档案；具体讨论过程可参见陶文钊《太平洋战争期间的香港问题》（《历史研究》1994 年第 5 期，第 73 ~ 74 页）；亦参见曾锐生《太平洋战争期间英国对香港政策秘闻》（《香港掌故》第 9 集，第 91 ~ 96 页）。讨论的详细经过本书不再赘述。

为一个言论相对自由的社会，不同声音的此起彼伏亦是舆论的正常现象；英国部分朝野有识之士的思想感情也的确存在对殖民主义的反感；而此时正值日本在远东频频得手，失败的阴霾多多少少使得英国人对前景的判断较为灰暗。——这些恐怕是形成顾维钧回忆录中有关说法的主要原因。

就在英国宣布废除在华治外法权并将与中国进行另订新约的谈判5天后，即1942年10月14日，外交部政务次官理查德·劳（Richard Law）在国会下议院回答质询时，有议员提问政府是否会把香港归还给中国，劳非常肯定地说："不还！我们提出的废约只是废除治外法权。"① 这是英国政府对中英新约内容是否会涉及归还香港问题第一次公开而明确的否定答复，这个答复也定下了英国政府的交涉底线。

那么，国民政府又是怎样面对这个问题的呢？10月14日英国下院质询香港问题的有关消息引起了中方的极大关注，10月18日，国防最高委员会秘书处提交了一份《关于收回香港问题》的文件，这份文件对英国政府在香港问题上的政策进行了预测和判断，分析了中英两国在香港问题上的利害关系，并提出了在新约谈判中交涉香港主权的策略。关于英国政府在香港问题上的态度，国防最高委员会秘书处认为：

> 自我国抗战，国际地位日益提高，英帝国远东势力日益衰退以来，英人有预料香港将来必还中国者，甚至进而主张英国应自动将其归还中国者，亦不乏人……本年初英驻华大使馆情报随员办事雇员斯密斯（L. C. Smith）曾有演讲，略谓战后自由的中国人有决定自由的中国人命运之权，并示意香港之命运殆亦将由香港之中国人民决定，惟以该员地位无足重轻且演说纯系私人意见，不足以为官方之表示，至多亦只能视为透露英国一部分官方人士之意见而已。最近（十月十四日）英国外务次官在下院称

① Memorandum, 14th October, 1942, FO 371/31715.

> 废除英国在中国之权利并不包括香港交还中国……协定仅与放弃在华治外法权有关。①

因此，该文件判断："英官方尚无明白放弃香港之意，而英方关于此点意见不一更可见一斑。"关于英国保留香港的动机，该文件指出有以下三点："一、或系仍冀以香港为对我经济活动中心。二、或系留恋其香港财产。三、或系留为战后对我在其他方面讨价还价之资。"该文件充分估计到在战时收回香港的困难性，认为："在我方希望收回香港自不待言……但兹英官方已正式表示不在讨论范围之列，更值战事尚未终结之际，在进行放弃特权另订新约之中，同时又提出收回香港问题，是否为一智慧之举，实有慎重考虑之必要。"②

至于中国应当如何在新约谈判中提出香港问题，这份文件主张将香港（包括界限街以南的九龙地区）和新界区别对待，在新约谈判中向英国政府提出收回作为租借地的新界，而不提收回整个香港地区。因为"自纯粹法理言之，英官方所谓废除在中国之特权不包括交还香港在内，实无疵可击。因香港已经条约割让为英领土，与英在中国之特权均无关系"；而新界是租借地，则与英国在中国的治外法权有关，因此对于新界，中国应当"在议订新约时必力争无条件之归还，且必求其成功"。该文件实际确立了以废除治外法权为依据收回新界的方针。而新界一旦收回，香港已无可能单独作为英国属地而存在。正如该文件指出的，新界回归后"则香港在经济上之价值已大有疑问，至九龙对面香港主岛之海军船坞在此种环境之下就现代军事眼光而论毫无价值"。而在具体交涉办法上，该文件主张如果环境允许，则最理想的办法是直接在谈判中提出交涉。此外，"及时发动一种

---

① 国防最高委员会秘书处：《关于收回香港问题》（1942 年 10 月 18 日），外交部档案，中国第二历史档案馆（以下简称"二档馆"）藏，十八/2952（"十八"为全宗号，"2952"为案卷号，本书引用中国第二历史档案馆藏档案编号格式均同此处，不再一一说明）。

② 国防最高委员会秘书处：《关于收回香港问题》（1942 年 10 月 18 日），外交部档案，二档馆藏，十八/2952。

工作，以增强英美乃至其他联合国主张归还分子之潜伏的舆论力量，以为我异日要求归还之张本与声援，似亦不失为一种有益之举"。①

这样，新约谈判开始之前，中英两国政府都为香港问题定下了基调。英国坚持不讨论归还香港，认为废除在中国的治外法权无涉新界问题。而中国力求以新界为突破口，依循收回租借地的法理凭据，在谈判中单独提出收回新界，进而逐步解决收回整个香港的问题。

三　交锋、僵局、搁置

10 月 29 日，英国驻华大使薛穆向国民政府提交了中英新约的草案，草案虽然宣布废除在华治外法权，终止《辛丑条约》给予英国的一切权利，但没有一个字提到香港问题。外交部经研究后，于 11 月 13 日将对案送交薛穆，其中最重要的修改是在英方草案的第五条中增加了两项香港问题的解决办法："英王陛下认为一八九八年六月九日在北京签订之中英展拓香港界址专条应即废止，并同意该专条所给予英王陛下联合王国政府之一切权利，即予停止"，以及"英方在九龙租借地（如该专条附图所示者）之行政与管理权，连同其官有资产与官有债务，应移交中华民国政府，并相互谅解，中华民国政府于接收该租借地行政与管理权之时，应拟定办法，担任并履行其一切官有义务及债务，并承诺及保护该地内之一切合法权利，但以不违背中国法令者为限"。② 中英两国在新约谈判中关于香港问题的交锋就此展开。

对于中方打出收回新界这张牌的策略，英方其实早已有心理准备。除前文述及的殖民地部 1942 年 8 月《英国的远东政策》备忘录强调了新界对于整个香港的重要性之外，第 17 任香港总督金文泰（Cecil Clementi）早在 1936 年所做的《香港之将来》演讲中就着重

---

① 国防最高委员会秘书处：《关于收回香港问题》（1942 年 10 月 18 日），外交部档案，二档馆藏，十八/2952。

② 《外交部对于中英新约草案意见书》（1942 年 11 月 13 日），秦孝仪主编《中华民国重要史料初编——对日抗战时期》第 3 编《战时外交》（3），台北，中国国民党中央委员会党史委员会，1981，第 765 页。

提到过新界问题。

> 如果在本世纪之末，新界之租借随便让其满期，我们却切勿
> 以为可以回复到一八九八年以前的情形。香港与九龙现今已成为
> 不能分解的个体了。香港食水之供给，现大部分来自新界，由港
> 底水管通至香港。香港铁路之终点是在九龙。香港的飞行场是在
> 新界的启德。没有了九龙，则海港及其沿岸民事行政有困难，香
> 港的海军及船坞船渠亦必不能自卫，故新界必须如香港一样永属
> 于英国，否则连香港本身将来亦须交还中国。①

所以，金文泰提议："我们应该迅速提出条件，使中国能够光荣地同
意永远割让香港新界与英国。"②

　　薛穆将中方的草案提交伦敦审议，英国外交部就此展开讨论。
1942 年 11 月 20 日，英国外交部远东事务主管克拉克在备忘录中引
用了金文泰关于新界之重要性的言论，克拉克指出，新界与香港互相
依存，中国人提出收回新界，目的是将英国逐步挤出香港。由于担心
中方在香港问题上采取强硬立场，他进一步建议可由英国发表声明，
表示愿在战后与中国讨论香港未来地位问题。③ 外交大臣艾登基本同
意克拉克的看法，但否决了发表声明的建议，表示可以答复中方：新
界不应纳入新约范畴，但英方愿意在战后讨论其未来地位。英国政府
最终确立了抵制中国提出的归还新界的要求这一基本谈判底线，而转
圜余地则是表示可在战后讨论新界问题。12 月 5 日，英国外交部将
这一决策电告薛穆，要求其转告中方。④

---

① 《前香港总督金文泰论"香港之将来"》（1936 年），外交部档案，二档馆藏，十
　　八/2952。
② 《前香港总督金文泰论"香港之将来"》（1936 年），外交部档案，二档馆藏，十
　　八/2952。
③ Memorandum by Clarke, 20th November, 1942, FO 371/31659.
④ Foreign Office to Chungking, 5th December, 1942, FO 371/31663.

12 月 14 日，宋子文在与薛穆的会谈中明确表示中方不能接受英方的立场，他认为，新界归属权应当作为租借地问题，必须纳入新约谈判的范畴。当日晚，教育部常务次长兼中英文化协会秘书长杭立武奉宋子文之命面见英国驻华大使馆参赞台克满（Eric Teichman）。在这次非官方会面中，实际上，杭立武代表宋子文与英国外交官们进行了一次私下沟通。杭立武指出，宋子文可能无法说服蒋介石批准不包括收回新界内容的中英新约，因此，他以个人身份提出建议，可以先由中国向英国提出一份文件，表明新界不包括在新约谈判中，但保留日后提出新界问题的权利。① 杭立武与台克满的会晤虽然是私下的，但至少反映了宋子文的态度，暗示了中方的立场有松动的可能性。

对于杭立武的提议，英国外交部认为可以接受。21 日，内阁会议再次表示有关领土的问题在战争中不予考虑，由此，外交部于 23、24 日两次电告薛穆，新界问题不属于新约谈判范畴，中国政府如果同意，英国愿意在战后考虑租借新界的"期限"问题。② 25 日上午，薛穆面见宋子文和外交部次长吴国桢，向他们转述了伦敦给自己的指示。吴国桢当即指出，新界问题属于新约谈判范畴，宋子文也表示，有关考虑新界"租期"的说法，中方是不能接受的。薛穆建议由中国政府事先照会英国，表示新约谈判无涉新界问题，但中国保留战后提出这个问题的权利。③ 25 日上午的谈判具有关键意义，中英双方都已摸清了对方的底线，就此也陷入了僵局，而下一步的谈判若要有所突破，就要看谁将从底线上后退一步。

25 日下午，在国防委员会秘书长王宠惠的寓所，宋子文与吴国桢、王宠惠、王化成和顾维钧等人商讨对策。④ 讨论开始之前，宋子

---

① Chungking to Foreign Office, 15th December, 1942, FO 371/31664.
② Foreign Office to Chungking, 24th December, 1942, FO 371/31665.
③ Chungking to Foreign Office, 25th December, 1942, FO 371/31665.
④ 时任驻英大使的顾维钧于 1942 年 10 月陪同英国议会访华团赴中国访问，事后留在重庆参与中英新约谈判。

文将上午与薛穆的会谈记录分发给与会者。总体来说，讨论焦点集中于两个方面，一是在英国坚持在新约中不讨论新界问题的情况下，是否还要继续提出该问题；二是若新约无涉归还新界的内容，蒋介石是否会批准条约。吴国桢和王宠惠都认为蒋介石不会在新界问题上让步，倾向于秉持强硬立场，坚持解决新界问题。而顾维钧则表示，依他的经验，英国同样不会在这一点上让步，并强调如果条约谈判失败，会给中国带来负面影响。顾维钧建议先由英国发表声明承诺两点：一是有将新界归还中国的意愿，二是随时准备进行有关于此的谈判。与会者最终同意了顾维钧的看法，决定由王宠惠起草方案，报送蒋介石。①

当天晚上，顾维钧看到了王宠惠、吴国桢和王化成起草的方案，方案文本最后一行写明，如果英方拒绝中方所提的方案，则应由其负条约谈判失败之责。他们认为，蒋介石批准的可能性只有百分之五十。顾维钧则估计，英国接受这一方案的可能性连百分之五十都不到。吴国桢等人表示不能再退让了，可以先说服蒋介石批准，若英方拒绝后，再进一步劝说蒋介石考虑其他意见。②

宋子文将方案报送蒋介石。27 日上午，宋子文给顾维钧打电话，说蒋介石已批准了方案，同意不将收回新界纳入新约内容之中，但蒋在批示中强调，英国要宣布愿意将新界归还给中国。③ 中午，顾维钧在宋子文的授意下会见了薛穆和台克满，表示中国政府不反对在新约之外解决新界问题，但英国政府必须声明打算将新界归还给中国。正如顾维钧所料，薛穆认为这是不能接受的，并表示自己已无能为力，如果谈判破裂，那不是英国政府的过错。④ 顾维钧离开使馆后向宋子文汇报了谈话情况并与其共进午餐，席间顾维钧建议宋子文安排自己与蒋介石见一面，劝服其改变立场。宋子文表示同意，决定和顾维钧

① 《顾维钧回忆录》第 5 册，第 170 ~ 172 页。
② 《顾维钧回忆录》第 5 册，第 173 页。
③ 《顾维钧回忆录》第 5 册，第 173 页。
④ From Chungking to Foreign Office, 27th December, 1942, FO 371/31665；《顾维钧回忆录》第 5 册，第 173 页。

一起劝说蒋介石。事情至此，中国外交当局态度已完全软化，剩下的问题是如何说服最高统治者蒋介石接受。

27 日晚，宋子文、吴国桢、王宠惠和顾维钧与蒋介石共进晚餐。饭前，顾向蒋汇报了中午同薛穆会谈的情况，饭后，蒋介石召集大家商议具体对策。顾维钧向蒋介石强调，他认为英国打算真心诚意归还香港，但他们正在打仗，处于生死存亡关头。英国建议缔结新约是"送上门来的礼"，然而"该送来的礼物应当一次送来；可是英国愿意分两次送"，因此，中国应当"先收下这第一份礼为宜，可以在收礼的同时暗示一下我们在等待着第二份礼的到来"。① 蒋介石最终表态，如果坚持收回新界会导致条约谈判失败，目前他就不再坚持了。顾维钧在回忆录中透露蒋介石的决定使他"又惊又喜"。经过进一步磋商，蒋介石表示，应当等待一两天再把他的决定告诉英国人。目前应当等待英国大使馆收到伦敦方面指令后的回复，弄清他们的最终立场是什么。②《事略稿本》披露了 27 日当晚蒋介石的心境。

> 晚约宋子文、顾维钧等晚餐。聆取少川（顾维钧字——引者注）报告，再三加以考虑，结果以中英新约，如不能与中美新约同时发表，此即表示吾人对英之不满，固可予英以一时之打击，然从大体着想，此约于我之利益颇大，不宜为九龙局部问题，而致破坏全局，且于同盟国之形势，亦多不利。故决定让步，只须换文中对九龙问题，英国愿继续讨论，不使我民众过于失望，即可与之签订新约可也。③

27 日晚上在蒋介石官邸的会商标志着中方调整了谈判的底线，

---

① 《顾维钧回忆录》第 5 册，第 17～18 页。顾氏在回忆录中曾两次提及 27 日他与蒋介石的会面，对具体细节的描述略有差异。
② 《顾维钧回忆录》第 5 册，第 174～175 页。
③ 高素兰编注《蒋中正总统档案——事略稿本》（52），台北，"国史馆"，2011，第 123 页。

即只要英方表示愿意继续讨论新界问题，中方会同意签订条约，较之于此前的立场，这是一步很大的退让。

按照宋子文的策略，28 日到 30 日的这几天，中国外交部在与英国大使馆的谈判中表面上仍采取强硬立场，目的是让英国人摸不清中国的底线，试图表现出不惜谈判破裂的姿态压迫英国改变立场——这当然是机会主义的策略。伦敦 28 日内阁会议上，外交部表示不能同意中方关于由英方发表声明表示打算归还新界的要求。外交部指示薛穆，只同意将与中方讨论删除"租借地期限"中的"期限"二字，改为"租借地问题"。除此之外，英国不会做出任何让步，否则只好不签约。① 30 日上午，薛穆将这一答复正式通知宋子文，并提交了一份由他拟定的草案文本。宋子文对此感到沮丧，但顾维钧劝他说这也是意料之中的事情。下午，宋子文与顾维钧及王宠惠三人来到蒋介石官邸，向他报告了英国的答复。蒋介石表示，现在只有两个办法，一是拒绝签约；二是现在不提新界问题，待日后派兵收复。宋子文和顾维钧劝说蒋介石还是先签约，日后再考虑解决香港问题。顾维钧着重强调如果在签署中美新约后未能签署中英新约，意味着盟国内部存在严重分歧，蒋介石表示要再考虑考虑。② 31 日上午，蒋介石终于同意签署中英新约，并同意中方以照会的形式提出保留日后与英方谈判新界问题的权利。中午，宋子文将蒋介石的决定告诉了薛穆。《事略稿本》披露了蒋介石当天的心境。

> 晨五时醒后，考虑与英国订新约事。我虽不要求其对九龙问题作任何保留之约言，而彼要求我声明九龙不在不平等条约之内，否则彼竟拒绝签订新约。果尔，我政府惟有自动发表废除不平等条约之声明，以不承认英国在华固有之权利。一俟战后用军事力量由日军手中取回，则彼虽狡猾，亦必无可如何。此乃为最

① From Chungking to Foreign Office, 28th December, 1942, FO 371/31665.
② 《顾维钧回忆录》第 5 册，第 176 ~ 177 页。

之手段。如彼无所要求，则我待签字以后，另用书面，对彼说明交还九龙问题，暂作保留。以待将来继续谈判，为日后交涉之根据。①

几经周折，中英新约终于在 1943 年 1 月 11 日在重庆正式签署。宋子文在签约当天照会薛穆，声明对于新界问题中国将保留日后提出讨论的权利。10 天之后，薛穆复照中国外交部，声称："接准贵部长一月十一日关于九龙租借地事之照会。在该照会中，贵部长通知本大使，以中国政府对于此事，保留日后提出讨论之权等由。本大使兹答复，并奉告贵部长者：即本大使业已将上述通知转达本国政府矣。"② 之后，中方的这份照会便石沉大海，英国政府再没有做出任何答复。

第二节　中英处置香港问题之方略

香港问题未能在中英新约谈判中解决，对于国民政府来说无疑是一种失落，但失落的同时，由于宋子文的照会表示将在日后提出新界问题，而又带来了收回香港的希望，不过这种希望多多少少只是国民政府的一厢情愿而已。新约中对香港问题只字不提，而中方单方面的照会对英国没有丝毫的约束，英国外交官们的虚与委蛇，在某种程度上给了国民政府幻想的空间，似乎解决香港问题存在的困难只是时间与时机问题，等到战后一切便可迎刃而解。③ 其实，英国从来就没有承诺对解决香港问题承担义务。尽管如此，新约的签订多少又显示了一种收回利权方式的可能性，即通过外交手段，以另订条约的方式冲破不平等条约体系的束缚。既然治外法权可以因此废除，那么收回国

---

① 高素兰编注《蒋中正总统档案——事略稿本》（52），第 140 页。
② 高素兰编注《蒋中正总统档案——事略稿本》（52），第 346 页。
③ 顾维钧在回忆录中多次表示，他相信英国人归还香港的诚意，只是在英国人看来，讨论香港问题应当放到战争之后。

土也应当可以因循这一路径解决。新约谈判的舆论效应与社会影响正逐渐发酵，收回香港渐成一种舆论和民意的共识，也是朝野共同的期许与愿景。

一 中国收回主权的设想

中英新约签订后至太平洋战争结束前，较之于英国重占香港缜密而细致的准备，中国对于收回香港始终停留在设想阶段。这个设想主要包括两个方面，一是从外交渠道争取美国的理解与支持，从而寻找契机与英国谈判收回香港；二是从军事战略考虑，制定对日作战方案，派出军队占领香港。严格意义上，第二点并非是为了收回香港（尽管决策层有过这方面的考虑），由于香港处于中国战区，消灭华南日军进而光复香港，在战略分工上理所当然是中国战区的责任。下文将分述中国在外交途径和军事战略两方面收回香港的设想。

（一）外交途径收回香港的设想

中英新约签后两个月不到，一个收回香港的具体设想开始酝酿。1943 年 1 月 18 日，蒋介石电告正在美国纽约访问的宋美龄，表示"英国与我所订新约不肯提及归还九龙租借地事，实为遗憾"。① 而宋美龄利用访美的契机与罗斯福（Franklin Roosevelt）总统积极商讨有关中国在战后收回失地的问题。3 月 1 日，宋美龄电告蒋介石会谈结果："关于战后建设问题，彼谓琉球群岛、满洲及台湾将来应归中国。对香港问题，妹曾告彼我决意收回，因为主权有关。罗谓香港主权应属中国，但可划定为自由港。"② 由此可见，"自由港"方案的酝酿肇始于美国的建议。

3 月 12 日，罗斯福会见了访美的宋子文，再次提出"自由港"

① 高素兰编注《蒋中正总统档案——事略稿本》（52），第 339～340 页。
② 高素兰编注《蒋中正总统档案——事略稿本》（52），第 628 页。

的建议。罗斯福说，英国外交大臣艾登（Robert Eden）即将来美访问，美英之间将商讨欧洲善后及战后世界重建问题，届时他将向艾登建议战后英国归还香港，而中国"自动将香港九龙一部或全部划为自由区，在该区内不征一切捐税"。罗斯福还表示："英经营香港百年，宣布为自由港可保全英侨民一部分权利，此亦中国为建设新世界之贡献。"宋子文回应说，前任英国驻华大使卡尔（Archibald Kerr）在重庆时曾表示英国愿意放弃香港，中国驻英大使顾维钧也获知英方人士亦有此类想法；并且，中英新约签订时，英方表示愿意在战后与中国商讨九龙租借地问题；此外，战后香港在军事上已无重要性，若中国严格将其视为外国属地，香港经济"即行破产"。至于将香港划为自由港的建议，宋子文说，自己在未得到蒋介石的指示之前，不能表示任何意见。①

　　宋子文于第二天将此消息电告蒋介石，请示对策。蒋介石令陈布雷复电："元电诵悉，中意香港如英国交还我国后我国可自动声明以香港（或连旧九龙租借地在内）为自由港当不反对。但不能作为交还香港之条件，必须由我方以自动方式出之为要，惟此须国防会议通过，兹已转该会提出讨论，待公决后当再电达。"② 3 月 19 日，国防最高委员会专就此事召开临时会议，林森、孙科、于右任、吴稚晖均对蒋介石的回电表示赞同，会议决议"英如交还香港后，我国可自动宣布香港及旧九龙割让地为关税自由港"。③ 3 月 24 日，外交部将国防最高委员会的决议电告宋子文，宋子文于 27 日转告罗斯福，表示中国政府接受了"自由港"的建议。然而，"自由港"的设想实在只是一厢情愿，事情的发展也证明了这一点。艾登赴美与罗斯福会晤，他拒绝接受这个建议。正如前文所述，早在 1942 年八九月间，英国就已经意识到美国在香港问题上倾向于支持中国。伦敦认为，即

---

① 高素兰编注《蒋中正总统档案——事略稿本》（53），第 50~51 页。
② 高素兰编注《蒋中正总统档案——事略稿本》（53），第 49 页。
③ 《国民政府为收回香港事致行政院训令》（1943 年 3 月 21 日），行政院档案，二档馆藏，二（2）/2249。

便如此，英国也要坚持自己的立场。道理很简单，英国和美国在战后远东问题上存在竞争关系。

与此同时，1943 年 3 月以蒋介石名义出版的《中国之命运》对香港问题有如下阐述。

> 然而吾人对于此次新约之成立，亦不无遗憾之处，就是九龙租借地本为我国领土，而英国未能将此问题在新约内同时解决，实为中英两国间美中不足之缺点。但我国政府于中英新约签字之日，即向英国政府提出正式照会，声明我国保留有收回九龙之权。故九龙问题仍可随时提出交涉。惟国人所当知者，即九龙与香港在地理上确有相依恃的连带关系，且不能不同时解决。今日英国之有所待者，其故当在于此，无待详述。吾人且信英国政府不致为此弹丸之地而妨碍中英两国永久的友好邦交，盖可断言。①

《中国之命运》是中国最高统治者对香港问题又一次明确的表态，虽然象征意义大于实际效用，但仍有两点值得注意：一是将中英在香港问题上的角力开诚布公地表露出来，是向民众显示出政府维护主权的指向、承诺和决心；二是表明香港与新界的连带关系，即若是要与英国谈判，目的不单单是收回新界，而是意在整个香港。在蒋介石《中国之命运》出版后不久，外交部欧洲司官员张纪培提交了一份题为"香港九龙问题"的报告。在报告中，张纪培首先阐明了香港在政治、经济等多方面的重要性。在回顾了英国侵占香港的历史之后，他指出香港孤悬海外会给中国造成损失，危害极大。在报告的后两部分，张纪培提出了收回香港的办法和具体对策，兹录全文如下。

---

① 蒋介石：《中国之命运》（1943 年 3 月），秦孝仪主编《总统蒋公思想言论总集》卷 4（专著），台北，"中央"文物供应社，1984，第 174 页。

二、收回香港九龙之办法：

（甲）向英交涉香港九龙同时收回办法

（1）为中英永久友好合作，互助互利起见，中英两国政府即直接谈判，商订专约，由英国政府将香港及九龙租借地同时交由中国政府收回；（如提交和会及其他国际会议恐滋纠纷而致延搁。）

（2）在香港及九龙租借地实际交还中国政府接收后，立即由中英两方派员会同清查英方所有之港坞建筑、公共设备及公营事业等，□公估价，概由中国政府收买。如收买价款，中国政府不能全部付现时，得以英国政府贷款或其他方式予以清算解决，其详细协定另订之；

（3）中国政府保证永久维护英国在华之正当权益并对于大不列颠联合王国政府及其人民在华投资经营及贸易予以便利；

（4）中国政府保证充分利用香港及九龙为中英永久友好合作之枢纽，并协助防止某项区域内对于大英帝国安全之威胁。

（乙）九龙租借地收回办法：

（1）为中英永久友好合作，互利互助起见，中英两国政府即依据中英平等互惠新约之文字及精神直接谈判，商订专约，由英国政府将九龙租借地交还中国政府接收；

（2）在九龙租借地实际交还中国政府接收后，即由中英两方派员会同清查英方所有之港坞建筑、公共设备及公营事业等，□公估计，由中国政府收买。至如收买价款，中国政府不能全部付现时，得以英国政府贷款或其他方式予以清算解决，其详细协定另订之；

（3）中国政府保证永久维护英国在华之正当权益并对于大不列颠联合王国政府及其人民在华投资经营及贸易，予以便利；

（4）中国政府保证充分利用九龙为中英永久友好合作之枢纽，并协助防止在香港一带区域内对于大英帝国安全之威胁；

（5）中国政府于香港设立海关，征收一切经香港运华货物之入口税收政策，俾杜绝中国沿海一带之走私；

（6）切实改善香港华侨之待遇。

三、达成目的之方法：

（甲）以宣传方法，使英国朝野明了中国民族性，历来爱好和平崇尚道义，是以香港及九龙租借地之收回，有助英国安全及在华权益之维护，暨其商业利益之发展。

（乙）至少九龙租借地本为中国领土，应继中英平等新约，一体交还中国，否则白璧微瑕，美中不足，且将影响中英邦交，就英国言之，诚属不智也。

（丙）以交涉谈判方式，晓以大义，提请英国政府同意交还。

（丁）使我国人士群起注意研究香港及九龙租借地收回问题，以期形成正当舆论。[1]

这是目前档案材料披露的太平洋战争结束之前国民政府最详尽的收回香港的设想，这个设想也最终只停留在外交部的计划层面。张纪培的设想看起来条文清晰，却没有多少实际价值。对于收回香港，张纪培提出了两个办法，一是一并收回整个香港地区，二是先收回新界，途径均是与英国进行直接磋商。至于谈判的时机、提出的方式这些至关重要的内容均未涉及。所谓的收回办法也仅仅是基于英国同意归还香港的前提下保证其在港利益的承诺，其内容也基本上是前述"自由港"方案的翻版。而张纪培所谓"达成目的之方法"更是隔靴搔痒，说来说去都只是在宣传和舆论上对英国人"晓以大义"。宣传的功效本来就是"迷思"，如何能够"觉悟"英国人？其效果难以想象。

1943 年 11 月下旬，中、美、英三国首脑于埃及首都开罗举行会议。蒋介石曾在 1943 年 11 月 14 日的日记中表示将在开罗会议上提

---

① 张纪培：《香港九龙问题》（1943 年），外交部档案，二档馆藏，十八/2952。

出香港问题，但经反复斟酌，最终决定所有有关中英争端的问题不在开罗会议上提出。① 蒋介石为开罗会议准备了有关远东政治的提案，有以下三点："（一）东北四省与台湾、澎湖，应归还我国。（二）保证朝鲜战后独立。（三）保证泰国独立及中南半岛各国与华侨之地位。"② 收回香港没有列入其中。据梁敬錞披露，罗斯福在与蒋介石的会谈中表示战后香港应当归还中国，而蒋介石建议可由美国与英国先行商讨。③ 这也许是出于担心若中国直接提出会遭遇英国的直接拒绝。在之后的德黑兰会议上，罗斯福提出香港问题时，丘吉尔干脆拒绝讨论。

除此之外，对于开罗会议还有另一种说法。时任委员长侍从室中将参谋的杜建时随同蒋介石赴开罗，据他回忆，蒋介石曾就香港问题与丘吉尔正面交锋。杜建时描述说，蒋介石在会议上提出战后收回租借地问题，美国总统罗斯福支持了蒋介石的意见，并问蒋介石对香港如何打算。蒋尚未回答，丘吉尔大声疾呼香港是英国领土，蒋介石回敬说英国与清廷所订的不平等条约，国民政府不予承认，战后随时可以收回香港。④ 杜建时的说法恐怕未必准确，尚未有其他材料可以佐证。蒋介石返回重庆后曾说："香港问题，本人并未提出。惟罗斯福总统曾向本人表示将香港作为自由港，而将主权归还中国，将来必可办到。"⑤ 至此，直到日本宣布无条件投降，国民政府再未有使用外交手段收回香港的计划与准备。

（二）收复香港的军事方案

前述《事略稿本》披露，对于香港，蒋介石打算"用军事力量

---

① 有关史实可参见王建朗《从蒋介石日记看抗战后期的中英美关系》（《民国档案》2008 年第 4 期），此处不赘述。

② 秦孝仪总编纂《总统蒋公大事长编初稿》第 5 卷（上），第 431 页。

③ 梁敬錞：《开罗会议与中国》，香港，亚洲出版社，1962，第 41 页。

④ 蒋介石与丘吉尔争论的细节参见杜建时《蒋介石为香港主权坚拒邱吉尔》，香港《镜报》月刊 1984 年 5 月号，第 7～9 页。

⑤ 中国国民党中央委员会党史委员会编《国防最高委员会常务会议记录》第 5 册，台北，近代中国出版社，1995，第 826 页。

由日军手中取回"。蒋介石的想法可能具有两重含意：其一是单纯从战争角度出发，完成消灭日军、收复香港的军事目标；其二是造成中国军队占领香港的既成事实，在这种情况下，英国势必面临重返香港的极大困境——正如蒋介石分析的所谓"则彼虽狡狯，亦必无可如何"，当然，蒋也承认"此乃为最之手段"。目前公布的资料仅能证明从 1943 年 11 月到 1945 年 7 月，中国战区曾制定相关作战计划，实现歼灭华南日军，攻占广州、香港的军事目标。但并无史料可以进一步证明国民政府准备在占领香港后建立行政机构、彻底收回香港。

开罗会议上，中国战区统帅部参谋长史迪威（Joseph Stilwell）将军曾提出收复缅甸的作战计划。史迪威认为，待恢复中缅交通、运送必需的装备与供给后，即可发动收复广州和香港的军事行动。[①] 1944年，缅北战场进入反攻阶段，1945 年 1 月，中国远征军与中国驻印军会师芒友，缅北滇西作战胜利结束。但西南交通线恢复之后，收复广州与香港的军事行动没有能够按照史迪威的计划实现。主要原因是1944 年日军发起豫湘桂会战，华南和西南众多战略要地落入敌手，延迟了中国战区反攻华南的军事行动。

1945 年 2 月，国民政府军事委员会拟订了《中国陆军作战计划大纲》。针对华南战场，作战计划大纲的设想是由美军登陆占领广州和香港，卫立煌、汤恩伯率部攻克宜山、柳州后，以主力向梧州、三水突进，与美军会师西江。但美军在中国东南沿海登陆的军事行动迟迟未能展开，加上日军发动老河口及芷江作战，该作战计划未能实施。3 月，美军发动冲绳战役，日本参谋本部判断"华南方面不仅对防卫本土的重要程度已大大减小，同时联军在该方面登陆的话，恐怕也不会超出英军夺取香港的范围"，认为"只留下能确保广州、香港的兵力即可"。[②] 5 月中旬，东京做出实施战略收缩的决策，日军"中国派遣军"于 6 月 10 日在南京召开会议，决定命令驻华南部队，

---

① 梁敬錞：《开罗会议与中国》，第 59 页。
② 日本防卫厅防卫研究所战史室：《昭和二十年的中国派遣军》第 2 卷第 2 分册，天津市政协编译委员会译，中华书局，1984，第 3 页。

即田中久一的第二十三军向广州和香港收缩。① 至 7 月中旬，日军在
广州及其外围地区仍驻有 3 个师团、4 个旅团及 1 个香港防卫队，兵
力共约 9 万人。从中不难看出，美军登陆冲绳后，日本"帝国的国
门"已被攻破。日军认为华南地区的战略意义已大为降低，一方面
日军开始将华南、西南地区的部队北调华中、华北；另一方面，日军
集中华南的剩余兵力布防战略要地，用以抵抗盟军登陆作战，力保广
州与香港。1945 年 5 月，日军开始从广西逐步撤出，中国军队跟踪
追击，于 6 月 30 日收复战略要地柳州，为实现歼灭华南日军、收复
广州和香港的战略目标进一步扫清了障碍。

　　7 月 9 日，驻华美军作战司令部负责人柏德诺（Haydon Boatner）
准将向中国陆军总司令部提交了一份从速攻占广州、香港地区的作战
计划。该计划要点在于盟军从海上登陆雷州半岛，利用湛江港作为补
给基地，以主力部队向东进攻广州与香港。② 中国陆军总司令部认为
这个方案过于冒险，在衡阳、曲江、赣州有日军机动兵团的状态下
"遽攻广州，免以主力侧背授敌，万一不胜，致招不可挽救之失败
也"。③

　　因此，中国陆军总司令部于 7 月 14 日制订了《攻略桂林、雷州
半岛、衡阳、广州、香港作战指导案》，该方案分三个阶段完成：第
一阶段，攻略桂林及雷州半岛，开辟第一海口；第二阶段，攻略衡
阳、曲江，为第三阶段作战扫清威胁；第三阶段，攻略广州、香港。
攻占广州、香港的具体方案是："以新一军及第三方面军（欠第二十
七集团军）暨另由第三、第七、第九战区抽出之三个健全军担任之，
务求在数量上构成优势。"攻击开始时间定为 1945 年 12 月 1 日，具
体攻击部署如下。新一军由梧州沿西江两侧地区，攻击广州之西面。

① 日本防卫厅防卫研究所战史室：《昭和二十年的中国派遣军》第 2 卷第 2 分册，第 6 页。
② 《何应钦致蒋介石报告》（1945 年 7 月 18 日），中国第二历史档案馆编《抗日战争正面战场》第 1 册，凤凰出版社，2005，第 174 页。
③ 《何应钦致蒋介石报告》（1945 年 7 月 18 日），《抗日战争正面战场》第 1 册，第 174 页。

第三方面军以主力沿粤汉铁路攻击广州北面。于第三、第七、第九各战区抽出之三个健全军由龙南、河源分道南进，以一部进攻增城、石龙，截断广九铁路，再进而攻击广州之东面，以主力经惠阳、九龙道攻击九龙半岛及香港。该方案特别强调中国军队希望美军在攻占香港的军事行动中能够支援配合："我军攻击广州、香港时，并希望美军海军参加对广州、香港之攻击，尤希望美军陆战队登陆作战，并派船舰运输掩护五十四军在广州以南各要点之登陆。此外，并协助攻占九龙半岛之我军向香港登陆。"①

然而，这个军事计划只完成了第一阶段攻占桂林部分，7月17日，中国军队向桂林追击日军，于28日收复桂林。此后不到一个月，日本宣布投降，攻占广州和香港的作战方案终止实施。国民政府从日军手中夺取香港的作战计划停留在了纸面上。

二 英国重占香港的准备

相较之于中国收复主权的设想，英国政府重占香港的准备要详尽、具体和务实许多。中英新约签订后，英国政府在多个场合声明不会在战后放弃香港的立场。② 其中最著名的，莫过于1945年4月美国驻华大使赫尔利（Patrick Hurley）途经伦敦奉罗斯福之命与丘吉尔讨论香港问题时，丘吉尔说出的那句为英国的香港政策定论的名言："除非跨过我的尸体，否则别想把香港从大英帝国的版图上抹掉"（Hong Kong will be eliminated from the British Empire only over my dead body）。③ 英国的政党政治尽管提供了讨论和修改对外政策的空间，

---

① 《中国陆军总司令部攻略桂林雷州半岛衡阳广州香港作战指导案》（1945年7月14日），《抗日战争正面战场》第1册，第178、180、181、185页。

② 具体史实可参见陶文钊《太平洋战争期间的香港问题》，《历史研究》1994年第5期，第79~81页；刘存宽《英国重占香港与中英受降之争》，《抗日战争研究》1992年第2期，第156~160页。

③ The Ambassador in China（Hurley）to the Secretary of State, 14th April, 1945, *Foreign Relations of the United States*（以下引用时均简称FRUS），1945，Vol. 7, The Far East China（Washington D. C. : United States Government Printing Office, 1969），p. 331.

但无论是保守党还是工党，均主张英国在战后重返香港。1945 年 7 月，艾德礼（Clement Attlee）接替丘吉尔担任英国首相，新的工党政府完全继承了之前丘吉尔内阁的香港政策。

当然，强硬的政策还需要周密准备的支撑才能使英国重占香港从计划变成现实，而这一过程的主要推手是英国殖民地部和军方。尽管中英新约搁置了香港问题，英国政府也从未表示要放弃香港，但日军占领香港的现实和中国收复失地的诉求仍然使得香港的未来具有不确定性。香港未来的不确定性正是殖民地部之焦虑所在。1943 年，殖民地部曾试图发起一个跨部门会议，专门负责香港问题，但这个建议被外交部否决。[①] 在这种情况下，殖民地部内部于 1943 年成立了一个"香港计划组"（The Hong Kong Planning Unit）负责筹划战后重占香港，拟订建立行政机构的方案以及未来恢复殖民统治后的政策规划。起初这个小组只有 9 名组员，均是曾在香港任职的资深官员。成立的第一年，"香港计划组"还隶属于"马来亚计划组"（The Malayan Planning Unit）；到 1944 年 9 月，前香港政府华民政务司（Secretary for Chinese Affairs）麦道高（David Macdougall）[②] 出任香港计划组组长，组员增加到 28 人。[③] 香港计划组的核心是"民政事务组"（The Civil Affairs Unit），这是一个不公开的组织，它的职能是在英国重占香港后迅速建立行政机构。[④]

除此之外，英国驻重庆大使馆和驻华英军司令部构成了英国政

---

① Steve Tsang, *Democracy Shelved*: *Great Britain*, *China and Attempts at Constitutional Reform in Hong Kong*, *1945 - 1952*, p. 13.

② David Macdougall, 又译作"麦道轲"，战前担任香港政府华民政务司。1941 年 12 月香港沦陷时，国民党港澳总支部主任委员陈策率领麦道高等 10 余名香港政府高级官员和 30 余名官兵乘鱼雷快艇成功突围，麦道高在突围中背部受伤，后返回英国。他在战后重返香港，担任香港政府辅政司，于 1991 年逝世。

③ Steve Tsang, *Democracy Shelved*: *Great Britain*, *China and Attempts at Constitutional Reform in Hong Kong*, *1945 - 1952*, p. 13. Frank Donnison, *British military administration in the Far East*, *1943 - 1946* (London: H. M. S. O., *1956*), p. *139*.

④ Future Operations in China, Colonial Office views ref. J. P. （45）200 （S）（T. of R.）, CO 129/591/15, pp. 4 - 5.

府在中国的情报网。有关香港问题的信息通过这两个机构传回英国，并递交到外交部、殖民地部和军方的决策层，成为英国内阁判断和处理香港问题的主要依据。另一个比较重要的组织是英军服务团（The British Army Aid Group，BAAG），它于 1942 年 7 月经国民政府认可，由赖濂仕（Lindsay Ride）上校在曲江成立。赖濂仕本人的经历颇具传奇色彩，他 1928 年 10 月来到香港，受聘担任香港大学生理学教授，同时他也是香港防卫队（The Hong Kong Defence Force，HKDF）成员。太平洋战争爆发后，赖濂仕兼任英军战地医院军医，香港沦陷时被俘，关押在深水埗集中营。1942 年 1 月，赖濂仕逃出集中营，在中共港九大队帮助下安全抵达重庆。[①] 赖濂仕的英军服务团受到英国军事情报局第九处（MI9）[②] 的战术指导和物资援助，主要负责营救战俘逃离香港和收集情报。其总部后迁至广西桂林，在广东惠州设立一个前方办事处，掌控多条进出香港的交通渠道。其中，1942 年设立于新界西贡、代号为"Y"的联络站是英军服务团唯一打入香港的前哨站，为后来英国重返香港发挥了一定的作用。[③]

英国政府为重占香港可谓煞费苦心，相关机构的设置、人员的招募以及预案的制定在 1943 年以后有条不紊地运作起来，但是，最重要的问题仍然没有得到解决，这就是如何重返香港。由于香港在地理位置上处于以蒋介石为统帅的中国战区，而并非英军统帅蒙巴顿（Louis Mountbatten）将军指挥下的东南亚战区，这是太平洋战场的战略分工决定的，因此，反攻华南、军事占领香港理所当然属于中国战区的职责。然而，一旦香港处于中国的军事占领之下，英国以什么理

---

① 赖濂仕在战后出任香港大学副校长，1977 年 10 月病逝于香港，他的经历可参见 Edwin Ride, *BAAG*, *Hong Kong Resistance*, *1942 – 1945*（Hong Kong: Oxford University Press, 1981）。

② 军情九处（MI9, Directorate of Military Intelligence Section 9）成立于 1939 年，其主要职责是援助敌占区的抵抗组织以及掩护和协助被击落的盟军飞行员和战俘逃离敌占区，1941 年之前还负责对敌军战俘的审讯工作，该部门于 1945 年撤销。

③ Edwin Ride, *BAAG*, *Hong Kong Resistance*, *1942 – 1945*, pp. 85 – 96.

由、采取怎样的方式重返香港？这个问题令殖民地部的官员们备感头疼。

前述香港计划组及其核心民政事务组是英国重返香港的关键机构，怎样将其派遣到香港并重建行政机构是整个问题的核心。由于此后的日本投降具有一定的突然性，在1945年8月之前，英国政府并没有预见到日本会很快崩溃。所以，一切重返香港的计划都基于一个前提——中国军队（在美军的协助下）将攻占香港。英国的难题在于，在中国军队反攻香港的预期中，如何在不引起中方注意的情况下，将英方相关人员派遣至香港，并成功实现重建行政机构、恢复英国统治的目标。殖民地部一直在寻找重返香港的契机，1945年春，来自重庆英国大使馆的一系列电报引起了他们的注意。

1945年4月11日，驻华大使薛穆在给伦敦的电报中透露，驻华美军公共关系部门负责人奥姆施特德（Olmsted）准将建议薛穆为他的部门配备一名英国军官，以便处理重占中国港口城市时面临的经济接收问题。战前英国在华投资巨大，尤其是在中国的港口城市拥有大量固定资产。中国军队和美军占领这些城市后需要对这些资源和设备进行处理，按规定，平民不得参与此事，因此，美国军方希望能有一位具有中国事务以及经济方面经验的英国军官作为联络官协助处理相关事务。薛穆向外交部表示这是一个保护英国在华资产与利益的机会。①

第二天，薛穆再次致电外交部请求他们考虑这个建议，他认为联络官合适的人选是具有丰富的在华经验，最好在上海或香港待过的人。薛穆建议联络官应当接受英国驻华军事代表团或大使馆武官处的领导。在阐述上述建议之后，他将话题转移到香港问题："关于重占香港，这个职位的功能是复杂的；但是我想，有必要建立与殖民地部的联系，该职位的主要功能是为中国和美国军事当局提供有关香港设施的情报。"②

---

① Chungking to Foreign Office, 11th April, 1945, CO 129/591/14, p. 106.
② Chungking to Foreign Office, 12th April, 1945, CO 129/591/14, pp. 95 – 96.

此后，薛穆与丘吉尔在中国的特别代表魏亚特（Carton de Wiart）① 将军以及英国驻华军事代表团团长贺毅士（E. C. Hayes）将军进行了会商，4 月 17 日，薛穆接连向伦敦发出两封电报阐述他们的看法。薛穆在电报中说，美国人关于设立英国联络官的建议引发了他们"一连串的想法"。英国驻华军事代表团认为，随着战争进程的发展，中国和美国的军队会比中国政府先到达日本占领的地区，尽管如此，美国人会派遣行政官员随同军队的前进指挥所前往收复地区，因此，英国也应该准备这样做。薛穆表示对中国军队的进攻计划一无所知，并且，在中国战区可资调配的英军太少，因此，他建议将设立英国联络官的设想扩大成设立英国联络组跟随中美两国军队一同行动。联络组的主要任务包括提供中国战区每日情报给各相关军政机构、维护英国在华利益、为中美两国军队提供援助服务、向英国大使馆提供收复区的政治经济信息以及保护英国资产等。② 此外，薛穆在 17 日的两封电报中均提到了香港问题，他表示自己了解伦敦方面正在研究香港问题，但并不清楚英国是否在美国的太平洋舰队中安排了人员，以便及时处理有关重占香港的事务。因此，他建议应当让设想中的联络组与准备在香港登陆的军队保持密切关系。两封电报中，薛穆都强调，这个方案应当先咨询美国人，再告诉中国人，虽然他估计蒋介石不会反对，但仍建议最好避免提及香港问题。③

殖民地部迅速对薛穆的电报做出反应，殖民地部香港事务官员鲁斯顿（A. Ruston）在给外交部远东事务主管史班纳（Sternale Bennett）的信中表示，香港被中国军队占领的危险性正在增加，殖民地部已设立了以民政事务组为核心的香港计划组；大使馆建议设立英国联络组

---

① Carton de Wiart 又被译作"维亚尔"或"魏克"，他于 1943 年 8 月被丘吉尔任命为首相驻华特别代表，并陪同丘吉尔参加了开罗会议，之后于 1943 年 12 月抵达重庆履职。他于 1946 年离开中国，1963 年病逝于英国。

② Sir H. Seymour to Mr. Dening, 17th April, 1945, CO 129/591/14, pp. 88 – 90.

③ Sir H. Seymour to Mr. Dening, 17th April, 1945, CO 129/591/14, pp. 91 – 92. Chungking to Foreign Office, 17th April, 1945, CO 129/591/14, p. 104.

跟随中国军队进入香港，将有助于阻止中国的正规军或游击队在香港组织政府。她认为，设立联络组的方案与香港计划组的职能并不冲突，因此，殖民地部应当支持这个建议。① 然而，设立联络组的建议引发了另一种担心，因为香港计划组及其核心民政事务组一直是殖民地部在重占香港计划中的执行机构，一定程度上，民政事务组就是计划中的战后香港政府的雏形。为了适应战争形势，殖民地部一直谋求通过陆军部（War Office）对香港计划组进行军事训练，以便其能够在非常时期迅速返回香港、建立行政。香港事务主管梅勒（N. L. Mayle）担心设立联络组后，陆军部会放弃对香港计划组进行军事训练，英国政府将依靠设想中的联络组去处理重占香港的问题。此外，梅勒还对薛穆在电报中用"解放香港"（Liberation of Hong Kong）而不是用"重占香港"（Reoccupation of Hong Kong）的表述感到遗憾。② 经过协商后，薛穆建议联络组中的英国军官可以接受行政训练，为重占香港并建立行政机构做准备。殖民地部表示赞同重庆大使馆的提议。③

　　1945 年 7 月 23 日，英国外交部、殖民地部、陆军部以及香港计划组召开联席会议，经过商讨认为：既然香港处于中国战区内，那么必须要征得蒋介石的同意才能派遣英方人员跟随中国军队接收香港，从而建立行政机构，恢复英国的统治。但如果向蒋介石直接提出这个要求，势必会引发中方提出有关香港未来地位的谈判，因此，英国政府对提出这个要求的方式犹豫不决。④ 基于这样的考虑，有关设立联络组跟随中国军队行动的建议迟迟未能落实，外交部同意先在驻华美军司令部中任命一名英国军官作为联络官，之后再考虑设立联络组。⑤

---

① Miss Ruston to Mr. Bennett, 25th April, 1945, CO 129/591/14, pp. 1 - 2.
② Report by Mr. Mayle, 18th May, 1945, CO 129/591/14, pp. 6 - 7.
③ Miss Ruston, 28th May, 1945, CO 129/591/14, 1945, p. 9.
④ Memorandum by Bennett, 25th July, 1945, FO 371/46251.
⑤ Report by Miss Ruston, 25th July, 1945, CO 129/591/14, p. 12. Minutes, 3rd August, 1945, CO 129/591/14, pp. 23 - 36.

1945 年 8 月初，日本有可能在短期内投降的迹象开始显露，这增加了殖民地部对于香港问题的焦虑感。8 月 3 日，殖民地部会同外交部、陆军部和特别行动处（Special Operations Executive，SOE）召开了一个联席会议，准备应对香港出现的突发情况。会议设想了三种可能性：1. 英国或美国太平洋舰队从海上登陆占领香港；2. 中国军队在美军协助下由陆路占领香港；3. 不受蒋介石领导的中国非正规部队占领香港。① 对于前两种可能性，殖民地部准备派出香港计划组"在恰当的时间"随同军队进入香港。但是什么时候是"恰当的时间"？之前又如何向中国军队提出这个要求？殖民地部并没有详细方案，只是表示要继续深入研究。殖民地部最为担心的是第三种可能，即中国的非正规部队占领香港，导致这种情况出现的原因可能是日本突然宣布投降，而蒋介石的军队来不及到达香港。档案文献中并没有提及"不受蒋介石领导的中国非正规部队"的具体身份，此时，活跃在新界的有中共东江纵队港九独立大队，香港邻近地区还有一些地方游击武装和土匪。殖民地部担心日军投降，香港顿成真空，因此提出建议：一旦出现日本即将全面崩溃的情况，军方应当立刻派出舰队驶往香港；香港计划组将随同舰队出发，或在舰队出发之后前往香港。② 这个建议颇为重要，这表明英国政府开始把派遣自己的军队重占香港提上议事日程。

针对 8 月 3 日的联席会议，殖民地部开始研究重占香港的具体预案。8 月 4 日，殖民地部助理常务次官贞特在致常务次官盖特的报告中一开头就写道："我们必须接受现在的情况，军事形势将香港置于蒋委员长的战区，他的参谋长是一名美国将军，美国协助中国组织并训练了军队，对于我们来说，这不是一个轻松的局面。"③ 贞特还说，

---

① Possible Collapse of Japan before the Re-occupation of Hong Kong, 3rd August, 1945, CO 129/591/16，p. 94.

② Possible Collapse of Japan before the Re-occupation of Hong Kong, 3rd August, 1945, CO 129/591/16，p. 94.

③ Mr. Gent to Sir Gater, 4th August, 1945, CO 129/591/16, p. 2.

准备让香港计划组及其核心民政事务组接受陆军部的军事训练，使其能够迅速在香港建立军事管制政府（Military Administration）。至于如何与中方沟通，让香港计划组在中国军队占领香港的情况下恢复英国的统治，贞特表示，殖民地部曾建议外交部利用美国人对中国施压，即在波茨坦（Potsdam）会议上寻求美国总统杜鲁门（Harry Truman）的帮助；至于结果，外交部事后并没有向殖民地部反馈。接着，贞特指出，现在香港存在着危险性，即在日本突然崩溃的情况下，中国的非正规部队会占领香港，并可能建立政府。在这种形势下，香港有可能会发生大规模的骚乱与劫掠。这样一来，英国不仅会失去威信，也会为重新恢复在香港的统治遭遇极大困难。为了防止这种危险出现，贞特建议由殖民地部会同东南亚战区司令部和海军部做出安排，一旦获悉日本即将投降，立即派遣二至三支快速舰队驶往香港。贞特请示是否可以由他为这个方案准备一份文件。①

而与此同时，中国战区拟订从雷州半岛登陆进攻广州、香港的军事方案被英方获悉。1945 年 8 月 3 日，英国太平洋舰队司令部向海军部报告，中国战区参谋长魏德迈（Albert Wedemeyer）将军决定攻占雷州半岛，以湛江港作为补给港；8 月将有 3 万吨物资运到湛江，以后，每月将增加到 6 万吨，目的是为中国军队攻占广州和香港做准备。电报强调，美国太平洋舰队司令部已向军官们下达了"雷州半岛、广州和香港军事行动方案"。② 这个军事行动方案即是前文所述由驻华美军作战司令部于 7 月中旬提出的方案。8 月 7 日，英国军方开会商讨对策，在讨论中，参谋总长布鲁克（Alan Brooke）元帅认为，攻占雷州半岛后，中国军队不会迅速夺取香港，因为那里的日军兵力非常强大；在蒙巴顿将军就此计划做出安排之前，英美两国军方应当达成一个官方协定。空军参谋长波特尔（Charles Portal）元帅认

① Mr. Gent to Sir Gater, 4th August, 1945, CO 129/591/16, pp. 2 - 3.
② C. in C., B. P. F. to Admiralty, 3rd August, 1945, CO 129/591/15, p. 10.

为，如果决定派遣英国部队参加重返香港的任务，应当由麦克阿瑟（Douglas MacArthur）将军安排在马尼拉进行准备。首相的参谋长伊斯梅（Hastings Ismay）将军认为，应当告诉美军，任何有关英国属地的军事行动，英国军队都要参加。会议决定，有关香港问题还需要向殖民地部咨询，以便采取相应对策。①

殖民地部迅速做出回应，表示他们正在为占领香港后重新恢复英国在那里的统治做准备。殖民地部建议尽快让香港计划组进入香港，该计划组既可以随同中国陆军从雷州半岛出发，也可以跟随美国太平洋舰队从海上登陆香港。殖民地部表示，目前英国政府与蒋介石之间没有就此进行任何安排，即便在占领香港前达成协定，仍会有操作困难，而且中国军队也许会采取行动，给英国人重返香港制造障碍。因此，殖民地部希望香港计划组能跟随美国太平洋舰队从海上登陆，并表示，如果英国海军参与登陆香港的军事行动，"成功的可能性将大大增加"。② 殖民地部强调："恢复英国在殖民地的利益是我们的事情，而不是美国和中国的事情，所以，殖民地部急切希望尽可能让英国参与这次军事行动"。③

以上说明，在 8 月 10 日之前，即日本准备接受《波茨坦公告》、宣布投降的信息被证实之前，殖民地部已为重返香港定下了基调，即无论香港由中国军队占领还是出现其他任何情况，英国都应当派遣军队从海上登陆香港。对于英国来说，三年多之前曾因战败而失去香港，派兵收回似乎是最能挽回尊严的一种方式。事实也证明，它是保证英国顺利重返香港并成功恢复在那里的统治的最有效也是最可靠的办法。

---

① Future Operations from China, Note by the Secretary, 8th August, 1945, CO 129/591/15, p. 9.

② Future Operations in China, Colonial Office views ref. J. P. （45）200（S）（T. of R.）, CO 129/591/15, pp. 4 - 5.

③ Future Operations in China, Colonial Office views ref. J. P. （45）200（S）（T. of R.）, CO 129/591/15, p. 5.

第三节　受降之争与英国重返香港

一　英国决定出兵香港

太平洋战争的结束有一定的突然性。1945 年 8 月 6 日和 9 日，美国向日本广岛和长崎分别投下原子弹。东京时间 8 月 8 日上午 11 时，苏联外交人民委员莫洛托夫（Вячеслав Молотов）通报日本，9 日以后苏日之间将进入战争状态。9 日凌晨，百万苏军和苏蒙联军进入中国东北。在 9 日的御前会议上，天皇裕仁决定接受《波茨坦公告》。8 月 10 日，美国政府收听到了日本接受《波茨坦公告》的广播，日本准备投降的信息获得证实。8 月 10 日之后的两个星期，是决定香港归于谁手的关键时期。而就在 8 月 10 日这一天，英国殖民地部和军方都敦促首相尽快做出派兵占领香港的决策。

8 月 10 日，当日本准备无条件投降的消息传到英国后，殖民地大臣霍尔（George Hall）致函首相艾德礼，表示：“如果日本准备无条件投降，现在是考虑英国重建在香港统治的时候了⋯⋯根据现在的形势我建议，应当安排合适的英国军队（例如两三支快速舰队）在接到命令后立即驶往香港。”[1] 霍尔接着建议，可以先委派英军的指挥官作为香港的行政长官，殖民地部的香港计划组将跟随舰队一起到达香港。霍尔在报告的最后指出：“如果您同意的话，请下令军方和殖民地部协同处理。您应当记得，英国政府曾在议会中声明，我们的目的是恢复英国在香港的统治。”[2]

10 日下午，在唐宁街 10 号首相府召开了内阁会议。参谋总长布鲁克元帅对首相艾德礼说，为了应对日本的突然投降，军方已经制定了一个部署军队的军事方案；至于香港，虽然那里不是英国统辖

---

① G. H. Hall to Prime Minister, 10ᵗʰ August, 1945, CO 129/591/16, p. 89.
② G. H. Hall to Prime Minister, 10ᵗʰ August, 1945, CO 129/591/16, p. 90.

的战区，军方仍然考虑派遣一支分遣舰队随同美军一起参加军事行动；从现在的形势看来，最便利的办法是直接从英国太平洋舰队派出分遣舰队并连同海军陆战队去占领香港。[①] 艾德礼认为此事牵涉太多的政治因素，他希望以个人名义给美国总统杜鲁门发一封电报商讨此事。[②]

11 日，伊斯梅将军致函艾德礼，他认为，如果首相亲自向杜鲁门提出派兵占领香港的问题，会让美国人觉得"我们不合时宜地把注意力集中在原封不动地保持我们殖民帝国方面"，因此，他建议改由英国军方向美军参谋长联席会议提出这个要求。13 日，英国军方制定了分三阶段占领香港的军事方案：1. 尽快从英国太平洋舰队中派出分遣舰队到达香港并实施占领；2. 数日后再从婆罗洲[③]派遣一支澳大利亚陆军旅抵达香港；3. 待马六甲海峡通航后，再从东南亚战区派遣英国陆军部队连同空军战术分队占领香港，取代澳大利亚旅。[④] 与此同时，英国军方向美军参谋长联席会议提出了由英国派兵占领香港的行动方案，美方表示同意，但声明这种方式并不代表美国政府关于香港问题的任何建议。[⑤] 在这种情况下，英国政府正式做出派兵占领香港的决定。

与此同时，殖民地部积极展开重占香港的部署。8 月 10 日下午，殖民地部与陆军部讨论了对马来亚、婆罗洲和香港实行军事管制的计划。[⑥] 陆军部认为，在日本投降后，无论是对马来亚还是婆罗洲，都要实行军事管制。殖民地部认为，当英国重占香港后，也必须进行

---

① Extracts from Conclusions of a Meeting of the Cabinet, 10th August, 1945，CO 129/591/16，p. 86.

② 同上。

③ 即加里曼丹岛（Kalimantan Island）。

④ 1945 年 8 月 11 日伊斯梅致首相函和 13 日英国军方报告，均见英国国家档案馆藏英国首相府档案，PREM 8/43，转引自陶文钊《太平洋战争期间的香港问题》，《历史研究》1994 年第 5 期，第 82 页。

⑤ Foreign Office to Chungking, 14th August, 1945，CO 129/591/16，p. 72.

⑥ Mr. Gent to Sir Gater, 10th August, 1945，CO 129/591/16，pp. 87 – 88.

一段时间的军管，并提议可以委任占领香港的英国舰队司令官作为军事管制政府的首脑。而麦道高领导的香港计划组，将在行政事务上协助军方，可以委任麦道高在军管期间担任民政长官（Civil Affair Officer）。为此，殖民地部将尽快派遣香港计划组到达远东，以便跟随舰队一同行动。① 殖民地部还表示，日本人在香港关押的囚犯中有许多战前香港政府的官员，其中包括前辅政司（Colonial Secretary）詹逊（Franklin Gimson），② 如果军事管制期间人手不够的话，可以任命这些文职官员参与管理。③

　　8月11日上午，在与殖民地部协商后，外交部致电重庆大使馆，指出，如果日本投降，香港日军有可能释放詹逊和其他前香港政府的官员，按照相关法规，詹逊在总督缺席的情况下可以代理总督行使职能，④ 在这种情况下，詹逊需要英国政府的支持和指导。因此，外交部命令薛穆，尽可能利用一切方式，例如通过英军服务团联系上詹逊，并向他传达以下两点指示。1. 立即恢复在香港的主权与统治是英国政府的政策，英国或盟国陆海军到达香港后，将授权指挥官对香港进行军事管制。2. 詹逊将被授权在总督缺席的情况下成立政府、管理香港，在英国军队到达香港并宣布进行军事管制之前，全力保证英国对香港的统治。詹逊可以通过电报与殖民地部大臣联系，确认到达香港的任何英国或盟国军官是否得到受权，并在殖民地部大臣确认后正式将权力移交给他们。⑤ 13日，薛穆回电外交部，表示不清楚英军服务团是否能将外交部的指示传递给詹逊，他认为可以先派遣英军服务团进入香港。⑥ 当天晚上，外交部回电薛穆，强调一定要将指示

①　Mr. Gent to Sir Gater, 10th August, 1945, CO 129/591/16, p. 87.
②　Franklin Gimson 又被译作"詹森"或"金逊"，他于1941年12月7日抵达香港担任辅政司，两周后香港沦陷，詹逊被日军俘虏，关押在赤柱集中营。他在战后担任过新加坡总督，于1975年去世。
③　Mr. Gent to Sir Gater, 10th August, 1945, CO 129/591/16, p. 88.
④　香港总督杨慕琦此时被关押在"满洲国"沈阳盟军战俘营。
⑤　Foreign Office to Chungking, 11th August, 1945, CO 129/591/16, p. 85.
⑥　Chungking to Foreign Office, 13th August, 1945, CO 129/591/16, p. 84.

传递给詹逊，如果英军服务团不能完成任务，大使馆应当利用其他渠道。外交部告诉薛穆，政府已经准备派遣舰队占领香港，如果中国或美国军队赶在英国舰队之前到达香港，可以考虑派英军服务团跟随军队进入香港；并且，麦道高的香港计划组已在伦敦待命，准备随时空运到香港。① 第二天，薛穆向外交部汇报说，据英军服务团报告，给詹逊的指示已经传递到他们的前方指挥部，那里只有中国籍的情报员可以进出香港，而且有可能情报在传递过程中会被中共游击队拦截，他们正在研究如何处理此事。赖濂仕表示可能需要两周时间才能把指示传递给詹逊，薛穆说一旦有消息会立即向外交部报告。②

外交部的指示在 8 月 23 日由英军服务团一名中国籍的情报员传递给詹逊，而在此之前，得知日军宣布投降消息的詹逊已经开始了行动。8 月 16 日，一位日本军官先后用日文和中文宣读了天皇的投降诏书，香港日军宣布投降。同一天，詹逊在赤柱集中营要求面见日军指挥官，确认了日本投降的消息。③ 詹逊向驻港日本军方表示，他将以"署理总督"的身份接管香港，成立临时政府。日本人则提出异议，指出香港有可能不再属于英国，而且，中国陆军的一个师正向华南集结。詹逊说，他不会理会日本人究竟怎么想，他要做的只是履行英国政府赋予他的职责。詹逊要求日本人提供无线电台和住所，并在赤柱集中营成立了委员会，筹划接管香港事宜。④ 23 日，詹逊收到外交部的指示，进一步明确了自己的职责和权力。之后，他与其他英国战俘离开赤柱集中营，在法国外方传道会大楼（现为香港特区终审法院办公地）正式设立"临时政府总部"。由于詹逊并没有掌握任何实权，临时政府虽然已经成立，但香港仍依赖日军维持秩序。临时政府的管辖范围只及香港岛，并未能够控制九龙和新界的广大区域。8 月 27 日，詹逊通过电台向香港民众广播，宣告临时政府已经

① Foreign Office to Chungking, 13th August, 1945, CO 129/591/16, p. 81.
② Chungking to Foreign Office, 14th August, 1945, CO 129/591/16, p. 80.
③ Aron Shai, *Britain and China*, 1941－47, p. 115.
④ 曾锐生：《蒋介石为何不收回香港》，《香港掌故》第 10 集，第 124 页。

成立。①

此时，中英之间的外交角力已经拉开帷幕。8 月 14 日，天皇裕仁发表停战诏书，日本宣布投降。14 日晚伦敦外交部致电薛穆："我们应当立即让蒋委员长知道，英国正在派出军队重占香港并恢复在那里的统治"。② 半小时后，外交部又追加一电，告诉薛穆美国军方已同意英国派兵收复香港。外交部建议薛穆可以将此事告诉驻华美军公共关系部门负责人奥姆施特德将军。③ 薛穆立即回电外交部，表示大使馆正在讨论如何将英国政府的决策告诉中国政府。薛穆说，有可能华盛顿会将此事告诉魏德迈将军，但他觉得英国政府应当直截了当告诉中国政府，最好能通过中国驻英大使馆的渠道。④

8 月 15 日，美国总统杜鲁门向盟军最高司令麦克阿瑟将军下达了关于接受日军投降的第一号命令（General Order No. 1），命令的第一段表述如下："在中国境内（东北地区除外）和台湾、北纬 16 度以北的法属印度支那的日本陆、海、空军部队，向中国战区统帅蒋介石委员长投降。"命令的第三段表述如下："安达曼群岛（Andamans）、尼科巴群岛（Nicobars）、缅甸、暹罗、北纬 16 度以南的法属印度支那、马来亚、婆罗洲、荷属东印度、新几内亚、俾斯麦群岛（Bismarcks）、所罗门群岛（Solomons）的日本陆海空军部队应向盟军东南亚战区统帅和澳大利亚统帅投降，具体方案由蒙巴顿将军和澳大利亚统帅协商。"⑤ 第一号命令的第一和第三段清楚地表明中国战区统帅蒋介石和东南亚战区统帅蒙巴顿各自的受降范围。香港位于北纬 16 度以北，且本来就处于中国境内，属于第二方面军的广东作战

---

① 有关这一段的史实可参见 Gimson, Franklin, *Internment in Hong Kong*, *March 1942 to August 1945*（microform），Hong Kong University Libraries Spec Coll Microfilm – MF 2535495。

② Foreign Office to Chungking, 14th August, 1945, CO 129/591/16, p. 73.

③ Foreign Office to Chungking, 14th August, 1945, CO 129/591/16, p. 72.

④ Chungking to Foreign Office, 14th August, 1945, CO 129/591/16, pp. 75 – 76.

⑤ 第一号命令第一、第三两段英文全文见 Chungking to Foreign Office, 17th August, 1945, CO 129/591/16, pp. 60 – 61。

区，按照命令，理所当然应当由蒋介石负责受降。无论对命令的第三段怎样解释，都无法把香港划为英国统帅的受降范围内。

8 月 15 日当天的记者招待会上，国民政府外交部次长吴国桢在回答有关香港受降问题时声称，香港属于中国战区，理应由蒋委员长受降。当美联社记者向英国大使馆新闻参赞询问对此有何评价时，英方没有做出任何回应。①

8 月 15 日这一天，伦敦和重庆都在紧张地关注着局势的发展。英国外交部将国王对"英国远东属地臣民"的讲话稿发给薛穆，要求他尽快将国王的讲话传递到香港播送。② 也是在 15 日，赖濂仕提出空运英军服务团至香港、释放战俘以及恢复行政的计划。具体方案是：在得知日军将撤离香港的情况之后，利用驻印度加尔各答的英国皇家空军飞机，空运昆明的英军服务团和第一三六部队的前哨部队，连同食品、医药物资至香港启德机场；使用飞机向日军空投命令和宣传品，之后，向整个市区空投传单，表明欢迎中国人帮助维持秩序、避免骚动，等待英国舰队的到来；前哨部队到达后，将释放战俘、恢复行政。赖濂仕认为，这样的好处是可以避免美国人染指。他认为："在目前国际形势下，我们有理由相信美国人有可能空运中国官员去香港接受日军投降。"③ 赖濂仕的方案没有得到批准，但是，伦敦非常关注他关于美国有可能帮助中国接收香港的预测。英国对于美国在香港问题上的立场并非完全放心，但美国军方同意英国舰队开赴香港的事实至少证明美国不反对英国重占香港。经过商议，伦敦决定由重庆大使馆直接与中国政府交涉，公开宣称英国已派出舰队准备接受香港日军投降。

二　中英交涉受降权

8 月 16 日，根据外交部的指示，英国大使馆照会中国外交

---

① Chungking to Foreign Office, 16th August, 1945, CO 129/591/16, p. 65.

② Foreign Office to Chungking, 15th August, 1945, CO 129/591/16, p. 70.

③ BAAG to BT China, 15th August, 1945, CO 129/591/16, pp. 49 – 54.

部："英国政府欲国民政府主席阁下立即知悉，英国政府现正准备派遣必要军队重占香港，恢复该地之行政，并确保对于日本军队总司令部之统制。"① 当天晚上 9 时半，吴国桢来到英国大使馆，向参赞华灵哲（Wallinger）递交复照。复照指出："中国政府歉然发现，来略关于重占香港及统制日本南方部队总司令部之各项建议，与中国政府收到杜鲁门总统对于日本投降款盟邦统帅之通令，不相符合。"② 复照援引了麦克阿瑟第一号命令关于中国战区和东南亚战区受降范围的规定，指出英国政府的决定不符合第一号命令。

> 香港并不包括在向东南亚盟军统帅投降区域之内，而在应向中国战区委员长投降区域之内······中国政府重视英国之所有合法利益，并愿予以各种必要保护。但为恢复亚洲和平及秩序起见，一种接受日本投降之共同合作计划实属必要；因此建议贵国政府应依照我盟邦共同之规约，在未得盟邦统帅及中国战区统帅允许之前，贵国军队应不在中国战区任何地点登陆。③

在递交复照之后，吴国桢奉蒋介石之命告诉华灵哲，对于香港，中国无意利用受降的机会，将接受投降变成永久占领；中国政府认为，香港问题应通过外交途径解决。华灵哲回答说，就其个人意见，中国需动用大量军队占领光复地区，香港由英国军队占领对中国也是有利的；英国政府不愿意看到中国军队进入香港，因为这会使香港的局势变得不安，如果中英两国都派军队去香港接受日军投降，事情会

---

① 《英国大使馆节略（译文）》（1945 年 8 月 16 日），外交部档案，台北，"国史馆"藏，020000003062（本书所引"国史馆"档案编号为该馆入藏登录号，特此说明）。

② 同上。

③ 同上。亦见 Chungking to Foreign Office, 17th August, 1945, CO 129/591/16, p. 61。

变得更加复杂。① 薛穆向外交部表达了他的看法，他认为，困难似乎是中国人的"面子"问题，英国可以与中国协商解决香港受降问题。他建议，可以让中国派出代表以蒋介石的名义与英军司令官共同接受香港日军投降，然而，薛穆自己对这个建议并没有信心，他同时表示大概蒋介石不会接受。②

也就在 8 月 16 日这一天，中国决定寻求美国方面支持。当天晚上 10 时半，吴国桢将蒋介石致杜鲁门总统的电报交给赫尔利。第二天早上，赫尔利通过电话告知吴国桢，魏德迈认为电报中"由其他可靠方面余（指蒋介石。——引者注）得悉英国计划欲为'保护英国在中国权益之目的'在中国各战略据点使其帝国军队登陆"一句"事实虽属确实，但渠须负责任，拟予删去"。赫尔利将此句删除后将电报发出。③

从 8 月 16 日中英两国的初次交锋中可以看出，国民政府所坚持的不是香港的归属与地位问题，而仅仅是受降权利问题。国民政府竭力向英国表白，中国不打算利用受降的机会占领香港，香港问题待日后由外交途径解决。而英国所担心的正是中国军队以受降的名义进入香港，无论其意图如何，这都会给英国恢复在香港的统治制造困难。

8 月 17 日，薛穆与吴国桢面商有关香港受降的问题。吴国桢说，要让中国放弃香港受降权是十分困难的。薛穆指出，如果中国政府派出军队进入香港只会把事情弄得更糟。吴国桢表示，英国的做法没有回旋余地，双方应当协商解决，什么建议都可以提出来。④ 薛穆向外交部汇报说，他认为，由于英国事先没有与中国商量派兵占领香港的

---

① 《吴国桢致蒋介石函》（1945 年 8 月 17 日），外交部档案，台北，"国史馆"藏，020000003062。亦见 Chungking to Foreign Office, 16ᵗʰ August, 1945, CO 129/591/16, p. 59。

② Chungking to Foreign Office, 16ᵗʰ August, 1945, CO 129/591/16, p. 59.

③ 《吴国桢致蒋介石函》（1945 年 8 月 17 日），外交部档案，台北，"国史馆"藏，020000003062。

④ Chungking to Foreign Office, 17ᵗʰ August, 1945, CO 129/591/16, p. 57.

事情，蒋介石肯定会为此感到沮丧。薛穆再次请示外交部，是否可以让蒋介石委派一名代表去香港受降。① 同一天，外交部复电薛穆，告诉他外交部正在就此磋商，命令他等待新的指示。同时外交部指出，若新指示到来之前，中国再询问英国态度，薛穆应向中方说明，派兵占领香港的决策是英国政府在收到第一号命令之前就做出的，英国有坚定的信念恢复在香港的统治，英国不同意中国对第一号命令的解释，但愿意与中国协商解决问题。②

8 月 18 日中午 12 时，吴国桢收到薛穆来函。薛穆表示："无论战区如何划分，所有在原主权国有充分力量可以使用之地方，原主权国应在其本身所有领土内恢复其政权并接受日人之投降，是以英国政府之行动实出于善意。"吴国桢向蒋介石建议将相关信息告知赫尔利，并请其转告杜鲁门，之后再做决定。③

8 月 17 日，蒋介石判断："英军舰已驶到香港海附近，其将重占香港。"④ 这个判断似乎有些问题，虽然英国照会中国声称向香港派兵，但此时英国舰队并未到达香港海面，由海军少将夏悫（Cecil Harcourt）⑤ 率领的舰队驶抵香港海面的日期应当是 8 月 29 日拂晓。⑥ 尽管如此，蒋介石还是于 8 月 18 日命令第二方面军司令长官张发奎接受广州、香港和海南日军的投降。⑦ 张发奎回忆说："对于香港受降任务，我特别感到兴奋。香港在国人心目中是一个国耻的创伤。"⑧

---

① Chungking to Foreign Office, 17th August, 1945, CO 129/591/16, p. 57.

② Foreign Office to Chungking, 17th August, 1945, CO 129/591/16, p. 56.

③ 《吴国桢致蒋介石函》（1945 年 8 月 18 日），外交部档案，台北，"国史馆"藏，020000003062。

④ 王正华编注《蒋中正总统档案——事略稿本》（62），台北，"国史馆"，2011，第 219 页。

⑤ Cecil Harcourt，又译作"哈考特"。1892 年 4 月生，1945 年 8 月出任香港军政府首长，返英后出任第二海务大臣，获上将军衔，1960 年 1 月病逝。

⑥ War Diary by Harcourt, 29th August, 1945, CO 129/591/18, p. 27.

⑦ 秦孝仪主编《中华民国重要史料初编——对日抗战时期》第 2 编《作战经过》（3），第 622 页。

⑧ 《蒋介石与我——张发奎上将回忆录》，张发奎口述，夏莲瑛访谈及记录，郑义翻译及校注，香港，文化艺术出版社，2008，第 404 页。

不仅张发奎如此，第二方面军官兵对于接收香港的任务都感到异常兴奋，并且都以为港九从此可以收回。① 8 月 21 日，张发奎由南宁飞抵芷江，参加受降协商会议。接受命令后，第二方面军下令："第十三军（欠八十九师）即沿梧州、三水、广州道推进，以主力配置于广州（不含）至九龙铁路沿线，以一部推进香港，监视该方面之日军及受降实施。"② 事情越发变得复杂与微妙，在英国派出舰队驶往香港后，国民政府也下令军队开赴香港。

8 月 19 日，根据外交部的最新指示，薛穆再次照会中国外交部，提交了一份备忘录以答复 16 日国民政府的复照，这份备忘录经过伦敦外交部、殖民地部的会商达成一致意见，由史班纳起草完成。③ 该备忘录声称，英国政府不能同意中国对于第一号命令的解读，并对此表示遗憾；第一号命令规定蒋委员长接受"中国境内"（within China）日军的投降，在英国看来，香港不属于"中国境内"。备忘录重申了18 日薛穆致吴国桢信函中的有关内容，表示："英国政府深信，主席阁下以本人为一军人之故，定能了解英国曾被迫放弃香港于日本。此项英国能在香港接受日本投降，实为与其荣誉有关之事。但英国政府当欢迎主席代表参与英军接受香港日军投降。英国深盼此项办法能使中国政府满意。"④ 伦敦还表示，准备将此事告诉美国政府。而中方收到备忘录后，立即将复本送给美国大使赫尔利，并向魏德迈进行了通报。与此同时，在华盛顿的宋子文也奉令积极了解美方的态度。中英之间不约而同地打起了"美国牌"，都寄希望于美国能站在己方的立场上。无疑，在当时的国际格局中，美国的态度将在很大程度上决

---

① 李汉冲：《张发奎处理有关香港一些事件的经过》，广东省政协、韶关市政协、始兴县政协文史资料研究委员会合编《挥戈跃马满征尘：张发奎将军北伐抗战纪实》，广东人民出版社，1990，第 233 页。

② 军事委员会委员长广州行营参谋处编《广东受降纪实》（1946 年 6 月 15 日），国防部史政局和战史会档案，二档馆藏，七八七/16604。

③ Mr. Bennett to Sir Gent，16th August，1945，CO 129/591/16，p. 62.

④ 《英国大使馆节略（译文）》（1945 年 8 月 19 日），外交部档案，台北，"国史馆"藏，020000003062。亦见 Foreign Office to Chungking，18th August，1945，CO 129/591/16，p. 35。

定中英之间较量的胜负。

就在薛穆照会中国外交部的同时，英国首相艾德礼致电美国总统杜鲁门。艾德礼在电报中说：

> 我基本同意您的第一号命令，但在具体问题上，我对香港有如下看法：蒋介石声称在中国战区的日军须向他投降，香港包括在内。我们准备告诉委员长，我们欢迎他的代表出席受降仪式，但我们不能接受中国对第一号命令的解读，他们将作为英国属地的香港理解为"在中国境内"。我们已通知中国政府和盟军最高司令部，一支英国舰队正驶向香港，目的是把该地区从日本占领下解放出来，并将释放关押的战俘，恢复英国在那里的统治。有可能日军指挥官仍然会认为香港"在中国境内"，因此，我请求您命令麦克阿瑟将军，让他命令日军最高司令部，确保香港日军向英国投降。①

杜鲁门接到电报后与国务卿贝尔纳斯（James Byrnes）和军方进行了会商，决定支持英国。一天之内，杜鲁门便复电艾德礼，表示美国政府不反对由英国军队接受香港日军投降，有关在该地区具体军事行动的细节应当由中英双方进行联络与协调，麦克阿瑟将军将命令香港日军向英军投降。② 艾德礼回电表示，将立即进行相关部署，并要求重庆大使馆尽快将此事告诉蒋介石。③ 美国为了支持英国，实际上修改了第一号命令。

8 月 20 日早晨，薛穆收到伦敦的指示。下午 1 时半，他赶到吴国桢家中，向吴说明艾德礼首相已与杜鲁门总统联系过了，美国政府不反对香港日军向英军投降，美方希望英方与中美两国军方联系洽商有关事宜；并说美国国务卿贝尔纳斯已将此事通知宋子文。晚上，吴

---

① Prime Minister to President Truman, 18ᵗʰ August, 1945, CO 129/591/16, p. 39.
② President Truman to Prime Minister, 18ᵗʰ August, 1945, CO 129/591/16, p. 33.
③ Prime Minister to President Truman, 19ᵗʰ August, 1945, CO 129/591/16, p. 32.

国桢打电话给薛穆，吴说自己已经与蒋介石讨论过此事，但在收到华盛顿宋子文发来消息之前，中方不打算就此做出任何评论，而目前，尚未收到宋子文的消息。①

此时，中国仍将希望寄托于美国。8 月 21 日，蒋介石发电报给杜鲁门，表示美国政府同意英国接受香港日军投降的消息在未经美方证实之前，他仍希望美国能够坚持原则，因为："现时对于投降通令如一更改，可能造成恶例，在香港以外之其他地点发生更严重之后果。"如果消息属实，他坚持香港日军仍要向自己的代表投降，美英双方代表将被邀参加受降仪式，受降完成后，自己可以授权英国军队登陆香港。② 蒋介石的用意在于向美国政府剖陈中国并无借受降之机收回香港的意图。同一天，杜鲁门回电蒋介石，证实了美国政府同意英国接受香港日军投降的消息，并坚持中英之间应当就此协调解决，以便香港日军向英军投降。一方面，杜鲁门的回电有安慰蒋介石的成分，他重复了贝尔纳斯对宋子文的表态，即此事无论在任何方面，不能代表美国对香港将来地位之意见。另一方面，杜鲁门也并不希望蒋介石将事态升级，借此提出香港主权问题："关于日人在香港投降之情势所引起之问题，在余心目中，原本为军事行动性质之军事事件。英国在此区域之主权问题并不发生。余并了解，阁下亦不愿提出此问题。"③ 在香港受降问题上，美国放弃了对中国的支持，在这种情况下，蒋介石只能被迫接受现实。

8 月 22 日，薛穆致函王世杰，表示英国军方已准备与中美两国军方就重占香港事宜进行联络。④ 蒋介石于 8 月 23 日分别致电杜鲁

---

① Chungking to Foreign Office, 21st August, 1945, CO 129/591/16, pp. 10 – 11.

② 《蒋介石致杜鲁门电报》（1945 年 8 月 21 日），外交部档案，台北，"国史馆"藏，020000003062。亦见 The Ambassador in China（Hurley）to the Secretary of State, 21st August, 1945, *FRUS*, 1945, Vol. 7, p. 508。

③ 《杜鲁门致蒋介石电报（译文）》（1945 年 8 月 21 日），外交部档案，台北，"国史馆"藏，020000003062。

④ 《薛穆致王世杰函（译文）》（1945 年 8 月 22 日），外交部档案，台北，"国史馆"藏，020000003062。

门和麦克阿瑟，表示自己将以中国战区统帅的名义"授权一英国将官接受在香港日军之投降"。蒋向杜鲁门声称："余作此让步，殊觉困难；余作此，实出于余衷心愿望与阁下在各种可能方面合作也。"①蒋介石已做出了关键的让步，同意由英国受降，变通之处则在于由他授权英国军官，采取"委托受降"的方式，这已然是基于"面子"的考虑。同日，吴国桢照会薛穆，向他口头告知蒋介石"委托受降"的决定，希望英国政府能够同意。

8月24日，在国民党中常会和国防最高委员会联席会议上，蒋介石做了题为《完成民族主义维护国际和平》的讲话，蒋介石公开表态，中方决定在香港受降问题上让步。他说：

> 最后，我要提到香港问题。香港与广东是安危与共的邻封，太平洋战争爆发以后，乃划入中国战区。今当日本帝国主义无条件投降之际，我们中国决不藉招降的机会，忽视国际合作和盟邦的主权。所以我们决不派兵接收香港，引起盟邦间误会。但我可以对世界与全国国民负责的声明，关于香港的地位，从前是以中英两国条约为根据，今后即有所改善，亦当依中英两国友好的协商关系而建立。我们的外交方针和国际政策，主张尊重条约，根据法律以及时代要求与实际需要而求得合理的解决。现在中国全国各租借地均经次第收回，九龙的租借条约，自非例外。但是我们中国亦必循两国外交及条约途径，以期解决此未了之问题。②

由英国人去香港受降对于蒋介石显然存在着解释困难，不愿"引起盟邦误会"也自然不是一个令人满意的答案。这番讲话的重点是在用一个许诺来缓和外交失败的尴尬，即表示国民政府仍将通过外交途径最终收回香港。

---

① 《蒋介石致杜鲁门、麦克阿瑟电报》（1945年8月23日），外交部档案，台北，"国史馆"藏，020000003062。
② 王正华编注《蒋中正总统档案——事略稿本》（62），第327~329页。

8月24日蒋介石的讲话似乎标志着受降之争的平息，但是，在英国舰队没有抵达香港之前，英国政府仍然不会放下心来。虽然詹逊成立了临时政府，但英国人明白詹逊的力量有限，局势仍充满着变数。就在数天前的8月21日，一队美军侦察兵企图进入香港一事再次引起伦敦的担心。据英军服务团报告，美军的一支侦察部队从昆明乘机抵达广州，准备派出一支侦察分队去香港。但广州的日军指挥官富田直亮①拒绝了美军的要求，他表示，田中久一将军不会同意美军侦察分队去香港。交涉未果的情况下，侦察队返回了昆明。② 香港的前景依旧莫测，蒋介石虽然在24日公开表态中国军队不会进入香港受降，但是，第二方面军此时并没有接到终止香港受降任务的命令，石觉指挥第十三军仍然按照21日的部署向广州、香港挺进。在这种情况下，蒋介石"委托受降"的建议竟然遭到了英国政府的拒绝。

8月26日，蒋介石召见了美国驻华大使赫尔利与中国战区参谋长魏德迈，与他们商讨如果英国拒绝"委托受降"中方将采取何种对策的问题。蒋决定仍然坚持主张，并表示："如其拒绝，则违法坏纪，责在英国，余则不能不守定中国战区统帅之权责也。"③ 果如所料，27日，薛穆奉英国外交部指示告诉蒋介石，英国政府不能同意他"委托受降"的建议，并已指派海军少将夏悫作为英国政府的受降代表。蒋介石对其声明："余委托英军官接收香港之主张，必须贯彻。并即委其所派之哈可尔提（即夏悫。——引者注）少将代表余中国战区统帅接受香港日军之投降。"并且，蒋还要求薛穆告知英国政府："如其不接受此委托，而擅自受降，则破坏联合国协定之责在英国，余决不能放弃应有之职权，且必反抗强权之行为。"同一天，蒋介石还召见了魏亚特将军，对他表达了同样的立场。对于和薛穆的

---

① 富田直亮时任日本陆军第二十三军参谋长。战后他被遣返回国，受冈村宁次保荐担任军事顾问团团长，于1949年11月赴台湾。因其化名"白鸿亮"，该军事顾问团又称"白团"。1979年病死于东京。

② H. Q. British Troops in China to War Office, 21st August, 1945, CO 129/591/16, pp. 19 - 20.

③ 王正华编注《蒋中正总统档案——事略稿本》（62），第347页。

谈话，蒋介石深感"对英使谈话义正词严，望其好自为之，彼乃无词以对而退"。①

也就在这一天，蒋介石再次致函杜鲁门，兹录全文如下。

余因深愿与阁下合作，乃于八月二十三日电知阁下，余已通知英方，以中国战区统帅地位，余同意授权于一英国将官接受香港日军之投降。同日赫尔利大使转来阁下极友好鼓励之复电，其电文如下："关于香港日人向一英国将官投降事，阁下之体谅行动，余深铭感，请接受余此种表示。阁下以此行动，使一困难情势趋于缓和也"。今日英国政府经由其驻渝大使向余提出口头通知如下："英国政府极愿获得一双方满意之办法，彼等无疑蒋委员长能了解其情感，即英国必须在击败日本以后，恢复香港原有之地位。因此，彼等甚歉，彼等不能接受蒋委员长之建议，由英国军队之官长作为蒋委员长之代表，在此英国领土接受投降。彼等欢迎中国代表及美国官长，英国官长将依照通令第一号为此目的所赋予之权力，接受投降。蒋委员长所指派之中美官长，将以中国战区统帅代表之资格参加，如有投降文件，彼等将作证人签字。"英大使又告余，其政府已派海军少将哈可尔提为接受香港日人投降之司令官。

余告英大使，余对英国政府对此事所采取之立场，不能同意。英国恢复香港原有地位之愿望，从未受有影响，因余自始即曾向其保证，中国政府无意派遣中国军队占领香港。根据通令第一号，香港并未包括在英人受降区域之内，而确实在中国战区以内，余为中国战区统帅，并须尽其职责，对于各盟邦之协定，必须遵守。余作此让步授权于一英国将官接受该地投降，纯出于余欲与吾人盟邦保持友好关系之愿望。在作此让步时，余曾获得阁下之同意，如余再作此超出此办法之让步，不独于盟邦各协定不

① 王正华编注《蒋中正总统档案——事略稿本》(62)，第351～352页。

合，且与余为中国战区统帅之职责不符。

余并已通知英大使，英国政府既已指定哈可尔提接受香港日人之投降，自今日起，余即授权于彼。

美国人民及阁下向来重视国际关系必须公正处理，并确守协定。余信阁下必可支持余之立场，并饬麦克阿瑟元帅向哈可尔提海军少将颁发各种必需之命令。①

在这一天，蒋介石感到"疲乏极矣，而重要事多未能决定也"。②中英之间的交涉又陷入了僵局。

薛穆和魏亚特均感到事态的严重性，他们分别向伦敦汇报了蒋介石的反应。艾德礼和外交大臣贝文（Ernest Bevin）在阅读过电报后都认为，蒋介石的意思是要求英方做出一些让步，以求保住"面子"。③ 对此，薛穆没有提出任何建议，倒是魏亚特将军提出了一个变通办法。他建议把香港受降一分为二来处理，即由英国政府委派夏悫将军接受日本香港总督的投降；而蒋介石委派代表接受香港日军的投降。④ 外交部常务次官贾德干（Alexander Cadogan）支持魏亚特的建议，外交部就此征求殖民地部的意见，外交部担心如果坚持不让步的话，也许会使英国在华利益遭受损失。⑤

8 月 27 日晚，殖民地部经过讨论后认为魏亚特把受降一分为二的建议"很糟糕"，因为，受降本来就是一个整体的军事行为，如果照此办理，英国政府"仅仅扮演了蒋介石代表的角色"。⑥ 殖民地部表示，如果英国政府非要做出让步的话，建议由代表英国政府受降的夏悫少将和英驻华军事代表团团长贺毅士少将共同签署降书，其中

---

① 王正华编注《蒋中正总统档案——事略稿本》（62），第 353~356 页。
② 王正华编注《蒋中正总统档案——事略稿本》（62），第 352 页。
③ Mr. Gent to Sir Gater, 28th August, 1945, CO 129/591/18, p. 8.
④ Mr. Gent to Sir Gater, 27th August, 1945, CO 129/591/18, p. 6.
⑤ Mr. Gent to Sir Gater, 28th August, 1945, CO 129/591/18, p. 8.
⑥ Mr. Gent to Sir Gater, 27th August, 1945, CO 129/591/18, p. 6.

蒋介石可以授权贺毅士将军代表中国战区统帅部。降书将采用"柏林模式"，如果蒋介石同意的话，一位中国军官和一位美国军官将作为见证人参加签字仪式。殖民地部认为："这样的让步方式也许会让委员长满意，既确立了英国政府在降书上签字的地位，也体现了英国军队处于中国战区的事实。"①

8月28日，艾德礼召集霍尔、盖特、贝文和贾德干在首相府研究具体对策。外交部提出可以让夏悫少将以英国政府和蒋介石双重代表的身份接受香港日军投降，但这个建议很快被否决，殖民地部私下认为外交部的建议"太过愚蠢"。最终殖民地部的建议被采纳，即由夏悫代表英国政府受降，蒋介石另外指定一名英国军官代表他受降。贾德干奉令起草了A、B两封电报将伦敦的指示传达给薛穆，A电报指示薛穆转告中国政府，希望蒋介石不要公开提出"委托受降"的要求；B电报则表示如果中方立场强硬，英国可以做出让步，让步的具体内容即是殖民地部的建议。②

薛穆收到电报后，于8月29日早晨面见吴国桢，向他转述了英国政府的态度，并要求安排会见蒋介石，但遭到拒绝，吴国桢表示蒋介石不会接受英方"所谓的让步"。薛穆向伦敦汇报说，在他看来，蒋介石的态度已经很明确，如果英国坚持讨论此事，只会增加中英之间的敌意，不会有任何结果。③ 8月30日，蒋介石再次召见了薛穆和魏亚特，对英国政府的态度表示强烈不满。蒋对薛穆说："除非联盟国不承认余为中国战区之统帅，华盛顿之盟约无效，或尔英国脱离联盟，宣告单独自由行动，否则，余之指令决不能改变，余决不能破坏盟约，违反公约，屈服于强权也。余令既出，必贯彻到底，希望英国恪守信约，保持警觉，如其最后仍加拒绝，则必宣布其恃强违约，公告世界，以著其罪恶而已。"④ 使用这样的措辞，蒋介石心中的愤怒

---

① Mr. Gent to Sir Gater, 28th August, 1945, CO 129/591/18, pp. 8 – 9.

② Sir Gater to Mr. Gent, 28th August, 1945, CO 129/591/18, p. 10.

③ Chungking to Foreign Office, 29th August, 1945, FO 371/46253.

④ 王正华编注《蒋中正总统档案——事略稿本》(62)，第395～396页。

程度可想而知。他在当月的反省录中特意提到："英国强欲重占香港，不许我接收，并拒绝我委派其英国军官接收香港之指令，痛愤无已。"① 与蒋介石会面结束后，薛穆和魏亚特都感到形势严峻，若英方再不妥协，事情将无法收场。他们致电伦敦，表示蒋介石在受降问题上立场十分坚定，为英国在华利益长远考虑，建议做出让步，接受蒋介石"委托受降"的要求。②

8月31日，英国政府最终决定接受蒋介石的"委托受降"，同意夏悫少将以英国政府和中国战区最高统帅双重代表的身份接受香港日军投降，并欢迎中美两国各派一名军官作为签字仪式见证人参加受降，蒋介石对此结果表示满意。③ 他认为："英国对余委派英军官接收香港敌军投降之指令，最后仍承认接受，是公义必获胜利之又一明证。惟英国侮华之思想，乃为其传统之政策，如我国不能自强，今后益被侮辱矣！"④ 这究竟是"公理战胜强权"还是"强权战胜公理"，恐怕蒋介石心知肚明，否则不会发出"如我国不能自强，今后益被侮辱矣！"的感叹。

三 英国重占香港

就在中英之间还在为"委托受降"争执不休之时，英国海军已完成集结，随时准备从苏比克湾（Subic Bay）出发。英国政府通过驻华军事代表团团长贺毅士转告国民政府军事委员会军令部第二厅厅长郑介民："准备接收香港日军投降之英舰队，现停泊马尼剌以北之苏比湾，该舰队自苏比湾起航，约需三十小时可到达香港。"⑤ 当郑介民将此消息呈报蒋介石之时，英国舰队已经起航。

8月29日拂晓，海军少将夏悫率领的英国太平洋舰队第111.2

---

① 王正华编注《蒋中正总统档案——事略稿本》（62），第409~410页。
② Chungking to Foreign Office, 30th August, 1945, FO 371/46253.
③ Chungking to Foreign Office, 1st September, 1945, CO 129/591/18, p. 72.
④ 王正华编注《蒋中正总统档案——事略稿本》（62），第420~421页。
⑤ 王正华编注《蒋中正总统档案——事略稿本》（62），第368页。

特遣分队进入香港水域，这支舰队包括旗舰"不屈"号（HMS Indomitable）航空母舰、"庄严"号（HMS Venerable）轻型航母、"确捷"号（HMS Swiftsure）和"尤瑞阿勒斯"号（HMS Euryalus）两艘轻型巡洋舰，"梅德斯通"号（HMS Maidstone）潜艇补给舰、"罗伯特亲王"号（HMS Prince Robert）、"肯彭费尔特"号（HMS Kempenfelt）、"旋风"号（HMS Whirswind）、"大熊座"号（HMS Ursa）和"象限"号（HMS Quadrant）5艘驱逐舰，连同第八潜艇分队和6艘澳大利亚海军扫雷艇。与此同时，海军少将丹尼尔（Daniel）率领的英国太平洋舰队第111.4特遣分队，包括旗舰"安森"号（HMS Anson）战列舰、"蒂里安"（HMS Tyrian）号和"托斯卡纳"号（HMS Tuscan）两艘驱逐舰也驶抵香港海面，两支舰队合并，统一由夏悫指挥。[①]

按照夏悫的命令，一架飞机从"不屈"号航空母舰起飞执行侦察任务，飞行员未遭遇日军抵抗，于是从启德机场低空掠过，向日军投送传单。传单通知日军指挥官，可以派一名军官乘船来面见夏悫，或由英军派一架飞机来接他。此外，传单还告知日方与英国舰队联络的无线电频道。很快，双方建立了联系。日军指挥官通过无线电告诉夏悫，他已收到传单，但表示目前还不能安排受降仪式，因为香港地区的最高长官田中久一中将尚在广州。夏悫命令他告诉田中久一，英国军队将于30日在香港海军船坞[②]登陆。[③]

下午4时，日方发来电报，请求夏悫派飞机到启德机场去接他们的谈判代表。夏悫随即接受了请求，派出飞机。与日方代表一同前来的还有柯瑞文（Craven）中校，他在战前负责香港港口事务，战争爆发后被俘，双方商谈了英军登陆的具体事宜。飞机在送日方代表回启德机场时迷航了，当时天已经黑了，并且天气恶劣，飞行员无法找到

---

① War Diary by Harcourt, 29th August, 1945, CO 129/591/18, p. 27.
② 香港海军船坞与添马舰海军基地位于港岛金钟，是港英时代英国海军在香港的驻地。1990年，海军基地与船坞迁往昂船洲。
③ War Diary by Harcourt, 29th August, 1945, CO 129/591/18, p. 27.

启德机场，也无法飞回航空母舰。在燃油将尽的情况下，飞行员在新界中共游击队控制的区域迫降，所幸无人员伤亡。游击队立即派人前来查看，双方没有发生冲突。第二天，英国人又派了一架飞机把他们接走。①

8月30日拂晓，TBR式攻击机和舰载战斗机组成编队从航母上起飞，在香港上空巡逻，以防日军的袭击。上午10时，夏悫将旗舰转移到"确捷"号上，率领"肯彭费尔特"号、"尤瑞阿勒斯"号、"托斯卡纳"号、"罗伯特亲王"号和两艘潜艇，向维多利亚湾推进。舰队顺利通过了南丫水道，并没有发现水雷。到达维多利亚湾后，"确捷"号和"尤瑞阿勒斯"号上的海军陆战队员在布朗（Brown）中校的指挥下迅速占领了海军船坞。之后，"梅德斯通"号、潜艇编队和扫雷艇依次跟进。最后，"安森"号和"不屈"号在天黑前驶入港口，完成了登陆行动。②

香港学者陈君葆目睹了英军登陆的全过程，他在日记中写道：

> 我们在陆羽（香港一家茶楼的名称。——引者注）饮茶后转出海边，港口内已布满了舰船……这时已微闻人言，海军船坞一带于英军进驻时有枪声。至傍晚我乘电车经过时，原来船坞已满集了许多船坞的旧工人，候电车乘坐的日士兵乘客进出，强拉去殴打，有被殴倒地满血，起而复被殴者，英军水兵坐骑楼上则带笑以食品卷烟掷与旧职工。闻人言，目击此种情形虽惨不忍睹，但此辈，其兄弟叔伯在船坞内被日人殴打至死者不知凡几。故积怨载道，人民愤懑至无可发泄，隐忍至今始得一伸气概……平日而论，此次接收，倒算眼疾手快，做得十分敏捷。至夜深不闻有若何暴动抢掠事宜。③

① War Diary by Harcourt, 29th August, 1945, CO 129/591/18, pp. 27 - 28.

② War Diary by Harcourt, 30th August, 1945, CO 129/591/18, p. 28.

③ 《陈君葆日记全集》第 2 卷，第 40 页。

整个登陆行动未遇到抵抗，但有一个小插曲。英国舰队驶抵香港海面时，据情报，部分日军官兵抗拒投降命令，组织了大批自杀艇集结在香港周围海域。但侦察机始终没有发现它们。当夏悫率领舰队准备登陆前，一架侦察机报告，在南丫岛的索罟湾有大约 100 艘自杀艇，其中 3 艘艇从西面向舰队锚地驶去。舰队立即派出飞机实施攻击，一艘沉没、一艘搁浅，剩余的一艘返回港口。之后，英军轰炸了索罟湾，在那里俘虏了大约 260 名日军官兵。①

英军登陆后，詹逊登上"确捷"号与夏悫会面，并带来一份向香港民众宣布进行军事管制的演讲稿。夏悫发觉，显然，詹逊和他的手下已经不失时机地建立了行政机构。双方进行了简短的会谈，夏悫向詹逊出示了命令，表示伦敦授权自己对香港实施军事管制，詹逊的使命已经完成。30 日下午，夏悫来到赤柱，那里曾是关押英军的战俘营。在阵中日记里，夏悫记述了获释的战俘们为他举行的"难忘的欢迎仪式"。他写道："到达时，我发现所有人都在等我们……他们为我准备了一个欢迎仪式——升英国国旗，他们一定要等我来才升旗。我们举行了一个非常感人的仪式，当国旗在赤柱集中营升起时，伴随着《主佑吾王》的歌声，最后大家三祝陛下万岁。那面国旗是由一名海军人员制作的，香港沦陷时，他把它藏在了床板里，就是为了现在的这个时刻。"② 自 1941 年 12 月大英帝国撤离，三年零八个月后，米字旗重新飘扬在香港的上空。

也就在英军登陆香港的同一天，第二方面军司令长官张发奎抵达昆明，何应钦通知他，鉴于美国政府的态度，蒋介石同意香港由英国受降。张发奎认为："我们不应该同意这一更改，我们不应屈服于美国的压力。"③ 但这已于事无补，9 月 3 日，第二方面军司令部收到何

---

① War Diary by Harcourt, 30th August, 1945, CO 129/591/18, p. 28.
② War Diary by Harcourt, 30th August, 1945, CO 129/591/18, p. 29.
③ 《蒋介石与我——张发奎上将回忆录》，第 403 页。

应钦转发的蒋介石的电报，正式取消香港受降任务，第二方面军遂将这一情况电告正向香港挺进的第十三军。① 而此时第十三军的先头部队第八十九师已到达广东三水的西南镇。② 此地距离香港还有230公里左右。除第十三军外，另有余汉谋部教导团及突击独立第一支队，暨第六十五军一五四师主力于8月21日接令后向九龙方向挺进，蒋介石于28日命令："往九龙部队暂时停止。"③

9月1日下午1时，夏悫来到香港播音台，对民众进行了广播讲话，宣布建立军事管制政府，自己担任军政府首脑。④ 香港在实施军管期间，适用战前颁定的法律，夜间9时至次日清晨6时实施宵禁。军政府呼吁民众遵守社会秩序，协助军政府的管理。⑤ 为便利行政起见，夏悫任命詹逊为副总督。稍后，伦敦方面通知夏悫，他对詹逊的任命无效，在军管期间，香港不应设副总督的职位。伦敦告诉夏悫，香港计划组组长麦道高将于7日抵港，届时他将出任军政府的首席民政官。⑥ 夏悫授权日军指挥官通知所有日本军民9月1日必须撤出香港岛，港岛治安由英军负责，九龙和新界秩序则暂由日军维持。⑦ 从上午10时开始，日本军民集中在皇后码头，渡海至九龙兵营集中，撤退时秩序良好，下午4时，最后一批日本人撤离港岛。⑧ 4日，3000名英国皇家空军官兵乘"澳大利亚皇后"号（Empress Australia）轮船抵达香港，接管启德机场，并开始负责九龙地区的防务。7日，麦道高率12名高级文职官员由印度马德拉斯（Madras）飞抵香港。⑨

---

① 军事委员会委员长广州行营参谋处编《广东受降纪实》（1946年6月15日），国防部史政局和战史会档案，二档馆藏，七八七/16604。
② 石觉：《陆军第十三军九月份阵中日记》（1945年9月3日），国防部史政局和战史会档案，中国第二历史档案馆藏，七八七/16697。
③ 王正华编注《蒋中正总统档案——事略稿本》（62），第367页。
④ War Diary by Harcourt, 1st September, 1945, CO 129/591/18, p. 30.
⑤ 《香港军政府昨日成立哈葛德总督发表宣言》，《华侨日报》1945年9月2日，第4页。
⑥ War Diary by Harcourt, 1st September, 1945, CO 129/591/18, p. 30.
⑦ CTG 111.2 to C. in C. B. P. F., 1st September, 1945, CO 129/591/18, p. 69.
⑧ 《日本人绝迹香港市面》，《华侨日报》1945年9月2日，第3页。
⑨ War Diary by Harcourt, 7th September, 1945, CO 129/591/18, p. 31.

麦道高在赴港之前被授予准将军衔，以便参与香港军管。① 11 日下午，由陆军少将菲士廷（F. W. Festing）率领的包括陆军第三旅在内的英国陆军部队登陆香港，菲士廷被任命为驻港英国陆军司令。13日，麦道高正式被任命为军政府首席民政官，于当天接管了詹逊的所有工作。第二天，军政府下令原日本占领当局发行的军票停止使用，恢复使用港币。英国全面恢复了在香港的殖民统治。

在重占香港的过程中，除了国民政府，英国方面还要顾及中国共产党方面的态度。中共领导的港九独立大队是抗战时期唯一活跃在香港地区的抗日武装，对香港的影响不可小视。军管期间，香港军政府一度设想借助中共领导的游击武装维持地方治安。据时任东江纵队司令员的曾生回忆，抗战胜利后，港九大队奉令撤离九龙和新界，因此有些地区顿成真空状态。香港军政府首脑夏悫于 9 月上旬委派他的副官来到沙头角与中共工作人员接洽，希望与东江纵队司令部取得直接联系，商讨有关九龙、新界部分地区的治安问题。② 曾生与政委林平商量后，经中共中央批准，委派东纵情报处处长袁庚为代表、黄作梅为翻译赴港与夏悫谈判。

据袁庚回忆，双方在位于九龙半岛酒店的驻港英军司令部内进行了谈判。夏悫提出，目前英军在港兵力不足，希望港九大队能就地维持治安。袁庚按照上级指示回答说，港九大队已奉令撤离香港，而且撤离工作也已接近尾声。夏悫又询问可否让部队暂时返回，袁庚回答说，港九大队已正式发表了《告别港九同胞书》，要更改撤退命令是不可能的。袁庚随即又表示，新界村民历来有守望相助的传统，他们的自卫武装可保治安无忧。③ 尽管如此，港九大队还是留下了一些干部、工作人员和武器弹药，协助香港军政府组建了新

① 　C. in C. Hong Kong to Admiralty, 13ᵗʰ September, 1945, CO 129/591/18, p. 48.

② 　曾生：《曾生回忆录》，解放军出版社，1992，第 373 页。

③ 　袁庚：《东江纵队与盟军的情报合作及港九大队的撤出》，陈敬堂等编、香港历史博物馆编制《香港抗战：东江纵队港九独立大队论文集》，香港，香港康乐及文化事务署，2004，第 256 页。

界乡村的自卫队，负责维持当地治安，这些自卫队存在了将近一年的时间。①

受降仪式却迟迟未能举行。9月9日，中国战区受降仪式在南京举行，按既定方案，香港受降仪式应当在南京受降之后尽快举行。② 同一天下午，准备参加香港受降仪式的中国军事代表团由昆明飞抵香港。这个代表团由中方代表潘华国少将、美方代表威廉逊（Adrian Williamson）上校以及其余12名中国军官连同2名中央社记者组成。夏悫邀请潘华国少将、威廉逊上校和刘方矩上校下榻其总督府。③ 中国军事代表团除了参加香港受降仪式外，还有一个任务是与英方交涉接收香港日军武器装备事宜，中英双方在香港受降问题的具体细节上反复磋商。蒋介石曾指示潘华国两条：一是"受降书上我方代表不必签字"；二是"英方受降只限香港日军，并不包括九龙"。④ 不过，第二条并未实现。

与此同时，关于之前中英两国争夺香港受降权的消息开始见诸报端，受降仪式日期又屡经拖延，香港民众纷纷揣测香港未来归属问题。⑤ 9月15日，潘华国以中方受降代表的身份接受记者采访，他表示，受降仪式之所以未能举行是因为中英之间在具体细节方面还在商议。⑥ 潘华国劝吁香港民众"尽力所能，协助地方政府，从事复兴与繁荣之工作"。至于未来香港地位问题，潘华国则表示国民政府"正在蒋主席英明指导之下，循外交途径正常而友好之解决，盼同胞体会当局之正确外交方针，勿妄加揣测，以求达到建立中英永久亲善关系之目的"。⑦ 最终，英方与中方在具体细节上达成一致，受降仪式定

---

① 傅颐：《黄作梅在香港》，《香港抗战：东江纵队港九独立大队论文集》，第339页。
② 王正华编注《蒋中正总统档案——事略稿本》（62），第366页。
③ War Diary by Harcourt, 9th September, 1945, CO 129/591/18, p. 31. 亦见《本港受降仪式今日举行潘华国将军参加典礼》，《华侨日报》1945年9月12日，第1页。
④ 《蒋介石关于香港受降问题的条谕》，外交部档案，台北，"国史馆"藏，020000003062。
⑤ 《港侨关怀之香港问题真相》，《华侨日报》1945年9月10日，第2页。
⑥ 张荣：《潘华国将军访问记》，《华侨日报》1945年9月16日，第4页。
⑦ 《潘华国将军向港九同胞宣达中央意旨》，《华侨日报》1945年9月16日，第4页。

在 16 日举行。①

　　9 月 16 日下午 4 时，香港受降仪式在总督府举行。日本陆军第二十三军参谋长、驻港陆军司令冈田梅吉少将和华南舰队司令藤田类太郎中将先后在投降书上签字，冈田梅吉将佩剑解下交给夏悫，以示解除武装。之后，夏悫代表英国政府和中国战区统帅蒋介石签字接受日军投降。潘华国、威廉逊和克里（W. B. Creery）分别代表中国、美国和加拿大作为见证人参加了受降仪式。日方代表退场后，夏悫发表了演讲，表示今后将致力于香港复兴工作，并呼吁盟国紧密合作。随后，在总督府草坪上举行升旗仪式，当英国国歌奏响时，一队战斗机飞越总督府上空。② 这一切，象征着英国正式完成了重占香港。

---

①　Extract from Cabinet Defence Committee Minutes of a Meeting, 14th September, 1945, CO 129/591/18, p. 40.

②　War Diary by Harcourt, 16th September, 1945, CO 129/591/18, p. 33. 亦见《香港区陆海军代表昨正式签署投降文书》,《华侨日报》1945 年 9 月 17 日, 第 1 页。

第二章　内争与外交：
中国军队过境香港交涉

太平洋战争结束后，英国重占香港。而就在英军登陆香港一个月后，集结在华南的中国军队越过粤港边境开入新界，由九龙乘船北运，开赴华北与东北，约十万之众，历时一年有余。以往相关著作对该事件的论述或线索不明，或语焉不详；流传于坊间的说法往往张冠李戴，错讹百出。即便有文章提及，仍缺乏对该事件历史价值的剖析。① 中国军队过境香港是战后中英关系举足轻重的大事件，牵涉面甚广。对于国民政府来说，既利用此举调兵北上，为即将到来的内战排兵布阵；又借此宣示对香港的主权，借军队过境之机增加对香港内部事务影响的权重。英国政府和香港政府则势处被动，疑虑重重，竭力避免影响帝国的殖民统治。而战后民族主义热潮席卷香港，当地民众的态度更值得玩味。本章拟对这一事件的来龙去脉和前因后果进行考证和分析。

---

① 对于中国军队过境香港问题的探讨，相关成果就笔者所见主要有三：一是谢永光《香港战后风云录》第六章《国军进驻香港真相》；二是潘荣《国民党十万兵马过香港》（《文史春秋》2003 年第 12 期）；三是周军《1945：国民党十万兵马过香港》（《文史月刊》2004 年第 1 期）。史实依据均来源于李汉冲《张发奎处理有关香港一些事件的经过》一文。

第一节　中国军队过境香港之缘由

一　以讹传讹的"国军光复香港"

1997 年 7 月 1 日，中国对香港恢复行使主权，在此 71 天前的 4 月 21 日，中国人民解放军驻港部队先遣组第一批人员由皇岗—落马洲口岸进入香港。中外一些媒体声称这是自 1841 年英国占领港岛后，中国军队首次进驻香港。中国军队（以下个别处简称"华军"）是否进入过港英时代的香港？早在 1984 年中英举行香港问题谈判，中方公开宣布 1997 年将在香港驻军前后，就有人专门撰文讨论过这个问题。其中 1985 年 3 月台北《传记文学》杂志刊登的一篇题为《胜利后国军率先光复香港记》的文章影响甚大，一些学者未详加考证进行了引用，认为在英国重占香港之前，中国军队曾进驻香港。①

《胜利后国军率先光复香港记》一文中写道："香港九龙在大英帝国统治下已逾百年，有一段历史事实，我们似不应忘记。那就是抗战胜利后，我国军五十师，曾经率先光复香港，只不过后因英国对港九的野心，以及战局的需要，国军又悄悄地登上美舰，开赴东北作战去了。"至于华军过境的原因，该文认为："华南受降地区，范围甚广，其中包括九龙、香港、澳门、广州湾，以及越南十七度以北的地区。而香港方面，则规定行政由英国接收，军事则归中国接收，于是我五十师就派部队，分别完成了港澳的占领工作。"对于英国出兵重占香港的史实，作者写道："后来，英国的远东舰队，在夏悫海军中将率领下，开入香港水域。由于国军五十师于九月八日进驻了港澳，英国人这时候，知道已来迟了一步……国军五十师进驻后，为使军民

---

① 李云汉：《国民政府收回香港九龙之决策与交涉（1941~1948）》，台北《近代中国》第 119 期，第 146 页；吕芳上：《1940 年代中英香港问题交涉（1942~1945）》，《港澳与近代中国学术研讨会论文集》，第 519 页；汪朝光：《中华民国史》第 3 编第 5 卷，中华书局，2000，第 366~367 页。

不相混淆，亦全师集中于九龙塘一隅……仅于各要点配置了一些兵力，负责防守任务……不久，英国的皇家三十六师，由斐士廷。（即菲士廷。——引者注）将军率领，亦由缅甸运到。于是即向我方要求，将香港地区巡逻和防守任务，由他的部队负责。至九龙地区仍由我国军担任，继续执行任务，至国军离港撤时为止，两军相处，极为融洽。"文章结尾写道："但驻港期间，不到三个月，只因东北战场需要，于同年十二月二十日夜间在九龙仓库十二号码头，登上美舰悄悄地离开香港……今天，我们忧心香港，恐怕国人已经很少知道，中华民国国军曾一履斯土！"①

事实果真如该文所述吗？在这里有必要对这一段史实进行爬梳和考证。《胜利后国军率先光复香港记》一文最大的问题是将香港受降与华军过境这两件事情混为一谈。首先，如前章所述，太平洋战争结束前后，中英在香港受降问题上发生争执，结果是中方让步，英国出兵重占香港并接受日军投降。而该文所述香港"行政由英国接收，军事则归中国接收"显然是不正确的。其次，该文说新一军第五十师于 1945 年 9 月 8 日进驻港澳，而英军在此时还未到达香港。这也是不正确的。如前章所述，早在 8 月 29 日，夏悫率领的英国太平洋舰队第 111.2 特遣分队已驶入香港水域，并于 30 日上午登陆港岛，而此时新一军并未进驻香港。② 根据相关档案披露，新一军第五十师于 8 月 6 日奉军部命令，在师长潘裕昆率领下由南宁向贵县集结。21日该部受命准备接受广州日军投降，开始由贵县、桂平两地分别向苍梧船运，于 9 月 2 日全部集结于苍梧县城广西大学附近。5 日师司令部下达命令，由苍梧向广州船运，至 18 日全部到达广州，开始接受

① 尹骏：《胜利后国军率先光复香港记》，《传记文学》第 46 卷第 3 期，第 19、20 页。

② 严格来说，香港境内此时并非完全没有中国军队活动，大澳、长洲两个离岛的日军撤离后，曾由中国军队短暂驻防，9 月中旬后防务均移交英军。此外，中国共产党领导的东江纵队港九独立大队胜利后也在新界元朗、屏山一带活动，很快也撤离了香港。但这些部队人数少，活动区域地处香港边缘，且驻防持续时间较短，影响也有限。

日军投降。① 可见，9 月 8 日，第五十师仍在开赴广州的途中，并未进入香港。再次，该文声称第五十师还接收了澳门，这就有些离谱了，澳门为葡萄牙所统治，在太平洋战争中，日葡两国并未开战，澳门从未被日本占领过，也就不存在接收问题。

二 华军过境原因探讨

新一军确实曾过境香港，也的确由九龙码头搭乘美国海军运输舰开赴华北，但新一军过境香港并非为执行受降任务。那么，原因究竟是什么？中国军队过境香港在时间上紧随中英受降之争，两者之间是否存在因果关系？国民政府是否以英国同意军队过境为条件在香港受降问题上做出让步？《香港大事记》一书中有如下表述。

> 1945 年 9 月 1 日，国民党曾派遣军事代表团到香港与英国军政府首脑夏悫达成协议：国民政府同意英国接受香港日军投降；作为交换，港英当局同意到 1947 年 8 月 15 日为止，国民党军队可以自广州进入九龙，然后登轮北上，开赴反共前线。港英军政府还将九龙塘北部的一些民房租与国民政府，作为北上部队的临时兵营。此后，从广州经香港北运到内战前线的国民党军，数目在十万人以上。英国从这笔交易中达到了反共和维护自己殖民利益的双重目的。②

这段文字认为，中方之所以在香港受降问题上让步，其主要原因是英国同意中国军队过境香港，但就笔者所见相关资料，这样的结论大可商榷。文中说 1945 年 9 月 1 日中国派出军事代表团到香港与英方商讨并达成有关受降和军队过境的协议。由前章所述可知，对于香港受降问题，中英之间已于 8 月 31 日商定，由夏悫同时代表英国政

---

① 《陆军新编第一军第五十师致重庆军令部电报》（1945 年 12 月 16 日），国防部史政局和战史会档案，二档馆藏，七八七/16618。
② 李宏：《香港大事记》，人民日报出版社，1988，第 85～86 页。

府和中国战区最高统帅接受日军投降。蒋介石早在 8 月 24 日的中常会上就公开表示，政府不会派军队去香港受降。双方交涉的档案表明，中方在做出让步之前，没有提出过以军队过境作为交换条件。此外，前一章中已说明，中国军事代表团抵达香港的时间应当是 1945 年 9 月 9 日，而并非该文所说的 9 月 1 日。代表团的主要任务是参加香港受降仪式、接收香港日军的武器和装备，即处理有关受降的具体事务性问题，并非与夏悫商讨香港受降权利问题。该文判断"英国从这笔交易中达到了反共和维护自己殖民利益的双重目的"似乎也缺乏依据。战后，英国对国共争端基本秉持"不干涉"的中立政策。有学者曾撰文指出，香港政府开始限制中共在香港的活动应当不早于 1948 年。[①] 此前，港府的基本政策是维持国共两党在香港势均力敌，不希望任何一方坐大。有关此问题还将在下文中继续探讨，此处不赘述。所以，没有证据表明，在商讨香港受降问题时，国民政府以英方允许军队过境为前提做出了让步。

那么，国民政府究竟在什么时候、什么场合提出了军队过境香港的要求？前一章曾述及，1945 年 8 月 18 日，美国总统杜鲁门在表示不反对由英国受降香港的同时，建议中英两国就具体军事行动事宜进行联络。[②] 由于直到 24 日，蒋介石才公开表态"不愿藉此派兵接收香港引起盟邦间误会"，明确将由英国军队占领香港，因此，8 月 28 日，军令部第二厅厅长郑介民开始与英国驻华军事代表团团长贺毅士联络香港受降相关事宜。贺毅士提出，中方若要使用香港的码头、仓库等设施，应当提前提出要求和计划。[③] 直到 8 月 30 日，中英两国军事当局组成的协调委员会才在重庆举行了第一次会议，开始商讨香港受降、接收的细节问题。在会议上，中方提出了使用香港港口设备用于

---

① 余绳武、刘蜀永主编《二十世纪的香港》，第 174～175 页；亦见叶汉明、蔡宝琼《殖民地与革命文化霸权：香港与四十年代后期的中国共产主义运动》，《中国文化研究所学报》新第 10 期，第 211～212 页。

② President Truman to Prime Minister, 18th August, 1945, CO 129/591/16, p. 33.

③ 王正华编注《蒋中正总统档案——事略稿本》（62），第 369 页。

运输中国军队的要求。① 英国军方代表卡特赖特（Cartwright）准将向伦敦报告说，中方提出中国军队将通过香港海运其他地方，目的是接收台湾等地区；过境的军队将尽可能自备粮草。除此之外，为保证中国军队能够尽快进入香港，中方还要求征用香港日军船只用于广东沿海与内河的运输，并且，所有日军的车辆也归中方使用，用于将中国军队从广州运送到九龙，因为此时广九铁路破坏严重，不能使用。②

伦敦收到电报后，迅速进行研究。殖民地部基本赞同陆军部的意见，原则上同意中方使用香港港口设施运送军队的要求。但殖民地部也指出，在军事管制期间，香港军政府也要使用这些公共设施，必须保证香港军政府在使用上的优先权。另外，任何过境的中国军队都必须自备粮草。③ 31 日，伦敦回复卡特赖特，指示他告诉中方，在满足香港军政府需要的前提下，同意中方使用港口设施运送军队；中国军队的所有粮草都必须自备，因为香港地区除供紧急情况需要的粮食储备之外没有余粮可供给。至于征用日军船只、车辆和武器装备的问题，还要等待接收完毕方能决定，并且，香港军政府有权优先征用，以便执行军事管制，但不反对中方接收这些装备。④

9 月 2 日，中英军事协调委员会举行了第二次会议，会上中方提出了一份协议，将要求具体化。在协议的第三条中有如下表述："香港当局应当为中国当局使用香港的港口和机场设施提供便利，中方将利用这些设施运送军队占领日本、台湾和其他中国沿海地区以及东北地区。所有过境香港的中国军队将自备粮草。"⑤ 除此之外，关于日军遗留在香港的船只、车辆和武器装备，中方坚持应全部移交中国军队使用，待移交完毕后，若香港军政府需要使用，中方可

① BRITCHIN to A. M. S. S. O. , and TROOPERS, 30th August, 1945, CO 129/591/19, pp. 51 – 53.
② BRITCHIN to A. M. S. S. O. , and TROOPERS, 30th August, 1945, CO 129/591/19, p. 52.
③ Report by Gent, 31st August, 1945, CO 129/591/19, pp. 49 – 50.
④ A. M. S. S. O. to BRITCHIN, 31st August, 1945, CO 129/591/19, p. 45.
⑤ H. Q. British Troops China to A. M. S. S. O. , 2nd September, 1945, p. 36.

以提供便利。①

伦敦的参谋长会议研究后认为，中方关于日军装备的要求符合麦克阿瑟的第一号命令，可以满足；但使用香港港口与机场设施的要求属于另一个范畴，因此建议一定要保证香港军政府在使用上的优先权。② 6 日，中方根据英方的建议修订了要求，关于使用香港港口和机场设施的条款中增加了如下字句："鉴于多方需要使用港口和机场设施，使用的优先权由香港当局决定。"③ 此外，中方还增加了一段文字："有关要求如果与第一号命令相冲突，当提请盟军最高司令部决定。"④ 修正后的要求保证了香港军政府对港口及机场设施使用的优先权，尽管英国军方对中方要求仍有疑虑，但最终于 9 日批准，双方以备忘录的形式达成了协议。⑤

由此可见，中国军队过境香港是在中英两国军事当局商讨香港受降具体事务的过程中由中方提出的。英方将其视为贯彻盟军最高司令部第一号命令，接受日军投降、接收敌占区的单纯军事行动。就英方的态度来看，伦敦并不反对中国军队过境香港，所担心的仅仅是港口设施使用的优先权和过境军队的军需问题。正是国民政府的让步才使英国接受香港日军投降以及顺利重占香港成为现实，英方不愿在华军过境的问题上再制造障碍从而激化中英之间的矛盾。再者，将军队运送到华东、华北与东北是美国政府协助国民政府垄断受降权，防止共产党领导的人民武装受降敌伪军，阻遏中共势力扩张的既定方针。基于英美同盟的利益考量，英国不好从中作梗，因此，当中方提出军队过境的要求后，英国虽然有一些疑虑，但也没有明确反对。

---

① H. Q. British Troops China to A. M. S. S. O. , 2ⁿᵈ September, 1945, pp. 36 - 37.
② Report by the Joint Planning Staff, 3ʳᵈ September, 1945, p. 30. A. M. S. S. O. to BRITCHIN, 4ᵗʰ September, 1945, 1945, CO 129/591/19, p. 26.
③ BRITCHIN to A. M. S. S. O. , 6ᵗʰ September, 1945, CO 129/591/19, p. 16.
④ 同上。
⑤ Admiralty to C. in C. Hong Kong, 9ᵗʰ September, 1945, CO 129/591/19, pp. 7 - 8. Extract from C. O. S. (45) 218ᵗʰ, 10ᵗʰ September, 1945, CO 129/591/19, p. 6.

对于国民政府来说，利用香港调兵遣将与战后国共两党的战略布局与政治角力直接相关，最直接的指向即是东北问题。所谓东北问题，总括而论，就是国、共、苏三个方面一并介入之下，东北的接收与交防问题。① 东北自1931年沦陷之后，国民党势力基本无法插足，中共组织也遭到破坏与压制。这块面积占全国十分之一、人口占全国七分之一、铁路里程占全国一半的土地，战略地位不言而喻。按照雅尔塔协定，苏联于日本宣布投降前一周出兵中国东北，并占领东北全境，遂使东北的接收与交防成为国共两党冲突的焦点。1945年8月日本投降前后，中共中央命令李运昌部5000余人进入东北。② 9月中旬，中共中央做出战略调整，将战略重点放在东北，力争在东北建立根据地，原准备南下的十万部队和两万干部转而挺进东北。③ 中共在东北大展战略部署，国民政府先失一着，除了决策失误之外，苏联在东北的双重角色也制约着国民政府的行动。④ 8月31日，国民党中常会与国防最高委员会联席会议决定任命熊式辉为军事委员会委员长东北行营主任，而东北行营组建后，必须得到苏联的允许方能前往接收，为此，行营在重庆坐等了一个月。更为重要的是，谁的军队先到达东北，谁就在东北问题上掌握了主动权。当中共领导下的各种武装力量大举出关、势力迅速膨胀之时，国民党因在东北实力有限，行动缓慢。

抗战胜利前后，国民党的部队集中于西南。至1945年9月，原

① 邓野：《联合政府与一党训政——1944～1946年间国共政争》，社会科学文献出版社，2003，第232页。
② 中央档案馆编《中共中央文件选集》第13册，中共中央党校出版社，1987，第107页。
③ 中共中央文献研究室编《朱德年谱》，人民出版社，1986，第278页。
④ 表面上，中苏是同盟关系，1945年8月14日签订的《中苏友好同盟条约》的框架下，国民政府以牺牲外蒙古领土、东北地区利益等为代价换取了苏联政府在政治和新疆问题上的支持。国民政府在东北问题上判断和行动的逻辑起点也正是苏联予以支持的承诺。但是苏联在东北问题上却表现出双重性，一方面，在共同政治信念和现实利益的考量下，苏联默认甚至支持中共在东北的发展；另一方面，基于中苏条约框架的限制以及国家利益的权衡，苏联不能无条件支持中共，必须与国民政府保持一定程度的合作。有关这方面的论述可参见邓野《联合政府与一党训政——1944～1946年间国共政争》第七章《苏军的双重性与东北问题》。

第四、第七战区的主力部队——石觉第十三军、孙立人新一军、李弥第八军等按照接收广东的命令，已先后集结于华南地区。此时，华南与华东、华北、东北的铁路交通业已断绝，短时间内无法修复，抢占东北的最佳途径是走海路。9月11日，蒋介石致电在美国访问的宋子文，令其与美方商议海运事宜："国军急待运往东北各省接防，如照月前运输计划，须待十二月初方能开始运输，如此则俄必藉口我军届期未到，彼因急欲撤兵，对东北防务不能负责，因此可让共党占领东北，此为最险之事，希速即向美政府切实商洽，务于本月内先拨给若干船舶，以供东北军队运输之用为要。"[①] 经过协商，美国答应了蒋介石的要求，表示愿意提供帮助。而海运军队的任务，则由美国海军第七舰队执行。[②]

　　香港之所以被选为军队北运的中转站，应当是军队部署和港口地理因素所决定。此时，大批军队已集结于华南珠江三角洲，第十三军更是沿广九铁路推进，先头部队已抵达深圳河边，香港近在咫尺。英国海军原本就在九龙建设了设施完备的海军基地和船坞，锚地和码头适于美国海军第七舰队大型运输舰停泊和接驳。那么，为什么国民政府没有就近利用广州港与黄埔港运送军队呢？其主要原因是抗战时期珠江水道，包括虎门外海所布的水雷对航行造成了极大的危害。广州港距离珠江虎门入海口尚有40海里，黄埔港兴建于1936年，未成规模，船只均需通过虎门才能到达这两个港口。除水雷之外，珠江航道的水文条件也对船只吨位与航行有所限制。虽然战争刚一结束，广州至香港的航运便已开通，但只有小型船只敢于往来于这一航线。直到1946年2月，中英两国海军联合扫雷行动方告结束，珠江航道的水雷才被彻底清除，正常航运逐渐恢复。[③] 所以，香港成为国民党军队北上的中转站。

---

①　《蒋委员长致宋子文院长嘱请美政府提早供给船舶运输国军至东北接防电》（1945年9月11日），秦孝仪主编《中华民国重要史料初编——对日抗战时期》第7编《战后中国》（1），第115～116页。

②　有关美国政府的这一政策可参见陶文钊《中美关系史》上册，第286～287页。

③　邓开颂、陆晓敏主编《粤港澳近代关系史》，第317页。

第二节　过境行动之详情

一　东北问题与军队过境的延宕

最先过境香港的中国军队是石觉率领的第十三军。1945 年 8 月 21 日，此时尚未确定香港由英军占领，蒋介石致电第二方面军司令长官张发奎，下令石觉的第十三军负责接受香港地区日军投降。张发奎命令石觉："第十三军（欠八十九师）即沿梧州、三水、广州道推进，以主力配置于广州（不含）至九龙铁路沿线，以一部推进香港，监视该方面之日军及受降实施。"① 9 月 3 日，第二方面军司令部收到何应钦转发蒋介石的电报，得知上峰决定港九地区由英军负责受降。② 第十三军接到任务变更的命令已是 9 月 14 日，张发奎电令石觉："协助新一军接防广九铁路沿线后，应于申有以前集结九龙候船北运"。此时第十三军的前进指挥所已进驻广州，下属第八十九师已到达广州周边的黄村、新塘、珠村一带。③ 26 日，张发奎委派联勤总部副司令何世礼④中将率第十三军部分军官赴港与香港军政府协调军队过境补给、船运相关事宜。⑤

按照张发奎的命令，十三军应当在 9 月 29 日之前在九龙集结完毕，等候乘船北运。然而，国民政府在与苏联关于接收东北的谈判中

---

① 军事委员会委员长广州行营参谋处编《广东受降纪实》（1946 年 6 月 15 日），国防部史政局和战史会档案，二档馆藏，七八七/16604。

② 同上。

③ 石觉：《陆军第十三军九月份阵中日记》（1945 年 9 月 14 日），国防部史政局和战史会档案，二档馆藏，七八七/16697。

④ 何世礼是香港著名企业家何东爵士的第三子，1906 年生，早年毕业于英国乌烈芝皇家军事学院（Royal Military Academy Woolwich），回国后投身军旅。1949 年何世礼随国民党政权迁台，历任"国防部"常务次长，台湾"驻联合国军事代表团"团长等职，1998 年病逝于香港。何世礼的具体经历可参见郑绍泰、黄绍伦《香港将军——何世礼》（香港，三联书店有限公司，2009）。

⑤ 《蒋介石与我——张发奎上将回忆录》，第 420 页；亦见《第二方面军派员来港接洽海上运送及补给事宜》，《华侨日报》1945 年 9 月 28 日，第 3 页。

屡遭挫折，迟迟不能确定由香港转运东北的军队在何时何处登陆，严重影响了十三军的部署。9月下旬，十三军先头部队约2000人抵达深圳粤港边境，安营扎寨，等待进入香港。① 9月30日，十三军部分军官进入新界，布置和安排稍后主力部队过境的相关事宜。② 10月1日，中国外交部照会苏联驻华大使馆，通知："中国方面之第十三军部队，现已定于本月十日前后，自九龙乘美国船只，由海道前往大连登陆。"③ 之后，十三军第八十九师主力在万宅仁师长率领下陆续由深圳开入新界，到达九龙塘驻地。10月4日，八十九师第二六七团到达九龙塘，两天后，第二六五团也抵达九龙塘。十三军余部均已抵达深圳粤港边境，准备陆续开入香港。④ 国民党港澳总支部主任委员沈哲臣组织港九各社团于10月5日下午赴九龙塘慰问"祖国将士"，沈哲臣宣称："今天我们武装同志，能浩浩荡荡，向九龙大进军驻扎，为一百年来之第一次，是如何灿烂光荣，全体侨胞无限兴奋。"⑤ 在国民党港澳总支部和三民主义青年团广东支团港九分团的组织下，香港掀起了轰轰烈烈的"劳军运动"。⑥

然而，十三军北运大连的计划出了问题。10月7日，苏联外交部约见中国驻苏联大使傅秉常，表示："按照中苏条约，大连为运输商品非运输军队之港口，苏联政府坚决反对任何军队在大连登陆，因其违反中苏条约。"⑦ 苏联的态度显然大大出乎国民政府的意料，原本以为苏联会在接收东北问题上予以协助，指望军队一到，

① Weekly Intelligence Summary No. 1 by Office of S. O. （I）, Hong Kong, 29th September, 1945, CO 129/592/6, p. 98.
② 《十三军经港转沪达四万众》，《华侨日报》1945年10月1日，第4页。
③ 《外交部致苏联驻华大使馆告我军登陆大连照会》（1945年10月1日），秦孝仪主编《中华民国重要史料初编——对日抗战时期》第7编《战后中国》（1），第117页。
④ Weekly Intelligence Summary No. 3 by Hong Kong Joint Intelligence Committee, 10th October, 1945, CO 129/592/6, p. 88.
⑤ 《港九民众及侨团代表慰劳第十三军》，《华侨日报》1945年10月6日，第4页。
⑥ 《各界发起劳军运动》，《华侨日报》1945年10月6日，第4页。
⑦ 《傅秉常大使致外交部告苏联反对我军在大连登陆电》（1945年10月7日），秦孝仪主编《中华民国重要史料初编——对日抗战时期》第7编《战后中国》（1），第119页。

一切问题便可迎刃而解。苏联拒绝国民党军在大连登陆是一个信号，即苏联不愿也不会在东北接收问题上配合国民政府。外交部部长王世杰于 9 日约见苏联驻华大使彼得罗夫（A. A. Петров），声明："大连主权属于中国，亦为条约所明定，除经条约明定之义务外，中国政府自不受其他限制。因此中国政府对于派兵由大连登陆到东三省，决不能认为系违反中苏条约。"① 12 日，熊式辉、张嘉璈、蒋经国以及东北宣慰使莫德惠率东北行营由北平飞抵长春，次日，他们拜会了驻东北苏军统帅马林诺夫斯基（Родион Малиновский）。熊式辉表示，中国军队将海运至东北接收，拟在大连、营口、安东、葫芦岛登陆，请求苏方协助。马林诺夫斯基表示，营口和葫芦岛没有问题，但提出军队应由铁路进入东北。② 此时，由于共产党军队已占领山海关，关内外铁路交通早已断绝，苏方的建议显然是没有诚意的。15 日，彼得罗夫再次照会中国外交部，重申苏联政府反对中国军队在大连登陆。③ 16 日，蒋介石致函熊式辉，指示必须坚持由大连登陆。④ 18 日和 23 日，蒋介石两次召见彼得罗夫，请其向斯大林（Иосиф Сталин）报告，"根据中苏同盟关系之精神及感情，苏联即能予我帮助。我军在大连登陆，应该没问题。至于谈到条约根据，大连为我国领土，主权属我，为条约保障。如我军不能在大连登陆，反为破坏条约。"⑤ 但苏联还是拒绝了蒋介石的要求，国民政府决定放弃大连登陆方案。25 日，王世杰告知彼得

---

① 《外交部长王世杰接见苏联驻华大使彼得洛夫关于中国政府派兵由大连登陆至东北谈话纪要》（1945 年 10 月 9 日），秦孝仪主编《中华民国重要史料初编——对日抗战时期》第 7 编《战后中国》（1），第 121 页。

② 姚崧龄编《张公权先生年谱初稿》上册，台北，传记文学出版社，1982，第 520 页。

③ 《苏联驻华大使彼得洛夫致外交部次长甘乃光反对我军登陆大连照会》（1945 年 10 月 15 日），秦孝仪主编《中华民国重要史料初编——对日抗战时期》第 7 编《战后中国》（1），第 123 页。

④ 姚崧龄编《张公权先生年谱初稿》上册，第 524 页。

⑤ 《主席接见苏联大使彼得洛夫谈话纪要》，"中华民国外交问题研究会"编《日本投降与我国对日态度及对俄交涉》，第 132 页，转引自汪朝光《中华民国史》第 3 编第 5 卷，第 382 页。

罗夫，中国军队将在营口和葫芦岛两地登陆。①

除了东北接收遇挫造成延宕，后勤补给跟不上也耽搁了十三军的行程。10 月 15 日，联勤总部在军委会联合业务会议上报告："十三军在九龙不愿上船，盖大连已入寒季，海运中亦觉有同样情形，此时尚系单布军服，自应顾及实情予以体谅。"联勤总部同时表示："已由美军总部电知美第七舰队，自上海将冬服运至九龙发给后再开始上船输送，第七舰队是否应允殊难确定。"② 十三军过境时共携带了 600 匹军马，但在香港境内找不到草料供应，一度造成混乱，英方要求十三军将军马尽快赶回中国境内。此外，与美国海军第七舰队商议运输及海上给养事宜也颇费周折。③ 经过协调，10 月 24 日，十三军第八十九师从九龙塘兵营开赴九龙码头，登上了停泊在那里的四艘美军运输舰。同一天，第四师由深圳移驻九龙塘。④ 25 日，十三军第五十四师开始登船。26 日，十三军大部登船完毕，离开香港，起航东北。⑤

就在十三军航行途中，29 日苏联同意国民党军队在营口和葫芦岛登陆，但表示苏军不能保证登陆部队的安全，因为苏联早已声明不干涉中国内政。⑥ 此时，营口和葫芦岛已在中共控制之下。同一天，蒋介石在给蒋经国的信中谈道："万一我军不能在葫芦岛登陆，则决心在秦皇岛与天津登陆，由山海关入东北也。"⑦ 就在十三军到达渤

---

① 《王世杰部长与苏联驻华大使彼得洛夫谈话记录》（1945 年 10 月 25 日），秦孝仪主编《中华民国重要史料初编——对日抗战时期》第 7 编《战后中国》（1），第 125 页。

② 《军委会联合业务会报第八次会报记录》（1945 年 10 月 15 日），军事委员会军令部档案，二档馆藏，七六九／2231。

③ Weekly Intelligence Summary No. 5 by Hong Kong Joint Intelligence Committee，25th October，1945，CO 129/592/6，p. 70.

④ 同上。

⑤ 《夏悫总司令官誉我国军世界无敌我军廿六日下船完毕即可启碇》，《华侨日报》1945 年 10 月 24 日，第 4 页。

⑥ 姚崧龄编《张公权先生年谱初稿》上册，第 535 页。

⑦ 《蒋委员长致蒋经国特派员告决心在秦皇岛天津登陆出关接防函》（1945 年 10 月 29 日），秦孝仪主编《中华民国重要史料初编——对日抗战时期》第 7 编《战后中国》（1），第 130 页。

海湾之时，第五十二军在军长赵公武率领下也由越南海防乘美军运输舰抵达。两军在准备登陆葫芦岛时遭遇东北民主联军的抵抗，运输船无法驶入港口。① 10 月 30 日，秦皇岛最终被选定为登陆地点，海上漂泊多日的十三军终于在秦皇岛上了岸。十三军完成登陆后即被送上内战前线，编入东北保安司令部。司令长官杜聿明于 11 月 14 日下达攻击山海关的命令，十三军和五十二军于 16 日占领山海关，敲开了东北的大门。此后，经香港转运的国民党军队源源不断地登陆华北与东北，开赴内战前线。

二　过境经过

十三军乘船北运的同时，第八军开始进入香港。第八军由中将军长李弥率领，下辖第一〇三、一六六师和荣誉第一师。过境 35656人，连同 3200 吨装备与物资。计划 11 月 8 日至 12 日，由九龙登船完毕，海运青岛。② 10 月 25 日中午，第八军前进指挥所 20 余名官兵在蒋擎宇上校率领下抵达九龙塘兵营。26 日，王之守率领第一六六师沿广九铁路由广州抵达深圳，同一天，第一〇三师部分官兵开抵深圳。③ 27 日中午，军长李弥抵达九龙，视察了九龙塘兵营。在港期间，李弥与军政部驻港特派员潘华国④和联勤总部副司令何世礼商讨了军队过境的具体事宜，之后李弥返回广州协调指挥。⑤ 11 月 1 日，第八军军部及直属队由深圳移驻九龙塘。⑥ 8 日，在第一〇三师抵港

① 《蒋委员长致熊式辉主任告共军占据葫芦岛国军折回青岛电》（1945 年 10 月 28日），秦孝仪主编《中华民国重要史料初编——对日抗战时期》第 7 编《战后中国》（1），第 129 页。

② Weekly Intelligence Summary No. 6 by Hong Kong Joint Intelligence Committee, 1st November, 1945, CO 129/592/6, p. 56.

③ 《李弥将军麾下第八军先头部队开抵九龙塘四万余众将陆续开至》，《华侨日报》1945 年 10 月 26 日，第 4 页。

④ 潘华国在参加香港受降仪式后被任命为军政部驻香港特派员（坊间民众一般仍称其为军事代表团团长），负责协调接收日军武器装备以及中英之间军事联络事宜。

⑤ 《李弥军长飞省指挥》，《华侨日报》1945 年 10 月 30 日，第 4 页。

⑥ 《第八军直属部队及炮兵营昨午由省抵九龙》，《华侨日报》1945 年 11 月 2 日，第 4 页。

后，第一六六师和荣誉第一师也相继到达。由于九龙塘兵营不敷使用，官兵们只能在九龙码头一带安营扎寨，等候登船。[①] 10 日，第八军开始由九龙码头陆续乘美军运输舰北运青岛。[②] 在第八军过境期间，驻港英军开始恢复边境巡逻，巡逻队分组驻守粉岭、金钱村、屏山、上水、沙头角和文锦渡。巡逻队除了进行边境检查、清剿匪徒之外，还要应付中国军队过境事务。[③] 由于此时广九铁路尚未完全修复，香港军政府派出了运输车队协助第八军装运武器弹药，第八军参谋长陈冰表示："此次本军经港，得英国盟邦之协助甚多……英美盟国如此援助，实深感激。"[④]

尚未开赴东北前线，第八军就已损兵折将，这也是华军过境香港行动中最大的一起事故。该军第一六六师官兵从广州移驻香港途中发生了"海珠轮惨案"。11 月 8 日凌晨 3 时，该师 1100 余名官兵连同其他乘客共 1300 人搭乘"海珠轮"由广州沿珠江开往香港。上午 8 时 10 分左右，轮船在离香港约 50 海里的虎门沙角对开海面触水雷沉没。整个船体被炸成两截，近千人死难。水雷是抗战期间日军在虎门海域布下的，战后未及时清除。

"海珠轮"原为招商局客轮，排水量 1087 吨，战后被裕昌公司租用，用于广州与香港之间的航运。该船触雷后迅速沉没，由于船上没有安装无线电设备，香港方面在事发后 12 小时才获悉情况，故死伤惨重。在中方要求下，英国海军参与了救援行动。[⑤] "海珠轮惨案"

① 《第八军荣誉师昨抵港李军长致谢各界慰劳》，《华侨日报》1945 年 11 月 9 日，第4 页。

② 《八军昨北上》，《华侨日报》1945 年 11 月 11 日，第 4 页。

③ Weekly Intelligence Summary No. 6 by Hong Kong Joint Intelligence Committee, 1st November, 1945, CO 129/592/6, p. 63.

④ 《陈冰参谋长谈八军续到》，《华侨日报》1945 年 11 月 3 日，第 4 页。

⑤ Weekly Intelligence Summary No. 8, CO 129/592/6, p. 70. 亦见《关于广州香港间海珠轮在虎门三板洲遇险等事张发奎罗卓英郭德华唐榴等在广州澳门等地的来函》（1945 年 11～12 月），外交部档案，二档馆藏，十八/1978；同见《虎门外触水雷海珠轮沉没》《海珠轮沉没后救援情形》《海珠轮职员归述沙角遇事经过》，《华侨日报》1945 年 11 月 9、10、12 日，均见第 4 页。

促成了中英两国之间的联合扫雷行动，12 月初，张发奎请求香港军政府派遣扫雷专家配合珠江及虎门海域的扫雷工作，夏悫表示愿意合作。① 1946 年 2 月，联合扫雷行动宣告结束，省港之间的航运完全得以恢复。第十三军和第八军离港后在广州设立了留守处，部分伤病员滞留香港广华医院接受治疗，其中第十三军有 17 名士兵。第八军有 5 名士兵。广华医院对其进行了免费治疗并提供食宿，病愈后，该部士兵返回广州留守处。②

第八军乘船北运后，紧接着进入香港的是陆军新编第一军。1945 年 11 月 28 日，新一军第五十师参谋许英夫率领官兵 80 余人进驻九龙塘设立前进指挥所。③ 港府担心战后香港粮食入不敷出，一再强调过境的中国军队必须自备给养，但新一军还是找到了变通的办法。许英夫与三青团港九分团的负责人商洽，建立了合作社，由三青团团员在香港市面采购必需品供应官兵。④ 12 月 5 日下午，第五十师师长潘裕昆从广州乘火车由广九铁路抵达九龙油麻地车站，之后下榻半岛酒店，第五十师大部在九龙塘兵营集结完毕。

新一军在抗战后期便已声名远播，加上仁安羌之役于英军有解围相助之恩，又曾与驻港英军第三十六师在缅北并肩作战——当时的第三十六师师长即是驻港英国陆军司令菲士廷少将，因此，过境期间，新一军成为香港各大报刊追捧的热点，几乎每天都有新闻见报，《华侨日报》和《星岛日报》连续多天刊载新一军征战缅甸的事迹。有意思的是，当地不法之徒也打起了冒充"祖国将士"的主意，九龙自 12 月以来发生多起假冒新一军官兵强行向路人索要钱财的事件。

---

① 《张发奎致外交部电报》（1945 年 12 月 4 日），外交部档案，二档馆藏，十八/1978。

② 《第十三及第八军廿余士兵留医广华院》，《华侨日报》1945 年 11 月 11 日，第 4 页。

③ 《新一军五十师许参谋到九龙设前进指挥所》，《华侨日报》1945 年 11 月 29 日，第 4 页。

④ 《许参谋与青年团商洽组合作社采办必需品》，《华侨日报》1945 年 12 月 1 日，第 4 页。

仅 12 月 1 日，警方就拘捕了 8 名假冒军人，新一军政治部提醒香港民众多加防范并注意积极举报。① 新一军政治部还组织了港澳慰问团，与国民党港澳总支部以及三青团港九分团举行联谊活动，慰劳驻港官兵。此外，新一军篮球队还多次与香港本地球队以及美军第七舰队球队进行友谊赛。

按照中英之间的规定，过境华军只限在九龙活动，不能渡海前往港岛，但新一军却受到了特别优待。从 12 月 8 日起，香港政府特地安排轮渡，允许新一军官兵分批游览港岛。按照安排，新一军官兵共分 20 批左右，每批不超过 170 人。当第一批 156 名身着美式制服的新一军官兵出现在北角码头时，引起了港岛民众的围观，路人纷纷争睹"祖国将士"风采。② 17 日，新一军军长孙立人由广州飞抵香港，并与曾经共同浴血奋战的老战友菲士廷见面，在香港掀起了一阵"新一军热"的小高潮。③

然而，新一军北运行程一再延期，从先头部队赴港设立前进指挥所到全军正式开拔整整耗费了两个半月的时间。12 月 10 日，潘裕昆就表示，可能美军运输舰不能如期到港，由于香港物资缺乏，驻地不敷使用，先期抵港的官兵要暂回深圳待命。此后，新一军减少了驻扎在香港的人员，而是将车辆和火炮先行运抵九龙塘兵营。1946 年初，新一军在半岛酒店设立办事处，由薛荫奎上校负责，专事协调军队过境相关事宜。④ 经过协调，美军运输舰于 2 月中旬抵达香港，新一军第五十师于 17 日前后陆续移驻九龙候船，师长潘裕昆在 21 日登船，23 日，新一军第五十师已全部登船完毕，离开香港。⑤ 随后该军下属

---

① 《国军长官希望各界检举冒军招摇匪徒》，《华侨日报》1945 年 12 月 2 日，第 3 页。
② 王英：《国军游香港》，《星岛日报》1945 年 12 月 9 日，第 3 版；亦见《国军二批昨游港》，《星岛日报》1945 年 12 月 13 日，第 4 版；《国军分批来港观光影院酒家茶楼招待》，《华侨日报》1945 年 12 月 7 日，第 4 页。
③ 《孙立人将军抵港》，《华侨日报》1945 年 12 月 18 日，第 4 页。
④ 《新一军本月中可北上》，《华侨日报》1946 年 2 月 7 日，第 4 页。
⑤ 《新一军继续北上潘裕昆今日离港》，《星岛日报》1946 年 2 月 21 日，第 3 版；亦见《新一军五十师昨北上》，《华侨日报》1946 年 2 月 24 日，第 4 页。

新三十师、新三十八师也陆续由深圳入境香港，经九龙转运秦皇岛。① 3 月下旬，新一军各部全部抵达东北，一个月不到就投入进攻四平的战斗之中。

新一军北上后，紧接着过境的是第八军余部 2000 余人，该部由贵阳经广州抵达香港，乘船转运青岛。1946 年 4 月，卢浚泉率第九十三军由广州抵达香港。第九十三军原是龙云的滇军系部队，隶属第一方面军，抗战胜利后赴越南河内接受日军投降。完成受降任务后，该军调回南宁，经梧州到广州，过境香港海运东北。② 4 月 15 日，该军暂编第十八师副师长李长雄、暂二十师参谋长尹开本及暂二十二师副师长赵思齐抵达九龙塘兵营，处理过境相关事宜。③ 5 月，阙汉骞的第五十四军过境香港，该军下属第三十六师于 5 月 19 日由深圳抵达九龙塘驻扎，其余各部也陆续开入新界。④ 至 6 月 10 日，第五十四军大部已转运完毕。最后一支成建制过境香港的部队是第六十七师第一团，第六十七师由原荣誉第二师改编，隶属第五十三军，团长林冠雄少将，原计划由香港船运上海再赴日本执行占领任务。该师第一团 2600 余名官兵于 7 月 30 日由九龙乘船北运上海。⑤ 其余第二、三两个团则由越南海防乘船北运上海。由于中国军事占领日本的计划因故取消，该师到达上海后并未转运日本。

7 月 29 日，广州行营驻港联络专员办事处停止办公，行营宣布中国军队将不再经过香港北上，改从广州黄埔港船运华北与东北。⑥ 8 月 15 日，滞留香港的中国军队陆续离境，31 日，最后一批中国宪

① 《新一军经港北上全部官兵将输送完毕》，《华侨日报》1946 年 3 月 5 日，第 4 页。
② 曹剑浪：《国民党军简史》下册，解放军出版社，2004，第 946 页。
③ 《北上国军续来港》，《星岛日报》1946 年 4 月 16 日，第 3 版。
④ 《五十四军奉命北开先头部队抵九龙塘》，《华侨日报》1946 年 5 月 20 日，第 4 页。
⑤ 《派赴占领日本我军奉令开拔准备首途》，《国民日报》1946 年 7 月 29 日，第 4 版；亦见《今晨各界欢送王者之师东渡扶桑》，《国民日报》1946 年 7 月 30 日，第 4 版；《昨晨各界欢送"王者之师东渡"情绪兴奋热烈空前》，《国民日报》1946 年 7 月 31 日，第 4 版。
⑥ 《今后北上国军不经香港》，《华侨日报》1946 年 7 月 30 日，第 4 页。

兵返回广州。① 11 月 28 日，九龙军运办事处正式撤销，办事处主任许让玄少将返穗述职，中国军队过境香港的军事行动已告结束。②

中国军队过境香港的大致情况可参见表 2 - 1。

表 2 - 1　中国军队过境香港概要

过境军队番号	指挥官	过境时间	备注
陆军第十三军	石　觉	1945 年 9 ~ 10 月	该军由九龙海运秦皇岛，后驻防华北，1949 年 1 月北平和平解放，该军被改编为解放军
陆军第八军	李　弥	1945 年 10 ~ 11 月	该军由九龙海运青岛，参与进攻山东解放区，后于 1949 年 1 月在淮海战役中被歼灭
陆军新编第一军	孙立人	1945 年 11 月 ~ 1946 年 3 月	该军由九龙海运秦皇岛，1948 年 10 月在辽沈战役中被歼灭。余部编入新七军，同年 12 月在长春投降
陆军第九十三军	卢浚泉	1946 年 4 月	该军由九龙海运秦皇岛，辽沈战役中被歼灭，重建的第九十三军于 1949 年 12 月在云南起义
陆军第五十四军	阙汉骞	1946 年 5 ~ 6 月	该军由九龙海运青岛，先后转战东北与华东，上海战役后撤往舟山，其后又撤往台湾
陆军第六十七师第二团	林冠雄	1946 年 7 月	该团由九龙海运上海，于 1946 年 7 月在进攻苏中解放区的战役中被歼灭

第三节　中国军队过境中的摩擦与政治影响

一　中英关于华军过境的交涉

据时任国民政府军事委员会委员长广州行营③参谋处处长李汉冲

---

① 《我国宪兵最后一批今日返穗》，《华侨日报》1946 年 8 月 31 日，第 3 页。
② 《军运任务完毕许让玄离港返穗》，《国民日报》1946 年 11 月 28 日，第 3 版。
③ 军事委员会委员长广州行营于 1945 年 9 月成立，第二方面军司令长官张发奎同时担任行营主任。1946 年 2 月，第二方面军撤销。此后广州行营又改组为国民政府主席广州行辕，仍由张发奎担任主任。

回忆，当时国民党军队中的中下级军官，反帝要求强烈，主张以强硬态度对待香港，有些人还提议乘过境之机实行武装占领，把事情扩大，为收回香港作张本。过境的军人中流传着一个口号——"我们不是进入外国地区，而是在自己家乡走动"。鉴于抗战时期的经验，官兵们认为英军不堪一击，"只要一个师就可以占领香港"。① 至于广州行营主任张发奎，本就对由英国受降香港相当不满。② 李汉冲则认为，张发奎的动机在于借对香港采取强硬做法，博得社会的同情，增加自己的威望，有利于对广东的统治。③ 当然，李汉冲的回忆材料写于"反右"之后"文革"之前，④ 分析逻辑难以脱离彼时政治氛围，但有一点可以肯定，张发奎所代表的军方上层人士，的确对从外交途径解决港澳问题有所保留，他们对香港政府的强硬立场也正是其试图伸张主权的一种表态。⑤ 李汉冲回忆，张发奎曾不止一次对他说："美国为扩张其太平洋势力范围，必须排斥英国在远东势力，因而它也不愿意英国占据香港，如果我们对香港发生了事件，美国暗中一定高兴，决不会出面来支持香港，英国此时如无美国的支持，当不敢单独对我们有所动作，因此，我们对香港的任何地方纠纷，都不致酿成为国际的争端。" 由此，广州行营对香港采取的方针是"寻求机会、制造借口、纵容部属、扩大事态"。⑥ 当然，李汉冲的回忆毕竟是孤

---

① 李汉冲：《张发奎处理有关香港一些事件的经过》，《挥戈跃马满征尘：张发奎将军北伐抗战纪实》，第 231～232 页。

② 《蒋介石与我——张发奎上将回忆录》，第 403～404 页。

③ 李汉冲：《张发奎处理有关香港一些事件的经过》，《挥戈跃马满征尘：张发奎将军北伐抗战纪实》，第 232 页。

④ 李洁之、张大华：《李汉冲生平事略》，中国人民政治协商会议广东省委员会文史资料委员会编《广东文史资料》第 67 辑，广东人民出版社，1991，第 69 页。

⑤ 张发奎在回忆录中曾多次描述港澳当局对其"友善"的态度，从另一侧面分析，这也是在着力彰显其地位和实力颇受殖民当局的重视。抗战胜利后，张回重庆汇报工作时曾对蒋介石和张群提出要收回澳门，并表示只要切断供水，澳门当局就得投降，只要用一个营的军队占领澳门就行了。张群反对他的提议，蒋介石则认为其想法"太简单"。见《蒋介石与我——张发奎上将回忆录》，第 420～421 页。

⑥ 李汉冲：《张发奎处理有关香港一些事件的经过》，《挥戈跃马满征尘：张发奎将军北伐抗战纪实》，第 232 页。

证，中英之间在华军过境和匿港汉奸引渡（下章将涉及）等问题上的确出现了一些冲突和摩擦，中方也确实在某些事件上表现了较为强硬的立场。但就事后结果而言，即便军方上层人士有这样的想法，也还没有资料能够证明张发奎试图借军队过境之机收回香港。

中英双方的纠纷主要在于过境军队的纪律方面，第十三军过境香港之前，中英之间没有就军队过境的纪律维持问题达成书面协议。据张发奎回忆，菲士廷曾建议夏悫，由中方派宪兵来维持过境军队的纪律，因为倘若中国官兵违法乱纪，香港警察不便逮捕。① 1945 年 9 月 26 日，根据英方要求，张发奎抽调第十六宪兵团一个排，由孙直甫中尉率领进驻九龙塘兵营。② 但一个排的宪兵似乎作用有限，据李汉冲回忆，过境的军队占用了许多民房和公共场所，甚至在市面上直接使用法币，官兵们说："这是自己的领土，当然使用自己国家的钱"。部队还在驻地四周布置障碍物，断绝所有通往驻地之交通，对营地四周以外施行严密警戒，积极战斗准备，以致"一时九龙秩序极形紊乱"。③

1945 年 10 月下旬，中英双方就华军过境问题初步达成协议。就笔者所见中英官方藏档，似均无对此协议的详细记载，目前唯一可资运用的史料即李汉冲的回忆文。据李回忆，军队开入九龙后，英方对秩序问题深感头痛，再三提出双方协定军队过境办法，于是张发奎于10 月下旬派李汉冲为行营代表赴港协商，行前行营召开高级幕僚会议，决定三条协议原则："（一）应极力争取我方在港九至少在九龙经常留驻部队之权利，以便宜为将来提前收回九龙租借地创造条件。（二）丝毫不能有损及中国军人荣誉的不平等待遇，应特别注意保留我方在港九的独立军事法权，不受任何香港法律之限制。（三）要以

---

① 《蒋介石与我——张发奎上将回忆录》，第 420 页。原文将过境香港的中国军队第十三军误作被遣返回国的日军第十三军。

② 《我宪兵第十六团奉命首途来港》，《华侨日报》1945 年 9 月 29 日，第 1 页。张发奎回忆说："9 月 26 日，我派遣一个宪兵排去香港。"见《蒋介石与我——张发奎上将回忆录》，第 420 页。

③ 李汉冲：《张发奎处理有关香港一些事件的经过》，《挥戈跃马满征尘：张发奎将军北伐抗战纪实》，第 235 页。

我方为主，维持中国军队本身的军风纪"。① 李汉冲抵港后第三日，即与驻港英国陆军司令菲士廷少将在菲官邸进行协商。据菲士廷的提议，不必邀请其他人员参加，不必有任何会议形式，只需将两人交换之意见做成记录，然后按此原则，交付双方部队参谋人员去具体执行，执行过程中如有原则性之纠纷，再行协商逐步解决。参加人员只有李汉冲、菲士廷和双方翻译人员。② 谈判经过据李汉冲回忆如下。

开头菲士丁（即菲士廷，后同。——引者注）要求我们：（一）过境部队每一回次人数不得超过 5000 人。（二）自到达九龙候船至登船时间，不要超过三个整天，即不超过 72 小时。（三）在部队候船期间，即在九龙逗留时间内，部队或个人不要在指定宿营地以外活动。（四）由中英双方各派一连宪兵混合组成纪律执行队，维持两方军队的军风纪。（五）后勤及补给由中国自行处理，英方义务协助；军队不要在市面上直接使用中国货币。我秉行营授予的原则，提出如下修补意见，这个意见最后经菲士丁同意，即作为双方的协定原则：（一）过境部队每一回次的人数不超过 5000 人的规定，但如运输船团增多时，不受此限，可依运输船团的运载量增加，惟增加之人数应随时通报英方。（二）候船逗留时间不超过 72 小时，但特殊情况如天候恶劣不能开船或因台风船团中途躲避，不能依时到达等则例外。（三）部队在候船逗留时间，可以在九龙地区范围内自由活动，但不能渡海到香港，惟中国军官和经纪律执行队许可之部队或士兵个人之参观、探亲和假日游览等，不受此限。（四）共同组织混合纪律执行队，除由行营与驻港英军各派一个宪兵连外，并由过境部队师为单位派出一个营共同组成之，由行营派出一个上校级以上的军官担任队长，由英方派出一个上校级以下的军官担任

① 李汉冲：《张发奎处理有关香港一些事件的经过》，《挥戈跃马满征尘：张发奎将军北伐抗战纪实》，第 235 页。
② 同上。

副队长。另由行营指派驻港联络专员一人，负担中英双方高一级的联络任务。（五）部队在规定活动范围以外行动时，士兵一律不佩带武器，但军官可以携带自卫枪械。（六）为保持军人特殊之荣誉，中国军官在任何地区行动，除受纪律执行队之约束外，不受其他军警之检查盘问。又中国军人在港九境内发生任何有关法律事件，均由中国军法处理。（七）协定由双方制成命令，分饬所属部队执行。①

这个协定基本以英方的提议为蓝本，中方只是做了小修小补。然而，该协定效能令人怀疑，例如协定规定了过境的军队候船的具体时间限制，但美军运输船的调配却是个不可控制的因素，船期经常改变，往往是军队到港后才知道情况的变化。所以，规定军队到达九龙至登船时间不超过 3 天，显然不现实；事实上，许多部队甚至滞留香港长达数月，军队一旦长期驻扎，引起的问题势必增多。协定除了有设立联络专员的规定外，并没有明确由哪个机构专门负责军队过境事务。那么，中英之间到底有没有设立这样一个专门机构呢？前述潘华国在率领中国军事代表团参加完受降仪式后留在香港，被任命为军政部驻香港特派员，在职权划分上并不涉及军队过境事务。但坊间民众，甚至包括香港政府最初都将军政部驻港办事处视为国民政府驻港最高军事机构，认为由其处理军队过境相关事务。② 的确，在军队过境之初，军事代表团也曾承担了协调港口设施等工作，尔后，为了方便管理，军队过境香港事务由广州行营统一负责。正如协定修改后的第四条规定："行营指派驻港联络专员一人，负担中英双方高一级的职络任务"，但这项规定并没有立即实施，正式设立驻港联络专员已是 1946 年 2 月，张发奎任命具有旅美华侨背景的骆来添上校担任联

---

① 李汉冲：《张发奎处理有关香港一些事件的经过》，《挥戈跃马满征尘：张发奎将军北伐抗战纪实》，第 236 ~ 237 页。

② Weekly Intelligence Summary No. 1 by Office of S. O. （I），Hong Kong，29ᵗʰ September，1945，CO 129/592/6，p. 98.

络专员。① 专员办事处附设于驻港英国陆军司令部，其工作职责是
"为纠察来港中国官兵之军风纪，以及办理一切有关粤军事联络事
宜"。② 除此之外，广州行营又于1946年3月中旬设立军运指挥所，
由郭炳麒和张大华分任指挥所主任和监督，③ 负责"主持一切有关经
港九国军事"。④ 这样一来，中国军队过境事宜实际变为三个机构，
多头负责，虽然军政部驻香港办事处、联络专员办事处和军运指挥所
工作各有侧重，但是，彼此之间权责的界限仍然比较模糊，中英之间
的协调渠道并不顺畅。⑤ 加之，协议中有关军纪的条款依照国际惯例
规定，中国军官只受纪律执行队之约束，不受其他军警之检查盘问。
这些都为双方的摩擦埋下了伏笔。

二　"屈士文事件"始末

　　"屈士文事件"掀起了战后香港一次比较有影响的社会风潮，却
是由一名中国军人引发的。据英方调查结果，1946年1月17日下午
3时左右，过境香港的上尉军官容裕生陪同两名女友在位于港岛皇后
大道中46号的"屈士文印度丝绸店"购物，被店员发现偷窃一套蓝
色丝质睡衣，当店员继续盘问其身上是否还有赃物时，容裕生"突
然奔出店外"，继而被葡籍香港警察逮捕并被从身上搜出其他衣物。此
时，当地民众风闻"中国军人遭港警殴打"，群集屈士文商店门口，向
商店抛掷石块。警察冲锋队赶来制止之前，该商店已部分损毁。

――――――――――

① 联络专员一职先由骆来添担任，后由郭炳麒继任。联络专员办事处撤销后，由卢
　安华负责粤港间军事联络。
② 《蒋介石与我――张发奎上将回忆录》，第420页；亦见《粤行营驻港联络专员廿
　五日办公》，《华侨日报》1946年2月23日，第4页。
③ 郭炳麒调任广州行营驻港联络专员后，由许让玄担任军运指挥所主任。
④ 《广州行营九龙军运指挥所成立》，《华侨日报》1946年3月22日，第4页。
⑤ 香港民众和新闻界一直将军政部驻港特派员办事处称之为中国军事代表团，直到
　1946年2月15日，菲士廷召开记者招待会，还有记者提问究竟中国军事代表团是
　不是负责军队过境事宜的机构，菲士廷回答说过境事宜由广州行营驻港联络专员
　负责。见《菲士廷将军解述处理战犯奸伪办法》，《星岛日报》1946年2月16日，
　第3版。

　　容裕生于下午 3 时 45 分被带至港岛中央警署，警方对其供词做了笔录。之后，警署电话通知了外交部两广特派员公署驻港办事处（以下简称"外特处"）① 和新一军第五十师前进指挥所。接报后，外特处秘书李宗周和新一军第五十师军官曾建中将容裕生带回。一小时后，容裕生在李、曾二人陪同下又返回警署，申诉其遭到警察殴辱，随即警署安排华籍医生对其进行了检查，但并未发现受伤痕迹。晚 7 时前后，有 10 名新一军士兵听闻"中国军人遭殴辱"，携带武器由九龙塘驻地赶到事发地点，几与正在执勤的英军士兵发生冲突，经英方解释后方撤回兵营。② 事发后，容裕生一直否认偷窃行为，声称事情经过如下："十七日下午三时许步至中环街市附近，遇女友数人邀请同行，至大道中，彼等步入皇后戏院对门之印度丝绸店，购衣料等物，余站于该店之过道相候余友，旋以购得之物请余代携，时彼等仍在店内，忽一印人强指余为盗窃，向余殴击，余急避至对门商务印书馆，旋有葡警若干人拘余回至印店，关闭铁闸，遍搜余身，并加殴打，但余身上卒未发现任何物件。"③

　　至于"屈士文事件"的善后，颇耐人寻味。外特处和军政部驻香港特派员办事处在事发后迅速介入。18 日，外特处对记者表示，将向香港政府提出正式交涉。④ 19 日，军政部驻港代理特派员周雁宾⑤致函香港军政府首脑夏悫，表示要对事件进行调查，要求查询中央警署

---

① "外交部两广特派员公署驻港办事处"是国民政府处理与香港政府之间事务的外交派出机构，中国一直未在香港设置领事馆，由外交部两广特派员负责涉港外交事务，并在香港设立办事处。抗战胜利后，外交部任命郭德华为两广特派员，并恢复驻港办事处。

② 《港督昨对本港记者发表屈士文事件经过》，《华商报》1946 年 1 月 22 日，第 2 页；亦见《夏悫总督昨招待记者声辩印商店纠纷事件》，《星岛日报》1946 年 1 月 22 日，第 3 版。

③ 《我国军官被殴击案军事代表团准备交涉》，《华商报》1946 年 1 月 20 日，第 2 页。

④ 《葡警殴辱我军官我准备向英交涉》，《星岛日报》1946 年 1 月 19 日，第 3 版。

⑤ 潘华国于 1945 年 11 月调任青年军第二○一师师长，周雁宾代理其职。后由莫与硕接任军政部驻香港特派员，1946 年 2 月莫与硕担任军政部广州区办事处中将特派员，由于与李节文共同私占贪污接管的军用物资，经蒋介石批准，于 1947 年 9 月被广州行辕执行枪决。

当日笔录。同一天，香港政府发表官方声明，陈述该案件具体情况，声明经调查事实表明，容裕生有偷窃嫌疑，警察是正常执行公务，并未对其实施殴辱，并表示事件已告解决。周雁宾接受采访时表示对官方声明的不满，并说代表团未接到港英当局正式答复。① 20 日周雁宾发表声明四点，指依据协议，港警无权逮捕穿着制服的中国军人，并辩解称："该军官容裕生本属富家子，试问何至盗窃？据未证实报告，该葡警于拘捕容裕生上尉时，曾由某对本事件有关之印度人，从柜内取出货物一堆，用纸包起，强指为赃物，该包裹体积极大，断非容裕生所穿军装之袋所能容纳。"② 虽然这些理由似乎有些牵强，但周雁宾的声明还是起了一定作用。香港政府随即表示充分重视中方态度，夏悫于 21 日下午在总督府召开记者招待会，亲自解释了之前的官方声明并回答记者提问。就立场而言，夏悫并未退让，仍坚持容裕生的偷窃嫌疑，否认警察实施殴辱。此外，夏悫对周雁宾致函索要警方调查笔录"深感意外"。③ 尽管如此，首席民政官麦道高还是把案件相关卷宗送到了外特处。经过商议后，外特处请求将容裕生交由广州行营负责审查。22 日，外特处照会夏悫，表示中方将对容裕生进行审查，在案件结果水落石出之前，中方保留与英方交涉的权利。④ 从事情的结局来看，中方此后并没有坚持容裕生是无辜的，面对记者的追问，外特处和军政部驻港办均回避容裕生是否有盗窃行为这一点，而是一再表明该案件的重点在于中国军人是否遭到香港警察殴辱。⑤ 24

---

① 《港府公布谓我已表道歉周雁宾将军强调否认》，《星岛日报》1946 年 1 月 20 日，第 3 版。
② 《葡警殴辱我军官违背国际公法代表团周雁宾将军谈话》，《华商报》1946 年 1 月 21 日，第 2 页。
③ 《夏悫总督昨招待记者声辩印商店纠纷事件》，《星岛日报》1946 年 1 月 22 日，第 3 版。
④ 《我军官被殴案未结束保留外交上一切权益》，《星岛日报》1946 年 1 月 23 日，第 3 版。
⑤ 李汉冲认为容裕生偷窃了屈士文丝绸店的商品。见李汉冲《张发奎处理有关香港一些事件的经过》，《挥戈跃马满征尘：张发奎将军北伐抗战纪实》，第 237~238 页。但李汉冲回忆港英当局不肯引渡，引发了中英之间的风波。这应当是误忆，容在被捕后即由外特处和新一军派人带回，港英当局没有坚持在香港审判容裕生。相关情况可见《国际事件案主角容裕生已解送广州》，《星岛日报》1946 年 1 月 25 日，第 3 版。

日前后容裕生被解送广州，由广州行营军法部门进行审查。此后，中方未再向香港政府提出交涉，"屈士文事件"无果而终。

　　当然，华军过境造成的摩擦与纠纷远不止"屈士文事件"这一例，当过境官兵与当地民众发生纠葛时，亦有民众向港府求助，请求其保护"英王陛下领地子民"的利益。战后香港一度粮食匮乏，当局严格控制粮食出口，实行管制销售，尽管中英双方规定过境军队的粮食必须自备，但等候过境的中国士兵还是常常越境购粮。1946年3月下旬，新界上水地区的粮店多次向香港警察当局报案，新一军士兵经常强迫他们出售大米。按规定，香港民众必须持有当局的配给票才能购粮，中国士兵们自然没有配给票，购粮时他们还自行估价，甚至打白条。① 不仅如此，打鼓岭和莲麻坑一带的村民还向当局投诉中国士兵强迫他们出售草料，用以喂养军马。村民们声称这些草料是留作自用，但士兵们毫不理会，在付账时还使用法币。② 尽管如此，当局也未能采取有效措施保护民众的权益。

　　另有一些纠纷事件与过境官兵"胜利之师"的心态有关。第十三军过境香港时，途经新界大埔的一队士兵告诉村民说，中国军队将占领香港，收回这个"殖民地"，而且要把欧洲人"全部赶出去"。此后，这个消息迅速流传，引起了香港当局的强烈不满。③ 广九铁路英段经理写信向中国军方抱怨，乘火车过境的中国官兵无视铁路运输常识和安全规定，强迫司机超载货物。信中说，10月22日，中国军人强迫司机拖挂15个装满货物的车皮，司机强烈抗议，最终列车还是拖挂了8个车皮。当列车通过沙田站时，车上的官兵又不顾停车信号灯，迫使司机强行通过。英方要求中方约束士兵行为，禁止他们进

①　Col. (C. A.), S. T. & I to C. C. A O., 4th April, 1946, Foraging by Chinese Troops in New Territories, HKRS No. 170, D&S No. 1 – 396. 本书所引 HKRS 系列档案均系香港历史档案馆藏香港政府档案，此后不再一一注明。

②　District Officer, New Territories to C. C. A O., 18th March, 1946, Foraging by Chinese Troops in New Territories, HKRS No. 170, D&S No. 1 – 396.

③　Weekly Intelligence Summary No. 5 by Hong Kong Joint Intelligence Committee, 25th October, 1945, CO 129/592/6, pp. 69 – 70.

入火车头强迫司机开车。① 此外，军队过境时士兵逃亡也颇令香港政府头疼，据统计，仅第十三军就有 100 余名士兵在过境途中逃亡，匿居香港各地。② 总体而言，面对华军过境中的摩擦与纠纷，香港政府还是比较克制，尽量避免冲突。

前文述及，对于维持过境军队纪律，中英双方也并非事前毫无准备，只是效果不佳罢了。虽然李汉冲和菲士廷在协定中规定由中国军方派出宪兵维持军纪，可"屈士文事件"发生当口，并无中国宪兵执勤。第十三军和第八军过境时，广州行营曾派出第十六宪兵团会同英方维持秩序。后由于广东省宪兵人数太少，不敷当局调配使用，1945 年 11 月 12 日该宪兵团又返回广州驻防。③ 1946 年 2 月中旬之前，香港街面上已无中国宪兵巡逻。"屈士文事件"发生后，1946 年 2 月 20 日前后，李汉冲再次来港与菲士廷商讨进一步规范过境军队行为的事宜。这才设立了协定早已规定的广州行营驻港联络专员办事处。双方还同意设立通行证制度，规定"今后来港之中国军官兵，除持有粤行营之证明文件者外，概由联络专员办事处核发通行证。若无证件者，则由中国宪兵，予以取缔"。④ 据李汉冲回忆，通行证制度还是颇为有效地约束了过境部队。

三　华军过境的政治影响

军事是政治的延续，数量庞大的中国军队过境香港，对国民政府而言是一种"大国意识"的自我明证，对香港政府而言无疑是一种政治压力。中英新约未能解决香港问题，国人本已有"失之交

---

① Manager of Kowloon-Canton Railways to Lee Yu Chang, Managing Director of Canton-Kowloon Railway, 23rd October, 1945, Transportation of Chinese Soldiers, HKRS No. 48, D&S. No. 1/247（microfilms）.

② Weekly Intelligence Summary No. 5 by Hong Kong Joint Intelligence Committee, 25th October, 1945, CO 129/592/6, pp. 69 - 70.

③ 《我宪兵队奉命暂返广州驻防》，《华侨日报》1945 年 11 月 13 日，第 4 版。

④ 《整饬来港国军风纪来港官兵领证行营联络专员负责办理》，《华商报》1946 年 2 月 23 日，第 2 版；亦见李汉冲《张发奎处理有关香港一些事件的经过》，《挥戈跃马满征尘：张发奎将军北伐抗战纪实》，第 238 页。

臂"之感，中英之间又在受降问题上曾剑拔弩张，而胜利喜悦与爱国激情成为战后华人民众普遍的心理氛围与情感表达。在这多重因素的作用下，中国军队过境香港的军事行动也被赋予了微妙的政治含意。

以"屈士文事件"为代表的中英之间一系列摩擦，至少有两点值得注意，其一是表明中英之间在华军过境问题上协调并不得力，这多多少少是源于两国在香港问题上意见有分歧的政治背景；其二是就香港的中文报纸对这些事件的报道而言，若非涉及过境官兵侵害当地民众利益，舆论几乎一边倒地站到"祖国将士"的立场上，由此可见战后香港民众的民族情绪。

对于香港政府而言，中国士兵的违法乱纪着实令他们头痛。警察无权对身着制服的军人执法，中方维持纪律措施不力，宪兵巡逻时断时续，而且常常人数不足，效果有限。一旦过境军队酿成冲突，香港民众在民族主义情绪的义愤之下往往帮助"祖国将士"一起围攻警方。据报载，"屈士文事件"发生时约有千余民众围聚在商店门口，听闻中国军人受到侮辱，一时间"群情汹涌"，民众与警方对峙，几成骚动，事后有民众因"妨害公共秩序"被警方带走，而部分民众仍围在商店口"至晚不散"。① 在香港战后的历次社会风潮中，"屈士文事件"成为一个标签，一旦出现警民冲突或华人民众遭歧视的事件发生，舆论立即会翻出警察"殴辱我国军人"的旧账，这成为战后香港民众民族情绪高涨的又一有力明证。

驻军本身就是主权的体现，李汉冲在与菲士廷谈判时坚持由广州行营派出宪兵队维持过境军队的纪律，据他回忆说，自己的目的就在于"可以争得我军长时间驻扎九龙的权利"。② 更为微妙的是，英国统治下的香港的内部事务，已不单单由英国统治者说了算，特别是牵

① 《大道中昨发生不幸事件两葡警攒殴一中国军官》，《星岛日报》1946年1月18日，第3版。
② 李汉冲：《张发奎处理有关香港一些事件的经过》，《挥戈跃马满征尘：张发奎将军北伐抗战纪实》，第236页。

涉香港民众自身利益的事件，一个号称"四强"之一的"祖国政府"的角色就凸显出来了。同时期发生的"屏山机场事件"就是证明。战后由于启德机场不敷使用，香港政府计划在新界屏山修筑新机场。当地居民由于征地问题与港府发生冲突，居民代表向国民政府有关部门申诉。由于当地居民的抵制和国民政府的抗议，香港政府最终决定停修屏山机场（事件经过详见本书第五章）。此时正值中国军队过境香港，李汉冲认为，这无疑给香港政府以巨大的压力。他在回忆中写道："广东省参议会等见有机可乘，也对英方当时限制居民返港和在屏山开筑机场提出抗议，迫使英方取消限制令和停筑机场。"[①] 此后，这样的事件频频发生，香港民众向"祖国政府"请愿往往成为国民政府介入涉港事务的主要原因。

　　当然，在对香港内部事务及其社会政治生态产生影响之外，华军过境本身直接指向的是国内政治弈局。借军队过境之机，国民党打击了中国共产党在香港的势力——1946 年 1 月发生了"华商报事件"。《华商报》是一份中共领导下的报纸，[②] 于 1941 年 4 月在香港创刊，后由于太平洋战争爆发，日军占领香港而停刊。1945 年 10 月，中共中央电令广东区委派出干部前往香港、广州占领宣传阵地。中共东江纵队机关报《前进报》社长杨奇奉令先行抵达香港，后会同广东区委宣传部部长、东江纵队秘书长饶彰风等于 1946 年 1 月恢复《华商报》的出版。[③] 在香港的特殊政治生态下，这份报纸宣传中共中央的政治主张，抨击国民政府腐败无能，建立统一战线的舆论阵地，在海

---

①　李汉冲：《张发奎处理有关香港一些事件的经过》，《挥戈跃马满征尘：张发奎将军北伐抗战纪实》，第 237 页。

②　由于中共在香港工作的特殊性，《华商报》并非以党的机关报的面目出现。1949年以后的历次政治运动中，曾在广东和香港从事地下工作的党员屡经波折，《华商报》的部分工作人员亦受到不公正待遇。1984 年 7 月，中共中央在解决《华商报》工作人员享受离休待遇的文件中明确承认华商报社是 1949 年以前"党在白区直接领导的新闻出版机构"。

③　杨奇：《复刊后的香港〈华商报〉》，南方日报社、广东《华商报》史学会合编《白首记者话华商——香港〈华商报〉创刊四十五周年纪念文集》，广东人民出版社，1987，第 13 页。

内外颇具影响。国民政府多次要求香港政府取缔该报，但港府屡以不能干涉新闻自由为理由加以拒绝。

1946 年 1 月 8 日，身着制服的过境官兵在九龙街头公然收缴《华商报》，并威胁报摊摊主，禁止他们今后出售该报。事发后，《华商报》总编辑刘思慕致函香港政府有关部门，投诉国民党军人的所作所为，要求政府保证"英王陛下领地的新闻自由"。这样的投诉并没有起作用，港府只是进行了简单的调查，港府认为《华商报》是"左派报纸"，判断这是国共两党之间的互相攻讦，并没有采取什么有效措施。① 此后，《华商报》的销售一度受到很大影响。

更为关键的影响是，因其特殊的地理位置，香港已被深刻地卷入国内政局演变的过程中。国民政府在即将爆发的内战的棋盘上排兵布阵，将本已在抗战后期部署在南方的军队通过香港北调，阻遏共产党的发展，试图以武力为后盾突破政治谈判的僵局。经由香港的调兵遣将直接牵连着国共两党在东北的角逐，而在争夺东北的赛跑中，国民政府在起跑线上即先失一着。苏联的暧昧态度、军队过境香港的迟缓以及从华南到东北漫长的路途等等，都给国民政府的计划增添了意想不到的困难，尽管有美国的配合，国民政府最终没能抢占先机。1946年 3 月，当苏军撤离后，东北局势全面失控，而通过香港北上的部队加紧了调动的速度，源源开入内战前线，国共在东北问题上的僵局最终以武装冲突的形式得以突破。

---

① Alleged Illegal Seizures and Suppression of the Paper from Circulation by Chinese Military Officers, HKRS. No. 163, D&S. No. 1 – 60.

第三章　"殖民地"的尺度：
香港肃奸风波与"国民日报事件"

　　在战后处置汉奸问题上，国民政府的所作所为引起颇多非议。除去汉奸身份认定的争执，非议本身正体现了这个政权在当时环境中的尴尬处境。一方面，抗战期间，国民政府势力收缩于西南，战后亟须利用通敌者，尤其是掌握军政大权的汉奸，在接收沦陷区过程中占得先机，从而阻遏中国共产党的发展；另一方面，在国人民族主义情绪高涨的背景下，惩治汉奸既是民心所向、舆论所指，亦是国民政府恢复法统秩序、重塑政治威望的重要手段。在这两难的局面，肃奸人员与附敌分子处于政治势力、民族情感和个人利益错综交杂的旋涡中，而个人利益最终成为这个并不稳定的天平中最具分量的砝码，由此引发了肃奸过程中的贪污腐败和徇私枉法，大大损害了国民政府的政治形象。某种程度上，战后处置汉奸的不当，使国民政府统治的合法性大为流失。

　　另一方面，民国时期，如何处理涉港事务是一支重要的政治标尺，通过它可以衡量出历届中国政府在维护主权的道路上究竟能走多远。在英国统治者的眼中，这支政治标尺的刻度也正是标记"殖民地"政治底线的尺度——尽管太平洋战争撼动了英国在远东的地位，"非殖民化"（decolonization）已成为不可阻遏的历史潮流，"帝国"无可避免地被迫向欧洲回缩，但其在香港的利益考量与政治象征具有特殊意义。因此，面对国民政府在涉港事务上的频频出手，为维持在香港殖民统治继续存在和长期稳定，香港政府自有其容忍阈值和政治底线。

香港历来是远离中国政治风浪的避风港。近代以来，中国内地革命运动此起彼伏，战乱不断，除难民之外，宦海遇挫者多栖身于此，尤其是被以各种政治罪名通缉的人士，借以逃避当局追捕。香港政府虽有相关引渡法规，[①] 但对将被冠以政治罪名的人士移解出境却并不积极，所以香港往往被视为庇护所。

粤港毗邻，太平洋战争期间两地又同属日军第二十三军作战区域，日本占领广东将近 7 年，香港沦陷 3 年又 8 个月，由此出现为数众多的汉奸与汉奸组织。战争结束前后，张发奎率第二方面军奉令接收广东，而香港为英国人重占，大批汉奸随之逃港隐匿。广东地区的肃奸工作展开后，匿港汉奸的调查、追捕和引渡成为中英之间的敏感话题。与内地肃奸工作相对"疲软"对照，广东肃奸机构对引渡匿港汉奸一开始颇为积极，试图借肃奸之机扩展在香港的势力范围，施加对香港政府的政治影响。而部分肃奸人员借此打击报复、中饱私囊，一时间香港人心惶惶，引起港府的忧虑与不安。最终，《华侨日报》督印（即社长）岑维休引渡一案导致香港政府采取强制措施，借维护治安之名封闭国民党在香港的机关报《国民日报》。香港肃奸风波与"国民日报事件"背后折射出广东当局内部及华南国民党各派系间势力的纷争，肃奸工作也在香港特殊环境中变异、扭曲，而香港政府的容忍阈值与政治底线终于显现出来，该事件成为战后影响内地与香港关系的标志性事件。

第一节　匿港汉奸引渡协商

一　广东肃奸工作的开局

若要探究逃匿香港汉奸引渡问题的来龙去脉，必须先回顾广东肃

---

① 战前香港政府的引渡法规主要有 1899 年《华人引渡法》和 1935 年《递解外国人法》。

奸工作的开局。广东肃奸工作与全国各地大同小异，一开始并非有组织、有计划地进行，而且受制于中央政府战后通盘政治布局的考虑。肃奸工作在胜利后并没有立即启动，其原因正如美国学者胡素珊（Suzanne Pepper）所言："政府在这方面行动迟缓，主要原因是它需要日本投降后及其中国'傀儡'——人们对汉奸的称呼——维持日本投降后的'法制和秩序'。政府的心腹之患与其说是百姓的混乱，毋宁说是中共造成的明显威胁。"① 对于处置汉奸，国民政府暧昧的态度和迟缓的行动大大损害了自身的政治形象，引起广大民众和社会舆论普遍不满。

曾在委员长侍从室主管军事情报工作的唐纵认为："外间对于利用伪军汉奸攻击甚烈，尤其共产党为甚！站在革命立场，吾人暂时利用则可，若将来还都之后，仍然容纳汉奸，则是非正义何存！不但革命立场消失，革命政权亦将从此崩溃！"② 基于这样的考虑，1945年9月中旬，唐纵在对国民党中央党部关于沦陷区政策纲要案审议时着重提出三条处置汉奸的原则：1. 凡附逆之汉奸均应受特别审判，褫夺公权，其受有任务参加秘密工作者经审查确实准予另案办理；2. 敌产逆产由政府组织特种委员会调查处理；3. 伪军之处理方针当视其对国军之协助与贡献之成绩，本宽大之旨分别处理之。这3条原则可视作国民政府肃奸工作最早的指导方针，虽然唐纵提出上述原则意在惩处汉奸，避免予外界以攻击政府之口实，但这几条原则还是明显倾向于从宽处置汉奸，留下了较大的回旋余地和操作空间。即便如此，蒋介石还是对此批示："如拟，但不可发表"。③ 广东的肃奸工作正是在中央政府这一模糊政策的背景下展开的。

---

① 〔美〕胡素珊：《中国的内战——1945~1949年的政治斗争》，王海良等译，中国青年出版社，1997，第13页。
② 公安部档案馆编注《在蒋介石身边八年——侍从室高级幕僚唐纵日记》，群众出版社，1992，540页。
③ 公安部档案馆编注《在蒋介石身边八年——侍从室高级幕僚唐纵日记》，第540页。

此外，广东肃奸工作还有一个重要背景，即军统人员的介入在时间上早，且程度较深。广东沦陷期间，军统人员在此地活动频繁。据何崇校回忆，军统局自 1943 年开始重视策反汉奸伪军的工作。军统局认真搞策反，是先从华南开始，然后推广到华东，以后再推广到华中和华北。1943 年，军统局成立"粤海站"①，下设广州组和香港组，专门负责策反广东地区的汉奸，尤其是手握兵权的伪军将领。② 1944 年 4 月，军统局粤海站副站长何崇校在广州联系上了时任汪伪政府海军部次长的招桂章，招氏表示愿与重庆方面进行秘密合作，由此与军统局建立了直接联系渠道。③ 日本投降前 6 个月，即 1945 年 2 月，招桂章被重庆任命为"广州先遣军司令"，成为受国民政府正式任命的伪职人员中的第一人。此后，军统组织又陆续与伪广东省绥靖公署参谋长许廷杰等人进行接触，对其进行策反。

1945 年 8 月 17 日，日本投降的消息正式在广州公布，19 日，广州先遣军总部在广州市越华路挂牌成立，招桂章和许廷杰在何崇校的一手策划下分任司令和参谋长，完成了由汉奸首领到"国府大员"的"转身"。直至 21 日，负责接收广东的第二方面军司令长官张发奎才向新一军军长孙立人下达接收广州的命令："新一军孙军长指挥重迫击炮营及十三军之八十九师即由现地经梧州三水向广州推进，该军主力配置于广州市，各以一部分置于三水、顺德监视该方面日军及受降实施。"④ 而同一天，军统局的另一个机构——中美合作所别动队第一纵队第一支队司令蔡春元率部强行开入广州，蔡于 25 日自封为"广州警备司令"。而此时，汪精卫政府的两位"重量级"人

---

① 粤海站成立后，军统局又在广东设立光粤站，后两站合并统称光粤站，直至 1945 年 10 月改由军统局广东站统一负责工作。粤海站人员配置如下：站长何崇校，书记吴德辉，会计兼译电员陈先素，电台台长霍谦益（驻澳门）。

② 何崇校：《蒋帮在华南勾结汉奸伪军抢夺抗战胜利果实始末》，政协全国委员会文史资料研究委员会编《文史资料选辑》第 67 辑，中华书局，1980，第 158 页。

③ 何崇校：《蒋帮在华南勾结汉奸伪军抢夺抗战胜利果实始末》，《文史资料选辑》第 67 辑，第 178～180 页。

④ 军事委员会委员长广州行营参谋处编《广东受降纪实》（1946 年 6 月 15 日），国防部史政局和战史会档案，二档馆藏，七八七/16604。

物——伪广东省省长储民谊和汪精卫夫人陈璧君都在广州。趁着正式接收的军队尚未到达的空隙，蔡春元既为塑造自己惩治汉奸、伸张正义的形象，也基于对储、陈二人可能趁机逃匿的担心，会同 22 日抵达广州的军统局广东站站长郑鹤影将储、陈二人扣押，储民谊和陈璧君成了全国最早被逮捕的汉奸。①

胜利后，广州的混乱秩序延续了 20 天，直至第二方面军开始进驻接收。9 月 5 日，新一军第五十师开始由广西苍梧向广州船运。6 日，张励奉张发奎之命，率第二方面军官兵 200 余人空运广州设立前进指挥所。7 日，新一军先头部队抵达广州。9 日，第十三军八十九师集结广州周边地区。② 10 日，孙立人奉张励命令指挥广州所有部队，包括已投降的日军和伪军部队。11 日，孙立人下令广州的日军、伪军和蔡春元的别动队一律撤出市区，由新一军全面接防，蔡春元的"广州警备司令部"宣告解散。14 日，张发奎抵达广州，并于 16 日举行受降仪式，第二方面军正式接管广州。

第二方面军接管广州后，肃奸工作开始提到议事日程，与全国各地一样，广东的肃奸工作的开局有些混乱，这种混乱在很大程度上缘于一开始并无统一的肃奸机构通盘负责。第二方面军将肃奸工作视作受降接收工作的一部分，如《广东受降纪实》中记载："敌人投降以后，平日为虎作伥之大小汉奸顿失凭依，手足无措，惶恐万分，或蛰伏不出，或逃匿港澳，本方面军秉'除奸扶正'之义，于受降接收工作开始之同时，即将肃奸工作列为主要任务之一，在'受降接收委员会'内，设'审查组'（由第二军法监部③兼理）专任斯职。"④

① 何崇校：《蒋帮在华南勾结汉奸伪军抢夺抗战胜利果实始末》，《文史资料选辑》第 67 辑，第 208～209 页；亦见广东肃奸专员办事处编《广东肃奸志》（1946 年 7 月），广东省档案馆（以下简称粤档馆）藏，第 1 页。
② 《陆军新编第一军第五十师致重庆军令部电报》（1945 年 12 月 16 日），国防部史政局和战史会档案，二档馆藏，七八七/16618。
③ 原文如此，应当是"第二方面军军法执行监察部"的简称。
④ 军事委员会委员长广州行营参谋处编《广东受降纪实》（1946 年 6 月 15 日），国防部史政局和战史会档案，二档馆藏，七八七/16604。

除第二方面军之外，国民党广东省党部、广州市党部、司法系统等均成立相应的肃奸机构，以至于"各方之肃奸机构相继成立，有专事检举者、有专事逮捕者，亦有仅求没收伪产者，事权既不统一，手续亦紊乱，不仅导致民众惶恐不安，且亦难达成打击汉奸目的"。① 10月15日和17日，粤省各军政机构举行两次联席会议，决定成立统一的检举汉奸组织，定名为"广东省检举汉奸委员会"，由第二方面军司令部、广东省党部、广州市党部、广东省政府、广州市政府、广东省参议会、第二方面军军法执行监察部、广东高等法院检察处、广东省保安司令部、广州市警察局、三青团广东支团、三青团广州市支团等12个机构各派员一名充任委员。由广东省党部的余俊贤担任主任委员，实际由李大超②代为负责。③

与广东省检举汉奸委员会成立几乎同时，各地的军统组织在蒋介石的授意下纷纷成立了肃奸机构。据何崇校回忆，蒋介石将肃奸权责交给军统局，主要有两个原因："一是肃奸工作，需用大批的调查人员、执行人员、看守人员、审讯人员，这些人员须受过一定的训练和有业务经验，那时要招募这种人员来训练，时间已来不及了，而军统恰恰有这样的大批现成人员；二是八年来军统在各个沦陷区，派有秘密潜伏工作的站、组，平时已调查收集大批汉奸名单和伪产线索，派军统来担任这项工作，是较为便利的。"④ 军统组织的肃奸专门机构，定名为"肃奸专员办事处"，据何崇校回忆，肃奸专员办事处名义上隶属于开入各收复区的各个战区司令长官部，而实际是受军统局直接指挥管辖。各个战区和各个方面军的司令长官部，仅有名义上的隶属关系和空头的监督权而已。各个办事处，上自专员，下至全部职员，全由军统人员充任，并由军统局委派调动。由此，1945年10月，军

① 广东省肃奸委员会编《广东省检举汉奸委员会工作报告书》（1946年4月），粤档馆藏，第3页。

② 李大超于1946年任国民党港澳总支部主任委员，1949年赴台湾。

③ 广东省肃奸委员会编《广东省检举汉奸委员会工作报告书》，第3页。

④ 何崇校：《肃奸机构与肃奸工作》，何邦泰主编、广州市政协文史资料委员会等编《广州抗战纪实》（《广州文史》第48辑），广东人民出版社，1995，第515页。

统局设立第二方面军肃奸专员办事处，由原军统局广州站站长陈劲凡担任肃奸专员。①

　　这样一来，广东省的肃奸工作由广东省检举汉奸委员会和第二方面军肃奸专员办事处双重负责。当然，这两个机构的职权各有侧重，总体来说，检举汉奸委员会偏重于接受民众对汉奸的检举以及对汉奸罪行的调查；而肃奸专员办事处则偏重于对汉奸的逮捕、押解和预审。② 肃奸专员办事处成立后，广东军统组织的角色在肃奸工作中变得愈发微妙起来。军统组织的微妙角色体现在处置汉奸的态度和与广州军政当局关系方面。关于处置汉奸的态度，军统组织对广东地区汉奸的策反是早在战争期间就大力开展的工作，面对招桂章、许廷杰等早已"投靠"的汉奸，军统组织陷于先前在策反时免于判罚的承诺与民意要求严惩汉奸的两难之中。关于与广州军政当局的关系，军统组织主要需要处理的是与张发奎的第二方面军司令长官部暨军事委员会委员长广州行营③之间的关系。由于整肃汉奸不仅体现政治权力伸张，更牵涉到"逆产"处理问题，因而被视为"肥缺"。肃奸专员办事处名义附设于张发奎麾下，实际自成体系，而中央关于惩治汉奸的

---

① 何崇校：《肃奸机构与肃奸工作》，《广州抗战纪实》，第515页。
② 据何崇校回忆，肃奸专员办事处设专员1人，主持全处业务，直接向军统局肃奸指导委员会负责。专员下设主任秘书1人、秘书1人、书记和录事若干人、收发2人、管卷监印各1人。分第一和第二两个科。第一科管肃奸业务，凡调查、执行、审讯、保管、看守等业务俱归该科主管。第二科是管总务，凡人事、会计、庶务等由该科主管。科之外设有两个调查组，负责调查汉奸名单、藏匿踪迹，调查汉奸产业所在地和财物隐藏地点；两个执行队，负责对汉奸的逮捕、押解和对伪产、财物的查封追缴等；还有一个预审室，内设法官和书记，负责对逮捕到案的汉奸进行预审；一个保管组，负责保管已查封的汉奸产业和已缴收到的汉奸财物；一个看守所，关押已逮捕的汉奸。此外还有一名督察，负督察责任。见何崇校《肃奸机构与肃奸工作》，《广州抗战纪实》，第516页。
③ 第二方面军接收广东之后，1945年9月10日，司令长官张发奎奉蒋介石之命成立军事委员会委员长广州行营。17日，军委会正式任命张发奎为行营主任，邓龙光为副主任。此时，第二方面军司令部与广州行营其实是"两块牌子，一个机构"，行营的一切人事均由第二方面军司令部兼任。直至1946年2月第二方面军正式撤销，改由广州行营统筹。见《蒋介石与我——张发奎上将回忆录》，第405、408、424页。

相关法律法规又并不完善，① 在这样结构矛盾与实际环境的错综交织
之下，广东肃奸工作展开于各种政治权力构成的势力壁垒之间。除了
前述储民谊、陈璧君等"罪名昭彰"的汉奸伏法之外，招桂章、许
廷杰、李辅群等曾与军统组织合作的伪军将领直到 1945 年 12 月之前
一直未受处理。② 尤为引人注目的是，大批汉奸乘此间隙逃往香港和
澳门隐匿，给肃奸工作带来了极大的困扰。战时在日军扶植下从事鸦
片贸易的孔维新逃港案就是当时的典型案例，抗战胜利后他最初匿居
于广州，之后趁机逃往香港。逃港后孔维新颇为"高调"，以为借香
港政府庇护可以安然无事，经常出入于香港各大舞厅，影响极为恶
劣。③

二 引渡协议与广州行营整合肃奸工作的努力

战后初期，粤港边境尚未进行严格的封闭和出入境管制，从广州
偷渡到香港在技术上并非难事。匿港汉奸逍遥法外无疑表明广东肃奸
工作的巨大失误，因此，与香港方面协商引渡汉奸遂提上议事日程。
此时的香港处于军事管制期间，亦有被香港军政府通缉的日本战犯和
附敌分子逃往广东，由此，粤港之间在引渡汉奸问题上有了合作的利
益基础。至于由谁出面与处于军事管制期间的香港当局进行协商，军
统组织显然不合适，而作为华南最高军事机关的广州行营承担了这一

① 1945 年 9 月 27 日，国民政府公布了行政院拟定的《处置汉奸案件条例草案》和
国民参政会通过的《汉奸自首条例》。这两个文件对于汉奸身份的认定、处罚等
方面规定较为模糊，至同年 11 月 23 日和 12 月 6 日，国民政府正式公布《处理汉
奸案件条例》和《惩治汉奸条例》，肃奸工作才算"有法可依"。
② 招桂章和许廷杰的"先遣军"直到 1945 年 10 月才宣告解散。12 月中旬何应钦赴
粤视察，在民意和舆论的压力下，张发奎向何应钦请示将招桂章、许廷杰和李辅
群等人逮捕，何表示同意，军统组织被迫放弃对其保护。此后，招桂章被判处有
期徒刑 5 年，许廷杰则被判处有期徒刑 3 年。1949 年两人保释出狱，赴港隐居。
招桂章于 1953 年病逝于香港。见何崇校《蒋帮在华南勾结伪军抢夺抗战胜利果实
始末》，《文史资料选辑》第 67 辑，第 220～221 页；亦见《蒋介石与我——张发
奎上将回忆录》，第 415～416 页。张发奎与何崇校的回忆在细节上略有出入，张
发奎回忆何应钦于 1945 年 10 月中旬赴粤视察，应当是误忆。
③ 何崇校：《肃奸机构与肃奸工作》，《广州抗战纪实》，第 524 页。

职责。1945 年 10 月下旬，广州行营参谋处处长李汉冲赴香港与驻港英国陆军司令菲士廷达成了粤港之间第一个引渡汉奸和战犯的协定。

（一）在香港军事占领时期，引渡汉奸和日本战犯，属于战后受降接收范围，可由粤港双方最高军事机关直接办理，不属于平时外交问题。

（二）凡属日本战犯，只须广州行营或香港陆军司令之一方，提出名单及其罪犯，即可提解审办，如同一战犯在粤港两地均犯有罪行时，由双方协商分别审讯或会审均可，至其最后判决处理权属于何方，亦由双方根据罪犯情况协商决定。

（三）凡属汉奸罪犯，可依上述战犯之原则办理，但须加具地方司法机关之意见和必要之罪行证据。①

李汉冲的回忆表明，他 10 月下旬赴港协商任务不仅包括上述引渡协定的协商，还包括中国军队过境香港相关事务的交涉（具体参见本书第二章）。因此，李汉冲与菲士廷的会谈并非专门为协商引渡事宜，而是将其纳入粤港双方军事合作范畴。这个引渡协定有几个需要注意的地方。第一，从协定字面看来，这是一个粤港双方最高军事当局处理有关战后受降与接收问题的事务性协定，尽管引渡牵涉外交问题，但并非由双方外交当局出面。第二，该协定主要目的是解决战犯的移解问题，将汉奸罪犯的引渡按照处理战犯原则办理，只是需要附加地方司法机关的意见和罪行证据。第三，协定并无规定如何认定汉奸罪犯的身份与罪行，亦无规定匿港汉奸的调查、侦缉等技术细节如何操作。此外，尽管协定明确中方负责匿港汉奸引渡事务的机构是广州行营，但名义上隶属张发奎的肃奸专员办事处却操之于军统组织之手，广州行营直至 1946 年 2 月才委派骆来添担任驻港联络专员。②

---

① 李汉冲：《张发奎处理有关香港一些事件的经过》，《挥戈跃马满征尘：张发奎将军北伐抗战纪实》，第 239 页。
② 《粤行营驻港联络专员廿五日办公》，《华侨日报》1946 年 2 月 23 日，第 4 页。

引渡协定虽已达成，但此时行营并无人员常驻香港，而肃奸专员办事处却已先行一步，在广州行营设立驻港专员办事处之前，陈劲凡便委派杨哲甫担任驻港肃奸专员，专事香港地区的肃奸工作。①

1945 年 11 月 23 日和 12 月 6 日，国民政府正式公布《处理汉奸案件条例》和《惩治汉奸条例》，完成了对肃奸工作的立法支持，香港肃奸工作也随之展开。12 月 25 日，香港《星岛日报》刊出一则消息，指出："肃奸运动，国内各地遽来推进甚力，虎伥奸伪之落网或已正法者，经有多人，一般当年威风八面，协力日伪之虎伥，无不亡魂丧胆，闻有逃避国外藉以逃避者，港澳乃成此辈之临时藏身地。但我当局对于此辈奸伪，决予严办，以正法纪。"②

然而，肃奸专员杨哲甫在香港的所作所为引起颇多非议，据李汉冲回忆，杨利用职权在香港敲诈勒索，为英方所不满。③何崇校也认为肃奸工作"弊陋丛生"，动辄产生"卖放""勒诈""盗换"等舞弊贪污行为。④除此之外，教育部广东区教育复员辅导委员会，于 1946 年 1 月派遣委员王镜澄、专员张启正赴港设立办事处调查"附逆侨校"，开展对"文化汉奸"的整肃。⑤如此一来，肃奸工作明显越过了粤港军事当局商定的协议所规定的范畴，一时造成香港民众人心惶惶。

1946 年 2 月，菲士廷表示，关于逮捕汉奸一事，香港军政府固然力求肃清奸伪，但肃奸工作须省慎从事，需要有相关证据才能进行逮捕和惩治。⑥由此，粤港之间的引渡合作出现了波折。据李汉冲回忆，英方借口引渡案件须通过司法正常手续，对杨哲甫提之引渡各

① 李汉冲：《张发奎处理有关香港一些事件的经过》，《挥戈跃马满征尘：张发奎将军北伐抗战纪实》，第 239 页；亦见《以正常外交方式推进香港肃奸工作》，《星岛日报》1946 年 1 月 5 日，第 3 版。
② 《清奸运动在港展开正常外交引渡归国》，《星岛日报》1945 年 12 月 25 日，第 3 版。
③ 李汉冲：《张发奎处理有关香港一些事件的经过》，《挥戈跃马满征尘：张发奎将军北伐抗战纪实》，第 239 页。
④ 何崇校：《肃奸机构与肃奸工作》，《广州抗战纪实》，第 519 页。
⑤ 《处理香港附逆侨校政府拟定办法》，《星岛日报》1946 年 1 月 4 日，第 2 版。
⑥ 《菲士廷将军解述处理战犯奸伪办法》，《星岛日报》1946 年 2 月 16 日，第 3 版。

案，将其搁置，不予办理。军统方面用了许多办法都无效果，不得不要求行营出面支持。① 而与此同时，第二方面军司令长官部撤销，改由广州行营统筹华南军政事宜，借此契机张发奎也有意整合广东省的肃奸工作，改变行营有名无实的处境。所以，张发奎一面委派李汉冲再次赴港与菲士廷交涉引渡问题，一面着手改组广东肃奸机构。2月底，李汉冲再次赴港重订引渡协定，协定内容如下。

（一）杨哲甫专员之机关职能，只限于调查有关汉奸罪犯之情报，并可通过行营驻港联络专员与英方交换、审查此种情报，但不能对在港有汉奸嫌疑者施用任何直接之行动。

（二）广州行营仍为交涉引渡唯一正式机关。

（三）为照顾香港政府司法治理起见，除伪方正式军职人员外，其他伪职人员之引渡案件，须同时附有广东高等法院之正当司法手续文件。

（四）有关引渡事件，仍可通过英军驻港司令部办理，菲士丁司令仍将完全负责协助进行。

（五）关于日本战犯之引渡、审讯和处理等，仍照从前规定办理。②

这个协定与之前相较，明确了军统广东当局在香港的肃奸行动只限于调查罪行，而无权对犯罪嫌疑人采取强制措施。此外，该协定再次明确了广州行营为交涉引渡的唯一机关。而广州行营驻港联络专员办事处于2月中旬在驻港英军司令部内正式开始办公，骆来添担任专员一职。这个办事处并非引渡汉奸的专门机构，而是广东军事当局派驻香港的代表，而军统机构、广东高等法院的驻港肃奸人员合并到该

---

① 李汉冲：《张发奎处理有关香港一些事件的经过》，《挥戈跃马满征尘：张发奎将军北伐抗战纪实》，第240页。

② 李汉冲：《张发奎处理有关香港一些事件的经过》，《挥戈跃马满征尘：张发奎将军北伐抗战纪实》，第240页。

办事处办公。除了引渡事务外，办事处还要负责过境中国军队纪律维持以及双方军事当局的联络事宜。

与此同时，广东肃奸机构的整合亦拉开了帷幕。据何崇校回忆，张发奎曾对陈劲凡表示，因为肃奸不利，外界对于广州行营颇多指责。张发奎认为自己并无肃奸之权，反而替军统方面背了黑锅。因此，他提出要么肃奸专员办事处脱离行营，单独运作；要么改由行营真正负起肃奸权责。陈劲凡与何崇校商量后并征得戴笠同意，决定接受改由广州行营整合肃奸工作。① 根据张发奎的建议，新的肃奸机构定名为"广东肃奸委员会"，广州行营、广东省政府、国民党广东省党部、市党部、广东高等法院、广州军事法庭、两广敌伪产处理局等机构各派一人为委员。3 月 1 日，广东肃奸委员会正式成立，由张发奎担任主任委员，行营中将参议冯次祺担任副主任委员，仍然使用肃奸专员办事处在海珠中路的办公场所，而陈劲凡由肃奸专员改任委员。原广东省检举汉奸委员会奉命撤销，其职能并入肃奸委员会。尽管张发奎成功整合了广东的肃奸工作，但是，军统方面仍掌握着肃奸委员会中调查、执行等方面的权力。②

李汉冲第二次赴港协商和广东肃奸委员会成立之后，粤港双方恢复了引渡工作。4 月 16 日，香港政府终于同意引渡首批逮捕的匿港汉奸孔维新、陈干、陈才 3 人，他们在骆来添等人的押送下乘英方提供的快艇移解广州。③ 19 日，粤方亦将中山崎雄、紫田繁南、浅井福市等香港政府提请引渡的日本战犯移交给港方。④ 从 1945 年 10 月开始，耗时半年仅仅引渡了 3 名汉奸，引渡工作的成绩着实难以令人满意。与此同时，肃奸工作给香港社会造成的恐慌却一直弥漫着，自广东当局派员在香港肃奸后，发生多起歹徒伪装肃奸人员骗取钱

① 何崇校：《肃奸机构与肃奸工作》，《广州抗战纪实》，第 517～518 页。
② 广东省肃奸委员会编《广东省检举汉奸委员会工作报告书》，第 8 页。
③ 《孔维新等今晨解赴广州》，《国民日报》1946 年 4 月 19 日，第 4 版。李汉冲回忆引渡孔维新等 3 名汉奸的时间是 1946 年 2 月，应当是误忆。
④ 《日战犯七名由我方引渡解港》，《国民日报》1946 年 4 月 16 日，第 4 版。

财的案件，① 香港政府对中方的肃奸工作依然疑虑重重。

　　1946 年 5 月，香港结束军事管制，正式恢复民政，总督杨慕琦复职上任。香港结束军管也就意味着粤港双方军事当局共同制定的有关引渡汉奸的协定失去了法律效力。恢复后的香港立法局需要重新制定法律法规，为引渡汉奸提供法律依据。5 月 17 日，立法局三读通过了《一九四六年中国附敌份子移解法案》，法案共 14 条，有效期 1 年。该法案的重点在于两点，一是明确港方交涉主体是香港总督，即粤方需向港督提出引渡申请，若获准后最终由港督签发引渡命令，并且港督对认定罪犯身份，规定审查、羁押等措施的具体步骤等方面拥有较大的权力；二是该法案详细规定了香港政府在逮捕、引渡等程序上的执行细则。② 法案公布后，广东当局向香港政府提出应当基于该法案，由双方协商引渡具体操作细节安排，杨慕琦表示同意。20 日，李汉冲与广州行营法律顾问钱树芬赴港，翌日与港府司法司和警察当局交涉引渡之具体事项。谈判完毕后，李汉冲在接受香港记者采访时表示，粤港之间在引渡汉奸问题上达成了如下原则。

　　　　一、所有逃港汉奸，经张主任正式照会提出名单送交港府，即予下令逮捕。二、关于汉奸罪证，除书报文件物品等物证外，凡有人民控告及战犯或已逮捕之汉奸口供，经中国法官审核确实者，均得认为充分之罪证。三、确定汉奸之罪行，依中国惩治汉奸条例与国民公约，及港政府颁布移解于战争时间内在中国曾与日本人合作之中国籍民之规定确定之。四、已逮捕汉奸即由行营行文派员提解。③

────────────

① 陈志华：《访黄宪兵队长》，《华侨日报》1946 年 4 月 7 日，第 4 页；亦见《居民提防藉肃奸招摇勒索》，《国民日报》1946 年 4 月 15 日，第 4 版。

② 该法案中文本见《港立法局昨日首读通过汉奸移解法案》，《国民日报》1946 年 5 月 17 日，第 4 版。

③ 《行营李处长谈磋商肃奸经过》，《国民日报》1946 年 5 月 24 日，第 2 版。

　　已有学者指出，根据广州行营与香港政府座谈情况整理成的《广州行营香港政府协议逮捕及引渡汉奸座谈纪录》①，对比粤港之间记录的差异可以看出，粤港双方虽在引渡要求的提出，对犯罪嫌疑人的逮捕、羁押，以及具体引渡程序上并无异议，但是，双方在汉奸罪行认定、犯罪嫌疑人国籍认定等方面的意见并不统一。② 总体而言，对于汉奸罪的认定，国民政府颁布的《处理汉奸案件条例》和《惩治汉奸条例》有详细的规定，而香港政府当然不可能遵照中国的法律去认定罪行，港府采用《一九四六年中国附敌份子移解法案》第三条的标准："中国当局依照总督指定手续，具备文件证书向总督提出申请时，总督得以签发命令，将其认为曾于战争时期，在中国任何地方，造出于敌有利，或打击阻挠联合国作战进行或联合国任何一国作战行动之中国籍民，移交该中国当局或经总督承认之代表。"③ 因此，香港政府在对汉奸罪行认定的标准上要模糊得多，留下了较大的操作空间。

　　至于犯罪嫌疑人国籍认定，这是 1929 年国民政府颁布《国籍法》以来，中英之间时常冲突的问题，拥有中英双重国籍者，常是双方争端之所起。④ 根据《一九四六年中国附敌份子移解法案》第二条规定，犯罪时或当前已入籍英国的嫌犯不属于"中国籍嫌犯"的范畴。⑤ 而《广州行营香港政府协议逮捕及引渡汉奸座谈纪录》中，粤方认为，犯罪嫌疑人国籍认定"凡自民国 26 年 7 月 7 日以前未转入他国国籍者，均为中国人民；在此时日以后而转入其他国国籍者，

---

① 座谈会详细内容见《广州行营香港政府协议逮捕及引渡汉奸座谈纪录》（1946 年 5 月 21 日），广东高等法院档案，粤档馆藏，7/1/322。

② 吴淑凤：《抗战胜利后匿港汉奸的引渡》，《港澳与近代中国学术研讨会论文集》，第 594～595 页。

③ 《一九四六年中国附敌份子移解法案》，《港立法局昨日首读通过汉奸移解法案》，《国民日报》1946 年 5 月 17 日，第 4 版。

④ 李盈慧：《华侨政策与海外民族主义（1912～1949）》，台北，"国史馆"，1997，第 127 页。

⑤ 《一九四六年中国附敌份子移解法案》，《港立法局昨日首读通过汉奸移解法案》，《国民日报》1946 年 5 月 17 日，第 4 版。

概不承认其为他国人民，而逃避其应惩治汉奸之范围"。① 港方则声明"香港政府概不接纳逮捕英籍汉奸通知书，关于此点如有怀疑之处，应即直接向香港警察局长查问"。② 粤港之间对国籍认定的差异在于，粤方强调汉奸罪嫌犯在 1937 年全面抗战爆发后转入其他国籍的行为是无效的，双方应当仍将其作为中国籍公民对待，应引渡回国受审。而港方则不认同这一点，强调嫌犯无论在犯罪时还是当前，只要国籍是英国籍，就不属于引渡范围。而且港方指出，若粤方对嫌犯国籍有异议的话，应当由香港警察局局长负责查询，等于将国籍判定的权力掌握在自己手中。

返回广州后，李汉冲将《广州行营香港政府协议逮捕及引渡汉奸座谈纪录》，连同香港政府司法司根据《一九四六年中国附敌份子移解法案》提出的逮捕及引渡手续提交张发奎批准。③ 张发奎对上述文件各节"均表同意"，并"基于中英合作精神及互相尊重双方法律之立场"提出三点补充意见。

（1）中国籍民在中国地区同时在香港地区有触犯本国惩治汉奸条例及违背国民公约之行为者均请港方逮捕引渡之。

（2）逮捕汉奸由港政府主办之，但经香港政府下令逮捕而企图逃避之汉奸经我方指定之肃奸人员遇见时得通知香港政府请求逮捕或扭交附近警察办理。

（3）关于汉奸之逆产问题，希能依照本国惩治汉奸条例办理，并申明保留关于此点由本国外交机关以正式外交方式向贵方协商处理。④

这三点补充意见实际意在扩大引渡范围，强化肃奸人员在香港的

① 《广州行营香港政府协议逮捕及引渡汉奸座谈纪录》（1946 年 5 月 21 日），广东高等法院档案，粤档馆藏，7/1/322。
② 同上。
③ 《国民政府军事委员会委员长广州行营备忘录》（1946 年 5 月 29 日），广东高等法院档案，粤档馆藏，7/1/322。
④ 同上。

权力。尤其是第一条，粤方的真实目的在于，对在香港本地触犯
《惩治汉奸条例》的嫌犯，亦可将其引渡回国受审，这多少涉及粤港
两地的司法权限问题。张发奎的补充意见以备忘录的形式由行营驻港
联络专员骆来添递交香港总督杨慕琦，由此，粤港之间达成了双方第
三个引渡协定。严格意义上，这并不是一个法律上的引渡协定，而是
双方关于引渡问题的一系列会议记录、备忘录的换文。汉奸罪行认定
和嫌犯国籍认定的分歧似乎并没有影响粤港之间达成这样的协定，主
要原因是双方合作的重点在于解决了汉奸引渡的手续问题，明确了粤
港之间引渡工作的责任主体，但上述分歧仍然不可小视，最终在实际
操作中影响到了粤港之间引渡协定的实施以至粤港当局的关系。

第二节 "国民日报事件"始末

一 岑维休的"汉奸帽子"

粤港之间第三个引渡协定达成后，广州行营于 1946 年 6 月 5 日
公布第二批汉奸通缉名单，共 100 人，尤其引人注意的是香港华侨日
报社社长岑维休榜上有名。① 两天后，国民党在香港的机关报《国民日
报》因为一篇题为"通缉岑维休"的社论，被香港政府以"触犯《防卫
法》，鼓励民众轻视本港法令与秩序"的原因勒令停刊，由此引发"国民
日报事件"。广州行营为何要通缉岑维休？《国民日报》又为何"高调"
攻击《华侨日报》？而香港政府为何要拿《国民日报》开刀？要回答这
些问题，有必要先回顾一下岑维休和《华侨日报》的历史。

岑维休 1897 年生于广东恩平，中学毕业后曾在香港《南华早
报》（*South China Morning Post*）工作。《华侨日报》前身为香港华商
总会旗下的《香港华商总会报》，1925 年华商总会将《香港华商总会
报》卖给岑维休。同年 6 月 5 日该报易名为《华侨日报》，报馆地址

---

① 《广州行营昨公布通缉第二批汉奸名单》，《国民日报》1946 年 6 月 7 日，第 4 版。

亦由乍甸街迁到荷李活道。《华侨日报》起初销量并不佳，每日只有300余份。1925年省港大罢工期间，印刷工人长期停工，不少报纸被迫停刊，因为岑维休曾办石印公司，《华侨日报》由铅印改为石印，仍能继续出版，成为罢工期间香港唯一能够出版的中文报纸。① 经过长足发展，《华侨日报》《工商日报》和《星岛日报》成为当时香港最主要的三家报纸。据统计，直到抗战之前，《华侨日报》在香港各报纸中是发行量最大的一家。抗战爆发后，《华侨日报》在香港发动购买战时公债、救国公债运动及捐献救护车、药品和衣物运动，以捐献救护车来说，岑维休共募款捐献了60辆，在当时内地物资缺乏的情况下，这是一个不小的数目。②

1941年太平洋战争爆发，香港沦陷，报业遭受重创，沦陷初期，全港只剩11家中文报纸。1942年6月，日本占领当局以新闻纸供应不足为由，严格控制香港报纸发行，强迫各报合并为6家报纸，其中，《华侨日报》与《大众日报》合并，仍以《华侨日报》为名出版。③ 日本占领当局施行严酷的新闻管制政策，先后成立了"新闻记者俱乐部"和"报道部检查处"，严格删选新闻稿件，逼迫各报对其殖民统治歌功颂德。至于《华侨日报》在沦陷期间的表现，与其他报纸大体相似，在日本占领之下不免苟且偷安。尽管国民党港澳总支部一再声称岑维休"罪名昭彰"，但就其举证而言，似乎相对薄弱。并且，抗战之初《华侨日报》的立场完全站在国民政府一边，支持抗战建国大业，直至香港沦陷后才被迫"附敌"。

国民党港澳总支部经过调查后认为岑维休的"罪名"主要有以下四点。一是沦陷之后，香港许多中文报纸为保存民族正气，宣告停刊，而岑维休"不辨忠奸……不惜卑躬屈节趋炎附势，甘为日寇利

① 中国国民党港澳总支部编《香港华侨日报在沦陷期间附敌经过概况》，外交部档案，二档馆藏，十八（2）/62。
② 凌华：《香港"国民日报事件真相"》（《文汇报》1946年7月30日），《外交部剪报资料》，外交部档案，二档馆藏，十八/2951。
③ 李谷城：《香港报业百年沧桑》，香港，民窗出版社，2000，第174～175页。

用"。二是《华侨日报》在沦陷期间"谬论连篇……不利盟国及不利我国抗战",并且"鼓动民众向敌献金购机,以种种文字极力讨好敌人,灌输奴化思想"。三是岑维休曾于1943年亲率"文化汉奸"多人组织"大东亚文化观光团"前赴日本各地访问,在访问记中"对日寇极力推崇"。四是岑维休曾在广州、东京各地设立《华侨日报》办事处"以加强对日伪之联系"。①

如果说这些可以成为广州行营通缉岑维休的理由的话,那么香港沦陷期间任何一家继续出版的报纸的责任人似乎都可以冠上"文化汉奸"的罪名。举例来说,《星岛日报》老板胡文虎也曾上过广州当局的通缉名单,但后被删除。据曾任《星岛日报》总编辑的陈梦因(笔名"特级校对")回忆,原本广州当局将胡文虎列为汉奸通缉,但由于国共斗争,国民党在香港急需印刷设备,得到胡文虎相助,所以将其从汉奸名单除去。② 胡文虎在战前几乎是与陈嘉庚齐名的"侨领",抗战之初,胡曾捐献巨款资助国民政府抗战。③ 香港沦陷后,胡文虎曾一度被日本占领当局软禁,个人旗下的《星岛日报》与《香港华字日报》合并为《香岛日报》,《香岛日报》亦被时人目为"汉奸报"。胡文虎曾于1943年赴东京访问,并与东条英机会谈。战后,胡文虎因此背上了"汉奸"的罪名,直到1954年病逝。胡文虎在广东、福建的房屋和财产被当地政府没收,改革开放之后,他终获恢复名誉,房产也相继发还其后人。④

由此可见,对于香港沦陷期间的报人,似乎并不能用"汉奸"的罪名简单定义。而对于"文化汉奸"的身份认定、处置方式,就不单单是民族感情和国家利益问题了,其间名堂颇多。广州行营为

---

① 中国国民党港澳总支部编《香港华侨日报在沦陷期间附敌经过概况》,外交部档案,二档馆藏,十八(2)/62。

② 具体参见陈梦因《香港报业史之三大报》(香港《大成》月刊1995年第257期),此处不赘述。

③ 谢永光:《香港战后风云录》,第138页。

④ 关于胡文虎"汉奸"罪名的讨论可参见洪卜仁、孔永松《论胡文虎在香港沦陷期间的大节——还胡文虎的历史真面目》,《抗日战争研究》1993年第1期。

何通缉岑维休？其中另有隐情。据李汉冲回忆，广州行营通缉岑维休起于中央通讯社香港办事处主任翁平和国民党港澳总支部主委李大超的提议。翁、李二人曾向张发奎表示："香港《华侨日报》督印（即社长）岑维休在伪统治穗港期间曾去过日本觐见天皇，又曾以香港报人代表资格出席广东伪政府召开之会议，该报言论一向亲日，应以汉奸论处。"之后，翁、李二人向张发奎道出了真实目的："《华侨日报》是香港一大报纸，销路很广，如岑维休能引渡回来，即可将该报接收过来作为行营在港之机关报，其资产不下百余万港币。"除此之外，李汉冲也想通过在港办报来提升自己的政治地位，因此，张发奎对通缉岑维休、占有《华侨日报》的计策表示同意。①

由此可见，广州行营通缉岑维休与其说是为了惩治汉奸、维护国家利益，不如说是欲以此为契机，霸占其产业。而《国民日报》亦希望自己在报业市场的竞争对手倒台，并乐见广州行营将其改造成为机关报，以壮大国民党在香港的宣传阵地。坊间盛传《国民日报》与《华侨日报》不和已久，有传闻说《国民日报》曾向《华侨日报》敲诈300捆新闻纸，但没有得逞，两家报纸积怨日深。② 从战后香港新闻纸紧张、《国民日报》常常入不敷出的状况来看，这样的传闻似乎并非空穴来风。由此，《国民日报》站在了攻讦岑维休的前台。在行营发表通缉名单之前，国民党港澳总支部就预先行动起来，电请中央及广东当局禁止《华侨日报》进口，并获批准。国民党中宣部港粤区特派员办事处奉令禁止《华侨日报》在中国内地发行，中宣部并饬令国民党港澳总支部与中统局和军统局合作调查岑维休"文化汉奸"罪行，收集其"附逆"相关资料。③

---

① 李汉冲：《张发奎处理有关香港一些事件的经过》，《挥戈跃马满征尘：张发奎将军北伐抗战纪实》，第 241 页。
② 如斯：《官报纪秘》，《正报》1946 年 7 月 1 日，第 4 版。
③ 中国国民党港澳总支部编《香港华侨日报在沦陷期间附敌经过概况》，外交部档案，二档馆藏，十八（2）/62。

二 《国民日报》被停刊

在取得相应的"证据"之后，广东当局开始对岑维休"收网"。1946 年 6 月 5 日，广州行营正式公布第二批汉奸通缉名单，《国民日报》于 6 日全文刊发了这个名单，并且在新闻的副标题上有意点出"本港华侨报社长岑维休榜上有名"。同一天晚上，中央社停止对《华侨日报》供稿，数家广告商也相继撤销了与岑维休的合同，以致第二天《华侨日报》销量骤减 700 余份。① 此时，行营尚未对香港政府提请引渡岑维休，但行营驻港联络专员骆来添在接受中央社记者采访时已放出话来，对于岑维休的处置将"一俟奉到广州行营命令后，自当立即依照广州行营与本香港政府协议办法……拘捕移解，决不稍有延迟"。② 似乎引渡岑维休只是时间问题，就在这个当口，事情起了变化。

6 月 7 日，《国民日报》在头版刊出社论《通缉岑维休》，就是这篇社论引发了香港政府下令封闭国民日报社，社论的原文如下。

> 香港头号文化汉奸岑维休，现在已经为军事委员会广州行营明令通缉归案究办了！这一个日本大东亚共荣圈的协力分子，他破坏中国抗战，侮辱中国元首，诬陷本港侨胞，离间盟国团结，恶迹昭彰，罪浮于普通汉奸千百倍。我们曾经明显指出，岑逆维休之可诛，不仅由其本身附敌，而且尚因其利用文字图书之宣传，以煽动他人附敌，实已形成间谍行为，故我们早就预料，在国法难逃的铁则下，岑逆自必不能逍遥法外，是毫无疑问的。
>
> 现在岑逆罪名已经确立，虽孝子贤孙，百世不能改，本港光复后，该岑逆之一切假面具均已无所用之。本港侨胞对我广东军事当局之严正措施，自必竭诚加以拥护，而对我最高统帅行营所

---

① 中国国民党港澳总支部编《香港华侨日报在沦陷期间附敌经过概况》，外交部档案，二档馆藏，十八（2）/62。
② 《骆来添谈移解岑维休》，《国民日报》1946 年 6 月 8 日，第 4 版。

发表之命令，自必尽量予以协助，我们对此，以为侨胞为表示忠奸不两立，首先就应该采取一致行动，对岑逆及其华侨日报作一总清算，我们愿意提出几点原则，请侨胞立即行动：

（一）必须活捉岑逆维休，岑逆素以奸狡著名，现经政府明令通缉自必作狡兔三窟之计，故侨胞宜随时注意其行动，并报告于我驻港肃奸当局，使该逆早日落网，无使逃脱。

（二）立即杯葛华侨日报。华侨日报系岑逆个人之资产，而其基础，则泰半系协助日敌三年零八个月中，取自侨胞的血汗。故自即日起，全港侨胞为表示与汉奸绝缘，就应该一律停止贩卖，因该华侨日报，而刊登该报广告的商店，也应该即日起停止与汉奸报作金钱上的联系，否则不仅自堕人格，且亦违背政府惩奸的大命。

（三）严密注视岑逆及华侨日报移动资产器材。汉奸资产没收，政府早有明令，如岑逆一经就逮，则该华侨日报亦必在逆产处分之列。故该报之一切器材移动转变，均必为国法所不许，侨胞于此，必须为政府之耳目，使奸逆无法应用诡计。

通缉岑维休，是本港出版界一件大事，我们当尽量协助政府完成此一神圣任务，因为有岑维休在，则百万港侨的耻辱烙印，便无法洗涤，现在好了，岑逆就要受到国法的裁判了，我们应该一致起来协助政府，活捉岑维休，粉碎华侨日报。①

《通缉岑维休》一经刊出，在香港社会引起极大震动。香港政府发言人于1946年6月8日宣布："港督会同议政局发出命令，香港国民日报，着于本年六月八日起停版一个月。此命令系根据一九三八年十月七日宪报所载第七百七十五号政府公布之一九二二年防卫法，此命令之颁布，系因议政局对于本年六月七日星期五，该报社论第二篇之内容，认为足以引起民众对于港方与中国负责当局合法引渡附敌份

①《通缉岑维休》（社论），《国民日报》1946年6月7日，第1版。

子之办法发生误会，且含有鼓励民众，轻视本港法令与秩序之意味"。① 当天下午 1 时，香港政府派出警察到国民日报社执行停刊命令。②

　　香港政府拿一篇社论"开刀"，封闭报社，在标榜言论自由的香港似乎多少有些小题大做。在香港的历史上，报纸受停刊一个月处分，《国民日报》还是第一家。③ 况且停刊适用的法律依据还是 1938 年 10 月 7 日所修正的 1922 年香港《防卫法》。1938 年香港虽未受战火侵袭，但华南已沦入日本之手，局势风雨飘摇，该法制定初衷是在"准战争状态"下维护香港社会的秩序，而香港光复之后，仍使用本来就带有临时意味的法律去制裁《国民日报》似乎在有意体现香港政府的强硬态度。报界普遍认为，香港政府之所以这样做，主要基于其与岑维休及《华侨日报》的良好关系。上海《文汇报》指出"香港当局对于华侨日报的确是相当爱护的"，香港政府"偏袒"岑维休的原因在于两点：其一，"华侨日报在香港沦陷时期，就作万一日军失败的投机准备，岑维休以私人关系对于集中营中的英国俘虏馈赠食物维持友谊，所以日军投降之后集中营出来的英国人对他颇有好感，并极力支持华侨日报出版"；其二，"岑维休和香港政府民政司麦杜高（即辅政司麦道高。——引者注）有极好的友谊，这种友谊甚至要牵涉到不名誉的关系"。④ 国民党港澳总支部认为，香港政府对岑维休的"宠信"可以从以下几个方面体现："（1）凡香港官方消息例交华侨日报转送各报，华侨乃从中垄断港方新闻，形成港府官方华文报之姿态，侨胞为明了港方法规乃不能不阅读该报。（2）凡香港官方广告例先交华侨日报刊登，助长华侨报之广告效用。（3）华侨报因获

---

① 凌华：《香港"国民日报事件真相"》（《文汇报》1946 年 7 月 30 日），《外交部剪报资料》，外交部档案，二档馆藏，十八/2951。
② 中国国民党港澳总支部编《香港华侨日报在沦陷期间附敌经过概况》，外交部档案，二档馆藏，十八（2）/62。
③ 凌华：《香港"国民日报事件真相"》（《文汇报》1946 年 7 月 30 日），《外交部剪报资料》，外交部档案，二档馆藏，十八/2951。
④ 同上。

有上列推销广告之有效补助，故销纸独多，港府复据而特加优待配给平价纸数量亦特夥"。①

仅凭这些理由似乎还不足以解释香港政府为何要勒令《国民日报》停刊。港府与岑维休关系密切的确人所共知，对《华侨日报》进行适当保护也不难理解。并且据岑自称已入籍加拿大，如果广州行营坚持要引渡岑维休，港府完全可以凭借《一九四六年中国附敌份子移解法案》，以岑维休英联邦国家公民的身份予以拒绝，似乎没有必要采取强硬措施封闭国民党在香港的党报，使事态升级。那么，香港政府对《国民日报》动手肯定另有原因。

上文提及，香港于 1946 年 5 月 1 日正式结束军事管制，恢复民政，港督杨慕琦正着手制定香港政制改革方案，试图给予香港华人更多的政治权利以改善英国的殖民统治，但是他在复职之初便遭遇了国民党在香港活动的高潮。② 从署理华民政务司麦加理（Thomas Megarry）提交的备忘录中可以看出，香港政府相当一部分官员认为，国民党正试图在香港建立广泛的影响。他们相信，国民党在香港控制了超过 120 个组织，包括报纸、学校、工会和商会，其目的是在此建立"国中之国"（imperium in imperio）。③ 然而，港府似乎高估了国民党在香港的动员能力，大约也误判了国民党对于香港的政治企图。就目前公布的资料而言，战后国民党在香港的活动虽然较战前活跃许多，但并没有直接证据可以证明国民党试图用之种方式在香港的统治权问题上与港府分庭抗礼。然而，战后发生的一系列摩擦和不快，很难不让香港政府产生这样的怀疑。历经受降之争、华军过境、渔业纠纷和征地风波（详见第五章），尤其是广东当局在香港的肃奸行动愈演愈烈，香港政府的神经已极为敏感。基于这样的

---

① 中国国民党港澳总支部编《香港华侨日报在沦陷期间附敌经过概况》，外交部档案，中国第二历史档案馆藏，十八（2）/62。

② Steve Tsang, *Democracy Shelved: Great Britain, China and Attempts at Constitutional Reform in Hong Kong, 1945 - 1952*, p. 50.

③ Confidential Memorandum of Megarry on Kuomintang Activities, 27th November, 1946, CO 537/1615.

政治氛围，《国民日报》刊出《通缉岑维休！》的社论便成为"压弯
骆驼的最后一根稻草"。香港政府的判断是，对《华侨日报》下手
是国民党试图全面接管香港华文报纸的先兆，[①] 此时若不及时制止，
香港的舆论将为国民党全面控制，其造成的负面影响难以想象。在这
个意义上，广州行营和国民党港澳总支部终于触碰到了香港政府的政
治底线。

三 互给"台阶"的解决办法

《国民日报》接到停刊命令后，国民党港澳总支部于 1946 年 6
月 8 日下午和 9 日上午两度召集会议，与会成员包括支部委员和国民
日报社社长张湖生[②]以及香港各重要社团负责人。经过协商，达成了
6 条应对措施。

（一）将经过情形报告中央及广州党政军当局与省市参议
会，请中央由外交部循外交途径向伦敦英国政府交涉，并请中央
及广州行营急令外交部郭特派员先向香港政府提出严重抗议，并
请行营从速引渡岑逆。

（二）张社长湖生立即飞广州及南京，向当局报告经过详情
并请示应付办法。

（三）先从广州澳门发动有力宣传，然后及于全国各重要
地方扩大宣传，向港府严重抗议以增强交涉力量争回党国威
信。

（四）此间港当局庇护岑逆，一意孤行，为避免意外事件发
生，吾人日前暂应持慎重严密沉着忍耐态度以处理本事件。惟于

---

① Steve Tsang, *Democracy Shelved: Great Britain, China and Attempts at Constitutional Reform in Hong Kong, 1945 – 1952*, p. 50. 对照李汉冲的回忆，香港政府判断广州行营通缉岑维休意在占有《华侨日报》，但是尚无证据表明国民党想全面接管香港的中文报纸，实际上香港的国民党组织也没有这个能力。

② 张湖生时任国民党中央宣传部特派员兼香港国民日报社社长。

事态扩大时应有有力行动表现（如大罢工等），事前秘密准备以免有碍进展。

（五）国民日报当日之社论原则上甚为正确，只措词技术上予人以可乘之机，惟为伸张正义、明辨忠奸、维护国法，吾人仍应寄予深切同情全力交涉。

（六）为防岑逆投靠奸党，须事前向该报股东及重要工作人员个别利用，必要时分化之，并由技工举行罢工。①

9日，香港各报登出《国民日报》的紧急启事："本报八日下午，突接香港政府命令，认为本报七日社论《通缉岑维休》一文，有与香港法律抵触之处，饬令停刊一月，本报对此紧急处分，除已将经过情形电呈中央及广州有关当局静候解决外，兹特于九日起暂行停刊，恐劳读者垂询，诸希亮察为荷。"② 对于《国民日报》被勒令停刊，香港各中文报纸保持缄默。处于事件"风暴眼"的香港异常平静，而广州却掀起了抗议香港政府的浪潮。在广东当局授意下，广州各报纷纷撰文抨击香港政府措置不当，由"广州报联会记者公会"等组织联合通电全国，并向港督提出抗议。广州市参议会发动各社团声援《国民日报》，并派该会驻会参议员8人组织慰问团，由副议长沈众杰率领赴港慰问。此外，广州各界还组成了"《国民日报》后援会"，驻粤国民党中央委员联名表示支持。③

显然，香港政府并没有预料到粤方会有如此强烈的反应，"国民日报事件"发生之后，张发奎从南京回到广州，他表示这件事必须依照正当外交方式去解决。杨慕琦原定6月赴广州进行官方访问，但张发奎对记者表示，在"国民日报事件"没有完满解决以前，不和

---

① 中国国民党港澳总支部编《香港华侨日报在沦陷期间附敌经过概况》，外交部档案，二档馆藏，十八（2）/62。
② 凌华：《香港"国民日报事件真相"》（《文汇报》1946年7月30日），《外交部剪报资料》，外交部档案，二档馆藏，十八/2951。
③ 中国国民党港澳总支部编《香港华侨日报在沦陷期间附敌经过概况》，外交部档案，二档馆藏，十八（2）/62。

香港方面举行任何外交性的酬酢。① 僵局之中,《国民日报》已停刊一周,而中共主办的《华商报》却继续在香港发行,这对广东当局来说无论如何都是一个讽刺。17 日,张湖生和翁平再次赴广州与张发奎商量对策,张表示广东当局将对香港政府采取"有力"交涉,目标是复刊《国民日报》、引渡岑维休和改组《华侨日报》。②

张发奎提出的交涉目标若要全部实现,恐怕连他自己也知道不容易。因此,当他下令李汉冲赴港交涉时曾嘱咐:"对汉奸引渡问题,如我们法律站不住脚,可以适当让步;但岑维休案要坚持,至少要做到启封《国民日报》,才能维持我们的面子。"③ 李汉冲与菲士廷见面后说:"张主任对岑案特别注意,如僵持下去,穗港关系恐将恶化,个人意见,可先将《国民日报》启封,这与岑案法律方面,关系不大;至于岑维休案,因为该报过去亲日为社会舆论所不满,只求该报有适当表示,至于岑本人引渡与否,可以考虑。"④

与此同时,香港政府也有意释放出"善意"。6 月 20 日,立法局华人非官守议员周锡年对港府责令《国民日报》停刊一个月的决定提出质询。辅政司麦道高解释说,香港政府对中国毫无恶意,并表示仍将协同广东当局缉捕附敌分子。麦道高同时暗示,《国民日报》如能提出书面解释,表示 6 月 7 日的社论对香港政府没有恶意,则可以将《国民日报》停版一个月的命令减为半个月。⑤ 国民党港澳总支部注意到了麦道高的暗示,经过与广东当局和中央政府协商,最终决定

① 凌华:《香港"国民日报事件真相"》(《文汇报》1946 年 7 月 30 日),《外交部剪报资料》,外交部档案,二档馆藏,十八/2951。

② 中国国民党港澳总支部编《香港华侨日报在沦陷期间附敌经过概况》,外交部档案,二档馆藏,十八(2)/62。

③ 李汉冲:《张发奎处理有关香港一些事件的经过》,《挥戈跃马满征尘:张发奎将军北伐抗战纪实》,第 241 页。李汉冲在回忆中将他 5 月和 6 月两次赴港交涉误忆为同一次。

④ 李汉冲:《张发奎处理有关香港一些事件的经过》,《挥戈跃马满征尘:张发奎将军北伐抗战纪实》,第 242 页。

⑤ 中国国民党港澳总支部编《香港华侨日报在沦陷期间附敌经过概况》,二档馆藏,外交部档案,十八(2)/62;亦见《华议员周锡年质询国民日报停版事由》,《星岛日报》1946 年 6 月 20 日,第 3 版。

"即日收复国民日报之出版自由再谈其他"。① 21 日，国民日报社向麦道高提交了一份书面声明，表示《国民日报》"并无蓄意轻视香港法律或引起读者作违反香港法律行为之举"。② 也就在当天，香港各华文报纸刊登了一份代表香港新闻界的共同声明，指出："此次港政府处分国民日报无论从法律观点上看，经国际的正义上看，从中英交谊上看，都不能不认为过分严重……此种严厉措施，对中国官方固属大不友谊，中国国民亦自然会引起极大反感。不特对事件本身无补，反而增加解决事件之困难。"并提出希望："当地政府立即撤销加诸国民日报的停版命令，不要因此引起中英邦交的裂痕，而为亲者所痛，仇者所快。"③

当天接获《国民日报》的书面声明后，麦道高打电话约请国民政府外交部两广特派员郭德华面商。下午 6 时，郭德华与国民日报社职员冯干文以及麦道高、华民政务司托德（Alastair Todd）四人在辅政司署举行会谈。麦道高说，自己已接到《国民日报》的声明并转呈港督杨慕琦，港督对声明表示满意并准备解除禁令。随即麦道高将香港政府对《国民日报》声明的复函交给郭德华，郭、冯二人看后并未觉得有何不妥。麦道高表示，希望《国民日报》复刊后能够刊登一则声明，最好提及《国民日报》并无蓄意轻视香港法律或引起读者做违反香港法律的行为，而 6 月 7 日社论被视为可能产生上述效果，《国民日报》对此殊觉遗憾。对此郭、冯亦表示同意。至于复刊的具体操作，冯干文提出港督可在复刊当日发表声明解禁，《国民日报》据此恢复发行。对此，麦道高提出，可由《国民日报》次日再向香港政府递交一份书面函件，表示将按照本日香港政府答复声明的有关内容办理，《国民日报》即可宣布解禁。郭、冯

---

① 中国国民党港澳总支部编《香港华侨日报在沦陷期间附敌经过概况》，外交部档案，二档馆藏，十八（2）/62。
② 同上。
③ 凌华：《香港"国民日报事件真相"》（《文汇报》1946 年 7 月 30 日），《外交部剪报资料》，外交部档案，二档馆藏，十八/2951。

表示同意。① 这样一来，粤港双方互相给对方一个台阶。郭德华对冯干文表示，《国民日报》能从速复刊是最佳方案，因为在禁令期未满之前复刊，无异于"港英政府已经自己承认了错误"。这是《国民日报》"获一胜利开端"，而此后又有发言地位，便于继续交涉。② 郭德华的逻辑多少有点"阿 Q 精神"，尽管如此，粤港之间的危机暂时消除了。

6 月 23 日，《国民日报》停刊整整两个星期后终于复刊，《复刊词》中写道："吾人对中英两国和睦邦交，始终珍惜，无时或怠，即此次发为诛奸之论，亦不外为贯彻中央政令，警惕侨胞，以期共同协助中英政府执行双方议定处理引渡附逆份子之协议，对当地法律，自信绝无轻视，亦非误会。不过见仁见智，自难强同。然本报今日在两国互相了解之下，能提前复刊，亦不幸中之幸也。"③ 由此，"国民日报事件"算是落下了帷幕。

第三节　香港肃奸的收场

一　肃奸工作再次调整的冲击

"国民日报事件"虽然获得解决，但粤港之间引渡汉奸的交涉远未结束。该事件至少是一个信号，表明香港政府在引渡汉奸问题上不会那么轻易配合广东当局，并且，港府已经把引渡汉奸看作是国民党有意在香港扩大影响的政治诉求而并非基于法律目的，肃奸本身正在发生异化。就在"国民日报事件"发生的同时，国民政府的肃奸方针也发生了改变，中央着手重新调整肃奸机构。1946 年 6 月，国民政府以肃奸工作原定 6 个月内完成、现期限早届为由，下令各地肃奸

---

① 中国国民党港澳总支部编《香港华侨日报在沦陷期间附敌经过概况》，外交部档案，二档馆藏，十八（2）/62。

② 同上。

③ 《复刊词》，《国民日报》1946 年 6 月 23 日，第 1 版。

委员会于 6 月底结束工作，相关案件移交地方或军队司法部门处理。广州行营于 18 日下午召开座谈会，商量具体办法。在座谈会上，讨论集中于两方面。一是 6 月底将按照中央规定撤销肃奸委员会，然而，行营已将通缉汉奸名单公布，并且已有汉奸"闻风潜逃"，肃奸委员会撤销后，如何检举、缉捕汉奸。二是广州行营已与香港政府达成引渡汉奸协定，但粤方尚未提出引渡名单，若肃奸委员会撤销后，匿港汉奸引渡手续又将怎样办理。① 经讨论后，对于上述两方面的问题，与会者最终达成了共识。会议决定，对于各地检举汉奸案件，将平民和军人区别对待，平民交由法院办理，军人则提送军法处。对于匿港汉奸引渡问题，仍依照之前行营与港府达成的协定办理。匿港汉奸的罪证调查则由各主管及情报机关搜集汇呈行营，由行营以备忘录的形式提出，并派员向香港政府提请逮捕和引渡。此外，会议还决定，对于汉奸罪证的搜集和调查工作，除法院和军法处外，军统局为"当然之罪证搜集机关……侦查搜集工作仍由军统局办理，逮捕引渡汉奸时再由行营派员办理"。②

6 月 20 日下午，广州行营驻港联络专员办事处召开工作会议，讨论贯彻落实行营 18 日肃奸座谈会精神。骆来添宣读了张发奎对办事处肃奸工作的指示要点："一、本年七月底以前匿港汉奸调查工作暂告一段落，各工作人员务于六月底前尽量调查匿港汉奸，将详细情形作书面报告，以凭转港府逮捕。二、七月起，各机关驻港人员一律回原机关服务（指定留港者例外）。三、津贴每人每日发港币十二元。"③ 与此同时，中国军队过境香港的军事行动即将结束，广州行营驻港联络专员办事处已无存在的必要。行营在致广东高等法院的电报中表示："本行营驻港联络专员办事处因办理过境部队维持军纪业

---

① 《广州行营肃奸座谈会记录》（1946 年 6 月 18 日），广东高等法院档案，粤档馆藏，7/1/322。
② 同上。
③ 《广州行营驻港联络专员办事处工作纪要》（1946 年 6 月 20 日），广东高等法院档案，粤档馆藏，7/1/322。

务已告一段落，肃奸工作无须经常派员驻港，办事处着自六月底止暂行撤销"。① 办事处最终于 7 月 29 日停止办公。②

骆来添返粤后，改由卢安华上校负责粤港军事当局的联络事宜。然而，冒充肃奸人员招摇撞骗的事情在香港仍时有发生，③ 为此，广州行营于 1946 年 8 月 30 日专门发表声明称："对香港肃奸工作，早经与香港政府订有协议，由本行营正式照会香港政府，予以逮捕引渡。但本行营并无派员常期驻港办理肃奸事宜。如有逮捕引渡赴港之汉奸时，自有本行营正式命令，及照会香港政府办理，如无上项手续，而假冒名义，藉端勒索者，即为歹徒，希我居港侨胞勿受其骗，可搜集其勒索罪证，迳向本行营控告，如经查明属实，自当依法引渡并究办。"④

由此一来，自广州行营从 1946 年 2 月整合肃奸工作，历经半年时间，由于中央政府肃奸政策的调整，广东肃奸工作又发生了改变。总体而言，这种变化的实质是：原先由行营主导的肃奸工作的运作实体——广东省肃奸委员会撤销，行营不再主管肃奸工作，无论在名义还是事实上均是如此，而相关工作分散到各机构进行。其中汉奸案件的调查、审理由地方和军队的司法部门负责；汉奸嫌犯的侦查、取证则仍由军统机构处理；而广州行营只是负责与港方交涉匿港汉奸的引渡事宜。即便如此，张发奎还是下令行营驻港联络专员办事处不再承担肃奸工作。张发奎的目的似乎是要让广州行营逐步卸下肃奸的重担，其中原因不难推测。首先，中央已明令肃奸工作进行调整，对于华南最高军事机关广州行营，肃奸已属分外之事，没有必要自我增添工作负担。其次，行营驻港联络专员办事处除负责肃奸工作外，还要处理粤港一切军事联络事宜，已然力不从心。

① 《广州行营致广东高等法院电报》（1946 年 6 月），广东高等法院档案，粤档馆藏，7/1/322。
② 《今后北上国军不经香港》，《华侨日报》1946 年 7 月 30 日，第 4 页。
③ 《吉安街谋杀案疑凶自认肃奸人员》，《国民日报》1946 年 9 月 7 日，第 4 版。
④ 《穗行营发表声明并无派员驻港肃奸》，《国民日报》1946 年 8 月 31 日，第 4 版。

办事处只有 8 名工作人员，相对于香港 1100 多平方公里的面积、数百万的人口，实在是人力有限。诚如办事处肃奸人员所言："汉奸避匿至易，据所悉汉奸辈大部分住处均有二处以上，且有多至三、四处者，迁居无定，且奉令查捕之汉奸，全经公布明令缉捕者，无异预告彼辈从速走避。我等又无丝毫线索，侦捕倍觉困难。来港工作人员部分首次到港，可谓'人生地疏'，又无基层人员协助，收效不易。"[①] 再者，香港肃奸成绩有限，但却引起香港政府的关注和焦虑，"国民日报事件"充分说明，在引渡问题上粤港之间存在着相当大的歧见与矛盾。一旦行营驻港肃奸人员与香港政府发生冲突，不仅有可能恶化中英两国外交关系，亦难免造成民族主义情绪支配下粤省社会风潮，广州行营不愿因此身陷尴尬境地。因此，与其让肃奸人员留驻香港，成为一颗随时可能爆炸的"定时炸弹"，不如将其撤回，以维系局面稳定。

　　然而，迫于形势，广州行营仍无法脱身于肃奸工作。随着肃奸机构调整完毕，广州行营虽已不再通盘负责，但仍要担负匿港汉奸引渡之责。况且，"国民日报事件"虽然结束，但这个结果在广州行营看来着实不甚令人满意，国民党在香港的威望多多少少受到了影响。此外，行营业已公布汉奸通缉名单，而粤港之间的引渡协定亦已生效，广州行营仍有义务向香港政府交涉引渡匿港汉奸，亦可乘此挽回因"国民日报事件"造成的不良影响。与此同时，由于"国民日报事件"引发后续效应，内地民意沸沸扬扬，在谴责香港政府"蛮横行径"同时亦纷纷指责广州行营引渡交涉不利，舆论带来了巨大压力。林友兰在《申报》撰文指出：

　　　　据广州行营发表第一第二两批通缉汉奸名单后，据报载，匿港大小汉奸计有三百余人之众！单是文化汉奸一项，除一

---

① 《广州行营驻港联络专员办事处工作纪要》（1946 年 6 月 20 日），广东高等法院档案，粤档馆藏，7/1/322。

手操纵华侨日报的岑逆维休外，还有其他十二名。在此半年内，港府所提审的战犯和附敌分子，已有五十四人，而所引渡的汉奸只有敌伪时代广州鸦片大王孔维新，敌伪著名特工陈才和伪保安司令部军法处长陈干三个。而明令通缉的汉奸，至今仍然全数在港行动自由，逍遥法外。这个咎失应由何方负责？我当局究何以维纪纲，振人心？记者愿提出来，促请国人的注意！①

而香港政府在"国民日报事件"之后也试图与广东当局缓和关系。在与郭德华的接触中，港府官员表示将出台相关措施，防止汉奸逃港隐匿。措施主要包括"泊港各大轮船离港时，严禁各轮船有'屈蛇'偷渡之举。搭客名单亦事先加以审查，并请派员下轮检查，务使汉奸无法潜逃"，此外，香港政府还表示将"复着手拘捕留港战犯汉奸，而引渡手续亦设法力求简化"。② 可是，港府的承诺口惠而实不至，引渡工作一直波折不断。从 1946 年 7 月广州行营提出第一份引渡名单，至 1946 年底张发奎呈请引渡事宜转由外交部负责，广州行营共要求引渡岑维休、李岑、郭荫荪、吴培记、李庆荣、关可文、王玉山、冯肇丰、吴湖、李明兴、欧廷、冯英材、江桐、霍开、王启贤、翁世晃、何泽、黄秋、黄平、毕登、古永铭、马华友、何世才等 23 名汉奸罪嫌犯。③ 然而，最终顺利引渡回国受审的只有吴湖、李明兴和江桐 3 人。④ 其他嫌犯被香港政府以各种理由拒绝遣返。加上 1946 年 4 月引渡的孔维新、陈才和陈干 3 人，在战后一年多时间，香港政府仅向广州行营引渡 6 人。

---

① 林友兰：《香港肃奸又一面》，《申报》1946 年 7 月 23 日，第 8 版。
② 《港府对我保证尽量协助肃奸》，《国民日报》1946 年 7 月 15 日，第 4 版。
③ 《经向港方提出未蒙逮捕引渡汉奸一览表》，广东高等法院档案，粤档馆藏，7/1/322。
④ 吴淑凤：《抗战胜利后匿港汉奸的引渡》，《港澳与近代中国学术研讨会论文集》，第 601 页。

二　外交部的"最后一搏"

1946 年 9 月，军事委员会委员长广州行营改组为国民政府主席广州行辕，张发奎任行辕主任。对于匿港汉奸的引渡工作，广州行辕愈感力不从心。行辕本来就是军事机关，自肃奸委员会撤销之后，虽仅担负引渡之责，且粤港之间订立了引渡协定，但实际成果乏善可陈，与香港政府打交道，已非行辕可凭一己之力能竟全功。是年 11 月，广州行辕电呈国防部，商请解决对策。国防部与外交部进行了协商，最终决定由外交部出面解决引渡问题。① 从外交渠道解决引渡问题似乎是一个不错的选择，但是，除了 1946 年 5 月粤港之间的引渡协定外，中英之间在国家层面并未签订过引渡条约。外交部与英方进行交涉，显然不能适用粤港之间"不经中央核准而成立的地方协定"。12 月，经过外交部和英国驻华使馆之间的协商，双方达成引渡办法。这个引渡办法属于"特事特办"，对匿港汉奸实行"无条约引渡"，具体操作是由粤港当局彼此开列需要引渡的嫌犯名单，经适当手续即可进行引渡。双方规定，该引渡办法限定于粤港之间，且仅限实施一次，此后不能援例进行。

1947 年 1 月 8 日，广州行辕向外交部提交了需要引渡的嫌犯名单，其中"逃避香港汉奸经本行辕向港提出未经逮捕者"23 名，"经查办有案尚未提出交涉者"96 名。② 经讨论后，外交部决定向英方提出引渡汉奸罪嫌犯 20 名，删去了行辕所开具名单中具有双重国籍的嫌犯。1 月 30 日，外交部照会英国驻华使馆，声明："查有华人若干名，在太平洋战争期中与敌合作，充任特务机关情报员及其他伪职等，背叛国家。各项犯罪事实及证据均已调查属实，其匿居香港之廿名，前经广州地方当局与港政府成立协议，并将名单以备忘录送请逮

---

① 《国防部致国民政府主席广州行辕电报》（1947 年 3 月 4 日），广东高等法院档案，粤档馆藏，7/1/161。

② 《国民政府主席广州行辕致外交部电报》（1947 年 1 月 8 日），广东高等法院档案，粤档馆藏，7/1/161。

捕有案……依照民国卅四年十二月六日公布之惩治汉奸治罪条例，应即通缉归案，发交首都高等法院依法审办。"外交部要求英国驻华使馆转达香港政府"惠予司法之协助，即将各该人犯逮捕后交与中国政府指定之人员押送回国"。① 2 月 1 日，外交部通知广州行辕，表示已将引渡名单提交给英方，希望行辕予以配合，将英方要求引渡的现羁押于广州的日本战犯移解香港政府。② 11 日，外交部向广州行辕表示"非法人员逃避港澳，既因行踪飘忽无从缉捕"，因此，要求行辕提供嫌犯相片，并注明籍贯、年龄，以便转请香港政府"作司法上之协助"。③

然而，引渡工作并不顺利，英方一再以种种理由拖延时间。对于中方要求查封汉奸嫌犯在港"逆产"的要求，香港政府尤其敏感，虽未直接回绝，但表示只有当同意引渡该嫌犯之后才能对资产进行查封。直到 4 月 18 日，英国驻华使馆才照会中国外交部，答复中方的引渡要求。英方照会将引渡中出现的问题完全归咎于中方，照会称，香港总督表示，外交部提交给英方的引渡名单中的嫌犯，在此之前广州行辕曾向香港政府提请引渡，但是，广州行辕派驻香港的联络员卢安华上校自 1947 年 2 月赴广州之后再未返回香港，而粤方迄今为止没有派人接替卢安华，香港警察当局由于得不到粤方有关嫌犯身份验证等方面必要的协助，无法继续进行逮捕、引渡嫌犯的工作。④

外交部将英方的照会转给广州行辕，请其派员返回香港进行接洽"免使英方藉口，致稽延时日"。⑤ 广州行辕对此大不以为然，在回复

① 《外交部致英国大使馆节略》（1947 年 1 月 30 日），广东高等法院档案，粤档馆藏，7/1/161。

② 《外交部致国民政府主席广州行辕电报》（1947 年 2 月 1 日），广东高等法院档案，粤档馆藏，7/1/161。

③ 《外交部致国民政府主席广州行辕电报》（1947 年 2 月 11 日），广东高等法院档案，粤档馆藏，7/1/161。

④ His British Majesty's Embassy to the Ministry of Foreign Affairs, 18ᵗʰ April, 1947, 广东高等法院档案，粤档馆藏，7/1/161（原件为英文）。

⑤ 《外交部致国民政府主席广州行辕电报》（1947 年 5 月 5 日），广东高等法院档案，粤档馆藏，7/1/161。

外交部的电报中声称："关于派员返港洽办引渡汉奸事宜等，曾因本辕前向港方新提出引渡汉奸之备忘录均附有详细罪行、证件及年籍、住址等项，如港方诚意协助，随时可加以逮捕，通知我方引渡，无须再派员赴港协办之处······港方以我未派代表驻港协助为词，实为其一贯之诿宕政策，似应请由贵部转饬两广外交特派员就近在港积极交涉，俟确已将新提人犯逮捕及再由本辕派员前往引渡为宜。"① 广州行辕认为，引渡工作一再延误，其原因完全是港方没有诚意，在给外交部的电报中，广州行辕已显示出对引渡工作的冷淡。行辕的态度不难理解，汉奸案件已移交给广东高等法院，引渡事项则由外交部通过外交渠道办理，对行辕本身而言，肃奸工作已经结束。至于外交部的此轮交涉，最终由于香港政府的不配合宣告无果而终。

而"国民日报事件"的后续——岑维休引渡案的结局，可以视作为香港肃奸风波画上句号。该事件虽然以《国民日报》复刊而告平息，但广州行营"引渡岑维休、改造华侨报"的目标仍未实现，于是行营在 1946 年 7 月正式向香港政府提出引渡岑维休。与此同时，广州行营也在私下与岑维休沟通，据李汉冲回忆，岑对广州行营表示，愿意交出《华侨日报》的全部编辑权，由行营派人充任总编辑。② 据此，广州行营拟介绍广州中正日报社社长王候翔来"接管"《华侨日报》。③ 而这一消息早在 6 月中旬就在粤港新闻界盛传开来。④《中正日报》是国民党军队政工系统主办的报纸，前身为第四战区政

---

① 《国民政府主席广州行辕致外交部电报》（1947 年 5 月 19 日），广东高等法院档案，粤档馆藏，7/1/161。

② 李汉冲：《张发奎处理有关香港一些事件的经过》，《挥戈跃马满征尘：张发奎将军北伐抗战纪实》，第 242 页。

③ 据李汉冲回忆，他拟介绍广州《大光报》的总编辑宋郁文担任《华侨日报》总编。参见李汉冲《张发奎处理有关香港一些事件的经过》，《挥戈跃马满征尘：张发奎将军北伐抗战纪实》，第 242 页。从事情结果来看，最终是中正日报社社长王候翔担任《华侨日报》督印。此事有两种可能性，一是李汉冲将王候翔误忆为宋郁文，二是李汉冲的确曾计划让宋郁文接手《华侨日报》，但此事没有实现。从其他材料佐证判断，笔者认为第一种可能性较大。

④ 执友：《大中报与华侨报》，《正报》1946 年 6 月 23 日，第 1 版。

治部在柳州主办的《阵中日报》，社长王候翔黄埔军校四期毕业，时任第四战区政治部主任秘书，抗战胜利后报社迁址广州。[①] 7 月 3 日，《华侨日报》刊登启事声明："本报由七月二日起聘请王候翔先生为督印人，负责报务，除报请政府备案外，特此登报周知。"[②] 香港报界纷纷猜测《华侨日报》已落入广州行营之手。第二天，国民党中宣部主办的广州《中山日报》亦刊出消息，声称广州行营已委派王候翔"接收"《华侨日报》。5 日，广州行营负责人在接受记者采访时表示，行营并未委派王候翔接管《华侨日报》。[③] 香港报界认为广州行营此举欲盖弥彰，《华侨日报》已落入行营之手。然而，没有多长时间，岑维休又复任《华侨日报》督印，此后，广州行营及后来的行辕仍然向香港政府坚持引渡岑维休，但港府以各种理由推诿，双方僵持不下。

岑维休案再起波折，颇令坊间不解，笔者多方查找资料，亦未能明了全部内幕细节，大概只有李汉冲的回忆能解开其中的迷雾，但李的回忆毕竟是孤证，此处存疑。李在回忆录中透露，岑案之所以未解决，主要是行营开价太高。张发奎不仅坚持岑维休交出编辑权，更要求其交出《华侨日报》全部资产，岑维休只能保留一个有名无实的"督印"头衔，但"几经讨价还价，交易终未成功"。因而，行营仍向港方要求引渡岑维休。粤港双方的争论主要集中于岑在战争期间是否曾任伪职，粤方的理由是战争期间岑维休曾以香港报人代表资格出席伪广东省政府召开的会议，而港方则认为岑的"代表"身份并非职务，不符合汉奸身份认定的标准。[④] 1947 年 1 月 15 日，英国驻华大使施谛文（Ralph Stevenson）访粤时曾面告张发奎，如果粤方能提出更具体意见，港方当能重新考虑引渡岑氏。于是，广东高等法院检

① 陆羽：《抗战胜利后到解放前的广州报业》，广州市政协文史资料委员会等编《广州文史资料》第 18 辑，广东人民出版社，1980，第 57 页。

② 《本报启事》，《华侨日报》1946 年 7 月 3 日，第 1 版。

③ 《广州行营并无委派王候翔接收华侨报》，《国民日报》1946 年 7 月 5 日，第 4 版。

④ 李汉冲：《张发奎处理有关香港一些事件的经过》，《挥戈跃马满征尘：张发奎将军北伐抗战纪实》，第 241～242 页。

察处于当年 2 月 28 日传唤检举人做成笔录，送交广州行辕即行向港方交涉。广州行辕认为，在先前致香港政府的备忘录中已附上了岑维休各种"罪行"及"罪证"，敦请港督下令逮捕引渡，但"港方复文均藉词推诿，显属蓄意庇护，实无协助引渡诚意"。① 4 月，香港政府通知外交部两广特派员郭德华，表示岑维休案港府认为证据不足，除非有新证据发现，暂时不予置理。② 此后数年，《华侨日报》一直倍受香港国民党组织的排挤，而另一方面，岑维休与中共的关系转趋密切。该报经济版常与《华商报》共同发文"揭露蒋区经济崩溃，四大家族之侵害民间企业，推动并配合反扶日、反输管运动，戳穿 CC 在港工商界活动之阴谋"。③

"岑案"最终不了了之，岑维休此后一直安居香港，1985 年病逝。而《华侨日报》也得以幸存下来，直至 1991 年被《南华早报》收购，1995 年因亏损而停刊。战后香港报界关于沦陷时期报人"附敌"与"忠贞"的辩论持续多年，如李谷城所言，这种争论"使战后新闻界无法全面整合。至今，仍有一些文化人或报刊，带着媚日、汉奸等污点，受到公义的指责"。④ 这，也许也算是香港"肃奸风波"的一种后遗症吧。

---

① 《移交英籍战犯请港缅当局引渡汉奸》（1947 年 5 月 17 日），外交部档案，台北，"国史馆"藏，转引自吴淑凤《抗战胜利后匿港汉奸的引渡》，《港澳与近代中国学术研讨会论文集》，第 600～601 页。
② 《外交部致国民政府主席广州行辕电报》（1947 年 4 月 2 日），广东高等法院档案，粤档馆藏，7/1/161。
③ 《香港分局致中央并中城部电》（1948 年 8 月 18 日），《中共中央香港分局文件汇集（1947.5～1949.3）》，第 183 页。
④ 李谷城：《香港报业百年沧桑》，第 184 页。

第四章　民族情绪与利权诉求：
"王、张惨案"交涉析论

　　1946 年下半年，香港和粤港边境接连发生两起由军警与民众冲突导致粤港平民死亡的事件——"王水祥事件"和"张添祥事件"，并称"王、张惨案"。王水祥之死引发了香港社会大规模民众骚乱；张添祥之死掀起了粤省各界的反英浪潮。在"王、张惨案"中，粤港民众通过抗议行动宣泄压抑已久的民族情绪，表达对殖民统治和种族歧视的愤怒。国民政府介入事件善后，使"王、张惨案"演化为中英之间的外交风波。然而，"王、张惨案"的善后处置未能达到民众期盼的结果，两案肇事者均未受到惩处，受害者家属也只得到了有限的抚恤金。在善后处置方面，中方内部的立场并非完全一致，外交系统主张息事宁人，尽快结案；粤省民意机构和国民党组织坚持严惩凶手，厚恤遗属。这亦反映了国民政府处置涉港事务的局限。

第一节　种族歧视问题与布拉加备忘录

一　香港的种族歧视问题

　　香港自开埠以来，对华人的种族歧视几乎伴随着整个港英时期。直至 1991 年《香港人权法案条例》颁布，才有明确法律条文禁止种族歧视。① 在香港，长期以来，欧洲人的宾馆和俱乐部限制华人进入，博物馆限时对华人开放，直到 1926 年，华人才被允许进入香港政府行政局（Executive Council）。② 香港华人民众对于种族歧视的反感与憎恶由来已久，但港府开始意识到这个问题并认真考虑对策却是在太平洋战争结束之后。

1941 年 12 月，日军在短短 18 天内攻占香港，英军的溃败给当地华人留下了深刻印象。在之后的 3 年又 8 个月中，香港的新统治者在肤色问题上大做文章，宣传机器竭力谴责甚至不免夸大欧洲人对亚洲人的歧视，以此粉饰日本对香港的奴役。日本的反英宣传固然是为了美化其侵略行径，但香港民众长期以来遭受异族歧视的痛苦和怨恨在一定程度上也得以宣泄。③ 美国驻香港领事罗伯特·沃德（Robert Ward）记录了日本占领初期的香港社会，其中最富"戏剧性"的一幕是日军迫使英国人拖着人力车，而车上坐着的是中国人和印度人。④

太平洋战争结束后，英国兵不血刃重回香港。曾锐生指出，最初香港民众对于英国重占香港的态度是"宽慰而漠不关心"的。因为比起战时日本人残忍严酷的统治，战前的英国人显得仁慈而高效。⑤ 然而，很快香港民众就表现出对英国统治者的不满，而形成不满的原因是多方面的。曾锐生认为，首先，香港民众在自我认同上仍把自己

---

① Peter Wesley-Smith，"Anti-Chinese Legislation in Hong Kong"，Ming K. Chan edit，*Precarious Balance*：*Hong Kong between China and Britain*，*1842 - 1992*（Hong Kong：Hong Kong University Press，1994），p. 93.

② Peter Wesley-Smith，"Anti-Chinese Legislation in Hong Kong"，Ming K. Chan，*Precarious Balance*：*Hong Kong between China and Britain*，*1842 - 1992*，p. 91.

③ 有关日本占领香港时期的反英宣传和香港民众的态度可参见梁炳华《城寨与中英外交》第 118 ~ 120 页。

④ Robert Ward，*Hong Kong Under Japanese Occupation*，pp. 18 - 33. HKN3/29/1942. 转引自杜赞奇《1941 ~ 1966 年香港与东亚新帝国主义》，《中国海洋大学学报》（社会科学版）2008 年第 4 期，第 24 页。

⑤ Steve Tsang，*Democracy Shelved*：*Great Britain*，*China and Attempts at Constitutional Reform in Hong Kong*，*1945 - 1952*（New York：Oxford University Press，1988），p. 26.

当作中国人，抗战胜利后，中国名义上成为"四强"之一，香港民众在民族自豪感的驱使下公开挂出国旗，亦有报纸评论提醒民众的行为应当符合"大国公民"的角色，战前备受英国殖民者歧视的记忆也被民族自尊心唤醒。其次，日本退出香港后，民众的注意力转向他们战前所受的统治，英国殖民者的特权、势利、歧视、种族偏见、腐败和剥削等问题成堆，民众祈盼"新香港"的出现，希望能由经过挑选的、廉洁并了解中国的官员来管理香港，从而使华人能够获得平等待遇，享受更多权利。然而，与民众的期盼相反，战前的殖民官员回到了香港，他们中的一些人并没有转变自己的"租界思维"，仍着力于旧秩序的恢复。①

1945 年 9 月 2 日，盟国代表接受日本投降签字仪式举行当天，"全港华侨商店、住户一律高悬青天白日满地红国旗……一时爆竹声声，响彻遐迩，烟硝气味，弥漫市区。"② 9 月 4 日，香港华侨日报社发起慰劳全国荣军、抗属和为蒋介石铸像献金运动，至当月 15 日，仅 12 天内就收到港九各界侨胞捐赠的黄金 44 两余、国币 1369 万元。③ 当年的"双十节"再次成为港人抒发爱国之情的契机。新闻记者谢永光目睹了整个游行的情景："游行队伍挥动小国旗列队前进，宛如长蛇阵……由中、英、苏、美四面国旗先导。国民党港澳总支部及三民主义青年团成员组成的单车纠察队，穿梭往来，风头出尽……游行队伍中不仅有舞龙队、舞狮队，还有潮州同乡会、福建同乡会的高跷队以及各社团的花车，花团锦簇，大多带有民族色彩……站在马路两旁围观的群众，亦挥舞着小国旗，人山人海，一片热闹欢腾。"④

此外，战后中国军队过境香港也提升了香港民众的民族认同、激

① Steve Tsang, *Democracy Shelved: Great Britain, China and Attempts at Constitutional Reform in Hong Kong, 1945 - 1952*, pp. 26 - 27.

② 《联合国胜利日全侨悬旗燃炮》，《华侨日报》1945 年 9 月 3 日，第 4 页。

③ 《本报代收铸像慰劳献金清单》，《华侨日报》1945 年 9 月 17 日，第 3 页。

④ 谢永光：《香港战后风云录》，第 62 页。

发了他们的爱国之情。军队过境期间,在香港国民党党团组织的策动下,部分香港民众和社团组织慰问团,掀起劳军运动,具有一定的社会影响。① 甚至还有部分香港居民投身军旅,一份香港籍士兵的退伍名册显示,1945 年 10 月至 1946 年 3 月,就有 4 名九龙深水埗居民参军入伍。② 过境香港的国民党军队时常与当地警察发生纠纷,而民众往往站在"祖国将士"一方。"屈士文事件"(详见本书第二章)本是中国军人与香港警察之间的纠纷,但该事件却掀起香港战后一次影响较大的社会风潮。官方在处理事件时表现出了相当的克制,但香港的民众情绪却极为高涨。部分民众围攻屈士文商店除了出于爱国义愤,更多地是为了发泄长期以来对港府警政人员的不满。正如报纸社论所言:"查本港葡籍警察恃势凌人,滥用权威,早已为市民侧目,频加指摘,讵愈弄愈凶,竟至殴辱我国军官,其罔顾法纪,蔑视我国国体,数此为甚,是可忍而孰不可忍。"③ 社论还指出香港警察风纪不佳,长期作威作福,并认为"这一类警察对于全副军服的我国军人尚且如此,则其对于一般无权无勇的市民,其如何滥用权力可以想象得知……总而言之,此次不幸事件的发生,当然大违本港当局的本意,亦当然非当局意料所及,然由此事件而联想到一部分葡警狐假虎威的行为,市民们对之无疑发生恶劣的印象和不平的反感"。④

二 束之高阁的布拉加备忘录

香港民众对当局的不满和民族情绪的滋长与日俱增,有识之士对暗流汹涌的民意已有体察,夏悫和时任首席民政官的麦道高都曾建议殖民地部尽快结束香港的军事管制,恢复民政。⑤ 1946 年 2 月,一位生在香港、长在香港的葡英混血侨民布拉加(John V. Braga)向伦敦

---

① 《各界发起劳军运动》,《华侨日报》1945 年 10 月 6 日,第 4 页。

② Certificates of Chinese Army Discharge, no date, HKRS No. 41, D – S No. 1 – 2479.

③ 《从葡警殴人说起》(社论),《华侨日报》1946 年 1 月 19 日,第 1 页。

④ 同上。

⑤ Steve Tsang, *Democracy Shelved: Great Britain, China and Attempts at Constitutional Reform in Hong Kong, 1945 – 1952*, p. 27.

提交了一份名为《中国人的反英情绪》的备忘录（"Anti-British Feeling in China" Memorandum），引起了各方关注。布拉加于 1946 年 2 月 15 日写信给自己的朋友——英国国会下院议员巴特雷（John R. Battley），请他将备忘录转给外交大臣贝文。① 布拉加声称自己撰写这份备忘录的目的是"唤醒那些想要了解真相、破除误解和对抗的英国人的兴趣。并且使英国人和中国朋友认识到，共同的利益来自于中英之间的紧密合作"。② 在阐述了撰写备忘录的目的之后，布拉加做了自我介绍，他说自己的父亲是葡萄牙血统，而母亲和妻子都是英国人，除了去欧美访问，他几乎一直生活在香港和中国南方，工作和社交使他接触了形形色色的中国人。中国朋友认为他是一个有着"英国情结"（Pro-British Sentiment）的欧洲人，而不是一个"纯粹的英国人"，所以可以对他敞开心扉，谈论自己对英国的看法。③ 布拉加认为："1941 年香港陷落之前，尽管有英国人意识到东方人对他们的敌视，但这只是环境使然。现在对抗情绪已根深蒂固，却无人知道原因何在。即使一个有文化、受过教育的中国人有机会去表达他的感觉，他会是自尊、保守和敏感的，但他不会真的表露出对那些他所不喜欢的人的感情。所以英国人常常忽视自己的冒犯，并且没有去弥补裂痕"。④

《中国人的反英情绪》备忘录大致分为两个部分，第一部分着重描述英国人对香港华人的歧视，并简要分析了原因；第二部分则是提出一些解决办法。在第一部分中，布拉加说自己接触了不同身份和地位的华人，他们普遍对英国人怀有敌意，而这种情绪产生的主要原因是英国人对华人的粗暴。⑤ 布拉加列举了四起事件表明华人在香港受到普遍的不公待遇，这些事件均是其亲历所见，包括银行英籍职员怠

---

① Mr. John V. Braga to Mr. John R. Battley, 15ᵗʰ, February 1946, CO129/595/1, p. 15.

② "Anti-British Feeling in China" Memorandum by John V. Braga, CO 129/595/1, p. 16.

③ 同上。

④ "Anti-British Feeling in China" Memorandum by John V. Braga, CO 129/595/1, p. 17.

⑤ "Anti-British Feeling in China" Memorandum by John V. Braga, CO 129/595/1, p. 19.

慢华妇、轮船公司对华人旅客的无礼、英籍上司对华人下属的轻蔑等。他认为，华人在日常生活中遭受不公待遇，容易将其抬升到政治高度，从而激发起民族情绪。布拉加描述一位华妇"罗夫人"去一家英国银行办事时，柜面职员恰好不在，而当其他欧洲人来同一柜面办事时，办公室里面的职员则会跑到柜面为他们服务，却一直让"罗夫人"站着等待，拒绝为其服务。与布拉加一同目睹这件事情的"王校长"在和"罗夫人"聊天时，布拉加清楚地听到，"罗夫人"说银行的行为是"帝国主义"，"王校长"对布拉加大发感慨，他说："你想想罗夫人站在那里会怎么想？无论在中国人还是欧洲人里，她都是一个有教养的人，她的话在家庭中就是权威，而且她在华人圈子里很有影响。作为一位顾客，她对银行的价值比那四个欧洲人加在一起还多。然而，罗夫人站在那里就像个女仆一样。在香港，我们中国人到处受到这样的对待，你难到没看出来为什么我们中国人恨英国人吗？……报应总有一天会来的。"①

在分析英国人歧视香港华人的原因时，布拉加指出："毫无疑问，大多数在香港和租界的英国人在战前的态度是像征服者对待被征服的种族。第一批英国人是在香港被割让的时候来的，他们遭遇到了中国人的敌意，所以他们的态度是可以理解的。但是，一个世纪过去了，随着殖民地的发展和与中国人交流的增加，这种态度应当逐渐消弭了。"② 此外，布拉加引用前驻英公使刘玉麟的一段话批评香港的用人政策，刘玉麟说："我喜欢英国和英国人……但不包括殖民地的英国人……香港的英国青年人常常轻易地被安排到'大班'的位子上，而从不顾及他们的能力和资格，仅仅因为他是英国人而已。毫不奇怪，这些年轻人一旦获得权力就会变成'暴君'。他们的行为显示出其种族优越感，其实他们根本不配统治其他人。"③ 布拉加还指出，

---

① "Anti-British Feeling in China" Memorandum by John V. Braga，CO 129/595/1，pp. 20−21.

② "Anti-British Feeling in China" Memorandum by John V. Braga，CO 129/595/1，p. 28.

③ "Anti-British Feeling in China" Memorandum by John V. Braga，CO 129/595/1，p. 29.

据他个人观察，对华人的粗暴，越是有文化有教养的英国人，越是较少感到愧疚。因为，香港大多数英国人对华人的印象来自他们的仆人以及社会上的文盲和骗子。大多数英国人在社会交往中较少有机会接触有文化、受过教育的华人。① 布拉加说，依他的见解，"在很多情况下，英国人常常有意或无意地对华人表现出种族优越感"。② 一位中国官员对布拉加说："我们不希罕英国人'杯水车薪'的友情，我们也并不渴望欧洲那样的社会，因为我们能使自己感到快乐。我们只希望在日常生活中能与英国人平和相处，彼此尊重。"③

在备忘录的第二部分，针对如何改善香港社会英国人与华人的关系，布拉加提出四点建议，包括如下内容。一是由相关部门出版一本手册，提示英国人注意中国文化、传统与生活习惯。手册要点在于解释中英友谊的价值，回顾中英关系的历史，解释中国各阶层、各职业的特点和中国人具有的敏感特性，并且还要对中国文化进行简单介绍。二是由外交部对驻香港的英国政府和企业机构的负责人发出训令，要求他们善待华人雇员。具体包括要求他们委派合适的人选与华人打交道，强调尊重华人的重要性，严格处理英国人对华人"不可饶恕的行为"。三是在香港设立专门的宣传部门，该部门应当与香港政府及英国驻华大使馆紧密合作。四是欧洲人独享的"香港会所"（Hong Kong Club）应对华人开放。④

英国外交部接到备忘录后，由负责中国事务的官员基臣（George Kitson）⑤ 处理，基臣将备忘录转给殖民地部香港事务主管梅勒，表示外交部"怀着兴趣读了备忘录，并且对其中出版手册的建议已着手跟进"。基臣认为备忘录主要涉及香港事务，因此转给梅勒，请他

① "Anti-British Feeling in China" Memorandum by John V. Braga, CO 129/595/1, p. 30.
② "Anti-British Feeling in China" Memorandum by John V. Braga, CO 129/595/1, p. 31.
③ 同上。
④ "Anti-British Feeling in China" Memorandum by John V. Braga, CO 129/595/1, pp. 32 - 34.
⑤ George Kitson 又译"祈臣"或"基特森""金特森"。

仔细考虑。① 殖民地部收到备忘录后，处理香港事务的官员鲁斯顿认为，英国人粗暴对待香港华人是维持双方良好关系的障碍，对此，外交部已有充分的认识。她认为直接的劝告或许会遭到那些非官方社团的冷遇，转变公众印象最有效的办法当然是当地政府官员以身作则。鲁斯顿认为没有必要向香港政府正式提出此事，可以将备忘录摘要以非官方信函的方式寄给即将复任的香港总督杨慕琦。②

杨慕琦于 4 月 26 日收到备忘录，他和已转任辅政司的麦道高以及华民政务司托德进行了讨论。在致殖民地部负责香港事务的助理次官劳埃德（T. L. K. Lloyd）的电报中，杨慕琦表示他们对布拉加大部分的说法都不同意，但是从改善中国人和英国人的关系起见，将会采取一些措施。对于布拉加提出的四条建议，杨慕琦逐一表达了自己的看法。首先，他对出版手册的办法表示赞赏，希望看到此事的进展。其次，关于是否要对驻港英国各机构发出训令的问题，杨慕琦认为应当视手册发行后的结果而定，他相信出版手册进行指导比直接命令要好得多。再次，对于在香港设立宣传机构的问题，杨慕琦表示将任命波洛克（A. Pollock）为公共关系主任（Public Relations Officer），布拉加在备忘录中列举的问题应当在波洛克履职后再进行具体考虑。最后，杨慕琦否决了对华人开放香港会所的建议，他不认为目前这个会所有什么不妥。③ 此外，杨慕琦还告诉劳埃德自己最近做出的一个决定，即废止 1918 年颁定的"山顶区居住法案"，该法案规定港岛山顶区是欧洲人的居住专区。④

殖民地部将杨慕琦对布拉加备忘录的评论转给外交部，说港督对出版手册的建议很感兴趣，并询问外交部关于此事进行到哪一步了。

---

① Mr. G. V. Kitson to Mr. N. L. Mayle, 5ᵗʰ April, 1946, F 2873/25/10, CO 129/595/1, p. 14.

② Report by Miss A. Ruston, 17ᵗʰ April, 1946, CO 129/595/1, p. 2.

③ Sir Mark Young to Mr. T. L. K. Lloyd, 9ᵗʰ July, 1946, CO 129/595/1, pp. 7 – 8.

④ Sir Mark Young to Mr. T. L. K. Lloyd, 9ᵗʰ July, 1946, CO 129/595/1, p. 8.

此外，殖民地部提醒外交部注意，港督任命的公共关系主任履职后，布拉加在备忘录中的相关问题应当着手考虑。[1] 外交部回复说，他们对设立公共关系主任的决定很有兴趣，相信设立公共关系主任有益于香港社会的稳定。至于出版手册的事情，外交部说由于中国目前的局势比较混乱，最好推迟出版工作。[2]

至此，布拉加的备忘录半年时间内在英国政府的官僚系统中周折往复地被传阅，此后渐渐沉寂。英国殖民地部和香港政府对于备忘录的态度总体是冷漠的，几乎所有的英国属土都存在着统治者对当地人民的歧视，这是英帝国的历史、文化、体制等多重因素的复合作用造成的，并不是几条简单的建议、几项普通措施就可以根除的。若要彻底解决殖民地种族歧视问题的办法唯有放弃殖民统治，就像对待印度那样。而彼时英国并不愿意放弃香港，所以无论如何，香港的种族歧视问题不可能在短时间内根除，这一点伦敦和香港的官员们都心知肚明。另一个重要的原因，是港督杨慕琦醉心于一项从政治体制上改变香港社会的计划——香港政制改革方案。这项名为"杨慕琦计划"（Young Plan）的方案于 1946 年 8 月公布，其核心是成立市议会、有限地开放选举。然而由于英国政府各部门的意见难以统一以及中国局势的变化，这项改革最终被束之高阁。[3] 普通香港民众对于遥遥无期的政制改革固然乐见其成，然而"体制内的民主"毕竟参与门槛较高，即便能够实现也仅仅是少数精英华人的政治游戏。种族压迫带来的当下的苦痛需要释放的契机，民意越来越强烈地表现为对香港政府的愤懑，形成了压力氛围。布拉加的警告没有能够起到作用，战后香港以至中国内地第一次大规模的反英浪潮从"王、张惨案"拉开了序幕。

---

[1]　Miss A. Ruston to Mr. G. V. Kitson, 31st July, 1946, CO 129/595/1, p. 2.

[2]　Mr. G. V. Kitson to Miss A. Ruston, 15th August, 1946, CO 129/595/1, p. 5.

[3]　有关战后香港政府政制改革设想的具体情况可参见 Steve Tsang, *Democracy Shelved：Great Britain, China and Attempts at Constitutional Reform in Hong Kong, 1945 - 1952*。此处不赘述。

第二节 “王、张惨案”的历史现场

一 王水祥事件经过

“王水祥事件”是由小贩与警察的冲突引发的。香港的小贩问题由来已久，在战后数年之中显得尤为突出。战时日本占领者推行“归乡政策”，香港人口锐减，至战争结束时只有 60 余万人，战后大量移民涌入，至 1949 年时已接近 180 万人，移民给香港带来充沛劳动力的同时也造成港府在社会管理上困难重重。例如，谋生压力下大量新移民上街摆摊维生，其中大多没有营业执照，或未按规定经营，而警察部门则采取强力手段进行取缔和驱赶，双方冲突时有发生。“王水祥事件”发生前两个月，过境香港的中国官兵与香港警察就因为后者殴打小贩险酿冲突。据报道，1946 年 8 月 7 日下午，以擦鞋为生的一名儿童在弥敦道大华电影院门口遭到沿街巡查的警察殴打，一位逛街的中国军官正好目睹，遂向警察理论，而警察则拔枪示威。此时正在看电影的 200 多名中国官兵听闻后冲出影院，欲找警察算账，后在有关方面调解下事件才平息。①

王水祥是广东罗定人，一直在乡务农，因生活困难于 1946 年 9 月来香港投奔其姐姐与姐夫，在旺角一带摆摊贩卖花生维生，时年 26 岁。② 1946 年 10 月 26 日，王水祥来到通常摆摊的旺角上海街某商店门口，当日中午 12 时左右，油麻地警署派出大队警察驱赶摊贩，王水祥随即奔逃。当他跑至砵仑街 97 号门前，被编号 202 的香港籍印度裔警察林星瑟（Ramzan Syed）③ 追上。据记者报道，林星瑟追

① 《华警殴打鞋童引起一场大风波》，《国民日报》1946 年 8 月 8 日，第 4 版。
② 《葡警踢毙华侨事件外部电港查究》，《国民日报》1946 年 10 月 28 日，第 4 版。
③ 对于“王水祥事件”，报界和坊间民众最初认为肇事警察林星瑟是“葡警”，即澳门出生的葡萄牙裔的香港警察，这可能与之前“屈士文事件”的肇事警察是葡警有关。葡警在香港名声不佳，坊间普遍认为葡警对华人有偏见，比之英籍或其他欧洲人更甚，亦常与民众发生冲突，制造事端。

上王水祥后遂挥拳殴击，王手抱腹部蹲下，林又用脚踹其下身。① 王水祥被踢伤后，倒地奄奄一息，其姐王氏闻讯后赶来。附近棺材店老板见王伤势严重，打电话给广华医院要求派救护车。救护车约在下午1时40分左右来到现场，此时距事发已过去50分钟左右。王水祥已生命垂危，未及施救即死亡。② 此时，事发地点即聚集了百余民众，将王水祥遗体与肇事警察林星瑟团团围住。民众情绪激动，为死者鸣不平，不让救护车拉走王水祥遗体，还有民众欲殴打林星瑟进行报复，但被劝阻。下午2时多，油麻地警署接报后派出警车及大队警察赶到事发地点，一面维持秩序，一面劝说围观民众散开。九龙警司威路臣（Wilson）亦来到事发地点，表示会将林星瑟带回警察局究办，民众情绪稍稍缓和。3时多，王水祥的遗体被抬上警车，送往医院殓房，林星瑟也被带离现场。③

一个小贩的死亡很快演变成战后香港首次大规模民众骚动，在其遗体被送往医院时，即下午4时左右，事发地和沿途"群众麇集，满坑满谷，群情汹涌"。④ 据香港政府调查，煽动群众的主要是小贩，亦有儿童参与其中。民众聚集在弥敦道等处，向汽车投掷石块，尤其是攻击欧洲人的汽车，并向前来镇压的警察投掷石块。⑤ 警方见势态严重，一面增派警力，一面向军方求援。英国驻港空军和宪兵部队奉命参与镇压骚动，甚至还动用了"金冕多部队"（RM Commandos，海军陆战队突击队）配合警方维持秩序。此外，警方还调集消防车用高压水枪向人群喷射，并用木棍殴击民众，使用军用车辆冲击人群。至夜间12时，民众才逐渐散去，波及的街区由四方街沿弥敦道直至奶路臣街。据报道，军警在镇压骚乱过程中曾鸣枪示警，弥敦道

① 《旺角警察取缔小贩葡警又闯大祸》，《国民日报》1946年10月27日，第4版；亦见《九龙群情不安葡警踢毙小贩》，《星岛日报》1946年10月27日，第6版。
② 《九龙群情不安葡警踢毙小贩》，《星岛日报》1946年10月27日，第6版。
③ 《旺角警察取缔小贩葡警又闯大祸》，《国民日报》1946年10月27日，第4版。
④ 《新生晚报》1946年10月27日，转引自李朝津《战后国民政府对香港问题之处理——王水祥事件个案研究》，《港澳与近代中国学术研讨会论文集》，第615页。
⑤ 《王水祥被踢毙事件港官方发表声明》，《国民日报》1946年10月29日，第4版。

新国药房门前一路人被枪击伤，被木棍殴伤的民众不下三四十人，约十数人被捕。① 至于军警是否向人群开枪射击则众说纷纭，港府官方调查声称警察当局曾下令禁止开枪。②

10 月 28 日，香港政府发言人就王水祥事件发表公开声明。发言人澄清肇事警察林星瑟的身份，称其是在香港出生的印度裔人士，时年 21 岁，并非谣传中的"葡警"，政府已于 28 日晨在九龙法庭对该警察提起公诉。警方则发表声明，表示 26 日的骚动并无"政治煽动"的背景。③ 林星瑟于 26 日被羁押后，在 28 日被带往九龙裁判司署受审，前来旁听审讯的市民有二三千人，超过法庭旁听人数的最高历史纪录，以致法庭内外被挤得水泄不通。控方以误杀罪起诉林星瑟，并要求法官延期一周开庭，林在听完罪名陈述后一言不发，遂被带回羁押。随后，26 日骚乱中被捕的 34 名香港民众被带上法庭，其中 7 名是儿童。法庭以扰乱公共秩序罪对 34 人提起诉讼，但被告人均不承认自己有罪。法官判罚每人 250 元保释金，三日后再传讯。④

同一天，王水祥出殡。11 时前后，在其遗体停放的窝打老道殡房门前，沿弥敦道有 1000 多人沿途相送，至午后约有二三千人聚集，前来参加路祭的社会团体约有 20 多个。下午 3 时王水祥灵柩从殡房发引，至九龙西贡坳坟场安葬。"小贩工商总会"和"超立社"两个小贩团体为王水祥募集了丧葬费用，并举行路祭，打幡执绋行列长达一公里，"荣哀之至，为从来所罕见"。警方如临大敌，在出殡之前即派出大队全副武装的警察，沿弥敦道巡逻。⑤ 据报道，在弥敦道附近的太子道，有民众向过往车辆投掷石块，警察闻讯前来制止，并带走数人，但当警察离开后，又有民众投掷石块，如此反复，直到晚上 8 时骚乱才平息。⑥

---

① 《旺角警察取缔小贩葡警又闯大祸》，《国民日报》1946 年 10 月 27 日，第 4 版。
② 《王水祥被踢毙事件港官方发表声明》，《国民日报》1946 年 10 月 29 日，第 4 版。
③ 同上。
④ 《同胞关切惩凶观审人山人海》，《国民日报》1946 年 10 月 29 日，第 4 版。
⑤ 《王水祥遗体昨出殡》，《国民日报》1946 年 10 月 29 日，第 4 版。
⑥ 《同胞关切惩凶观审人山人海》，《国民日报》1946 年 10 月 29 日，第 4 版。

"王水祥事件"不仅在香港掀起轩然大波，亦引发中国内地民情涌动，新闻舆论比较充分地表达了民意。粤港两地的中文报纸基本立场是为死者鸣冤，要求港府惩治肇事警察、改善小贩营生、善待香港华人。国民党在香港的机关报《国民日报》一马当先，不仅对"王案"经过及善后详尽报道，亦通过社论、短评谴责港府为政失当。《国民日报》的报道逻辑在于以王水祥个案突出体现香港华人所遭受的不公境遇，声称王水祥的死亡"刺激千万中国人民感情……在中国人士心目中，是一绝大的创伤"。① 战后中国虚幻的"大国形象"与殖民统治下华人艰难境遇之间的反差是舆论诉求的另一面。《新生晚报》在社评中指出，中国已身为"四强"之一，且与英国同为盟邦，警察的不法行为"实足以招致中英感情之不安"，有伤"中华民国的国体"。② 而战后香港政府沿袭之前殖民统治者的一贯作风，尤其是直接与民众打交道的警察部门，一直是公众抵触情绪产生的渊薮。《工商晚报》在短评中指出："当局对于行政事宜，似仍一本旧有作风，尤其是警察方面对于一般小贩问题，小资本营生者，其所申诉之痛苦，其狼狈形状，则比战前尤有过之。"③ 总体而言，香港的中文报纸对于王案的报道是理性、客观的，评论观点也是言之有凭，据理力争；尽管在言辞方面带有感情色彩，但并未有意进行政治煽动。而且，《国民日报》和《星岛日报》都曾呼吁民众保持理性，不要盲目排外。

二 张添祥事件经过

就在法庭对林星瑟进行审讯的当口，"王水祥事件"尚未平息之

---

① 参见《国民日报》1946 年 12 月 25 日第 4 版相关新闻和评论。
② 《短评：葡警又肆虐了》，《新生晚报》1946 年 10 月 27 日，转引自李朝津《战后国民政府对香港问题之处理——王水祥事件个案研究》，《港澳与近代中国学术研讨会论文集》，第 616 页。
③ 《警察踢毙小贩问题》（短评），《工商晚报》1946 年 10 月 27 日，转引自李朝津《战后国民政府对香港问题之处理——王水祥事件个案研究》，《港澳与近代中国学术研讨会论文集》，第 616 ~ 617 页。

际，粤港民众反英情绪持续发酵之时，又在粤港边境的文锦渡发生了一起英国士兵越界枪杀华人的惨案，即"张添祥事件"。据宝安县警政当局的报告，事件经过大体如下。

1946年12月3日下午1时许，一辆汽车从香港开到粤港边境罗湖与新界交界处的文锦渡管制站。由于该车未挂中国牌照，不能通过边境，所有乘客必须下车步行通过文锦渡桥。乘客中两名十二三岁左右的儿童各手持白糖一包过桥时，守卫边境的英军哨兵喝令两人站住接受检查。当时白糖属于香港政府的管制商品，不允许出口，两名儿童未理会检查，慌忙跑过文锦渡桥。英军哨兵遂越过边境追赶并殴打这两名儿童。此时，深圳警察所侦缉员罗恩赶上前去指责英兵无理越界，殴打小孩，双方发生口角，引起十余人围观。①　文锦渡中国海关职员江某上前调解纠纷，而英军哨兵却"大肆咆哮"，声称过桥100英尺内仍属英界范围，可随时执行职务。江某遂即返回办公室，请文锦渡海关主任徐某出面调解。就在徐某步出办公室约20余米的时候，突然听到几声枪响，围观民众纷纷奔逃。一名男子倒在距文锦渡桥30多米的中国境内一侧的地上。②　据查，男子名为张添祥，家住宝安县深圳墟向西村，尚未成婚，家中有老母亲和弟妹各一人，以经营小买卖维持一家生计，时年29岁。③　当日下午，张添祥准备去新界上水购物，不料在途经文锦渡时遭枪击身亡。④　有关方面对张天祥的遗体进行了检验，认定子弹从右口角斜入，从右耳下穿出而致其死亡。⑤

至于英军开枪的经过，则有不同的说法。《国民日报》称当海关

① 《深圳镇公所指导员梁惠民报告》（1946年12月4日），行政院档案，二档馆藏，二（2）/2251。
② 《深圳镇警察所所长林万年报告》（1946年12月4日），《证人吴澄远供词》（1946年12月3日），《证人许妹供词》（1946年12月3日），行政院档案，二档馆藏，二（2）/2251。
③ 《死者亲属供词》（1946年12月3日），行政院档案，二档馆藏，二（2）/2251。
④ 《深圳镇镇长袁志超报告》（1946年12月4日），行政院档案，二档馆藏，二（2）/2251。
⑤ 《深圳镇警察所所长林万年报告》（1946年12月4日），行政院档案，二档馆藏，二（2）/2251。

职员江某返回办公室时，越界殴打儿童的英军哨兵也返回哨所。但随即从哨所内冲出六七名士兵，向文锦渡桥中国一侧围观的民众扫射。[①] 这篇报道认为英军明显是故意开枪射杀平民。而据宝安县警政当局报告，深圳警察所所长林万民事发后向肇事哨兵所在的驻文锦渡金冕多部队进行交涉，队长麦露拔（Mac Robert）不承认英军开枪导致张添祥死亡，声称若能在张遗体中找到英军使用的 303 式枪弹，才同意进一步交涉。随后麦露拔派出多名士兵试图抢夺张添祥的遗体，但遭到中国军警的制止。林万民要求麦露拔检查士兵的枪械，以此便可判知开枪者的身份，该提议又被麦露拔拒绝。林万民担心英军再次抢夺遗体，遂联系宪兵队和保安队协同保护，并再度向英方提出交涉。此后，麦露拔承认是英军开枪导致张添祥死亡，解释说，当时英军士兵见中国境内聚集多人，气氛紧张，恐生不测，于是向天鸣枪示警，结果误中张添祥致其死亡。[②]

事发一周后，即 12 月 9 日，英军驻香港部队陆军总部发表声明，称英军驻守文锦渡哨兵"为执行禁止输运粮食出口职务起见，曾将某华童正图输运出边境至华界之货物充公"。声明否认英兵越境追打儿童的事情，表示"虽然将货物充公时，是完全依照正式手续执行，并无动用武力，但有穿着便衣华人数名提出反对，并开始停止在英军军桥上之车辆及行人交通"。声明继之解释哨兵开枪的原因："当哨兵指挥官初次徒手往桥尾调查真相时，曾被某便衣华人用手枪恐吓。斯时双方曾发生争论，最后英军主管长官鉴于华人所采取之威胁态度，曾下令其部队即行警戒，当各士兵守卫时，竟有 303 式枪弹一颗失火"，随后"华军军官数人到英界声明某华人因枪弹'失火'毙命"。声明表示英军军官未得允许查看死者遗体，当局已接受中方所称枪弹走火是张添祥死亡的原因，所以"对此事件表示遗憾"。港英军方还解释，由于近来在粤港边境沙头角一带有武装匪徒活动，所以

---

① 《昨深圳边界英守兵越我境杀我民》，《国民日报》1946 年 12 月 4 日，第 4 版。
② 《深圳镇警察所所长林万年报告》（1946 年 12 月 4 日），行政院档案，二档馆藏，二（2）/2251。

英军曾下令部队进入高度警戒状态并于必要时使用武器。① 英国驻华大使施谛文在致外相贝文的电报中也强调，中方没有允许英方查看死者遗体，并且事发时，边境中国一侧亦有枪声响起。② 英方解释的用意在于强调英军哨兵是按规定执行公务，张添祥的死，中方判定是英军哨兵枪械走火造成的，而英方在无法查验遗体的情况下被迫接受了中方的结论。港英军方发表声明前，深圳镇警察所所长林万年就曾对记者表示，文锦渡对过往行人和车辆的检查向来由中国海关人员负责，一直相安无事，英军本不该介入本属海关事务的边境检查。③

与"王水祥事件"在香港社会引发轩然大波不同，张添祥被英军枪击身亡后，未造成大规模的民众骚乱。究其原因，其一是两案发生地点和环境有所差别。王水祥伏尸闹市，警民关系紧张造成了香港社会巨大的压力氛围，民众情绪若久干枯柴，一遇火星即刻引燃。而张添祥事发粤港边境，远离闹市，不易引起民众啸聚，而且，"张案"的确存在较大的偶然性。其二则是宝安县警政当局密切注意防范骚乱的发生。张添祥身亡后，宝安县警察局局长王树基接到深圳镇警察所所长林万年的电话，随即会同地方法院检验员由县城驱车赶往文锦渡。为防止民众情绪激动与英军发生冲突，王树基会同林万年在现场布置了十余名警察维持秩序，"饬民众切勿轻举妄动，静候政府依法办理"。④ 所幸"民众均明大义，恪守法纪，安谧如常"。⑤

"王案"未平，"张案"又起，在港英军警与民众冲突事件持续

---

① 《英军驻香港部队陆军总部声明》译文见《香港陆军总部昨发表如此声明》，《国民日报》1946 年 12 月 10 日，第 4 版。

② Sir R. Stevenson to Mr. Bevin, 25th January, 1947, Confidential 17601, F 1019/28/10, *British Documents on Foreign Affairs: Reports and Papers from the Foreign Office Confidential Print*（以下简称 BDFA），Part IV, Series E, Asia 1947, Volume 3, pp. 176 – 177.

③ 徐飞：《文锦渡实地观察记》，《国民日报》1946 年 12 月 5 日，第 4 版。

④ 《广东省政府呈行政院电报》（1947 年 1 月 10 日），行政院档案，二档馆藏，二（2）/2251。

⑤ 《深圳镇警察所所长林万年报告》（1946 年 12 月 4 日），行政院档案，二档馆藏，二（2）/2251。

发酵的语境下，粤港两地的中文报纸再次掀起控诉香港政府暴行的舆论风潮。与此同时，宝安县民众在县参议会和各界社团组织下成立后援会，并于 12 月 5 日中午在宝安县城召开"各界反对英军越境惨杀张添祥案民众大会"。大会宣读了《为英军越界枪杀张添祥案告同胞书》，声明："我们在抗战胜利之后，目击港九英军之侮蔑国人种种情形，实有无限之愤恨，此次英军竟恃强在深圳文锦渡越界枪杀同胞张添祥，更令我们发指！……我们为着同胞的宝贵生命，为着国家的固有主权，对英军越界枪杀张添祥案，应一致向英国当局提出严重的抗议！如果，港九英国当局，不立即将凶手交回我国严厉处判及从优抚恤死者遗族并确保今后不再有同样事件发生，我们惟有集中力量，誓为死者复仇！"① 会后，民众游行至宝安县政府，递交了请愿书，请求政府派员与香港当局交涉处理"张添祥事件"。②

12 月 15 日，为张添祥举行公葬。15 日中午，粤港各界代表齐集深圳小学校园内，前来参加的团体约有 40 个，包括各界张案后援会、宝安县参议会、地方法院、九龙深圳汽车同业工会、南头商会以及各乡保甲长等。12 时 50 分，聚集在深圳小学的各团体和民众约 2000 余人开始游行，至文锦渡张添祥罹难处举行公祭。为防止发生骚乱，宝安县政府商请驻深圳宪兵连负责维持游行集会秩序，当天整个游行和公祭过程中没有出现意外情况。③

第三节　国民政府的应对与不了了之的结局

"王、张惨案"的缘由是香港军警与民众的冲突，然而，由于香港地位的特殊性，国民政府的介入使事件的善后演变为中英之间的外

---

① 《为英军越界枪杀张添祥案告同胞书》（1946 年 12 月 5 日），行政院档案，二档馆藏，二（2）/2251。

② 《广东省政府呈行政院电报》（1947 年 1 月 10 日），行政院档案，二档馆藏，二（2）/2251。

③ 《张添祥遗体定今日在深圳公葬》，《国民日报》1946 年 12 月 15 日，第 4 版；亦见《文锦渡头民族遗恨满腔热血凭吊冤魂》，《国民日报》1946 年 12 月 16 日，第 4 版。

交风波。对于这种现象，1947～1957 年出任第 22 任香港总督的葛量洪在回忆录里写道："与大多数的英国殖民地不同，香港最基本的政治问题不是自治或独立，而是一个对中国关系的问题……实际上，几乎需要向伦敦请示的香港问题都是外交问题。"① 葛量洪的看法无疑是正确的，民国以降，尽管政局不靖，但历届中国政府都试图在香港问题上有所作为。1925 年，国民党建政广州之后，通过干预香港内部事务增加其海外影响的意图愈发明显，而粤港两地民众在香港政府触犯其利益时亦试图寻求"祖国政府"为其撑腰。无论是 20 世纪 20 年代国民革命影响下的省港工潮还是三四十年代频发的征地、渔业纠纷，都体现了国民政府通过外交路径解决涉港事务、增加对港影响的思维方式以及粤港民众借助"祖国政府"之力为己争取利权的应对逻辑。而"王、张惨案"的善后也正沿循这样的处理方式转向中英之间的外交解决。

一　王水祥事件交涉及善后

王水祥案发后第二天，即 1946 年 10 月 27 日，外交部向两广特派员公署香港办事处发出电报，要求查明"香港警察打伤华人真相为何，该员曾否向港当局接触"。② 外特处表示将详细调查事件经过，并希望目击证人可向外特处举证，以助交涉进行。③ 在中方启动外交程序的同时，王水祥的亲属亦求助于国民政府。王水祥出殡当日，即 10 月 28 日上午，其姐王氏在小贩社团"超立社"的陪同下向外特处递交了陈情书，请求国民政府敦促香港政府严惩凶犯并重恤死者家属。④ 29 日下午，王氏再次来到外特处，向秘书梁清彦提交了王水祥死亡

① 〔英〕《葛量洪回忆录》，曾景安泽、赵佐荣编，第 138～139 页。
② 《为查询港警打伤华人案》（1946 年 10 月 27 日），《港警踢死王水祥案》，外交部欧洲司档案，转引自李朝津《战后国民政府对香港问题之处理——王水祥事件个案研究》，《港澳与近代中国学术研讨会论文集》，第 619 页。
③ 《葡警踢毙华侨事件外部电港查究》，《国民日报》1946 年 10 月 28 日，第 4 版。
④ 《王水祥遗体昨出殡》，《国民日报》1946 年 10 月 29 日，第 4 版。

经过和具体赔偿要求的书面材料。① 10 月 30 日，外特处将 28 日王水祥亲属递交的陈情书摘译后，以备忘录的形式转给香港政府辅政司署，② 要求香港政府切实保障华人生命财产安全。③ 英国驻华大使施谛文在给英外交大臣的电报中表示："外交特派员公署将死者姐姐要求惩处肇事警察的请愿书递交给香港政府，这种向辅政司署递交请愿书的方式是引人注目的。"④ 11 月 1 日，外特处再次收到外交部电报，该电报指示外特处将"惩凶、赔偿、抚恤、并要求切实保障在港侨胞之权利及安全"作为交涉的四个基本原则。⑤

　　"王案"影响亦波及毗邻香港的粤省各地，因此，中方另一个交涉角色则是广东地方党政系统和民意机构。广东当局由省市参议会和各社团组织的形形色色的"后援会""慰问团"以各种方式声援死者亲属、敦促交涉善后。28 日下午，香港小贩社团代表赴广州，向国民政府主席广州行辕、广东省政府、省参议会、国民党广东省党部等机构发出呼吁，请求声援。⑥ 广州市参议会于 30 日上午开会讨论王案应对方案，决定致电中央政府，提出以下要求：1. 向港府交涉严惩凶手，厚恤遗族，并保证以后不得有同样事件发生；2. 要求港府道歉；3. 交涉收回九龙。参议会还决定委派副议长沈家杰、参议员张希哲处理此事。沈、张二人于 30 日下午邀集广州市党部、工会、

---

① 《死者亲属补呈报告》，《国民日报》1946 年 10 月 30 日，第 4 版。

② 《为九龙警察踢毙华侨小贩案据死者家属呈请究办前来理合将办理情形电报鉴核》（1946 年 10 月 30 日），《港警踢死王水祥案》，外交部欧洲司档案，转引自李朝津《战后国民政府对香港问题之处理——王水祥事件个案研究》，《港澳与近代中国学术研讨会论文集》，第 620 页。

③ 《蹴毙王水祥案我当局向港府交涉》，《星岛日报》1946 年 11 月 3 日，第 6 版。

④ Sir R. Stevenson to Mr. Attlee, 4ᵗʰ December, 1946, Confidential 17402, F 18285/25/10, *BDFA*, Part Ⅳ, Series E, Asia 1946, Volume 2, p. 317.

⑤ 《小贩黄（王）水祥被击毙事应交涉具报，又本案我侨有无其他受重伤或因伤致死者，亦应查明交涉具报》（1946 年 11 月 1 日），《港警踢死王水祥案》，外交部欧洲司档案，转引自李朝津《战后国民政府对香港问题之处理——王水祥事件个案研究》，《港澳与近代中国学术研讨会论文集》，第 619 页。

⑥ 《王水祥被蹴毙事件小贩代表晋省呼吁》，《国民日报》1946 年 10 月 30 日，第 4 版。

商会等各团体会商，决定组织"王案"调查团于 11 月 2 日赴港声援。① 11 月 1 日，广州 65 个社团组成"广东省各界对王水祥案后援会"，并通过 6 项提案，其中"请政府从速收回香港九龙澳门等地"的提案尤其引人注目。② 继广州市参议会代表抵港后，11 月 7 日，广东各界"王水祥惨案慰问团"21 人也来到香港。③ 此时正值肇事警察林星瑟受审之际，慰问团除"代表广东三千万民众对王先生表示哀悼"外，更重要的是"积极敦促政府严重交涉，并作有力之后盾"。④ 此外，慰问团于 11 月 8 日联络香港 89 个华侨社团召开座谈会，团长黄俊在致辞中表示："我们中华民国国民，在港九两地居留者占全人口百分之九十九，无论在哪一方面言，都占有很重要地位，是以对于侨胞生命保障，身体的自由，尤属不可忽视。"⑤

对于国民政府介入王水祥事件，香港政府和英国驻华大使馆疑虑重重，他们担心幕后政治"推手"借民族情绪之力推波助澜，引发香港社会骚乱和内地反英运动。所以，一方面，对于国民政府的外交解决努力，香港政府并不"接球"；外特处递交的备忘录，香港政府也一直不做回应，而是表示应通过法律途径解决"王案"。⑥ 另一方面，香港政府始终密切关注粤港国民党组织、报界和社团的活动，尤其对于"王案"后援会在香港的活动一直派人跟踪监视，随时准备应对中方借"王案"煽动社会骚乱。⑦ 10 月 29 日，九龙多处发现反

---

① 《星星之火可以燎原各地重视王水祥案》，《国民日报》1946 年 10 月 31 日，第 4 版；亦见《星岛日报》1946 年 11 月 1 日第 6 版相关报道。

② 《穗市各社团昨开会组王水祥惨案后援会》，《国民日报》1946 年 11 月 2 日，第 4 版。

③ 《粤"王案"慰问团昨招待港九侨团》，《星岛日报》1946 年 11 月 9 日，第 6 版。

④ 《粤省各界组织王水祥惨案慰问团》，《国民日报》1946 年 11 月 8 日，第 4 版。

⑤ 《粤"王案"慰问团昨招待港九侨团》，《星岛日报》1946 年 11 月 9 日，第 6 版。

⑥ 《侨团今午开会欢迎》，《星岛日报》1946 年 11 月 9 日，第 6 版。

⑦ 《为王水祥案后援会赴港被监视及该会决定抵制港情形请参考由》（日期不详），外交部欧洲司档案，转引自李朝津《战后国民政府对香港问题之处理——王水祥事件个案研究》，《港澳与近代中国学术研讨会论文集》，第 621 页。

英标语，引起民众聚集围观。① 南京英国大使馆在给伦敦的电报中声称，由"王案"引发的"社会骚乱和民族主义煽动被放在了报纸的首要位置"。② 而香港政府亦通过《南华早报》等报刊试图引导舆论。③ 对于"王案"，《南华早报》的侧重点在于报道香港的社会骚乱与华人的排外情绪。该报竭力渲染 10 月 26 日骚乱中民众沿街截停汽车，搜查欧美人士的"野蛮行径"；还声称有中国军人直接参与骚乱，发表演说鼓动民众。④ 广州行营驻港军运指挥所主任许让玄当即发表声明予以否认，《国民日报》亦发文驳斥《南华早报》新闻报道的不实。⑤ 此后，针对内地声势浩大的声援活动，《南华早报》又发表《广州的沸腾》一文，指责中方煽动民意，破坏中英邦交。广东"王案"后援会借《国民日报》发表声明，指出民众的激愤完全是香港政府的恶劣态度刺激引发的："事情的发生，每由于主导人之愚昧狂妄，而激起不平的浪潮，事态的扩大，也恒因负责者之霸道偏执，而至于不可收拾"。⑥

英国人对广东党政当局利用舆情民意的担忧当然是从维护统治稳定的角度出发，而就国民政府来说，外交当局和广东地方当局的应对思路并不完全一致。其实早在王水祥出殡的第二天，即 10 月 29 日，粤港各中文报纸都发表了一条外特处通过中央通讯社呼吁侨胞镇定处事的消息。外特处发言人针对"王案"引发的民众骚动称："骚动事件之发生诚属不幸，不论骚动事件之起因何为，骚动除引起地方上之

① 《旺角区内发现标语》，《国民日报》1946 年 10 月 30 日，第 4 版。

② Sir R. Stevenson to Mr. Bevin, 7ᵗʰ December, 1946, Confidential 17402, F 17605/25/10, BDFA, Part IV, Series E, Asia 1946, Volume 2, p. 330.

③ 《南华早报》1903 年由克银汉与谢缵泰创立。港英时期，该报被视为香港政府的喉舌，许多政府官员在该报发表评论、资料和接受访问。

④ 参见 1946 年 10 月 27 日至 29 日《南华早报》（South China Morning Post）相关新闻。

⑤ 《昨西报歪曲事实竟然嫁祸国军》，《国民日报》1946 年 10 月 28 日，第 4 版；亦见《西报造谣嫁祸国军企图引起中英恶感》，《国民日报》1946 年 10 月 29 日，第 4 版。

⑥ 《"王案"穗后援会发表文告驳斥本港南华西报》，《国民日报》1946 年 11 月 26 日，第 4 版。

不安宁以外，对于任何事情皆不能有良好之影响。"发言人呼吁香港华人民众"注重守法精神，凡事虽保持镇定，以求合理解决，不可冲动，以免引起不愉快之结果"，并表示"侨胞权益当受法律之保障，但须守法始能获得保障"。①

"王案"因循司法解决的路径显得有些曲折和漫长，肇事警察林星瑟经10月28日和11月4日两次提审，但均以控方需要收集证据为由押后开庭。后又经过11月14、15日两天的提审，九龙裁判司署认为依据案情需要，应转由港岛中央裁判司署审理。② 中央裁判司署经两次公审后于11月20宣布庭审结束，将于12月由香港高等法院做出判决。③

"王案"审理期间，不料又发生小贩黄娇被殴事件。11月9日晚，西营盘7号警署在电车路一带取缔违例小贩时，摆卖汤圆的62岁老妇黄娇被殴伤，晕倒在地，后经抢救方脱离生命危险。④ 此事再次引起粤港舆论的抗议浪潮，南京英国大使馆在给伦敦的电报中称："一些势力常常利用香港的此类事件兴风作浪，香港发生一名老年妇女被警察粗暴对待的事件，成为中国报纸激烈指责的主题。"⑤ 事后，黄娇家属也向国民党港澳总支部请求声援。

司法程序对"王案"迁延不决，外交解决不见成效，小贩黄娇又遭警察殴伤，持续的警民冲突事件刺激着粤港民众的情绪不断升温。11月13日，广东各界王水祥后援会再次敦促政府尽快解决"王案"，提议采取有效行动，制裁香港，并再三呼吁政府"收回港九"。⑥ 而与此同时，旅美、旅澳侨团组织也纷纷电呈政府，敦促尽快善后。国民党港澳总支部党员联名上书南京，指责外交部软弱无

---

① 《王水祥被踢毙事件小贩代表晋省呼吁》，《国民日报》1946年10月30日，第4版。
② 《港府重视王水祥案移解港法庭审讯》，《国民日报》1946年11月12日，第4版。
③ 《王水祥被踢毙案初审终结候高庭判决》，《国民日报》1946年11月21日，第4版。
④ 《小贩遭难年黄娇又被殴垂危》，《国民日报》1946年11月14日，第4版。
⑤ Sir R. Stevenson to Mr. Bevin, 25th January, 1947, Confidential 17601, F 1019/28/10, BDFA, Part IV, Series E, Asia 1947, Volume 3, p. 176.
⑥ 《穗王水祥后援会提议采取有效行动》，《国民日报》1946年11月15日，第4版。

力，他们将矛头对准了外交部两广特派员郭德华，评批他"太畏事懦弱，遇事退让，鸡尾酒大会参加得太多，则外交强项性必消失。此毋怪港侨之诧讶，谓政府或以化外视海外华侨也"。①

而从"王案"发生直到此时，郭德华并不在风暴中心的香港，他正陪同由英国援华会主席克利浦斯夫人（Mrs. Cripps）率领的访问团周游中国。11 月 21 日，外特处秘书郑梓楠对记者称外交部对"王案"非常重视，郭德华在南京请示交涉办法，待回港后即可再行协商解决。② 11 月 23 日，郭德华陪同克利浦斯夫人访华团飞抵广州，他对记者称，外交部对"王案"交涉已有具体对策，并劝吁同胞"不必过事冲动，一切系循外交途径合法办理"。③ 那么郭德华的"对策"究竟是什么？效果又如何？11 月 26 日，郭德华抵港，之后即面见香港总督杨慕琦交涉王水祥事件善后，对于交涉结果，郭德华不愿向报界透露。④ 之所以不愿透露结果，是由于交涉并不顺利，郭德华在致外交部的电报中坦言杨慕琦对他提出的要求不肯明确答复。⑤ 此外，郭德华还借机向克利浦斯夫人提出香港政府应当改变"殖民地"行政作风，否则无法与港人改善关系。⑥ 由于香港政府一直坚持法律解决，郭德华还于 12 月 5 日和 7 日分别会见了九龙裁判司署法官拉

① 《陈其镳等致孙科信件》（1946 年 11 月 16 日），《港警踢死王水祥案》，外交部欧洲司档案，转引自李朝津《战后国民政府对香港问题之处理——王水祥事件个案研究》，《港澳与近代中国学术研讨会论文集》，第 622 页。
② 《王水祥被蹴毙案初审终结候高庭判决》，《国民日报》1946 年 11 月 21 日，第 4 版。
③ 《王案我有对策》，《国民日报》1946 年 11 月 25 日，第 4 版。
④ 《王水祥被殴毙案件郭德华晤港督交涉》，《国民日报》1946 年 11 月 29 日，第 4 版。
⑤ 《电呈亲自向港督交涉九龙警察踢死侨贩王水祥一案经过情形请鉴示遵由》（1946 年 12 月），《港警踢死王水祥案》，外交部欧洲司档案，转引自李朝津《战后国民政府对香港问题之处理——王水祥事件个案研究》，《港澳与近代中国学术研讨会论文集》，第 623 页。
⑥ 《关于九龙警察踢毙小贩王水祥，经在途中与克利浦斯夫人所谈情形由》（1946 年 12 月 3 日），《港警踢死王水祥案》，外交部欧洲司档案，转引自李朝津《战后国民政府对香港问题之处理——王水祥事件个案研究》，《港澳与近代中国学术研讨会论文集》，第 622 页。

迪玛（Latimer）和香港高等法院院长白乐高（Henry Blackall），两人均表示法律会予以公正解决。①

　而面对粤港民众，尤其是各地参议会主导下愈演愈烈的“王案”声援活动，行政院院长宋子文和广东省主席罗卓英于 11 月 29 日分别致电各团体，呼吁他们信任特派员郭德华，表示郭会因循外交步骤解决此事。并劝导各团体“勿将此事扩大，影响中英邦交”。② 而就在这个当口，香港政府截获了国民党广州市党部发给各报社的一条指示，该指示要求各报在报道“王案”时应当对香港政府提出下列四项条件：1. 惩办致小贩死亡的警察；2. 对死者家庭进行足够的赔偿；3. 香港当局保证类似事件不会再发生；4. 英国将香港、九龙租借地归还中国。③ 此后，在广州发行的一家英文报社也截获了国民党广州市党部发给各报编辑的指示，要求他们利用“王案”煽动发起收回港九运动。④ 继克利浦斯夫人访华团之后，英国商务考察团也来到中国访问，外界普遍猜测这与中英之间正在谈判的友好通商航海条约有关。两个英国团队的访期又恰逢“王、张惨案”发生、中国掀起反英浪潮之际，所以英国驻华大使馆尤其关注中国舆论的动向。12 月 6日，施谛文将截获的文件交给了外交部部长王世杰，并表示抗议，声称粤港的反英情绪完全是广东人自己煽动起来的。王世杰对此进行了辩解，但他表示将会与国民党中央党部协同处理，防止恶化局势的事件发生。⑤ 施谛文认为自己的抗议起到了作用，反英宣传开始从中文报纸中逐渐消失，并且“广州形形色色的团体没有借机抵制英国商

① 李朝津：《战后国民政府对香港问题之处理——王水祥事件个案研究》，《港澳与近代中国学术研讨会论文集》，第 622～623 页。
② 《宋院长罗主席电示王水祥被殴案可循外交解决》，《国民日报》1946 年 12 月 1日，第 4 版。
③ Sir R. Stevenson to Mr. Attlee, 4ᵗʰ December, 1946, Confidential 17402, F 18285/25/10, BDFA, Part IV, Series E, Asia 1946, Volume 2, p. 317.
④ Sir R. Stevenson to Mr. Bevin, 7ᵗʰ December, 1946, Confidential 17402, F 17605/25/10, BDFA, Part IV, Series E, Asia 1946, Volume 2, pp. 329 – 330.
⑤ Sir R. Stevenson to Mr. Bevin, 7ᵗʰ December, 1946, Confidential 17402, F 17605/25/10, BDFA, Part IV, Series E, Asia 1946, Volume 2, p. 330.

务考察团的访问"。①

12月27日，香港高等法院对"王案"做出判决，陪审团以控方证据不足为由，以四票对三票的表决结果宣布林星瑟误杀王水祥罪名不成立，林星瑟被当庭释放。② 舆论对此结果似乎并不感到十分意外，因为"王案"庭审期间就屡次曝出控方证据薄弱的消息，控方的证人只有当日电话招来救护车的棺材店老板黄友和三名只有十二三岁的儿童，并且他们的供词并不一致，以致被告辩护律师认为控方证据是"如此薄弱"。另外，七名陪审员中，华人只占三人，坊间普遍猜测审判结果亦与陪审员的种族倾向有关。③ 林星瑟被无罪开释后，香港政府于12月28日宣布赔偿王水祥家属1万港元，将由华民政务司署拨发。④ 对于报界相对平静的反应，施谛文认为是赔偿金起了作用："香港政府决定对死者家属给予巨额赔偿，毫无疑问，这个决定使得中国报纸对陪审团的裁决反应相对平静，之前，这些报纸激烈主张以故意杀人罪判处肇事警察"。⑤ "王案"宣判期间，正值南京"制宪国大"召开，港府担心民意代表们乘机提出香港未来地位问题，然而，施谛文观察发现"国大"兴趣点并非着落于此，并没有代表提出要收回港九，这着实让香港政府舒了一口气。⑥

事情至此，中国内地舆情民意并非如施谛文所判断的那样，为1万元的赔偿金所平息，外交部仍旧承受着巨大的压力。王世杰照会施谛文，指出香港法庭对"王案"判决不公，希望英方能设法纠正，而施谛文对此没有理会。1947年1月中旬，施谛文访问广州，并与

① Sir R. Stevenson to Mr. Bevin, 25ᵗʰ January, 1947, Confidential 17601, F 1019/28/10, BDFA, Part IV, Series E, Asia 1947, Volume 3, pp. 176 - 177.

② 《王水祥冤沉海底林星瑟果判无罪》，《国民日报》1946年12月28日，第4版。

③ 《陪审团意见未一致沉冤难望昭雪》，《国民日报》1946年12月19日，第4版。

④ 《王水祥家属港府抚恤万元》，《星岛日报》1946年12月29日，第6版。

⑤ Sir R. Stevenson to Mr. Bevin, 25ᵗʰ January, 1947, Confidential 17601, F 1019/28/10, BDFA, Part IV, Series E, Asia 1947, Volume 3, p. 176.

⑥ Sir R. Stevenson to Mr. Bevin, 25ᵗʰ January, 1947, Confidential 17601, F 1019/28/10, BDFA, Part IV, Series E, Asia 1947, Volume 3, p. 177.

广州当局和香港政府相关人士进行了接触。① 1 月 15 日，施谛文在广州举行记者招待会，谈及"王案"时，他表示自己了解案件的每一个细节，并说香港政府的赔偿金"数目亦很相当"。② 1 月 16 日，外特处秘书梁清彦照会香港辅政司署，表示由于香港法庭对嫌犯"明显反常的裁决"，中国政府和各地民众认为英方应当为死者平冤，并对肇事警察进行适当处罚。为维护正义和中英友谊，中方要求香港政府"尽一切可能迅速纠正，并且保证对肇事者重罚"。施谛文声称这是一份"失礼"的照会，至于如何处理这份照会，香港辅政司署有些犹豫不决，而港督决定还是置之不理。面对国民政府对"王案"的持续"纠缠"，施谛文私下和中方外交人员进行了沟通，他们透露中方之所以立场强硬是"民族主义的侨务委员会唆使所致"，而外交当局并不想把事态扩大。③ 施谛文了解的情况似乎不是空穴来风，战后以来，东南亚排华恶潮此起彼伏，尤其是 1946 年，缅甸、越南发生多起恶性排华事件，海外华侨纷纷向祖国求援，甚至电促政府派兵护侨。在这样的情况下，侨务委员会被推上了风口浪尖，因此侨委会一时成为维护华侨尊严、彰显民族正义的化身。

尽管如此，善后工作还是要进行下去，接下来，经过向香港法律人士咨询，外交部重新拟定对策，准备因循法律途径，另案起诉林星瑟。一方面，郭德华劝王水祥家属拒领香港政府 1 万元的赔偿金，即表示不接受处理结果。另一方面，外特处将协助王水祥家属多方搜集证据、聘请律师，改以伤害罪重新起诉林星瑟。④ 1 月 29 日，"王案"在中央裁判司署重新开审，林星瑟被控伤害罪。经 29、30 日两

① Sir R. Stevenson to Mr. Bevin, 5th February, 1947, Confidential 17601, F 2453/28/10, BDFA, Part IV, Series E, Asia 1947, Volume 3, p. 209.

② 《施谛文在穗招待记者谈王张两惨案观感》，《国民日报》1947 年 1 月 17 日，第 4 版。

③ Sir R. Stevenson to Mr. Bevin, 5th February, 1947, Confidential 17601, F 2453/28/10, BDFA, Part IV, Series E, Asia 1947, Volume 3, p. 209.

④ 《外交部致行政院秘书处公函》（1947 年 5 月 21 日），行政院档案，二档馆藏，二（2）/2251。

天庭审，法官认为证人证词前后矛盾，并且，根据法医勘验，王水祥死亡原因系疟疾病菌致脾脏胀大破裂导致，林星瑟被控殴打王水祥因证据不足，罪名不成立。①

这个判决结果显然不能令中方满意，现代医学研究表明，由疟疾病菌直接导致脾脏破裂仍属特例，更多的可能性是王水祥脾脏原本受疟疾病菌感染，比较脆弱，在林星瑟的殴打下导致破裂。一方面，外交部电令郭德华"参酌当地司法制度及诉讼程序研究补救办法"；②另一方面，外交部于 2 月 5 日向英国大使馆提交了一份抗议照会。而英方在 3 月 17 日的复照中指出判决完全符合法律程序，且香港政府已提出赔偿死者家属 1 万元。复照反而批评中方指责不实，且措辞亦不友好，要求中方收回。③ 林星瑟"误杀"和"伤害"两罪名均不成立，在法律途径上实际已无转圜可能，至此，国民政府外交解决"王案"已陷入困境。最终，外交部同意王水祥家属领取 1 万元的赔偿金，这也就意味着"王案"尘埃落定。

二 张添祥事件交涉及善后

较之于王水祥事件，"张案"的影响要有限得多，交涉过程也比较简单。事发当天，即 1946 年 12 月 3 日，郭德华闻讯后向驻港英国陆军司令菲士廷少将提出口头抗议，菲士廷表示歉意，并承诺将调查案件详细经过，予死者家属以补偿。而宝安县参议会主导下成立的"张案"后援会成为敦促外交部交涉的主要推手。12 月 3 日晚，后援会代表文煦华和郑启昌赴香港，向外特处报告事件经过。12 月 4 日，

---

① 《外交部致行政院秘书处公函》（1947 年 5 月 21 日），行政院档案，二档馆藏，二（2）/2251；亦见《王水祥永远含冤林星瑟一再无罪》，《国民日报》1947 年 1 月 31 日，第 4 版。

② 《外交部致行政院秘书处公函》（1947 年 5 月 21 日），行政院档案，二档馆藏，二（2）/2251。

③ 《略以前香港华侨王水祥因而致命及老妇黄娇据称受伤事敬请查照见复由》（1947 年 3 月 17 日），《港警踢死王水祥案》，外交部欧洲司档案，转引自李朝津《战后国民政府对香港问题之处理——王水祥事件个案研究》，《港澳与近代中国学术研讨会论文集》，第 624 页。

深圳镇警察所所长林万年亦赴广州和香港向有关方面汇报具体情形。① 12 月 5 日，后援会向外交当局提出了四点交涉要求："一、请求政府向香港英国当局立即将枪杀张添祥凶手交回我国严重处判。二、请求政府向香港英国当局从优抚恤死者家属。三、请政府向香港英国当局确保以后不再有同样事情发生。四、请求政府收复香港九龙。"② 12 月 8 日，郭德华将照会正式递交香港政府，要求英方道歉、赔偿并保证不再发生此类事件。③ 同一天，后援会将第一批慰问金法币 10 万元送给张添祥亲属。④ 大概是之前菲士廷少将曾对事件表示过歉意，并将肇事哨兵扣留审讯，舆论界大体保持平静，坊间认为，在"王案"背景下，英方应当会明智处理，所以静待英方调查结果。

然而，12 月 9 日，英军驻香港陆军总部发表对张添祥事件的调查结果引发舆论哗然。前文述及，英方调查结果的重点在于强调两点，一是表明英军哨兵在正常执行公务，由于中方公职人员挑衅才使得事态升级；二是中方没有允许英方查看死者遗体，所以英方接受中方的说法，即哨兵枪支走火造成张添祥意外死亡。在这个基础之上，对于善后，香港政府承诺将拨付一定的赔偿金给死者家属，但没有表明会惩处肇事哨兵。⑤《国民日报》指出，港英军方声明发表后，"事态将增加严重性"，"百万侨胞现正视我外交当局态度"。12 月 10 日，外特处接受记者采访，对于港英军方声明，郭德华表示这只是单方面的调查结果，并不代表事件就此定谳，并对港英军方未提及惩处肇事哨兵表示遗憾。郭德华声称已将事件详情报南京外交部，待上峰批示下来后即可交涉办理。⑥

---

① 《英军越界杀人案英军事当局承认责任》，《国民日报》1946 年 12 月 5 日，第 4 版。

② 《宝安县民众及对英军越界枪杀张添祥案请愿书》（1946 年 12 月 5 日），行政院档案，二档馆藏，二（2）/2251。

③ 《英军越界杀人事件我方照会今晨送出》，《国民日报》1946 年 12 月 8 日，第 4 版。

④ 《保安县张案后援会派员慰问死者家属》，《国民日报》1946 年 12 月 9 日，第 4 版。

⑤ 《香港陆军总部昨发表如此声明》，《国民日报》1946 年 12 月 10 日，第 4 版。

⑥ 《港陆军当局发表声明后事态将增加严重性》，《国民日报》1946 年 12 月 11 日，第 4 版。

实际上，港英军方公布调查结果之后，"张案"在外交途径上已到了山穷水尽的地步。从现有的资料来看，外交部除电令外特处向香港政府交涉惩凶赔偿之外，并无进一步明确指示，而外特处也没有再追究下去。

在外交部门低调处理"张案"之时，粤省民众和民意机构的声援活动却愈演愈烈。港英军方调查结果公布当天，"张案"后援会即发表严正声明，谴责英方歪曲事实，并声称"吾方将有严正表示，以正社会观感"。此外，后援会还决定将原来深圳至文锦渡的"深文公路"，仿照广州为纪念1925年"沙基惨案"命名"六·二三路"的办法，改为"一二·三公路"以纪念张添祥。① 而12月15日张添祥公葬又成为一次民意表达与民族情绪宣泄的契机，但惩凶、赔偿的交涉却仍无进展。

张添祥盖棺之后，新闻的时态效应开始体现，舆论热潮逐渐消退。与王水祥案的审判进程一直牵动着民众与报界不同，"张案"已无法再掀起粤港社会风潮。尽管12月20日，各地各界"张案"后援会在广州进行了整合，成立了声势浩大的"粤省各界张案后援会"，但仍旧没有超出召开声援大会、敦促政府交涉的"抗议—请愿"运作模式。② 因此，请愿的结果也可想而知。12月25日，后援会向广东省党政军各部门发起请愿活动，广州行辕表示，案发后菲士廷将军曾向张发奎主任致歉，并表示将惩治凶手、赔偿损失，行辕将与外特处协作交涉"张案"，广东省政府也声称罗卓英主席已向行政院请示办法。广东军政当局均表示"张案"应循外交和法律程序解决，并劝吁民众"冷静处事，勿生事端"。③ 一个月过去了，"张案"已逐渐从报界视野消失，广东省临时参议会副议长何彤不无痛心地表示："凡我同胞，应具有骨肉之痛，而寄予无限之同情，与切实之援助，幸勿以等闲漠视，贻人以一盘散沙与五分钟热度之讥诮，尤望政

---

① 《张案后援会对港府声明将有严正表示》，《国民日报》1946年12月11日，第4版。
② 《粤各界张案后援会筹备就绪今日成立》，《国民日报》1946年12月20日，第4版。
③ 《菲士廷对张案曾电张主任道歉》，《国民日报》1946年12月27日，第4版。

府依外交途径从速解决，藉以保持中英良好邦交，增进国际合作基础。"①

"张案"未解决，12 月 26 日，又在新界粉岭地区发生英籍警官打猎枪伤牧童的事件，外特处再次奉命交涉。然而，结果仍旧不了了之，港府的答复又是枪支走火所致。1947 年 1 月 15 日，英国驻华大使施谛文在广州召开记者招待会时，对"张案"善后解释说，港府曾多次就赔偿金额问题与粤省官方商议，但一直未获答复。② 就在"王案"终审之际，"张案"后援会急切追寻解决方法，后援会派代表至香港外特处会见郭德华，但郭表示仍在交涉，目前尚未有结果。而赔偿金额的数目问题亦是中英双方争议的焦点。3 月中旬，张天祥亲属在后援会协助下提出港币 31.5 万元的赔偿要求，其中不仅包括张添祥的"生命损失费"，亦包括张氏母亲的赡养费及其弟、妹未来的生活费，张氏亲属促请外特处代为向香港政府交涉。③ 外特处则于 4 月初回应张氏亲属，表示他们所提赔偿金额数目太大，不合国际惯例，而适当的赔偿金额只限张氏的生命损失、丧葬费和直系亲属的赡养费。张氏亲属表示对此答复相当不满，希望外特处能体谅其生活处境。④ 而惩凶问题涉及适法依据，外特处更是无从着手。1947 年初曾发生中国军警越界被港府缉拿求刑的事件，有人主张可以援引此例起诉肇事英军哨兵，但终归只限于提议罢了。1947 年 4 月以后，张添祥淡出人们的视野，从公众舆论和报纸上逐渐消失了。至于赔偿问题，直至 1947 年 12 月才最终解决，12 月 10 日，张添祥母亲蔡氏来到香港，在外特处领取了香港政府港币 1 万元的赔偿金，"张案"终于了结。⑤

"王、张惨案"善后的结果与国人的预期相去甚远，时人对国民政

---

① 《粤参会副议长何彤对王张两案观感》，《国民日报》1946 年 12 月 31 日，第 4 版。
② 《施谛文在穗招待记者谈王张两惨案观感》，《国民日报》1947 年 1 月 17 日，第 4 版。
③ 《张添祥案赔偿费共需港币卅一万五千》，《国民日报》1947 年 3 月 27 日，第 4 版。
④ 《张添祥案赔偿问题须重新拟具意见》，《国民日报》1947 年 4 月 8 日，第 4 版。
⑤ 《张添祥案解决张母蔡氏昨已领恤金》，《国民日报》1947 年 12 月 11 日，第 4 版。

府交涉不力颇有怨言。而国民政府处置涉港事务，其立场、态度和应对策略背后亦有复杂的关系格局，究其本质，还是各部门、各派系之间利益的对立与统一。外交系统相对温和，而粤省民意机构和国民党组织则主张强硬。对于外交系统而言，谈判的终极筹码在于国家实力，若要在香港问题上完全满足民众的利益诉求，达到举国上下一致企盼的"全赢"局面，唯有收回香港，而战后内忧外患的困局中，这自然无从做到。交涉就意味着要妥协，其结果往往会大大低于民众的期望值，在战后民族情绪高涨的社会氛围中尤其如此。近代广东有反抗英国强权的传统，从三元里抗英到省港大罢工的一系列事件形成了粤省特殊的政治氛围。除此之外，粤港两地亦存在着地方利益之争。因此，广东地方当局在处置涉港事务时往往立场相对强硬。而民意机构，虽然它在权力构架中的角色无关紧要，却一直积极试图"发声"，正好借助外交风波，展现自我存在的政治价值。而国民党组织亦有其特殊性。自"清党"之后，党组织在权势结构中相对弱化，但相当一部分的党部和党员却依旧保持着国民革命时期的激进心态，常常通过对民族情绪的利用和对民众运动的支持体现其政治诉求。因此，这两者在"王、张惨案"善后处置中扮演激进的角色也就不足为怪了。

"王、张惨案"不了了之，不公正的结局进一步刺激了内地和香港民众的民族情感。港府未能从中吸取教训，种族压迫与民生困境亦未得到缓解。"王、张惨案"是一个信号，它标志着香港社会正在发生深刻的民意转向，民众对殖民统治者从容忍转向不满，大规模的社会冲突正在酝酿之中。该事件还造成中国内地民众对港府的观感愈加恶化，反英情绪日益高涨。此后的九龙城寨事件便是在这样的社会心理氛围中爆发的。

第五章　治权之争与民意：
九龙城寨事件始末

由于英国以"租借"而非"割让"的方式占有新界，因而，新界相较于香港的其他地区，是一块地位特殊的土地，在法理上，英国从未"拥有"新界的土地。另一方面，在某种程度上，新界的命运决定着整个香港的命运，1984 年中英两国能够明确香港在1997 年回归的前景，其谈判的动因之一也正是新界土地的租期问题。根据 1898 年的中英《展拓香港界址专条》和 1899 年的《香港英新租界合同》等条约文件，清廷同意英国租借九龙界限线以北、深圳河以南的土地，连同附近 233 个岛屿，总面积达 946.4 平方公里，租期为 99 年。因此，新界土地制度由清廷的田土制度转变为香港政府的土地制度，即由原来永远拥有土地业权的形式，变成由香港政府批出有限期土地承租权的形式。香港政府为体现英国王室作为香港最终业权人的地位，规定所有土地只可批租而不准售卖，土地只能由港府租出或以其他方式批出。而新界的土地契约则由 1898 年 7 月 1 日起计，年期一般为 99 年减 3 天。这颇令人费解——在新界，英国租用了中国的土地，然后再由香港政府批租给土地使用者。打个不甚恰当的比方，香港政府在新界的地位有点类似于"二房东"。

1943 年的中英新约意味着任何英国在华租界和租借地失去了法理存在的依据，但新界却成为例外，这更加激发了人们对新界土地属性的疑问：新界的土地究竟是谁的？加上太平洋战争前后，香港城市化进程进一步展开，公共基础设施建设大举推进，大批新移民涌入香港，港岛和九龙半岛的土地不敷应用，政府唯有向新界寻求更多土地，因而与原居新界民众在征地补偿问题上产生了矛盾。而在原本就纠结于历史之中的新界土地问题中，九龙城寨①又是特殊中的特殊。因为在 1898 年的条约中，这块土地根本就没有租借给英国，由此，城寨成为租借地中的"飞地"。原本是香港政府与居民地权的纷争，在战后特殊政治环境中引发了中英之间围绕治权问题的交涉。因此，本章择取 1948 年中英关于九龙城寨事件之交涉为研究对象，试图运用中英双方原始资料厘清从地权争议到主权交涉的来龙去脉。②

第一节　新界土地攻防战

一　屏山征地起风波

新界土地纠纷由历史问题而生、拆迁矛盾而起。日本投降后，英国重占香港仅一个半月，就发生了屏山机场征地风波。这次纠纷虽未涉及九龙城寨，但对日后的城寨事件有着深远影响，直接牵连此后被征地居民的行事逻辑和中英两国的交涉策略，可以看作是城寨事件的"序幕"。为了厘清城寨事件的背景，并对其有更深入的了解，我们有必要回顾一下屏山机场征地风波。

---

① 关于城寨的名称，坊间有"九龙城""九龙城寨""九龙寨城"诸多称谓。20 世纪 90 年代香港政府拆除城寨内建筑物时，根据发现的南门石碑，比照相关文献资料，证实名称应为"九龙寨城"。约定俗成，本书径称"九龙城寨"。此外，战后由城寨引发的中英交涉，中方多称"九龙事件""九龙城事件"或"九龙拆屋事件"，英方则称"Kowloon Walled City Incident"，本书则称"九龙城寨事件"。

② 有关城寨事件的交涉，学界已有相关著述。以梁炳华《城寨与中英外交》一书最为翔实，惜该书出版于 1995 年，作者未能见到 1998 年才开放的英国殖民地部相关档案，且着墨多于史事铺叙。此外，鲁金的《九龙城寨史话》（香港，三联书店，1988）和刘蜀永的《九龙城问题史末》（《近代史研究》1994 年第 6 期）等均有相关论述。

香港由于地理环境所限，机场选址和建设一直颇费周折。20 世纪 20 年代，港府征购"启德滨"地块建设机场，供英国皇家空军使用，这就是后来的启德机场。[①] 1936 年，帝国航空公司（Imperial Airways，即英国航空公司前身）开始提供来往香港的客运服务，此后多条商用航线开辟，启德机场作为香港唯一的航空港日渐繁忙起来。然而，启德机场只有一条主跑道，要同时为民用和军用飞机提供起降，已渐不敷使用。1938 年，为加强香港防空，港府决定在新界锦田、八乡附近兴建一个军用机场，即石岗机场，以供空军 3 个飞行中队使用，随后征地和平整土地工程迅速展开。1938 年 10 月，日军登陆大亚湾，派兵驻守粤港边境，该机场已在火炮射程之内，1939 年工程遂告停止。由于大量难民涌入香港，机场土地被用于难民营。1941 年香港沦陷后，石岗机场的土地或荒疏或复被用于耕作。战后英国重返香港，在随后的重建工作中，启德机场难以满足需要，香港政府决定另建新机场。原石岗机场设计规模较小，无法满足预期需要，因此港府决定放弃重建石岗机场的方案，另选附近的屏山地区建设新机场。

香港政府在屏山机场征地问题上缺乏细致考虑。1945 年 10 月中旬，屏山一带的村民陆续收到了政府统一格式的征地通知。

> 香港军政府九龙军政府新界理民府为通告事，照得第××地段现因举办公益，须由今日起限一个月内将其收回，至如何补置，则按照一千九百年收回公地则例，即其经一千九百三十年政府收回公地则例修正者办理，又该地业主，须自行选举一人，会

---

① 20 世纪初，两位香港华商何启和区德合资开办了"启德营业有限公司"，在九龙湾北岸进行填海工程。新填地面积有 120 英亩，原计划发展成花园城市住宅区。填海地域以二人合资之公司的名字命名，称作"启德滨"（Kai Tak Bund）。1924 年 2 月，美国人哈利·亚弼（Harry Abbott）向启德投资公司租用了一部分填海土地，开办飞行学校，但不久便停办。由于启德投资公司无法把土地发展成住宅区，而香港政府考察认为该地块适宜用作机场，1927 年 12 月，香港政府与启德投资公司达成协议，正式购入该地块，建设了香港历史上的第一个机场。

同公断局议定应补置若干，如此通告期满一星期内，该地业主尚未有人选定，则公断局可代其选定一人为其订议。此布。①

征地通知既没有说明"举办公益"具体是什么，也没有详细的补偿条款。根据 1930 年修订过的收回公地则例，每平方尺的地价仅港币 3 仙，② 价格过低。通知限期仅 1 个月，并要求当地民众在 1 周内选派代表与公断局商议具体补偿事宜。而且，此次征地范围牵涉甚广，据中统局情报，征地不仅包括机场用地，还涉及青山至屏山的公路拓宽工程，影响大小七个村落及庐墓数万亩、居民 4 万人。③ 因此，征地通告引起了当地民众的不满和恐慌，香港政府先失一着。

其实，港府内部对于征地补偿也没有明确而统一的说法，首席民政官麦道高于 10 月 8 日曾建议补偿应当根据三个原则：一是"公平正义"；二是政府对搬迁的民众提供新的住所；三是对民众在该地拥有的建筑物进行补偿。这三个原则仍是模糊不清。新界理民府的英国官员认为，政府应当尽量避免单纯的现金补偿，村民将很快花掉钱，因为他们"不是诈骗就是赌博"；因此，最好的办法当然是另划土地供他们耕作，但是，新界的耕地大多有主，如何才能拆东墙补西墙？所以，英国人也承认这样的方案"希望不大"。④ 10 月 27 日，屏山机场举行开工仪式，似乎剩下的问题仅仅是劝说村民服从政府征地、拆迁的决定了。

"香港的历史就是近代史"，这句话倒并不适用于新界居民。据考证，新界居民早在宋代就开始在屏山一带定居，世代相传，延绵不断。⑤ 祖

---

① 陈凡：《屏山机场事件内情》（《大公报》1946 年 1 月 8 日），中央通讯社剪报资料《港九问题》（1945 年 8 月 ~1947 年 9 月），台湾政治大学社会科学资料中心藏。

② 9 平方尺等于 1 平方米，港币 1 元等于 100 仙（cent）。

③ 《中央调查统计局情报》（1945 年 11 月 9 日），外交部档案，台北，"国史馆"藏，020000003611A。

④ C. C. A. O. to Command-in-Chief, 8th October, 1945, Ping Shan Airport Resumption and Compensation, HKRS No. 156, D – S No. 1 – 23.

⑤ 新界五大氏族，即锦田邓氏、新田文氏、上水侯氏、上水廖氏及粉岭彭氏，都在北宋年间移居现在的香港新界地区，现已发展至新界多个地方定居。

居在此，祖坟在此，安身立命的耕地在此，中华传统文化"安土重迁"的意识根深蒂固，而安置补偿难如人愿。香港政府的征地遇到了当地民众的一致反抗。10 月 30 日，新界理民府官班辂（J. Barrow）向麦道高报告说，征地赔偿已经产生令人头疼的问题，村民们正试探着进行应对。尽管他一再向村民强调，政府的补偿不仅仅是现金，并希望村民们可以接受离他们原住址很近的新村庄。但是，村民们认为政府选定的新村庄"风水不好"，并询问政府是否准备了田地供他们耕作。因此，巴洛在报告中强调，政府应当为此做好准备，提供给村民新的住宅、水电设备和田地。此外，巴洛还提出，村民们既没有存款也没银行账户，完全靠务农为生，如果他们同意搬迁，会损失之前田地中的农作物，因此，应当准备一笔紧急经费提供给村民作为过渡时期的生活费。①

从 10 月底开始，当局展开公关活动，企图说服村民。当局反复强调修筑屏山机场是基于中英友谊，有利于香港发展，并可造福屏山当地。② 11 月 8 日上午，香港军政府首脑夏悫亲自出面回应，在总督府召开记者招待会，解释建筑机场的理由。针对村民的疑虑和坊间民众的质询，夏悫表明，征地牵涉面没有那么大。因建设机场而受直接影响之乡民共 1300 人，政府收回之土地面积 600 英亩，乡村 8 处，房屋 700 栋。政府将在机场附近建设新的村庄、医院和学校，新的住宅区将安装水电设备。至于村民生计问题，夏悫则提出村民可以使用原先未建成的石岗机场即锦田、八乡附近的土地开垦耕作。最后，夏悫重申了政府修建屏山机场的决心，表示工期将在 6 个月内完成。③

11 月 10 日，香港政府邀请各界代表和记者来到屏山，参观新机场的选址。新界理民府的英国官员在屏山现场再次承诺将对村民进行"优厚"赔偿和妥善安置。据记者报道，当局承诺"村民有屋宇被拆

① J. Barrow，D. O.，N. T. to C. C. A. O.，31ˢᵗ October，1945，Ping Shan Airport Resumption and Compensation，HKRS No. 156，D – S No. 1 – 23.
② 《当局解释屏山建筑机场原因》，《华侨日报》1945 年 10 月 30 日，第 4 页。
③ 《建筑屏山机场夏悫总司令解释理由》，《华侨日报》1945 年 11 月 9 日，第 4 页。

去者，则当获得一新屋宇，祠堂被拆者，则代其重建一所。新屋宇式样地点随乡民自择，新屋将有电灯设备，水井水喉，代为装置，炉灶方向，窗户大小，皆随乡民意思"，"政府将为乡民铺平田地。施肥灌溉，上铺肥土。因新地生产力薄弱，在起初五年或致乡民受到损失，当局已准备予以补偿"。除此之外，香港政府还承诺，若土地不敷使用，将培训村民操作机器设备成为工人。而新屋宇的样板房已经建成，随时欢迎村民参观。①

然而，屏山民众不为所动，拒绝搬迁。在收到征地通知后，屏山乡和屯门乡民众于 10 月中下旬多次集体向新界理民府请愿，请求政府体谅民生，撤销屏山机场修筑计划。村民们在请愿书中说，修筑机场将直接影响十余乡村、万余名村民的生活。他们祖居于此数千年，历代务农，田舍祖坟均在此处。若修筑机场，他们将流离失所，生活无着。②

二　国民政府介入征地矛盾

此后更具意义的倒不是村民愈演愈烈的请愿活动，而是出现了新的请愿对象。10 月 29 日，屏山民众选派邓松年、钟少庭两位代表抵达广州，谒见广州行营主任张发奎，请求其转呈中央政府直接与英国交涉停修屏山机场。11 月 1 日，两代表又将请愿书递交广东省主席罗卓英。③ 此外，村民代表还向外交部两广特派员郭德华请愿，请求其直接与香港政府进行交涉。这样一来，原本是单纯的征地补偿纠纷开始转向政治议题。屏山村民的政治头脑亦成为此后香港民众在利益纠纷中依托"祖国政府"对抗香港政府的典范。生于斯土长于斯处，民宅祖坟很容易与神圣国土相挂连。屏山机场征地风波迅速成为舆论热点，11 月、12 月两个月，粤港地区的中文报纸对此广为报道，

---

① 《屏山开辟航空港时况》，《华侨日报》1945 年 11 月 11 日，第 4 页。

② Weekly Intelligence Summary No. 6 by Hong Kong Joint Intelligence Committee, 1ˢᵗ November, 1945, CO 129/592/6, p. 62.

③ 《英扩修九龙机场征购我广大村落》（《中央日报》1945 年 11 月 2 日），中央通讯社剪报资料《港九问题》（1945 年 8 月~1947 年 9 月）。

《申报》《大公报》也都有所提及，内地舆论很自然地将战后中英关系的波折以至新界主权问题与征地风波联系在一起。

重庆《大公报》记者陈凡专程赴屏山采访，其撰写的《英国的"友谊"——记"九龙屏山机场事件"》一文影响甚大。陈凡开篇写道："日本投降，在华南方面，中英关系，首先在香港接收问题上受到考验。结果是中国让了步，才使这只在战争中建立中英友谊之船避免了触礁。"至于村民拒绝搬迁的原因，陈凡表示并不是补偿问题，那么，真正的原因是什么呢？文章借屏山村民之口宣誓："土地是国家的，我们不能出卖！"[1] 如果说，陈凡的报道还是在暗示新界的主权问题，那么重庆《时事新报》的社论则直截了当地将标题定为"香港九龙应交涉收回"。该社论由英国"不顾九龙屏山二十余村数万乡民的迫切生存，而大举修筑军用机场"联想到晚清英国侵占香港的历史，指出鸦片战争是"历史上最可耻、最下流、是不名誉的战争"。社论指出，太平洋战争期间，中国军队在仁安羌之役中，援救被围的英军官兵，并且在战后为顾及国际信誉，放弃了香港受降的权利。社论质问香港政府在屏山建筑军用机场的假想敌究竟是谁，进而要求政府向英国交涉"收回香港、九龙和新界，并盼望舆论界和各党派人士一致努力，务底于成"。[2]

1945 年 11、12 两个月，广东当局频频向重庆转呈屏山民众的请愿书，请求中央政府尽快交涉解决问题。张发奎在电报中称："苟该地如强行征用，则无异使此等居民成为饿殍……查香港九龙前限于不平等条约之羁绊，英得以造成特殊地位，而为夺取侵略前哨。今日盟国战胜，中英间不平等条约自应一律取消，对香港九龙问题我政府曾已有外交定策，惟英人目前一切措施仍苛虐如前，殊堪痛心。"[3] 外

---

① 陈凡：《英国的"友谊"——记"九龙屏山机场事件"》（《大公报》1945 年 12 月 24 日），中央通讯社剪报资料《港九问题》（1945 年 8 月~1947 年 9 月）。

② 《香港九龙应交涉收回》（社论）（《时事新报》1946 年 1 月 9 日），中央通讯社剪报资料《港九问题》（1945 年 8 月~1947 年 9 月）。

③ 《军令部致外交部电》（1945 年 11 月 5 日），外交部档案，台北，"国史馆"藏，020000003611A。

交部遂指示两广特派员郭德华向港府进行交涉。11 月 21 日，外交部照会英国驻华大使馆代办华麟哲，声明根据 1898 年的条约，"议定在所展界内，不可将居民迫令迁移，产业入官，若因修建衙署，筑造炮台等官、工需用地段，皆应从公给价"。照会指出，九龙原已有飞机场，似无新建的必要，希望英国政府"念中英同盟作战之友谊，取消该处机场之议"。① 华麟哲回答称，原有机场不敷应用，确有另辟较大机场之必要，对于征用土地，英方拟公平给价。② 针对英方的态度，外交部准备采取进一步行动，"一面注意其给价是否公允，一面拟即准备收回九龙租借地之交涉"。③

在此期间，新界理民府多次派员劝说村民，但均无效果。理民府官员表示，赔偿问题都可以妥善解决，但村民声称"土地为我国之土地"，没有中国政府的签字，他们绝不搬迁。④ 然而，机场工程已经启动，香港政府虽未强行拆迁，但英军工程队筑路开山，部分良田受工程影响已成一片泽国，工程队与当地村民几成对峙之势。广东省主席罗卓英急电外交部指出新界民众"群情激愤"，"恐酿成流血冲突"，请求尽快交涉解决。⑤ 屏山民众也多次面见郭德华，询问"中央曾否向英抗议"。在香港政府没有进一步采取行动的情况下，中方保持了一定的克制，没有发表抗议声明，仍采取由郭德华直接与香港政府交涉的处理方式。⑥

1946 年 1 月 11 日，屏山民众代表再次向广东省政府侨务处递交

---

① 《外交部致英国驻华大使馆照会》（1945 年 11 月 26 日），外交部档案，台北，"国史馆"藏，020000003611A。
② 《外交部关于香港当局强征土地致蒋介石的报告》（1945 年 11 月 21 日），外交部档案，台北，"国史馆"藏，020000003611A。
③ 《外交部关于香港当局强征土地致蒋介石的报告》（1945 年 11 月 29 日），外交部档案，台北，"国史馆"藏，020000003611A。
④ 《新界乡民誓守乡土愿归于尽绝不迁移》，《星岛日报》1945 年 12 月 5 日，第 3 版。
⑤ 《罗卓英致王世杰电报》（1945 年 12 月 12 日），外交部档案，二档馆藏，十八/1978。
⑥ 《屏山乡民代表为机场事今日访谒郭德华》，《星岛日报》，1945 年 12 月 14 日，第 3 版；亦见《屏山居民为机场事分电中央请示》，《星岛日报》1945 年 12 月 15 日，第 4 版。

请愿书，表示民众抗议修建屏山机场绝不单纯是为自身求利益。

> 纯为爱国热诚所推动，其主要目的不计较于赔偿之多寡，实系于国防之安危。良以英方于战局已告平定，而我国正宣示以正当外交途径解决香港及九龙租界（指九龙租借地。——引者注）之时，竟然不惜牺牲巨量资材，摧残无数民命而赶筑庞大机场，其居心叵测，路人皆见。万一筑成，则不特港九地区绝无收回之日，而全国各地将永受其重大威胁矣。时至今日，可谓不到屏山不知中国之危。①

　　请愿书的巧妙之处在于其将村民的利益诉求赋予了政治含义。先前，村民们请愿的重点在于呼吁祖国政府保护海外侨民利益，而这次则明确指出屏山机场修筑危害的不仅是村民利益，更是"系于国防之安危"。并且，村民直接质疑香港政府修筑机场"居心叵测"，认为其目的是阻碍国民政府多次表达的政治诉求——以外交谈判方式收回港九的努力。不管屏山村民们的"爱国热诚"究竟占多少，但这封请愿书所表达的内容在一定程度上击中了国民政府解决香港问题的软肋。若不能在屏山机场问题上有所作为，更遑论收回香港的政治许诺。军政部驻香港特派员潘华国表达了同样的担心："查英方此举实欲于港九地位未确定前，施其惯技，造成既成事实以外，巩固其统治权。该飞机场计划横贯青山成为空军基点［地］，对我国有极大威胁。"② 如此一来，港人的利益与祖国的安危紧密结合在了一起。

　　而在屏山当地，事态正进一步恶化。为防止英军工程队强行拆迁，部分村民甚至开挖沟壑，随时准备武装对抗，大有 1899 年反抗

① 《为誓死抗议英方建筑屏山机场请迅予严重交涉由》（1946 年 1 月 11 日），广东省政府侨务处档案，粤档馆藏，28/1/43。

② 《军令部致外交部电》（1946 年 11 月 21 日），外交部档案，台北，"国史馆"藏，020000003611A。

英国占领新界历史重演之势。而广东当局则坚定地支持屏山村民的"保乡义举"，粤省各界组织后援会积极活动，作为"民意机构"的广东省临时参议会表现异常活跃。① 广东当局的强硬态度可以理解，香港被英国割占后，粤港之间一直存在地方利益的纷争。战后数月，粤港双方虽在经济、交通等方面有所合作，但在移民返港、渔业管制等问题上一直矛盾不断。而 1943 年以后，"收回港九"已成为舆论在香港问题上的主流意见，广东当局当然不愿逆民意而行。一旦真的由于征地问题造成流血冲突，粤省境内势必反应最为强烈，即便为一方稳定考虑，广东当局也希望中央能够出面交涉，迫使香港政府停修机场。

1946 年 1 月开始，国民政府态度转趋强硬，多次表达希望港府能够与村民妥善解决纠纷，停修屏山机场。1 月 3 日，郭德华再次向夏悫提出交涉，并表示 1943 年中英新约签订之后，中国曾照会英国，声明中方保留日后提出谈判新界问题的权利；香港政府在新界修建机场，应当于事前获得中方同意，中方始终关注新界民众的生命财产安全。② 郭德华在暗示香港政府，若屏山机场问题不能得到妥善解决，将有可能引发中国交涉收回新界。

1 月 7 日，夏悫访问重庆，舆论再次聚焦于屏山机场，夏悫一再解释，香港政府重视当地民众福祉，将妥善安置和补偿，机场修筑于中英两国都有益处。③ 夏悫返港后，纷争并未平息。当局若坚持修筑屏山机场，唯有进行强制拆迁。但面对群情激荡的屏山民众，强拆只可能升级为与民众之间的暴力对抗。而此时正值中国军队过境香港，一旦出现大规模群死群伤的流血事件，极有可能引发中英之间的武装

---

① 李汉冲：《张发奎处理有关香港一些事件的经过》，《挥戈跃马满征尘：张发奎将军北伐抗战纪实》，第 237 页。

② 《九龙屏山建筑机场事我向港督提出交涉》（《中央日报》1946 年 1 月 7 日），中央通讯社剪报资料《港九问题》（1945 年 8 月～1947 年 9 月）。

③ 《哈科特对记者谈港日军物资已交中国》《中央日报》1946 年 1 月 9 日，第 2 版；亦见《夏悫在渝发表机场渔业问题》，《星岛日报》1946 年 1 月 10 日，第 2 版；《夏悫总督由渝返港重申在渝发表谈话》，《星岛日报》1946 年 1 月 10 日，第 3 版。

冲突，后果将十分严重。①

　　1月11日，蒋介石亲自过问交涉进展。针对屏山征地事件以及同时期发生的另外三起外交纠纷——港府非法划定渔区强征渔税事件、吉隆坡中国官兵与当地警察冲突事件、上海法国领事非法拘捕人犯事件，他指示外交部"主持商同各有关机关迅即妥筹交涉……今后护侨事宜亦应切实研究改进"。② 蒋介石甚至提出，英方既以启德机场不敷使用为由建筑新机场，中国可以开放广州白云机场供英国军、民用飞机使用，以此善举换取英方停筑屏山机场。③ 21日，蒋介石再次令外交部迅速对英交涉停修机场。针对蒋的指示，23日，由外交部牵头，侨务委员会、国民党海外部、军令部等8个机构参加，召开联席会议，商讨解决屏山征地等外交纠纷。对于屏山征地一案，会议决议："一、着重对我国防止威胁之理由，积极向英方交涉停止建筑。二、由中央宣传部发动舆论反对英方建此机场。"④

　　2月21日，外交部照会英国驻华大使，指出新界虽租借给英国，但主权仍属中国，在此修筑机场必须征得中国政府同意；此外，新界问题尚属中英悬案，此时修筑机场殊属不应，粤省民情激昂，希望英方即行停筑机场。⑤ 然而，英方不愿停止工程。对此，中方有关人士甚至提出将屏山征地并入收回九龙租借地一案处理。外交部指示郭德华处理原则："（一）我方对本案始终未予以原则之同意。收回九龙问题，拟俟国际形势对我较顺利时提出。（二）政府对补偿问题认为

---

① 李汉冲认为中国军队过境香港给港府屏山征地一事以压力，参见李汉冲《张发奎处理有关香港一些事件的经过》，《挥戈跃马满征尘：张发奎将军北伐抗战纪实》，第237页。

② 《国民政府致外交部电》（1946年1月11日），外交部档案，台北，"国史馆"藏，020000003611A。

③ 《周至柔致王世杰函》（1946年1月12日），外交部档案，台北，"国史馆"藏，020000003611A。

④ 《奉交讨论九龙屏山机场等五案会议记录》（1946年1月23日），外交部档案，台北，"国史馆"藏，020000003611A。

⑤ 《外交部致英国大使照会》（1946年2月12日），外交部档案，台北，"国史馆"藏，020000003611A。

无考虑之余地。"命令郭氏继续向英方交涉。[①]

最终，香港政府在 4 月 2 日决定停修屏山机场，另觅新址建机场。在解释停建理由时，港府声称是根据国际航空协会新制定的民航标准细则，屏山不适合建设机场，因此放弃。[②] 不管香港政府如何解释，舆论和坊间民众普遍认为，屏山村民的抵制和中国政府的施压最终迫使当局让步。[③]

屏山机场征地风波以香港政府的退让而告终，尤为重要的是，这个结局标志着内地与香港的关系已然存在着一种政治逻辑，即香港政府与民间的利益纠纷必须考虑中国政府的态度与立场。香港民众借助外力推动，将会使利益纷争演变成为中英之间关于香港的主权纠葛，从而压迫港府，最终达到维护自身权利的目的。九龙城寨事件的爆发就是被这样的政治逻辑所牵引，并影响着政治旋涡中各势力之间的博弈与抉择。

三　城寨设治引发争议

屏山征地风波仅是诸多新界土地纠纷的一个案例。在新界这块特殊的土地上，九龙城寨又是"特殊中的特殊"。九龙城寨位于九龙半岛东部，面积不到 7 英亩（约 0.026 平方公里）。鸦片战争后，为防卫并有效管辖岌岌可危的九龙半岛，监视英人在港岛的活动，清廷在

①　《外交部致郭德华电》（1946 年 3 月 28 日），外交部档案，台北，"国史馆"藏，020000003611A。

②　《港府昨日宣告宣布停建屏山机场》，《星岛日报》1946 年 4 月 3 日，第 3 版。

③　此后，修建新机场的问题困扰了香港政府近半个世纪，1950 年朝鲜战争爆发后，港府复建了石岗机场，后又修建了沙田机场。这两个均为小型军用机场，未涉及征地矛盾。但新建大型民用机场的方案囿于地理环境，特别是土地征用矛盾，一直无法出台，香港政府只能填海扩建启德机场。至 20 世纪八九十年代，启德机场早已不堪重负，香港亟须修建新的民用机场。港督卫奕信（David Wilson）于 1989 年宣布兴建新机场计划，1992 年香港政府于大屿山以北填海建立人工岛，开始修筑机场，新机场直至香港回归一年后才完工。有关屏山机场停建的原因，至今仍有争论。相当一部分学者认为，港府停修机场的关键因素的确是屏山不符合国际民航组织的规定，当地民众和中国政府的抗议并非主要原因。参见沈智威《屏山机场计划始末》，刘智鹏、刘蜀永主编《香港地区史研究之四：屯门》，香港，三联书店，2012。

此设立九龙巡检司，并于 1847 年修建九龙城寨。[1] 城寨筑成后成为清廷在这一地区的政治、军事中心。1860 年中英《北京条约》迫使中国割让九龙半岛的南端，英国占领区已逼近九龙城寨。在 1898 年中英关于展拓香港界址的谈判中，清廷虽同意英国租借新界，但坚持保留城寨主权。[2] 中英《展拓香港界址专条》中规定："所有现在九龙城内驻扎之中国官员，仍可在城内各司其事，惟不得与保卫香港之武备有所妨碍。"[3] 这在实质上确认了中国对城寨的主权和治权。然而，接收新界的过程中，英国派出军队将中国官兵逐出城寨，并于 1899 年 12 月通过"枢密院令"（Order in Council），单方面取消中国对城寨的管治权，宣称九龙城寨从此成为"女王陛下的香港殖民地"之一部分。[4] 此后，李鸿章及总理衙门与英方持续交涉两年，要求恢复中国在城寨的治权，终因庚子之变，政局动荡，交涉无果而终。

进入 20 世纪，九龙城寨问题沉寂多年未曾爆发。20 世纪 30 年代，香港城市化进程加速展开，城市已扩张到了城寨边缘。香港政府就此对启德机场附近，包括城寨在内的旺角以东、红磡以北地区制订了规划蓝图。1933 年 6 月，港府正式公告城寨居民，令其在限期内搬出城寨，居民生活由政府在他处安置并补偿。祖居此地数代的部分居民或因不愿背井离乡或因对安置补偿不满，以城寨是中国属地为由向外交部两广特派员甘介侯申诉。此后，外交部迅速跟进，同英方展开长达 4 年的交涉，交涉内容由初期反对香港政府驱逐居民到后来要求恢复中国在城寨的治权。但 1937 年 7 月全面抗战爆发，交涉亦告终止。[5]

屏山机场征地风波刚刚平息半年，"土地攻防战"又在九龙城寨上演，而这一次的起因则是广东当局"主动出击"。1946 年 7

---

① 梁炳华：《城寨与中英外交》，第 2 页。
② 在租借地中保留享有主权与治权的"飞地"，九龙城寨并非孤例，1898 年 3 月《中俄订立旅大租地条约》规定租借地中的金州城由中国自行治理。
③ 王铁崖编《中外旧约章汇编》第 1 册，三联书店，1957，第 769 页。
④ Order in Council, 27th December, 1899, CO 129/302.
⑤ 有关 20 世纪 30 年代中英九龙城寨交涉的具体经过可参见梁炳华《城寨与中英外交》第三章，此处不赘述。

月，宝安县县长林侠子以城寨系属中国领土，历史上属宝安县境内为由，向广东省政府、外交部及两广特派员公署请示，要求恢复在九龙城寨设治。外交部认为，根据1898年的条约，复治方案"自属可行"。[①]

9月6日香港《新生晚报》报道，中国打算恢复对九龙城寨的管辖。据该报称，宝安县县长林侠子计划在城寨设立一名保长，并对城寨进行规划建设，主要目的就是要体现中国对此地的主权及治权。为此，他派遣宝安县民政科科长谭家琳赴港会同郭德华考察城寨，并欢迎华侨投资，繁荣城寨。[②] 这则新闻的影响迅速扩散，11日，上海《新闻报》刊登一则通讯，报道了林侠子将在城寨设治的消息，并介绍了城寨的沧桑历史，该报道的重点在于指出城寨的主权属于中国。12日，香港《新生晚报》报道宝安县政府秘书冯某表示，九龙城寨设治方案是由林侠子县长一手策划，外交部已指示宝安县政府先向外交部两广特派员公署咨询。

宝安县的动作使香港政府深感不安，虽然中方此时并未向英方提出交涉，但报纸消息应当绝非空穴来风。9月15日，香港政府发表声明，否认中国对九龙城寨的管辖权，该声明表示，根据1898年中英《展拓香港界址专条》，九龙城寨并未划出租借地范围，虽然条约中规定驻扎在城寨内的中国官员可以行使治权，但不能与香港防务需要相抵触；由于英方认为城寨中的中国官员妨害了香港防务，已于1899年将其驱逐，50年来，香港政府已在城寨内行使了管辖权，如同在新界其他地区一样，因此，中国无权在城寨恢复设治。[③] 香港政府的声明有些先发制人的意味，在中方尚未通过正式外交途径提出交涉之前，即表明其坚定的态度。

---

① 《外交部致郭德华电》（1946年8月8日），外交部档案，台北，"国史馆"藏，020000003607A。
② 《我政府将规划在九龙城设治》（《新生晚报》1946年9月6日），中央通讯社剪报资料《港九问题》（1945年8月~1947年9月）。
③ 《港府发表声明解释九龙城地位》，《星岛日报》1946年9月15日，第6版。

但如此一来又引发了新的情况，针对声明，中方不得不表明态度。郭德华向外交部抱怨，声称："新生晚报由县府方面聆此消息，陆续发表不确记载或专刊等，对此事多所论列。"① 9 月 16 日下午，郭德华面见香港总督杨慕琦，针对香港政府 15 日的声明提出抗议。郭德华向杨慕琦证实了之前宝安县对九龙城寨的设治方案，并表示外交部已责成由他负责处理，具体事宜正在筹划中。② 17 日，中国外交部发言人、情报司长何凤山在南京召开记者招待会，针对香港政府 15 日的声明，何凤山表示中国政府不会放弃 1898 年条约所赋予的权利，政府将采取措施，恢复在九龙城寨设治。何凤山在回答记者提问时说："查一八九八年中英展拓香港界址专条内载'现在九龙城内驻扎之中国官员，仍可在城内各司其事，惟不得与保卫香港之武备有所妨碍……'约中既规定中国官员仍可在城内各司其事，则我国自必派官员进入，因我对九龙城内治权，从未放弃故也……刻正采取各项措施，俾在九龙早日重建中国之民政管辖权。"③ 19 日，外交部部长王世杰公开表示，依据 1898 年的条约，中方随时准备恢复在九龙城寨设治，具体行动将等待郭德华的报告再行确定。④ 20 日，谭家琳奉广东省主席之命前往九龙城寨视察并勘验界址。⑤

与此同时，报界迅速掀起了舆论热潮，国民党在香港的机关报《国民日报》连载《九龙砦城沧桑录》，回顾战前中英之间关于城寨交涉的历史。⑥ 重庆《西南日报》在社论中指出，不仅城寨的主权属

---

① 《郭德华致外交部电》（1946 年 9 月 16 日），外交部档案，台北，"国史馆"藏，020000003607A。

② Sir Mark Young to the Secretary of State for the Colonies, 17ᵗʰ September, 1946, FO 371/53638. 亦见《郭德华致外交部电》（1946 年 9 月 16 日），外交部档案，台北，"国史馆"藏，020000003607A；《九龙设治在进行》，《国民日报》1946 年 9 月 21 日，第 4 版。

③ 《九龙城内治权我国从未放弃》，《中央日报》1946 年 9 月 18 日，第 2 版。

④ 《我随时有权恢复九龙城治权》，《国民日报》1946 年 9 月 21 日，第 4 版。

⑤ 谭家琳：《复治九龙城调查报告》（1946 年 11 月 7 日），外交部档案，台北，"国史馆"藏，020000003607A。

⑥ 参见 1946 年 9 月 20~22 日《国民日报》，均见第 4 版。

于中国，政府还应当迅速与英国交涉，收回整个香港。① 除此之外，各种社团组织，尤其是以"民意代表"自居的各地参议会表现活跃，纷纷向中央发出快邮代电，呼吁政府收回港九。香港台湾商会直接致电蒋介石，请求其坚持城寨主权，尽快与英国和葡萄牙政府交涉，一举收回香港和澳门。② 上海市临时参议会不仅要求政府收回香港、澳门，还要求收回一切不平等条约割让、租借的土地。③ 向中央政府陆续发出电报，请求收回港九的还有台南县、吴县、广州市、吴江县、高要县、长沙市、林森县（今闽侯县）、台山县、琼山县、辽宁省等地参议会，此类电文直至城寨设治风波平息半年后还在陆续发往行政院。④

而香港政府面对中国舆论民意咄咄逼人的姿态却采取了"冷处理"的手法。杨慕琦在给殖民地大臣的电报中透露，9 月 16 日在会见郭德华时，郭曾向自己表示，他本人并不赞同事先向报界透露中国打算恢复在城寨设治的消息。⑤ 殖民地部据此判断，16 日郭德华面见港督并没有得到外交部的授权，而是自行其是，国民政府内部对该事件并没有统一的立场。⑥ 这一判断没有错，16 日郭德华的确在没有收到外交部指令的情况下就面见港督。17 日，尽管何凤山在南京代表外交部发表声明，立场基本与此前郭德华的表述相一致，但这并非是对郭德华的回应，而是外交部根据此前报纸刊载香港政府声明而做出的应对。并且，王世杰态度有所保留。据何凤山回忆，王世杰曾向他表示："我们与英国有谅解，所以应当慎重。"但何据理力争，反驳说："国家领土的事，大事也！我固属担当不起，部长的责任尤大，

---

① 《九龙与香港》（社论）（《西南日报》1946 年 9 月 20 日），中央通讯社剪报资料《港九问题》，（1945 年 8 月～1947 年 9 月）。

② Sir R. Stevenson to Mr. Bevin, 14th October, 1946, Confidential 17402, F 15867/25/10, BDFA, Part IV, Series E, Asia 1946, Volume 2, p. 257.

③ 《沪参议会电主席请求收回港澳》，《中央日报》1946 年 9 月 18 日，第 2 版。

④ 《抗战胜利后各地参议会要求收回香港电文一组》，《民国档案》1997 年第 2 期，第 37～41 页。

⑤ Sir Mark Young to the Secretary of State for the Colonies, 17th September, 1946, FO 371/53638.

⑥ The Secretary of State for the Colonies to Sir Mark Young, no date, FO 371/53638.

更不能不了了之。"在这种情况下，王世杰才同意何凤山批驳香港政府的声明。① 此后，伦敦根据英国驻华大使施谛文的电报进一步确认中方的意见并不统一，外交部并不十分积极支持郭德华的立场，中方之所以做出强烈反应是对 15 日香港政府声明的回应。② 施谛文还认为，何凤山的强硬态度激化了整个事件。③ 由此，香港政府采取了冷处理的手法，静观其变。

英方的判断基本上是正确的，中国外交部并不希望扩大事态。欧洲司提出三种解决办法：1. 确定中方在城寨设治权利，与英方达成谅解，中方暂不设治，但保留随时设治的权利；2. 与内政部、司法行政部筹商在城寨设立民政机构及法庭事宜，一俟就绪，不顾英方同意与否，立即实行；3. 借此机会向英方交涉收回九龙租借地。欧洲司认为，现在收回九龙租借地并非有利时机；若强行在城寨设治，由于该地实为陆地上之"孤岛"，英方若不同意，实际无法实施。因此，上述解决办法中只有第 1 条是切实可行的。④

根据现有史料，我们大致可以推断，宝安县恢复在九龙城寨设治的诉求本是地方政府的意愿，并得到了广东地方当局的支持。宝安县政府的用意很明显，若能收回城寨，将由宝安县管辖，作为预期的最大受益者当然要态度积极。但就中央政府决策层而言，对恢复城寨设治外交部并未进入实质操作阶段。外交部指示宝安县政府与郭德华接洽咨询，只是一种正常的工作程序，并不代表外交部已有此类预案，何凤山的强硬态度也只是他个人的立场。有研究者认为，恢复在城寨设治只是"宝安县和中国外交当局所发放的空气，以试英国的反应。要是港府没有表示什么反对的话，才透过郭德华或中国外交部正式提

① 何凤山：《外交生涯四十年》，香港，香港中文大学出版社，1990，第 202 页。
② The Secretary of State for the Colonies to Sir Mark Young, no date, FO 371/53638.
③ Sir R. Stevenson to Mr. Bevin, 14th October, 1946, Confidential 17402, F 15867/25/10，BDFA，Part IV，Series E，Asia 1946，Volume 2，p. 257.
④ 《外交部欧洲司第一科签呈》（1946 年 10 月 2 日），外交部档案，台北，"国史馆"藏，020000003607A。

出"。① 这样的分析不无道理，但也的确推测成分过重了些。更大的可能大约是宝安县政府恢复设治的愿望强烈，因而通过报界透露显然仍在商议阶段的"愿景"，进而引发香港政府声明反对和中方外交系统的公开表态。

1946 年 10 月中旬后，由于中英官方未在城寨设治问题上再有所行动，舆论渐渐平息。11 月 7 日，宝安县政府向广东省民政厅呈报了《宝安县政府九龙城复治计划大纲草案》，该草案论述了复治缘起，提出了详细的规划方案，拟清查户口、编办保甲、建设市政，设立镇公所、医疗所、警察分驻所、国民兵队、职业学校、国民学校、幼稚园等组织机构，并安排了设治分期进度。② 但这个草案只停留在图上作业，相关部门并未及时跟进。郭德华认为，复治计划"尚属可行，惟外交方面有无问题，原定实施程序是否适当均应缜密考虑"。③ 外交部表示："此案可相机逐步实施，目前应先从事清查土地面积、厘订城区界线，将来再推行第二步设立机关及行政建设等计划。"④ 这基本等同于搁置了复治计划。在此期间，又接连发生王水祥、张添祥事件，转移了两国政府和公众的注意力。至 1947 年底，中英之间未在城寨问题上再起摩擦。

第二节　从拆迁行动到沙面事件中的民意与外交

一　葛量洪的决心与麻烦

1947 年 10 月 25 日，香港《星岛日报》刊出一篇题为"今日的九龙城"的新闻报道，对于城寨作者感叹："不久以前，宝安县政府

---

① 梁炳华：《城寨与中英关系》，第 134 页。

② 《宝安县政府九龙城复治计划大纲草案》，外交部档案，台北，"国史馆"藏，020000003607A。

③ 《郭德华致外交部电》（1947 年 7 月 22 日），外交部档案，台北，"国史馆"藏，020000003607A。

④ 《外交部致郭德华电》（1947 年 8 月 4 日），外交部档案，台北，"国史馆"藏，020000003607A。

曾提请我外交部……收归我国主权统治……曾经哄动一时，可是过了一个时期，又复归沉寂了。"作者在结尾中说："九龙城的古香古色，已经跟着时代的逝水流去，可是战火破坏的颓垣败瓦，什么时候才能重建起来？"① 然而，作者肯定想不到的是，他的感叹和疑问很快就有了答案，该文刊出一个月后，即时隔设治风波一年，城寨问题再掀波澜，这一次则是香港政府主动出击所致。

刚刚上任 4 个月的香港新总督葛量洪敢于捅这个"马蜂窝"，个中缘由耐人寻味。国民党港澳总支部主委李大超认为："查港督葛量洪乃一殖民官僚，其思想甚为顽固，对中英邦交向不注重，且受其左右如辅政司麦道高等极端排华份子所包围，对我政府及侨民殊无善意。"② 葛量洪在给殖民地部的电报中承认自己对城寨的历史背景虽有所听闻，也有所警惕，却只是把其当作"殖民地普通的一部分"，没有洞悉内中所潜伏的"爆炸性"问题。③ 至于拆迁原因，据葛氏称，由于九龙城寨战后移民日增，私搭乱建，卫生、治安及火灾隐患威胁极大，因此要迁拆那些简陋的房屋，并且利用清拆后的空地进行重建。④ 这些解释不无道理，但是，葛量洪战前在香港担任过 13 年的政务官，⑤ 应当不至于对如此敏感的城寨问题这么掉以轻心。

葛量洪的前任杨慕琦在战后拟推动香港政治体制改革，试图赋予华人民众更大的政治参与权利，以适应新形势下的殖民政策。而葛量洪恰恰对这一政策有所保留。1947 年 7 月葛量洪接替杨慕琦后，主张推行一种"善意的独裁"，以对应香港战后日趋复杂的社会问题。⑥

---

① 占美：《今日的九龙城》，《星岛日报》1947 年 10 月 25 日，第 4 版。
② 《李大超致张群函》（1948 年 1 月），行政院档案，台北，"国史馆"藏，0140000001178A。
③ Act. C. P. to Colonial Secretary, 11th March, 1948, Miscellaneous General Reports Concerning Kowloon City, HKRS No. 163, D－S No. 1－272.
④ Hong Kong（Sir Grantham）to S. of S, Repeated to Nanking No. 203, CO 537/219, 亦见《葛量洪回忆录》，曾景安译、赵佐荣编，第 170 页。
⑤ 〔英〕弗兰克·韦尔什：《香港史》，王皖强、黄亚红译，中央编译出版社，2007，第 488 页。
⑥ 〔英〕弗兰克·韦尔什：《香港史》，王皖强、黄亚红译，第 488 页。

葛量洪与杨慕琦不同，他坚信，如果香港不是英国的"殖民地"，便会成为广东省的一部分。而 1997 年新界租期期满之后，中国肯定会收回香港。因此，他不主张改变香港政治体制和推行杨慕琦的民主改革方案。并且，相当一部分的港府官员反对杨慕琦，辅政司托德就曾说，杨慕琦并不了解香港的华人。① 而 1922～1935 年连续 13 年在香港担任政务官的经历使葛量洪认为，香港华人与英国其他殖民地民众不同，后者会逐渐形成独立国家的意识，并最终将殖民地发展成为英联邦的一部分，而前者的文化传统根深蒂固，祖国又离得如此之近，因此大多数香港华人对香港只是"本土情结"而已，他们并不效忠大英帝国。② 也许，用葛量洪在回忆录中的一段话能说明他当时的心境。

　　没有人曾经考虑过九龙城寨，以及它那潜在的爆炸性的问题。它不是在半个世纪以来被当成香港殖民地的一部分吗？可是当清拆队来到城寨时，一群敌对的人群反抗起来，他们说九龙城寨是中国的，而不是英国的地方。这是对政府直接的挑战；要是我们让步，便会示弱而失去民心；要是我们一意孤行，则可能导致流血冲突。没有一个政府会在失去民心而能够继续统治的，香港当然也不例外。这里涉及另一基本问题：政府在它的土地上行使管辖权。然而中国政府可能会干涉的。因为虽然群众都是一般百姓，但是他们以中国政府的名义行事，而且中国的报刊已经大嚷"英帝国主义"及"中国神圣的领土"。③

---

① Steve Tsang, *Democracy Shelved: Great Britain, China and Attempts at Constitutional Reform in Hong Kong, 1945 - 1952*, p. 188. 杨慕琦于 1941 年 9 月调任香港总督，仅仅 4 个月不到香港即沦陷，他本人被先后关押于台湾和"满洲国"沈阳盟军战俘营。杨慕琦获释后于 1946 年 5 月复任香港总督，一年后便离任，1974 年病逝于英国温彻斯特。

② Steve Tsang, *Democracy Shelved: Great Britain, China and Attempts at Constitutional Reform in Hong Kong, 1945 - 1952*, p. 188.

③ 〔英〕《葛量洪回忆录》，曾景安译、赵佐荣编，第 170 页。

因此，在九龙城寨问题上，不排除这样一种可能，即葛量洪试图以"强势施政"解决这个迁延多年的复杂问题，对香港民众"要表示权力，最低限度也要尝试这样做"，① 以显示其魄力与能量。应当说，葛量洪有一定的政治远见，他竭力避免牵动战后中港关系出现的新的政治逻辑，即香港内部事务总会与主权争议纠结在一起，若这种逻辑引发的事件成为常态，香港政府会越来越被动。因此他试图采取强硬措施以达到稳固政局目的的愿望就不难理解了。

从 1947 年 5 月开始，香港政府频频放话表示要对九龙城寨进行整治。11 月 27 日，政府工务局正式向城寨居民发出通告，通告针对的是城寨原城墙②以外，即基督教广荫老人院附近一带区域的木制房屋，据记者调查，该处约有屋舍大小 200 余处，居民约 3000 人。③ 通告称："此地段乃属官地，查一九三二年第四十条则例第九款第一条，凡未有工务局或理民府所发现时有效之执照，不得占据该等地段，仰于十四日内迁出外地段，并将之整理清洁，倘不遵办，政府不再通告，即行代拆。"④

对于拆迁通告，城寨居民反应强烈，他们于 12 月 1 日成立"宝安县九龙城居民联合大会"，这个联合会的名称已强烈表明他们的中国属民身份，城寨是中国土地的立场。大会选举朱沛唐为主席以及廖裕康、陈德潮等 11 名居民代表，他们通过外交部两广特派员郭德华递交了请愿书。⑤ 请愿书概述了城寨的历史并附上了香港政府拆迁通

---

① 〔英〕《葛量洪回忆录》，曾景安译、赵佐荣编第 171 页。
② 城寨的城墙在香港沦陷时已被日军拆毁用于扩建启德机场。
③ 葛量洪的报告中则指出需要清拆的房屋有 54 处，涉及居民 500～1000 人，见 Hong Kong（Sir Grantham）to Secretary of State for the Colonies, 7th December, 1947, CO 537/2190.
④ 该通告见《为九龙城民居迁拆事郭德华今飞京》，《星岛日报》1947 年 12 月 4 日，第 5 版；亦见《九龙砦内属我土岂容迫迁我居民》，《国民日报》1947 年 12 月 4 日，第 4 版。
⑤ 《为九龙城民居迁拆事郭德华今飞京》，《星岛日报》1947 年 12 月 4 日，第 5 版；亦见《九龙砦内属我土岂容迫迁我居民》，《国民日报》1947 年 12 月 4 日，第 4 版。

告，请求"我政府迅予提出严重抗议，呼吁全国同胞，予以声援，为政府后盾，收回地权，俾国家领土得以完整，贫苦民众仍能安居乐业"。① 12月2日，郭德华前往总督府会见葛量洪提出交涉，葛量洪说，香港政府认为，准备清拆的九龙城寨中的土地属于政府公地，进行清拆"纯为公益"。郭德华回应说，此事牵涉太多问题，中国政府不认为城寨是香港政府的公地，他将赴南京请示具体对策。② 12月4日，郭德华乘机回南京述职，请求中央政府对城寨问题的指示。

与郭德华回南京述职几乎同时，英国驻华大使施谛文由广州飞抵香港，据新闻报道，施谛文访港纯属个人访问。③ 借这个契机，葛量洪向施谛文就城寨拆迁问题提前打了招呼。据葛量港回忆，他对施谛文说："我正向英国请求授权使用武力清拆木屋居民，假如有人受伤的话，施大使亦可能被殃及，因为中国政府一定会抗议的。"④ 葛量洪还将他即将发给殖民地部之电报的草稿给施谛文参阅。⑤ 施谛文表示他赞同葛量洪的做法。⑥

12月7日，葛量洪致电殖民地大臣，在简要介绍城寨近期事态发展之后，葛量洪表示，除非殖民地部反对，他将继续清拆行动。到12月11日，如果居民还没有搬迁，政府卫生部门在必要的警力协助之下将会对其进行强制拆除。葛量洪还认为，目前不需要针对中方舆论的反应发表抗议声明，如果需要发表声明，可以由香港政府公共关系部门具体操作，仅向公众表示，拆迁城寨部分木屋是基于卫生和防火的考虑。葛量洪强调，整个九龙地区在战后有大量的不合规定的木屋，清拆它们是政府工务局的第一要务，所以，此次并非专门针对九

---

① 《九龙砦内属我土岂容迫迁我居民》，《国民日报》1947年12月4日，第4版。

② Hong Kong（Sir Grantham）to Secretary of State for the Colonies, 7th December, 1947, CO 537/2190.

③ 《英大使施谛文今晨由穗抵港》，《国民日报》1947年12月6日，第4版。

④ 〔英〕《葛量洪回忆录》，曾景安译、赵佐荣编，第170页。

⑤ Hong Kong（Sir Grantham）to Secretary of State for the Colonies, 7th December, 1947, CO 537/2190.

⑥ 〔英〕《葛量洪回忆录》，曾景安译、赵佐荣编，第170页。

龙城寨，清拆行动将持续下去。① 殖民地部回电葛量洪，对他的做法表示同意，只是询问其是否为安置拆迁居民提供了住所。②

郭德华回到南京后，中方启动外交程序介入事件。12 月 8 日外交部次长刘师舜召见了英国大使馆官员，而此时施谛文正在从香港返回南京的途中。刘师舜表示，香港政府针对城寨居民的迫迁命令危及中英友谊，双方应当尽快通过外交渠道谨慎处理。刘认为，迫迁命令应当暂时停止，中方正在研究 1898 年条约关于城寨的相关条款；即便真的为了公共卫生需要清拆的话，中方需要时间研究为拆迁居民提供新住处的可能性。③ 当天下午 3 时，施谛文回到南京，在接受中央社记者采访时他说，清拆城寨内不合规定的木屋是为了公共卫生和防火需要，这是香港政府正常的行政措施，为了公众利益，这个问题不应当拖延不决。④ 对于刘师舜上午的召见，施谛文向英国外交部汇报说，他认为，刘师舜真诚希望能够解决问题，避免出现骚乱；但中国政府似乎曲解了 1898 年条约关于城寨地位的条款，因此，他看不出有什么理由阻止清拆行动。⑤

9 日，"宝安县九龙城居民联合大会"主席朱沛唐等居民代表赴广州请愿，同一天，外交部部长王世杰致电广东省主席宋子文称："九龙城民房拆迁事，本部现正与英方交涉中，英大使已允电促港政府重行考虑，一面弟已商由中央党部，密令各党报，暂取镇静态度，力避评论。盼兄对粤中各报，亦酌予指示。"⑥

10 日，王世杰召见施谛文，希望香港政府能够停止破坏中英关

①　Hong Kong（Sir Grantham）to Secretary of State for the Colonies，7ᵗʰ December，1947，CO 537/2190.

②　Secretary of State for the Colonies to Hong Kong（Sir Grantham），10ᵗʰ December，1947，CO 537/2190.

③　Nanking to Foreign Office，Telegram No. 1136，10ᵗʰ December，1947，CO 537/2190.

④　同上。

⑤　Nanking to Foreign Office，Telegram No. 1137，10ᵗʰ December，1947，CO 537/2190.

⑥　《王世杰致宋子文密电》（1947 年 12 月 9 日），T. V. Soong Papers，box 55. 斯坦福大学胡佛研究所档案馆藏，转引自张俊义《1948 年广州沙面事件之始末——以宋子文档案为中心》，《中国社会科学》2008 年第 6 期，第 187 页。

系的行动。王世杰把话题扯得很远，他从日本投降说起，向施谛文表
示自己一贯方针是避免在香港问题上惹麻烦。他还声称，中国政府的
法律专家都认为，自 1943 年中英新约废除治外法权后，租借地中的
居民应当不受外国控制。王世杰表示他仅仅是想告诉施谛文相关的法
律背景，此时他无意提出整个香港的主权问题。① 施谛文回答说，香
港政府的清拆行动纯属为公共卫生和消防考虑的行政措施，他不认为
有什么理由可以使香港政府推迟行动。王世杰似乎有意回避这个问
题，只是强调手段的合法并不代表结果的正确。他表示，任何一个政
府在这种事情上都会遇到麻烦。他告诉施谛文，自己已要求广东省主
席宋子文避免因城寨事件出现骚乱，并且指示郭德华尽快赶回香港，
协助处理此事。施谛文说，也许香港政府在郭德华回港之前就会采取
行动。王世杰立即表示，如果这样的话，郭德华可以协助善后工作。
他还声称自己并不同情那些在城寨的非法定居者，但香港政府的清拆
行动会殃及那些无辜的居民，因此，他希望能为居民们提供临时住所。
施谛文重申这只是正常的行政措施，并非有政治目的，并保证他将向
伦敦方面转达王世杰的希望，使得处置方式"尽可能人道一些"。②

　　10 日王世杰与施谛文的交涉在实际上透露了中方的底线，即王
世杰清楚地表明，中方并不打算借城寨问题提出有关整个香港的主权
交涉，中方最为关心的是香港政府的清拆行动有可能诱发抗议浪潮并
引起社会骚乱。而这与报刊舆论对外交部的期待恰恰相反，自 11 月
27 日之后，报界普遍关注外交系统的动向，纷纷猜测中方在交涉中
采取了强硬的立场，而借此契机，要求政府兑现政治承诺、一举收回
港九的呼声此起彼伏。此时距香港政府通告的拆迁截止日期，即
1947 年 12 月 11 日已越来越近，城寨民众和舆论都密切注视着这一
天，届时香港政府是否真的会进行强拆？考虑到中国舆论与民意的热
潮澎湃，葛量洪改变了主意，他于 10 日致电殖民地部，表示他不打算

---

① Nanking to Foreign Office, 10ᵗʰ December, 1947，CO 537/2190.

② 同上。

在 11 日对城寨非法木屋采取直接行动，而是代之以对违法居民发出传票的方式，他认为这样可以争取时间暂时缓冲一下事态的发展。①

12 月 11 日，紧张和不安的空气弥漫在城寨中，居民们做出了颇具象征意义的举动，在城寨"地标"龙津义学门口高高竖立起一面青天白日满地红国旗，然而，香港政府的拆迁人员并没有如期而至，只有工务局的 1 名官员协同 4 名警察来到城寨发出 71 张传票，指控居民涉嫌侵占公地，须于 12 月 16 日上午到九龙裁判司署候审。居民代表朱沛唐声称若城寨主权仍归中国，居民不受中国以外法律的制裁，将静候中国政府的指示。② 16 日，收到传票的居民没有前往九龙裁判司署候审，新闻记者倒是来了 9 人。裁判司署做出缺席裁决，判定占用政府公地的居民必须拆除违章建筑，工务局会同警务处将在必要时进行强制拆除。裁决标志着香港政府为日后的强拆行动完成了法律上的必要手续。当天，香港政府新闻发言人表示，若拆迁居民确有需要，可向政府申请入住难民营或另租公地建房居住。③ 然而，城寨居民大多数是战后由中国内地播迁而来的难民，他们利用这块长期处于"三不管"的地方搭建起简易的窝棚居住，很多人无须支付房租。并且，此处已经形成了若干手工纺织业的小作坊，新移民们以此为生。他们不愿去申请新的公地，因为没钱；他们也不愿住进难民营，因为那里环境更为恶劣。

同一天下午，郭德华由南京返回香港，在机场接受采访时他表示城寨同胞权益应当受到合法保障，中英之间将依循外交渠道合理解决城寨问题。④ 17 日，郭德华与葛量洪会面交涉，会谈中，"港督表示，此事件之引起，实有部分不良分子从中鼓动民众，并挑拨中英当局"。郭德华则"答以我政府对九龙居民之权益，如属合法，固应保

---

① Hong Kong（Sir Grantham）to Secretary of State for the Colonies, 7th December, 1947, CO 537/2190.

② 《港方昨对九龙城居民票控占住公地》，《星岛日报》1947 年 12 月 12 日，第 5 版；亦见《港府竟越权控告我局民》，《国民日报》1947 年 12 月 12 日，第 4 版。

③ 《中英对九龙城事件协谋合理解决》，《星岛日报》1947 年 12 月 17 日，第 5 版。

④ 《九龙同胞权益必予合法保障》，《国民日报》1947 年 12 月 17 日，第 4 版。

障，此事决不能为若辈所左右，应本情理循正当途径解决"，希望港府"对拆迁事，请勿遽执行"。①

对于郭德华返港交涉，城寨居民本抱有较大希望，但中国外交当局的真实意图只是希望香港政府能够缓和行事，避免出现骚乱。18日郭德华赴广州与宋子文商议，双方达成共识，即该事件仍应由外交部门因循外交渠道解决。郭德华向外交部建议，根据条约，城寨应由中方管辖，中方应向英方提出这个问题；此外，如果确实需要清拆不合规定的建筑，可以由广东省勒令拆迁，以显示中国的主权。20日，王世杰指示郭德华："此案我不拟于此时与英方作法律上之争辩……但可告港政府我所重视者为当地人民与香港政府间友谊维系与增进，希望港府当局亦同样态度，并尽量避免任何具有相当反作用或过分刺激之言行。"② 外交内幕城寨居民当然不得而知，他们仍在焦急等待国民政府的交涉进展，但一连多日没有回音。24日朱沛唐和刘毅夫两位居民代表再次谒见郭德华，询问中央政府意旨，郭德华本人并未接见代表，却在事后发表书面声明称："（一）本署对九龙城事件自当遵照部令办理，整个九龙问题，政府意旨予适当时期，予以合理解决。（二）现在建筑木屋地带之业权，正由广东省政府饬属查核中，倘乏业权根据，即无法律立场，不能邀得中国政府之合法保障。至本署对于侨民合法权益，向极关怀，自必切实保障。"③

郭德华的声明引起城寨居民和舆论一片哗然，其交涉方针及目的均是外交部对城寨问题立场的体现，但他自己被迫站在了前台，成了众矢之的。《星岛日报》在社论中指出："九龙城居民认定自己是中

---

① 《郭德华致外交部电》（1947年12月20日），T. V. Soong Papers，box 55. 转引自张俊义《1948年广州沙面事件之始末——以宋子文档案为中心》，《中国社会科学》2008年第6期，第188页。

② 《外交部长王世杰致郭德华电》（1947年12月20日），T. V. Soong Papers，box 55. 转引自张俊义《1948年广州沙面事件之始末——以宋子文档案为中心》，《中国社会科学》2008年第6期，第188页。

③ 《外交部驻港办事处对九龙城事件发表声明》，《国民日报》1947年12月25日，第4版。

国政府治下的人民，对于港府各机关给他们的命令，一概置之不理，坚决表示完全服从中国政府的命令，听候外交当局交涉的结果，然而，本月廿四日外交部两广特派员公署发表关于九龙城问题的声明，却未免使内向情殷的九龙城居民大感失望……对于九龙城事件，特派员公署到底怎样解决？还是毫无眉目……对自己的民众玩弄油滑滑的外交辞令，徒然暴露自己的弱点，使人失望而已。"①《国民日报》则表示，城寨居民对郭德华的声明"深感失望"，认为该声明"完全不着边际"，并表示"郭特派员前日声明中竟斤斤于业权问题，用意何在，叫人莫明其妙。九龙城内居民反对港府限令拆屋，乃属九龙城内究竟为中国主权，抑属英国主权问题"。② 27 日，城寨居民联合会发表声明，逐一批驳郭德华的声明，声称他们的目的不是为了个人，而是为了国家主权，誓死反对港府逼迁。

对于城寨居民而言，形势越来越严峻，"祖国政府"的外交后盾已然靠不住了。29 日，48 户居民又收到香港政府第三份拆迁通告，居民们仍然决定不予理会，但他们除了派出代表前往宝安县政府寻求援助外，已没有其他办法。而此时，原先对香港政府立场强硬，曾提出恢复在城寨设治的宝安县县长林侠子已"辞去"县长职务，外界普遍猜测是其态度不合上峰意旨所致。③ 在内政和外交层面上，香港政府已基本扫清了障碍，而剩下的问题就是如何拆除房屋。三次发出拆迁通告居民均无回应，并且九龙裁判司署已做出了政府可以强拆的裁决；最重要的是，经过交涉，葛量洪发现中方并不想在这个问题上扩大事态，只是不愿因此引发时局动荡，因此，葛量洪做出了强制拆迁的决定。

二 强拆城寨民居引发的震荡

1948 年 1 月 5 日清晨 4 时许，香港政府派出武装警员 250 多

---

① 《九龙城的问题》（社论），《星岛日报》1947 年 12 月 27 日，第 2 版。
② 《郭德华所发声明引起各方反应》，《星岛日报》1947 年 12 月 26 日，第 4 版。
③ 梁炳华：《城寨与中英关系》，第 152～153 页。

名协同工务局人员分乘 6 辆警车和 10 余辆大卡车开赴城寨。6 时半，居民代表刘毅夫发现城寨外有大队警察，遂与朱沛唐一起大声呼叫居民们准备抵抗。6 时 50 分，佩戴防毒面具、钢盔，手持藤牌和催泪瓦斯的警察由东面进入城寨，迅速将预定清拆的区域包围。警察在包围圈中竖立多块告示牌，标明"警告！请勿靠近，提防射杀"和"催泪弹，勿宜行近"字样。朱沛良和刘毅夫"欲加争论而引起冲突"，遂被警方逮捕。朱、刘二人被带离现场后，约 7 时 15 分，强拆开始，五六十名工人同时上阵，至下午 5 时大致清拆完成。①

事发之后，香港政府与英国外交部将此事看作此前麻烦不断的中港关系的又一波折，考虑的是如何从技术层面迅速解决。1 月 6 日，外交部次长刘师舜向英国驻华大使馆参赞雷博济（Labouchere）当面提出抗议，指责香港政府的强制措施对居民"不独有失平允，亦复至为苛虐"，要求港府"停止上述措施，并释放被捕之居民"。②而雷博济得到的印象是刘师舜的言辞形式大于实质内容，他注意到当天的中文报刊没有什么过激言论，而是仅仅刊载了外交部的抗议。③ 8 日，刘师舜面见施谛文，他说，中国外交部关注目前的形势，担心广州的"激进分子"有可能利用该事件制造事端。他已听说广州的学生将在下周日举行游行示威。刘师舜还表示，根据报纸新闻，被捕的两名居民仍关押在狱中，房屋被拆毁后，很多居民流离失所。他说外交部深为这些报道所困扰，希望香港政府能从人道立场出发，不要再使形势继续恶化。施谛文在给伦敦的电报中说，很显然，是中国的报纸在有意炒作此事件，他不认为中国外交部愿意扩大事端，更不会操纵报刊制造舆论，倒是刘师舜自己对报纸的

---

① 《港警方昨大举出动武装拆屋经过详情》，《星岛日报》1948 年 1 月 6 日，第 5 版。

② 《外交部致驻英使馆第 582 号电》（1948 年 1 月 6 日），中国第二历史档案馆编《1947～1948 年有关九龙城事件的中英交涉史料》，《民国档案》1990 年第 3 期，第 41 页。

③ Sir R. Stevenson to Mr. Bevin, 7th January, 1948, Confidential 17912, F351/154/10, BDFA, Part Ⅳ, Series E, Asia 1948, Volume 5, p. 148.

批评十分紧张。①

同一天，中国外交部关于城寨问题的书面抗议声明递交到施谛文手中，抗议声明要点在于表示依据 1898 年的条约，中方仍然拥有对城寨的管辖权，因而香港政府认为城寨属于"政府公地"并进行清拆是毫无道理的，此举损害了中国政府的权利。施谛文回复说他不同意中方对条约的理解，中方并没有对城寨的管辖权。② 这份书面声明颇具意义，这是国民政府自 1946 年 9 月何凤山发表声明表示中国对城寨拥有管辖权之后第二次明确做出这样的表态。可以推测，国民政府提出管辖权问题并非真的想在此时收回城寨，而是以此作为压力，迫使香港政府妥善处理拆迁事宜。10 日，刘师舜再次面见雷博济，他表示担心局势正在失控，因此他建议英方做出三点承诺：1. 向迫迁居民提供合适的住所；2. 给予适当的补偿；3. 对被捕的两名居民尽快结案，最好能释放他们。雷博济回应说中方应当对正在恶化的局势负责。但事后他向施谛文表示，他的印象是刘师舜对局势的担心有些超乎寻常。③ 而雷博济的印象无疑是正确的，形势正在起变化，中国各地的反英浪潮已在酝酿之中。

南京中英双方通过外交渠道进行交涉的同时，香港方面的交涉陷入了僵局。1 月 7 日郭德华面见葛量洪提出抗议，他说香港政府的强拆行动损害了中国的权益，并且非常不人道。葛量洪则回应说，政府早已通知过城寨民众可以另外申请公地居住，只是没人申请罢了。接着郭又抗议香港政府逮捕了两名城寨居民，葛量洪表示司法当局会依照正常的法律途径进行审判。两人的交涉还

---

① Sir R. Stevenson to Mr. Bevin, 8th January, 1948, Confidential 17912, F431/154/10, BDFA, Part Ⅳ, Series E, Asia 1948, Volume 5, p. 148.

② Sir R. Stevenson to Mr. Bevin, 10th January, 1948, Confidential 17912, F1353/154/10, BDFA, Part Ⅳ, Series E, Asia 1948, Volume 5, pp. 149 – 150.

③ Sir R. Stevenson to Mr. Bevin, 10th January, 1948, Confidential 17912, F 509/154/10, BDFA, Part Ⅳ, Series E, Asia 1948, Volume 5, pp. 150 – 151.

是没有结果。① 同一天，宝安县县长王启后在多名官员陪同下来到城寨慰问居民，王启后发表演讲时特意站在国旗之下，除了谴责香港政府外，王表示中国政府有权对城寨进行管辖，事情定会圆满解决。② 报刊纷纷将王启后的举动解读为国民政府欲对城寨恢复行使管辖，这引发了葛量洪的不安。与此同时，居民们又回到了1月5日已被清拆的地方，在惜字亭空地上搭建了20多个简易窝棚。葛量洪声称居民们的行为受到了宝安县政府官员的"唆使和煽动"，是对当局的公开挑战。

葛量洪开始反击。1月9日和11日，香港警察政治部两度派员"检查"国民党在香港的国民日报社，指责该报关于城寨事件的报道于事实不符，令其更正道歉。③ 除此之外，葛量洪还决定于12日拆除城寨居民在第一次强拆后临时搭建的窝棚，并告知郭德华届时可以派一名观察员前来。④

1月12日晨7时，香港政府再次派遣150名头戴钢盔、全副武装的警员，连同工务局职员、工人数十人分乘冲锋车、警车12辆来到城寨，另有十字车、囚车等随后抵达，准备拆毁1月5日后居民们重建的简易窝棚。由于居民们事前已得知消息，做好准备，"壮丁们齐集在东门最前线，沿城基遗址防守，而妇孺则分在两线，一在惜字亭前，一在山脚，纷将大小石头以传递方式运集到最前线准备应战。"当警察走出"鹤佬村"时，居民即敲打面盆、火水罐等做警报。此时，大队警察继续前进，一"西人警察"拔枪指向民众，"意似威胁"。居民"忍无可忍"，遂以石块为武器，利用民房作掩护，不断掷向警察。双方在惜字亭一带争夺颇为激烈，互相进退六七次之

---

① Hong Kong（Sir Grantham）to the Secretary of State for the Colonies，11th January，1948，CO 537/3705.

② 《王县长昨抵港慰问九龙城同胞》，《国民日报》1948年1月8日，第4版。

③ 中国国民党港澳总支部编印《九龙城迫迁案备忘录（集二）》（1948年1月14日），行政院档案，台北，"国史馆"藏，014000001176A。

④ Hong Kong（Sir Grantham）to the Secretary of State for the Colonies，11th January，1948，CO 537/3705.

多，相持约半小时。在此情况之下，警察鸣枪十数发示警，因居民"不受恫吓"，警察"继以实弹进攻"。而居民虽有受伤，仍奋起抵抗，警察遂发射催泪瓦斯，居民无法支撑，纷纷登山暂避。此时，佩戴防毒面具的警察冲入城内，控制局面。工务局最终将惜字亭一带20多个简易窝棚拆毁，并将拆下的木料分用 8 辆卡车运走。惜字亭一带原有居民所筑砖墙，贴有"总理遗像"及"革命尚未成功，同志仍需努力"标语，此处原为城寨居民集会、升降国旗的场所。工人拆除砖墙，当接近"总理遗像"时，忽又奉命停止，砖墙因此部分保留。强拆结束后，警方实行了戒严，阻隔城寨与外界交通。在这次事件中，居民有 6 人受伤。① 伤者具体情况据中方派员调查见表5－1。

表 5－1　城寨居民受伤情况统计

	姓名	年龄	籍贯	性别	伤位	伤势	备注
1	梁　创	24	新会	男	腹部位于左上	重	正在搬运家私，并无抵抗
2	张忠武	28	南宁	男	头部左顶	较重	详因未知，或由飞石所伤并无抵抗
3	孙　日	49	惠州	男	右腿	轻	由厕所回家途中受伤
4	张炳林	29	云埠	男	左大指腹左中部	轻	早膳回家未知为何所伤
5	刘三妹	24	绍兴	女	右小腿	轻	呆站时所伤
6	赖凤英	26	曲江	女	腋左下	不轻不重	搬运物件时中伤，并无抵抗

资料来源：《骆来忝关于城寨居民受伤情况的报告》（1948 年 1 月 12 日），外交部档案，台北，"国史馆"藏，0200000023220A。"骆来忝"疑为"骆来添"之笔误。

事情的严重性远远超过了葛量洪的预想，他在发给殖民地部的电报中称，居民们对此早已有准备，投掷石块攻击警察，所以警方不得不对空地开枪示警，并发射催泪弹。他对殖民地部强调，警民之间对

---

① 中国国民党港澳总支部编印《九龙城迫迁案备忘录（集二）》（1948 年 1 月 14 日），行政院档案，台北，"国史馆"藏，014000001176A。亦见《港警昨再拆九龙城民居竟演流血惨剧》，《星岛日报》1948 年 1 月 13 日，第 5 版；亦见《九龙城大惨剧》，《国民日报》1948 年 1 月 13 日，第 4 版。

峙时，警察还在城寨东门之外，而不少居民出城攻击警察。他汇报说伤者中只有一人是被枪伤的，他认为是警察对地开枪示警时，由于跳弹造成了意外。① 他在回忆录中把责任归咎于操作失误："可惜警务署长休假，而署理署长却把事情弄糟了——群众顽强反抗……而警方却未能清拆所有的地方。而中国大陆内的报刊则严厉指责英国政府……"。② 第二次强拆次日，郭德华即面见港督，严厉指出："当局十二日再度强制行动，已造成极不幸之后果，势必引起各国各地之激烈反抗。港府在此事交涉期中，务必中止一切强制行动，不得再派遣警察入九龙城，否则事态扩大，其后果责任均应由英方负责之。"③令葛量洪不曾想到，两次拆屋行动恶化了局势，城寨问题的解决变得如此困难和漫长，以至于他本人也没能看到城寨最后的结局。

香港政府与英国外交部的判断建立在 1 月 5 日后中英双方交涉的基础上，他们的普遍感觉是中国政府似乎并不强硬，在他们看来，中国政府最担心的还是城寨事件会引发社会骚乱，影响政局稳固。而中国的报刊舆论多带有唯恐天下不乱的心理，煽风点火亦属正常，总会渐渐停息。在某种程度上，香港政府和英国外交部忽略了中方的另一层暗示，即中方反复强调担心社会骚乱，实质上在向英方暗示民众运动已在酝酿之中，若不立即和缓形势，则局势有可能失控。这也充分体现了民国时期中外关系的一个基本特点——在中国政治天平上最具权重的砝码之一是由民族主义引发的民意舆论与民众运动。九龙城寨事件中，这个因素尤为明显，加上历史遗留问题与现实利益关系错综复杂，多层次多方面的力量角逐对中英两国交涉均有不同影响。整个事件呈现出中英两国外交当局、香港政府、广东地方政府、九龙城寨居民、中国内地民众"两国多方"格局下的多重复杂

---

① Hong Kong（Sir Grantham）to the Secretary of State for the Colonies, 12th January, 1948, CO 537/3705.

② 〔英〕《葛量洪回忆录》，曾景安译、赵佐荣编，第 171 页。

③ 中国国民党港澳总支部编印《九龙城迫迁案备忘录（集二）》（1948 年 1 月 14 日），行政院档案，台北，"国史馆"藏，014000001176A。

关系，在此环境中的民意舆论、民众运动与外交交涉之间的互动尤为明显。

三　沙面事件：外交风潮中的地方政局与民众运动

1月12日香港政府的第二次强拆行动结束后，王世杰在当天的日记中写道："此事有可能引起全国反英风潮。"[①] 果然如其所言，此事直接引发了战后直至1967年全中国最大规模的反英浪潮。《大公报》和《申报》均在13日的头版头条报道了12日城寨的冲突事件。[②] 香港《国民日报》在社论中质问："香港政府是否要考验中华民族？"[③] 北平《世界日报》的评论颇发人深省："我们是战胜国，是世界上五大强国之一，而今天侨胞所处之地位尤复如此恶劣，实属至堪愧疚。"[④] 南京《新中华日报》在社论中更是提出："我们必须要求立即撤办外交当局，向九龙被难同胞谢罪，向全国同胞谢罪，我们必须要求立即进兵港九，收复港九，用中华男儿的鲜血来洗去百余年来的血债。"[⑤] 广东省新闻局举行记者会时，与会人士为增加悲情气氛，甚至为城寨事件的伤者"静默两分钟"。[⑥] 与此同时，南京、上海、北平、天津、济南、汉口、重庆、成都、昆明等地都发起或酝酿发起罢课、抗议和支援城寨居民的行动。[⑦]

从1月12日香港政府第二次强拆行动到16日广州游行失控、民众烧毁英国领事馆的沙面事件发生这几天，充分体现了舆论民意与民众运动欲推动当局展开对英交涉的应对理路。作为国民党，一个国民

---

① 《王世杰日记》第6册，第151页。
② 《九龙城内港警逞凶拆毁陋屋枪伤同胞》，《大公报》1948年1月13日，第1版；亦见《九龙城事件突恶化港警竟枪击我居民》，《申报》1948年1月13日，第1版。
③ 《九龙城血案发生了》（社论），《国民日报》1948年1月13日，第5版。
④ 《我们要为九龙城事件怒吼》（社论）（《世界日报》1948年1月14日），中央通讯社剪报资料《九龙问题》上册（1947年12月~1948年1月）。
⑤ 《立即撤办外交当局立即进兵香港九龙》（社论）（《新中华日报》1948年1月14日），中央通讯社剪报资料《九龙问题》上册（1947年12月~1948年1月）。
⑥ 梁炳华：《城寨与中英外交》，第159页。
⑦ 梁炳华：《城寨与中英外交》，第160~162页。

革命时期依靠群众运动起家、掀起反帝浪潮的动员型政党，在由革命党转变为执政党特别是"清共"之后，动员能力已显颓势。尤其战后面对中共的挑战，国民党革命气质尽失，曾经"运动学生"的政党屡被"学生运动"搞得狼狈不堪。尽管如此，面对由外交事件引发的舆潮民运，国民政府考虑的出发点是与其放纵民气任其泛滥或压抑民众致民心尽丧，不如将运动纳入自己掌控之中。但事发于暗潮汹涌的战后政治生态中，民众这股力量又有其自身的特点，想掌控为己所用，委实不容易。

"沈崇事件"后，国民政府一直对学生运动心有余悸，1947 年初颁布的《维持公共秩序暂行办法》禁止一切罢工、游行和请愿。但香港政府两次强拆城寨民居之后，各地游行示威再起，而具有官方背景似乎是这些游行示威的共同特征。1 月 15 日，一向被视为"党校"的中央政治大学的学生举行示威游行，顾毓琇校长在劝阻不成后竟也加入了游行队伍。有学生记述："更为意外的，后来有警官和'宪官'来领导我们游行。到了外交部，门警在两旁排列着，当中让出一条大道，我们浩浩荡荡进去，在办公厅的前面，我们高呼'打倒磕头外交！''采取强硬外交！''武力收回港九！'……警官又领我们到了行政院，照样地演了一套……许多警察指示我们英国大使馆的地址……到了挹江门，天色已暗，警官抓了三辆大卡车，很安全地把我们送回了学校。"① 与此同时，作为"民意机构"的各省、市、县参议会及社会团体纷纷致电中央政府，抗议香港政府作为，要求政府采取强硬态度。②

就在各地反英浪潮风起云涌之际，广州的民众运动出格了，引发了震惊中外的沙面事件。城寨事件发生后，广东处于极为敏感的位置。在历史渊源上，广东反英气息浓厚，粤港两地关系微妙，香港原本是广东省"不可分割的一部分"，沦入异族之手，本身于粤省民众

① 尚昌：《政治大学游行记》，《观察》第 3 卷第 22 期，第 16 页。
② 《香港当局强迫拆迁九龙中国居民房屋制造屠杀惨案各方面申请交涉文电》，行政院档案，二档馆藏，二（2）/2252。

就有"切肤之痛"。鸦片战争期间，广州三元里民众奋起反抗，早已成为近代爱国主义历史叙述建构的标志事件。20 世纪 20 年代国民革命在广东一隅兴起，粤港之间政治互动愈加频繁。历经香港海员罢工、省港大罢工、沙基惨案直至战后屏山机场征地风波、"王、张惨案"等，"粤港民众对港府措施早已愤懑在心，怀怨已久"。① 第二次强拆之后，粤省民众已然站在了风口浪尖，"香港有事，粤省声援"本就是粤港关系的一种常态。因此，城寨事件已使紧绷的民众情绪处于一触即发的状态，香港政府的两次强拆行动直接刺激了压力之下的民众，这就是诱发沙面事件的社会心理因素。

广东地方当局的行事逻辑亦是引发沙面事件的一个重要因素。当抗议矛头指向外交系统的无能时，广东地方当局考虑的是如何避免成为民众下一个泄愤的标靶，以维护当地的稳定。因此，与其放纵民意，不如加以引导，既宣泄了公众怒火，又不影响政府威望。更为关键的因素是，当局担心中共地下党借机组织游行，利用民众情绪对抗政府。12 日强拆之后，香港的中共组织在舆论上指出："九龙城血案系蒋府暧昧外交之结果，同时亦表现蒋府之懦弱无能。"② 国民党港澳总支部主委李大超事后在报告中指出："穗民众纷纷酝酿示威、巡行、罢工及封锁港粤交通等，粤党政当局深恐为共匪劫持造成严重局面。"③ 此外，广州市的一些学校中出现了中共地下党针对当局处置不力的标语，这加剧了当局的紧张感。国民党广东省党部主委余俊贤、省临时参议会议长林翼中、省社会处处长陶林英、市党部主委高信、市临时参议会议长陆幼刚均认为，民气不宜压抑，亟当争取民众运动的领导，组织游行。省主席宋子文就此征询广州市市长欧阳驹和市警察局局长黎铁汉的意见，他们也认为，既然为防范中共，须争取先机，可以考虑在有

---

① 《李大超致张群函》（1948 年 1 月），行政院档案，台北，"国史馆"藏，0140000001178A。
② 中国国民党港澳总支部编印《九龙城迁案备忘录（集二）》（1948 年 1 月 14 日），行政院档案，台北，"国史馆"藏，014000001176A。
③ 《李大超致张群函》（1948 年 1 月），行政院档案，台北，"国史馆"藏，0140000001178A。

把握掌控局面的前提下组织游行。①

1 月 12 日，由国民党广州市党部牵头策划，广东省和广州市临时参议会发动组织，各社团参与成立了"粤穗各界对九龙城外交后援会"（简称后援会）。后援会于 14 日上午召开第二次委员会议，决定于当月 16 日举行示威游行，游行路线由东桥进入沙面，出西桥经六二三路。沙面即是英国驻广州总领事馆所在地，它位于广州市珠江水域，白鹅潭北部，是一个面积约 0.3 平方公里的人工岛，东西各有一座桥与陆地相连。沙面曾是英法两国的租界，抗战结束后租界不复存在，仍有多个国家的领事馆和公私机构位于此处。市长欧阳驹得悉游行路线后，立即通过市党部和社会局转知后援会召开紧急会议，复议路线。15 上午，后援会召开第三次会议，商讨游行具体细节。余俊贤、高信等人力主不经过沙面，但是，有代表认为，如不进入沙面，游行毫无意义，余、高等人以退席力争，最终，决定游行不经过沙面。②

后援会计划于 16 日上午 10 时先在中山纪念堂召开示威大会，会后举行游行。路线定由中山纪念堂出发，经吉祥路、惠爱西路、汉民路、泰康路、一德路转入太平南路，至西瓜园解散。③ 高信反复要求游行时注意秩序，切勿越轨。广州市警察局会同宪兵第二十六团负责维持游行治安，其中，为确保沙面英国总领事馆安全，宪兵第二十六团第四连会同广州市警察局沙面分局专门对沙面东、西两桥和英国领事馆周围进行了部署。④ 除此之外，黄沙分局负责加强六二三路秩序维持，消防总队员警一律取消外出，在队部候命。⑤

---

① 《广州市市长欧阳驹关于沙面事件的报告》（1948 年 1 月 20 日），行政院档案，台北，"国史馆"藏，0140000001178A。

② 同上。

③ 《广东省参议会为元月十六日示威巡行经过情形致行政院电报》（1948 年 1 月 19 日），行政院档案，台北，"国史馆"藏，0140000001177A。

④ 《宪兵二十六团关于沙面事件的报告》（1948 年 1 月 19 日），行政院档案，台北，"国史馆"藏，0140000001178A。

⑤ 《广州市市长欧阳驹关于沙面事件的报告》（1948 年 1 月 20 日），行政院档案，台北，"国史馆"藏，0140000001178A。

15 日晚，宋子文召见英国驻广州总领事霍乐（Ronald Hall）。宋子文说，他已经下令第二天的游行队伍不准进入沙面。并表示，他能够理解因为城寨风波在华中、华北掀起的愤怒情绪，但他有能力控制华南的局势。[①]

宋子文对霍乐的保证没能兑现，16 日上午的抗议活动从一开始就陷入了混乱。原定上午 10 时在中山纪念堂召开声援大会，后又改为 12 时，由于组织混乱，许多参与游行的学校和社团并不知道时间改变。4 万多人齐集中山纪念堂却久等仍未开会，有人开始鼓动去沙面示威，而中山大学学生未等集会召开，于 11 时率先离开中山纪念堂，走上街头。而随后举行的声援大会仅仅进行了 3 分钟便宣告结束，与会学校与社团迫不及待地开始了游行。[②]

这一天早晨，总领事霍乐为国民政府派员慰问城寨居民一事造访宋子文，宋子文重申他已命令游行民众不得进入沙面，霍乐感觉宋子文并没有不友好的表示。事毕后霍乐开车返回领事馆，据他事后描述："由于我的轿车有事外出，所以那天我自己开着一辆吉普，车头喷图着一面巨大的英国国旗。我发现自己置身于游行的人群中间，他们都在向中山纪念堂聚集，但是没有人对我作出敌视举动。"[③]

在霍乐看来，事情一点都没有恶化的迹象，他很快回到了领事馆。然而，12 时 25 分，中山大学游行队伍 200 余人率先冲破军警阻拦，由东桥进入沙面。他们行进至英国领事馆前，打碎了几扇窗户，霍乐开始考虑是否要出去与学生对话，但被使馆的一位中国员工制止，该员工认为游行的群众并非来寻求解决办法，而是要发泄不满，若此时总领事出去无异于火上浇油。接着，又有人拉弯了领事馆前竖

① Consul-General Hall to Sir R. Stevenson（Nanking），22nd January，1948，Confidential 17912，F 2019/361/10，BDFA，Part Ⅳ，Series E，Asia 1948，Volume 5，p. 159.

② 《广东省参议会为元月十六日示威巡行经过情形致行政院电报》（1948 年 1 月 19 日），行政院档案，台北，"国史馆"藏，0140000001177A。

③ Consul-General Hall to Sir R. Stevenson（Nanking），22nd January，1948，Confidential 17912，F 2019/361/10，BDFA，Part Ⅳ，Series E，Asia 1948，Volume 5，p. 159.

立的悬挂着英国国旗的旗杆，由于军警劝阻，未能将旗子扯下。霍乐再次犹豫是否要出去面见示威民众，但又一次被劝阻。随后人群离开领事馆，移向旁边的太古洋行（Butterfield & Swire Co., Ltd.），并向其投掷石块。之后，这批中大学生退出沙面行至六·二三路，向沙基惨案纪念碑默哀后散去。①

下午1时许，在中山大学之后出发的大队游行队伍连同途中参加的民众，在岭南大学部分学生鼓动下，行至太平南路时突然脱离预定游行线路，折向沙面，随后人群突破东桥由军警组成的防线，聚集到英国总领事馆门前。② 不久，在领事馆前聚集的人越来越多，民众将英国国旗扯下，捣毁了领事馆花园，并向领事馆建筑投掷石块。一时间"砖石纷飞，叫嚣奔突，秩序极为混乱"，军警"以群众人数众多，不敢开枪，故虽尽力防护，多被殴打，终无效果"。此时约下午1时半，霍乐指示随员立即打电话给警察局请求增援。而场面越来越失控，部分民众冲进了领事馆大门，开始冲砸并殴打领馆人员。霍乐及其随员从窗口跳出，进入领事馆仆役居住的院子，躲藏进了领事馆厨师家的屋子。厨师告诉前来搜寻的民众，总领事没有回来吃中饭，才使霍乐躲过一劫。之后厨师设法联系上了宪兵，在宪兵的保护下，霍乐及其随从3时左右才得以安全离开。③

而此时局面仍未得到控制，激动的民众焚烧了英国总领事馆及其旁边的英国新闻处、太古洋行、怡和洋行（Jardine Matheson Co., Ltd.）和渣打银行（Standard Chartered Bank）。由于起火建筑铺有柚

---

① 《广州市市长欧阳驹关于沙面事件的报告》（1948年1月20日），行政院档案，台北，"国史馆"藏，0140000001178A。Consul-General Hall to Sir R. Stevenson（Nanking），22nd January, 1948, Confidential 17912, F 2019/361/10, BDFA, Part Ⅳ, Series E, Asia 1948, Volume 5, pp. 159 – 160.

② 《广东省参议会为元月十六日示威巡行经过情形致行政院电报》（1948年1月19日），行政院档案，台北，"国史馆"藏，0140000001177A。

③ 《广州市市长欧阳驹关于沙面事件的报告》（1948年1月20日），行政院档案，台北，"国史馆"藏，0140000001178A。Consul-General Hall to Sir R. Stevenson（Nanking），22nd January, 1948, Confidential 17912, F 2019/361/10, BDFA, Part Ⅳ, Series E, Asia 1948, Volume 5, pp. 159 – 160.

木地板，新闻处又堆存大量纸张和胶片，火势很快蔓延。正当民众涌向汇丰银行（Hong Kong and Shanghai Bank），捣毁门窗，试图继续纵火时，约3时45分，市长欧阳驹亲率大批军警在宋子文命令下开入沙面，汇丰银行才得以幸免。军警一面逮捕民众，一面压制人群驱至西桥。在此之前，消防队已经出动救火。然而，消防车无法通过东、西二桥石阶，沙面分驻所的小型消防车又被民众捣毁油箱并截断水龙，而消防艇在抗战时已毁坏，无法从水面施救。当局只得一面用水龙接驳西桥的消防车，一面在石阶上铺设木板，将三台小型消防车驶入沙面。而在大批军警赶到前，民众又数度阻止救火，直至下午5时，经全力扑救，大火才逐渐熄灭，沙面恢复平静。①

表 5－2　沙面事件受伤英籍人士情况

序号	姓名	性别	职业
1	胡烈安（L. B. Wood）	男	的呢洋行经理 丹麦、挪威两国代理领事
2	巴可维（J. K. Blackwell）	男	英国领事
3	穆磊（J. L. Murray）	男	英国总领事馆新闻处处长
4	威廉士（J. L. Willams）	男	中山大学教授
5	威廉士夫人（Mrs. Willams）	女	英国总领事馆新闻处职员
6	柏孝士（J. Parkhouse）	男	太古洋行经理

　　资料来源：《广州市市长欧阳驹关于沙面事件的报告》（1948年1月20日），行政院档案，台北，"国史馆"藏，0140000001178A。

　　霍乐事后承认，他并不理解这次游行为何会发展到如此地步，自己经历过广州的许多次游行，都和这次不一样。据霍乐报告，他原以为游行队伍经过沙面会派出代表递交给他请愿书，然后他再做个简短的答复即可。并且，游行的领导者——广东省和广州市参议会的议长都是他的朋友。之前广州曾发生过反美游行（霍乐所指应

---

① 《广州市警察局局长黎铁汉关于沙面事件的报告》（1948年1月18日），《广州市市长欧阳驹关于沙面事件的报告》（1948年1月20日），行政院档案，台北，"国史馆"藏，0140000001178A。

当为 1947 年 1 月由广州民盟支部组织领导的"反美抗暴大游行"），当少数学生冲入沙面大声喧哗并打出反美标语时，众多宪兵将他们制止，随后整个游行队伍都受到军警的攻击，不少学生头部受伤。据霍乐了解，张发奎曾下令部队可以对投掷石块的民众开枪。而此次沙面事件中，据霍乐观察，军警并没有开枪，而且很少有人携带武器。①

不管霍乐怎样不理解，事情也总得有个解释。显然，有两部分人难辞其咎。一是组织策划游行的广东国民党组织，特别是国民党广州市党部主委高信等人。二是负责维持治安的军警。前者失误在于组织安排，致使游行失控；后者责任在于未能及时阻止暴力事件发生。但焚烧沙面英国总领事馆及其他公私机构的责任由谁负？这是一个大问题。沙面事件第三天，《中央日报》的消息指称："拘获之歹人中，身上携有短枪者颇多，现尚在严讯中。据闻其中有共匪留穗之地下人员，乘民众情绪愤激之际，乘机煽动，并予纵火。"② 欧阳驹在报告中指出，游行失控之时"奸党份子羼杂其中"。③ 王世杰认为，沙面事件原因"一则中共及其他反政府团体之爪牙遍布广州；二则宋子文主席无指挥当地党部及当地民众团体之力也"。④

然而，若言中共是沙面事件的制造者，证据是一个大问题，国民党对中共的指责缺乏起码的事实根据。若要能够"自圆其说"，彻底嫁祸于对手，得在解释方面下功夫。沙面事件后第二天，《中央日报》发表了一篇题为"认识事情的真相——关于广州意外事件"的社论，硬着头皮为中共编造了一个动机，该社论指出：

---

① Consul-General Hall to Sir R. Stevenson（Nanking），22nd January，1948，Confidential 17912，F 2019/361/10，BDFA，Part Ⅳ，Series E，Asia 1948，Volume 5，pp. 159 – 160.

② 《穗示威游行生意外奸徒混入焚英领馆》，《中央日报》1948 年 1 月 17 日，第 2 版。

③ 《广州市市长欧阳驹关于沙面事件的报告》（1948 年 1 月 20 日），行政院档案，台北，"国史馆"藏，0140000001178A。

④ 《王世杰日记》第 6 册，第 156～157 页。

……广州离港九仅一海之隔，粤省又是过去受英国侵略影响最深的地区，广州民众，对九龙城事件反响更见激昂，本也是意中之事。可是万想不到，十六日穗市的爱国示威游行，竟有奸徒混迹在内，因而发生意外的变故，使我民众纯洁的爱国行为，显得与义和团式的暴动无以区别。这真是最值得遗憾，最值得痛心的事。

……我们已有充分理由可以相信，大部分参加游行示威的民众，都不仅不参加此种暴行，并且对此种暴行的发生，感觉惊异，感觉深切的愤恨。暴行的发生，完全出于少数不法分子的预谋；我们并且已获得充分的凭据，可以知道这些坏分子的预谋是出于某一方面的策动。

为什么奸徒们要在此时策动义和团式的暴行？难道是为了九龙城的主权、九龙城居民的利益吗？不是的。他们的行动，是只有使我外交当局于进行主权的交涉时，发生意外的周折与困难，只有使我九龙城居民更受到香港当局的嫉视与迫害。他们此时要排外，特别是要反英反美，完全是为了要转移国人的视线，分散国人的注意力，使国人不复再去注意他们自己在东北所进行的那类出卖民族利益，断送领土主权的勾当。他们要使国人发生一种错误的幻觉，以为中国当前民族的大患是在南方，而不是在东北或西北。这与当初日寇在我国宣传反英反美，是同样的动机与作法。今日的奸徒们，自然是反美之心更切于反英，可是实在找不到美国有什么损害我国的行动，刚好此时九龙城事件发生，他们就先从反英入手，希望能使事件愈益扩大，扩大到不可收拾，一而使政府搅入不必要的对外纠纷，一而将运动发展为一般性的排外。（自然，被奸徒们视为"祖国"的那一个外国是除外的。）他们要藉反帝国主义的动人口号，掀起反英美的狂潮，以使他们自己在这纷乱之中，偷偷建立第二满洲国的阴谋！①

———————————

① 《认识事情的真相——关于广州意外事件》（社论），《中央日报》1948年1月18日，第2版。

《中央日报》的这篇社论唯一正确的地方是道出了广东民众炽烈的反英情绪，除此之外，皆是为"抹黑"中共而凭空捏造，但其中的逻辑未免过于拙劣。值得注意的是，该社论已体现出冷战的时代特征，《中央日报》也正是试图运用"冷战思维"来为中共编造动机，将城寨问题偷换为英美与苏联、国共两党之间对峙的命题。目前公布的史料完全可以证明，中共地下党组织并未介入沙面事件。① 在因沙面事件受审的嫌犯身上，也没有找到丝毫其与中共地下党组织相关的证据，就连当时居住在广州的外国侨民也不相信是共产党所为。② 不难理解，国民党将沙面事件烧毁英领馆的责任嫁祸于中共的直接目的是为自身开脱。

具有中共背景的香港《华商报》对此进行了反击，在社论中指出："这次的游行，分明是由国民党特务所领导，所有参加的所谓学生和工人，差不多全是正统的特务分子——尤其是 CC 的血缘份子，在担任着指挥。"社论声称："国民党当局尽管于事后图推卸责任，这也不过是掩耳盗铃吧了。他们满以为这移祸于所谓'奸匪'的诡计，能取信于外人，从而使英国干涉香港的中国民主份子，但事实上，这种无耻的勾当，也是弄巧成拙吧了。"③ 香港学者陈君葆在日记中写道：

> 沙面事件是 CC 干的，那大概不会去事实很远。广东开府，张去宋来，把罗卓英一系踢走，这里边自然不会没有"下文"，何况国舅的作风也未必得人家欢迎，因此伺机而动

---

① 当时身为中共秘密党员的岭南大学学生吕宝琅回忆了沙面事件的经过，他并没有接到上级指示要求组织游行示威，岭大的地下党员不愿参加游行，后来经过组织说服才决定"走群众路线"参加游行，这完全是为了不暴露党员身份。见吕宝琅《根据学校特点进行斗争——回忆解放战争时期岭南大学学运》，广州青年运动史研究委员会编《粤海风涛——解放战争时期广州青年运动史文集》，广东人民出版社，1990，第 157～160 页。

② 张俊义：《1948 年广州沙面事件之始末——以宋子文档案为中心》，《中国社会科学》2008 年第 6 期，第 198～199 页。

③ 《广州英领事馆被焚内幕》，《华商报》1948 年 1 月 21 日，第 4 版。

的也自大有人去。若是对共党而论，那末，粤东当局最低也应来一个"疏于防范"的处分，不过这事件又怎好推到"共"的身上，教谁相信？①

正如陈君葆所言，坊间普遍认为广东的 CC 派试图借助城寨事件闹事，以此打压王世杰为首的外交当局和广东省主席宋子文，甚至英国人也接到了这方面的情报。据霍乐报告，宋子文的朋友——一位中国商人告诉他，沙面事件并非由共产党发动，而是由广东的 CC 派策划，目的是为了打击以张群和宋子文为首的国民党内部"自由分子"的威信。在华北、华中有可能落入共产党手中的局面下，宋子文负责经营华南，但他在广东并没有自己的势力，处境不妙。城寨事件爆发后，CC 系一直在期待发生流血事件，而这次在沙面事件中，CC 系花钱雇佣暴徒直接坐船渡过珠江登陆沙面，并纵火焚烧了英国总领事馆。② 此外，1961 年《广州文史资料》第 3 期的几篇回忆文章也指称是 CC 系高信等人暗中派人制造了纵火事件。③

广东 CC 系与宋子文一向关系不睦，这是不争的事实；若说 CC 系策划并组织了 1 月 16 日的游行，也没有错。至于 CC 系是否故意纵火焚烧英国领事馆，仍然值得商榷。就目前公布的史料而言，尚未有足够的证据能够证明纵火事件是 CC 系所为。④ 高信等人是竭力反对游行路线经过沙面的，他在事前也一再强调游行切勿越轨。CC 系

---

① 《陈君葆日记全集》第 2 卷，第 517 页。
② Consul-General Hall to Sir R. Stevenson（Nanking），22nd January，1948，Confidential 17912，F 1900/361/10，BDFA，Part Ⅳ，Series E，Asia 1948，Volume 5，p. 164.
③ 参见丁丰《广州英领事馆被焚的幕后闻》、林志钧《火烧英领事馆内幕》（《广州文史资料》第 3 辑，第 33～37 页），此处不赘述。
④ 台湾学者吴淑凤曾在《1948 年九龙事件再探——兼论战后国民党内的派系之争》一文中指出："焚毁沙面英国领事馆一事，应系出自高信有意的策动广东群众所致，而目的应是为打击中央的政学系，并使主政广东的宋子文难堪。"张俊义根据新发现的宋子文档案认为吴文结论大可商榷，张文判断，焚毁沙面英国总领事馆是缺乏组织的群众运动中经常发生的意外事件，导致意外发生的直接原因是民众强烈的反英情绪和国民党方面欠缺的组织秩序。

的主要失误还是技术上的，发动了民众运动，却没有能力掌控运动的方向；本来试图驾驭民众运动，却反被运动着实教训了一下。至于宋子文，他自始至终就一直反对游行队伍经过沙面，事发之后也积极善后，英国人似乎对他很理解，霍乐向施谛文表示，多方面的信息都印证宋子文在广东很孤立。①

《观察》杂志有人撰文指出，此次事件背景复杂，国内各派政治实力借此各做打算。北京大学学生在民主墙贴出的壁报就表示，据他们看，政府是不会采取强硬手段对付英帝国主义者，政府之所以有反英行动，是因为香港成为民主人士的避难地，欲借此对英国施加压力。当然，坊间和舆论的分析都只是猜测，结果对错意义不甚大。然而，一起外交事件却暴露出国内政治生态的暗流汹涌。《观察》的一则评论多少透露出那个年代特殊氛围中人们的心态："许多关心国事的人这时都闭口不谈了。清华大学的吴晗教授等对访问的学生，都以'真相不明'为词，采取保留态度，张奚若教授甚至说：'不要上人家的当。'北京大学胡适校长也婉言拒绝谈这个问题……这真是个复杂万分的年代。"② "复杂"两个字大概是沙面事件一个最好的注脚。

第三节　一波三折的交涉与无果而终的结局

一　外交解决的僵局

沙面事件之前，外交部承受着来自民意的巨大压力，自香港政府第二次拆屋后，几乎所有报刊都将矛头指向了王世杰和外交部。外交部不得不采取强硬立场。另一方面，民意的压力是双重的，在某种程度上亦是外交部对英交涉的"资本"。王世杰于 1 月 12 日晚召见施

---

① Consul-General Hall to Sir R. Stevenson（Nanking），22nd January，1948，Confidential 17912，F 1900/361/10，BDFA，Part Ⅳ，Series E，Asia 1948，Volume 5，p. 164.

② 曾乾：《"九龙事件"在北平》，《观察》第 3 卷 23 期，第 2 页。

谛文，指出事件的严重性，要求香港政府立即停止强制行动。① 施谛文在给伦敦的电报中提到"必须承认外长看上去真的有些不安"。② 15 日下午，中国驻英使馆段参事面见英国外交部助理次官邓宁（Dening），以国内"民气激昂"促其注意，使"邓氏颇为动容"。③

1 月 15 日晚，曾任英国驻中国大使的蓝浦森（Miles Lampson）来华访问，大使馆设宴款待，并邀请中方人员出席。饭后，施谛文主动向王世杰提出城寨问题的解决办法：将城寨建成公园，另择他处安置居民。王世杰表示原则上可以商讨，并再次要求香港政府停止强制行动并释放被捕居民。第二天下午 4 时，施谛文面见王世杰继续商讨之前的提议，王世杰同意将城寨改造成公园的建议，但提出要将外交部两广特派员公署驻港办事处设置在公园中，施谛文未表示反对。④ 施谛文在给伦敦的电报中认为这个建议是可取的，从长远角度，这种处理方式不易产生问题。⑤ 至此，国民政府已在九龙城寨问题上走到了历年交涉的最远处，这个提议不仅解决城寨未来安排问题，并且有意将政府机构进驻自 1899 年之后便无中国官员的城寨。并且，这个提议看起来得到了以施谛文为代表的部分英国官员的认可。然而，就在这个当口，沙面事件爆发，改变了中英之间交涉的走向。

沙面事件之后，中英之间的交涉变得更为复杂和莫测。当英国驻广州总领事馆被焚的消息传到伦敦后，朝野一片不满，英国外交部从以前相对被动的应付一转为主动出击。伦敦时间 16 日当晚，英国外交部常务次官奥默·塞克金（Orme Sakgent）召见中国驻英大使郑天锡，声明沙面事件"事体严重"，指中方纵任煽动分子，以致发生事

① 《王世杰日记》第 6 册，第 151 页。
② Sir R. Stevenson to Mr. Bevin，8th January，1948，Confidential 17912，F630/154/10，BDFA，Part Ⅳ，Series E，Volume 5，Asia 1948，p. 148.
③ 《驻英使馆致外交部第 555 号电稿》（1948 年 1 月 15 日），《1947～1948 年有关九龙城事件的中英交涉史料》，《民国档案》1990 年第 3 期，第 44 页。
④ 《王世杰日记》第 6 册，第 155～156 页。
⑤ Sir Stevenson to Mr. Bevin，8th January，1948，FO 371/69580.

故，要求中国政府迅速采取有效办法，保护英侨。① 沙面事件当晚，宋子文和欧阳驹当面向霍乐表示歉意。中央社当天报道，已有100多名沙面事件的嫌疑犯被捕。第二天，霍乐面见宋子文，提出了两个重要问题：为什么增援的军警在三小时后才赶到沙面？中方将采取怎样的措施以防类似事件重演？宋子文回答，他相信，这是由于军警人员的无能和懦弱造成的，他表示一定保证英国外交人员的安全。②

此后，国民政府迅速做出应对措施，对舆论与民众运动收紧控制。行政院院长张群与王世杰商定，要严惩纵火暴徒。蒋介石针对17日上海学生游行拔去英国总领事馆国旗的事件"目为拳匪行为，令党报著论攻击"。③ 组织此次游行的"上海市各大学抗议九龙事件联合会"为推卸责任，声称游行失控完全是中共地下党"利用群众情绪"所致，自辩"绝对支持王外长之外交策略"，表示"吾人固未忘沈崇事件，亦未忘白［北］塔山、外蒙古，但当前问题在收回港九，而我等在学期间一切行为，不能有害学业，更不能有害社会秩序"。④ 1月下旬，城寨事件引起的反英浪潮趋于沉寂，民众热情开始冷却，新闻舆论逐渐降温。

沙面事件后，行政院会议通过王世杰的主张，不求扩大问题，但求迅速解决。⑤ 两国外交当局开始着手解决由拆迁引起的外交风波和一系列连带问题。由此而来，整个事件发展的脉络越发清晰，两国实际上是在四个层面上进行交涉的：首先是1月5日、12日强拆事件的善后问题，其次是1月16日沙面事件的赔偿问题，再次是九龙城寨本身的未来安排问题，最后是中国对九龙城寨以至整个新界地区的

---

① 《驻英使馆致外交部第558号电稿》（1948年1月16日），《1947～1948年有关九龙城事件的中英交涉史料》，《民国档案》1990年第3期，第44页。

② Consul-General Hall to Sir R. Stevenson（Nanking），22nd January，1948，Confidential 17912，F 2019/361/10，BDFA，Part Ⅳ，Series E，Asia 1948，Volume 5，p.160.

③ 《王世杰日记》第6册，第155～156页。

④ 《上海市政府致行政院电》（1948年1月24日），行政院档案，台北，"国史馆"藏，0140000001177A。

⑤ 《王世杰日记》第6册，第159～160页。

权限问题。

在这四个连环相扣的问题上，中国是否坚持对港九的主权与治权是核心问题。中国民众与舆论的思路是，城寨的主权与管辖权是不需讨论的，城寨问题的根源是不平等条约造成的，因此，是否收回港九才是实质问题，这个问题若获解决，其他一切迎刃而解。而中国外交当局的思路则正好相反，尽快解决拆屋事件的善后，迫使香港政府释放被捕居民以平息外交风波是要务，而中国在城寨是否有管辖权的问题根源于中英双方对条约理解的不同，至于收回港九只是外交施压力的一张牌而已。早在 1 月 13 日的行政院会议上，王世杰便强调："予意我政府如认为此时不妨与英敌对，则所争者应为香港九龙全部问题，不是'九龙城'的地区问题。在目前国内及国际形势之下，予认为发动收回港九运动或交涉，于事无益，徒伤中英感情，使中国孤立。"① 第二天国民党中央政治委员会会议中，王世杰亦表示，不能因城寨事件在国际上树敌，不宜此时提出收回港九。除孙科以外的大多数委员均表示不要扩大事件。② 英方也认为中国无意在此时收回港九，施谛文在给伦敦的电报中提到对王世杰的印象是："他强调租借地的权限，仅仅是基于法律上的背景。他肯定无意在此时提出整个香港问题。"③

1 月 16 日沙面事件后，双方在城寨拆迁善后和沙面事件赔偿问题上陷入了僵局。1 月 23 日，中国外交部照会英国驻华大使，要求香港政府立即释放被捕居民，撤退警察，赔偿城寨居民所受生命财产的损失，惩处开枪的警察。④ 同时，英国驻华使馆也照会中国外交部，要求中方告知英方沙面事件的调查结果，惩处肇事者及予以充分

---

① 《王世杰日记》第 6 册，第 152～153 页。
② 《王世杰日记》第 6 册，第 153 页。
③ Nanking to Hong Kong telegram No. 337 repeated to Foreign Office. CO 537/2190.
④ 《外交部致驻英使馆第 617 号电》（1948 年 1 月 23 日），《1947～1948 年有关九龙城事件的中英交涉史料》，《民国档案》1990 年第 3 期，第 46 页。

赔偿。① 王世杰表示正派员调查，在未调查明白当时经过之情形前，不能作何表示。王世杰在日记中袒露，他之所以这样处理，意思是不能表示愿否赔偿。② 他认为，沙面事件是由于城寨拆迁连带而起，为因果关系，应当先解决城寨拆迁善后再考虑沙面事件赔偿。③ 1月28日，王世杰出席国民党中央政治会议汇报中英交涉进展，他表示，虽然宋子文在沙面事件之后对英国人承诺愿意赔偿，外交部仍打算要等待调查后按国际公法解决。④ 英方不肯抚恤伤者及释放两名城寨居民的理由是，警察的执法代表了香港政府对城寨的司法权限，⑤ 中国政府无权干预香港的司法。更深层次的原因可能是，如果在这个问题上开了先例，等于承认中方可以通过外交途径干预香港政府的司法权，换言之，这实际上暗示了国民政府有能力在城寨显示治权。在这一点上，英国十分敏感，尽管中方多次声称根据1898年的条约，对城寨拥有管辖权，但英国始终没有愿意就此展开商议，认为中方是在故意曲解条约。1月12日的强拆行动之后，处于风暴中心的九龙城寨倒是平静下来，香港政府未再进入城寨进行强拆。⑥ 而中英双方在这两个僵局之外开始寻求新的突破，即城寨未来的安排问题。

二 新的突破与新的问题

外交谈判的实质是博弈过程，英国在最初几个回合的较量中就已摸清中国的底牌，既然中国不会借此收回香港，那么谈判的实质就是

---

① 《外交部致驻英使馆第617号电》（1948年1月23日），《1947~1948年有关九龙城事件的中英交涉史料》，《民国档案》1990年第3期，第46页。
② 《王世杰日记》第6册，第160页。
③ 《王外长在中政会报告九龙城及沙面两案应分先后解决》，《申报》1948年1月29日，第1版。
④ 《徐永昌日记》第9册（1948年1月~1949年12月），台北，中研院近代史研究所，1991，第11页。
⑤ 《驻英使馆致外交部第623号电稿》（1948年1月27日），《1947~1948年有关九龙城事件的中英交涉史料》，《民国档案》1990年第3期，第47页。
⑥ 《英使访王外长会商九龙城案渐见转机港方二次迫迁令未执行》，《申报》1948年1月20日，第1版。

确定城寨未来的安排。而两国对于未来安排博弈的焦点是中国是否能在城寨体现管辖权。① 在这一点上，英国政府态度十分强硬，坚持不讨论城寨管辖权的问题。英国首相艾德礼致函中国大使郑天锡时表示："正如你所知道的，中英两国政府在所谓的城寨管辖权问题上一直存在分歧，我不打算在此讨论这个问题。然而，我需要指出，除了1941年12月至1945年9月日本占领香港的这段时间，从1899年开始，香港政府已经对城寨行使了将近55年的管辖权。"②

前文述及，1月15日，英国驻华大使施谛文主动向王世杰提出将城寨改建为公园的提议。其实，改建公园的想法本是20世纪30年代中英在此问题上曾一度取得的共识。③ 王世杰在第二天便同意了这个提议，但附加了一个极为关键的条件：将外交部两广特派员公署驻港办事处设置在公园内。王世杰的设想用意是以驻于公园内的中国政府机构来象征中国对该地的主权，这不啻是个聪明的主意，想尽快了结纠纷的英国外交当局也比较赞成。可是，葛量洪态度十分强硬地反对这个提议。他认为中国的建议只会令市民以为香港政府犯了错误，是找个台阶下，挽回面子而已。④ 葛量洪的方案是将城寨改建成一个由香港政府控制、不设置中国政府机构的公园。葛量洪主张英方应当强硬起来，"由歉疚的防御转向进攻"（From apologetic defence to attack）。他建议交涉分为三步：首先要求中国撤走在香港负有"煽动"之责的《国民日报》；其次要求国民党、三青团组织离开香港；最后要求中国政府规范在香港的代表机构，即将外交部特派员公署驻港办事处改为"中国驻香港总领事馆"。⑤ 殖民地部对此建议的评价是："港督的态度是可以理解的，但英国外交部不会接受其中任何一

① 梁炳华：《城寨与中英关系》，第197页。
② Mr. Attlee to the Chinese Ambassador, 24ᵗʰ January, 1948, Confidential 17912, F 860/154/10, BDFA, Part Ⅳ, Series E, Asia 1948, Volume 5, p. 166.
③ 具体史实参见梁炳华《城寨与中英关系》第三章。
④ Mr. Mayle to Mr. Scarlett, 28ᵗʰ January, 1948, FO 371/69578.
⑤ Future Policy, Kowloon City, 30ᵗʰ January, 1948, CO 537/3705.

条。"其原因在于英国与中国脆弱的关系,特别是外相贝文在下院演说中主张避免削弱中国的外交政策。与此同时,英国驻广州总领事霍乐又提出了一个建议,他提出将城寨建成公园后,由中国政府在其中设立驻港总领事馆。① 英国驻华使馆、外交部、香港政府、殖民地部围绕这些方案来回论辩,谁也说服不了谁。

与此同时,中方对英国迟迟不做答复深表忧虑,王世杰于2月1日电令驻英大使郑天锡,要求其尽快与英方交涉释放被捕民众。王对英方的拖沓颇有怨言:"我所要求只就本案求解决,并未涉及港九问题……我政府近日晓劝舆论界与民众已为最大之力。"② 王世杰于第二天午后召见施谛文,警告"倘九龙城问题迁延不决,该城居民或将再生事故;我政府准备于必要时遣派警察入城并循一八九八年条约为中国官民所保留之交通路线前往,以暂维城内治安云云"。施谛文大为惊异,称将迅速电告伦敦。③ 2月4日,郑天锡再次要求英国尽快解决城寨问题。④ 中方态度再次转为强硬,英方却从中解读出"中国急于解决问题,比我们更加忧虑"⑤ 之意。

面对中国一再要求,经协商后,英国外交部与殖民地部达成共识,向中方提议将城寨改建为"同盟公园",以纪念对日作战时牺牲的盟军将士。英国外交部助理次长邓宁向郑天锡转达了外相贝文的看法,即贝文认为,"同盟公园是最好的办法"。郑天锡问邓宁何时可以释放两名城寨居民及赔偿相关损失,邓宁说先解决城寨未来安排再议其他,反过来质询中国对于沙面事件调查有无结果。⑥

---

① Future Policy, Kowloon City, 30th January, 1948, CO 537/3705.
② 《外交部致驻英使馆第 631 号电》(1948 年 2 月 1 日),《1947～1948 年有关九龙城事件的中英交涉史料》,《民国档案》1990 年第 3 期,第 47 页。
③ 《王世杰日记》第 6 册,第 168～169 页。
④ 《驻英使馆致外交部第 589 号电稿》(1948 年 2 月 4 日),《1947～1948 年有关九龙城事件的中英交涉史料》,《民国档案》1990 年第 3 期,第 48 页。
⑤ Foreign Office to Stevenson, 4th February, 1948, FO 371/69578.
⑥ 《驻英使馆致外交部第 598 号电稿》(1948 年 2 月 8 日),《1947～1948 年有关九龙城事件的中英交涉史料》,《民国档案》1990 年第 3 期,第 49 页。

中方急于解决纠纷的心态果然被英国判断准确，在王世杰得知贝文答应若中方同意同盟公园方案，可于公布消息之时由港督赦免两名被捕居民后，表示中方可以考虑这个方案。随后王世杰又提出由中方管理公园，贝文则提议由中英共管。① 王世杰先是表示不同意，后提出设立中英共管委员会，委员七人、中方占五人的方案。② 整个 2 月下旬，中英双方就围绕委员人数的比例问题不断磋商，从中方四人、英方三人，到中方三人、英方两人。急于了事的王世杰不断软化，最后议定只要求中方委员人数比英方稍多即可。③

3 月 1 日，国民政府公布了 1 月 12 日强拆城寨时港警开枪事件的调查结果，报告称伤者七人，比 1 月的调查报告又增加了一人，而且报告指出，伤者皆受枪伤。该结果尽管与当时的报刊报道及香港方面调查结果不同，但引起城寨居民再次向广东地方当局请愿。3 月 3 日，王世杰做出了最后的让步，同意城寨将来建成公园后，由香港政府辅政司和外交部两广特派员共同委托管理。他对郑天锡表示自己急切的心情："近日九龙城寨居民又在向粤政府请愿，倘再延搁，政府将无法了结此事。"④ 在同意英方建议后，王世杰仍然试着做进一步的争取，他再次提出要将外交部两广特派员公署驻港办事处设于公园之内，他对施谛文表示，这样可以使中国政府与香港政府之间的合作更有效率，避免今后出现麻烦。王世杰对施谛文保证，伦敦方面最终会接受这个建议，施谛文回应说他会向伦敦转达，但他担心王的建议只会造成事情拖延解决。⑤ 王世杰反复提出这个问题，其用意在于使

① 《外交部致驻英使馆第 646 号电》（1948 年 2 月 18 日），《1947～1948 年有关九龙城事件的中英交涉史料》，《民国档案》1990 年第 3 期，第 49 页。

② 《外交部致驻英使馆第 648 号电》（1948 年 2 月 19 日），《1947～1948 年有关九龙城事件的中英交涉史料》，《民国档案》1990 年第 3 期，第 50 页。

③ 《外交部致驻英使馆第 657 号电》（1948 年 2 月 27 日），《1947～1948 年有关九龙城事件的中英交涉史料》，《民国档案》1990 年第 3 期，第 51 页。

④ 《外交部致驻英使馆第 663 号电》（1948 年 3 月 3 日），《1947～1948 年有关九龙城事件的中英交涉史料》，《民国档案》1990 年第 3 期，第 52 页。

⑤ Sir R. Stevenson to Mr. Bevin, 3rd March, 1948, Confidential 17912, F 3477/154/10, BDFA, Part IV, Series E, Asia 1948, Volume 5, p. 185.

中国可在此处享有特殊的权利，而城寨管辖权问题也就不复存在了。① 尽管希望不大，但王世杰还是幻想从此一劳永逸地解决这个问题，因此屡屡提出，试图能让英国人接受。

接着，根据英国外交部的指示，施谛文又向王世杰提出，双方在换文中应当写明，若将来公园中发生犯罪事件，审判应适用于九龙租借地之法律与法院。也许是当时没有在意，王世杰并没有当场表示反对。② 但很快王世杰就明白过来了，他认为这实质上是与"国民政府近二十年来收回法权之基本方针相违反"，等于承认了英国对城寨拥有司法权，中方只能勉强接受与英方共享公园行政权。王世杰认为，若有司法案件发生，其管辖权必属于中国法院。③ 也许是王世杰法学教育的背景使他尤为重视涉法问题，而交涉之中突增变数，英方的提议简直如圈套一般，让中方很难相信其诚意。3月4日，外交部次长叶公超面见英国使馆参赞蓝来讷，叶公超解释，王世杰指示他前来澄清观点，他说当地居民不会承认英方对城寨拥有司法权，因为，"中国人认为这实际就是恢复了治外法权"。他请英方重新考虑，最好接受中方将特派员公署驻港办事处设在公园内的建议。④

三 无果而终的结局

此后，应对中方在这个问题上的强硬态度，英国政府有关各部门开始商讨对策。英国外交部中国司司长斯加勒（Scarlett）提议向法律顾问咨询，了解如何从法律层面上解决问题；⑤ 殖民地部香港事务

---

① 《外交部致驻英使馆第664号电》（1948年3月4日），《1947~1948年有关九龙城事件的中英交涉史料》，《民国档案》1990年第3期，第52页。

② Sir R. Stevenson to Mr. Bevin, 3rd March, 1948, Confidential 17912, F 3477/154/10, BDFA, Part Ⅳ, Series E, Asia 1948, Volume 5, p. 185.

③ 《外交部致驻英使馆第664号电》（1948年3月4日），《1947~1948年有关九龙城事件的中英交涉史料》，《民国档案》1990年第3期，第52页。

④ Sir R. Stevenson to Mr. Bevin, 4th March, 1948, Confidential 17912, F 3514/154/10, BDFA, Part Ⅳ, Series E, Asia 1948, Volume 5, p. 186.

⑤ Stevenson to Foreign Office, tel. No. 231, 4th March, 1948, FO 371/69580.

主管梅勒则提出可以将城寨问题交海牙国际法庭仲裁；① 葛量洪则主张维持现状，容许 1948 年 1 月 12 日以后在城寨重建的木屋继续存在，但不能搭建新屋，香港政府在正常情况下不会干预城寨居民生活。② 在葛量洪看来，与其建成中英共管的公园，还不如维持现状。与此同时，外交部、殖民地部会同法律顾问翻查了 20 世纪 30 年代大量档案资料，通过研读他们认为，1937 年香港政府对拆迁居民的安置与补偿在法律层面上已完全处理停当。③ 他们回顾了自 1898 年以来关于城寨交涉的所有文件，为应对中英司法管辖纷争准备了充足的资料。④

"两国多方"的格局下，中英两国外交当局的见解倒是颇为相同，即通过外交渠道，从技术层面尽快了结这个棘手的问题。外交当局一直是从事务角度出发，尽量避免引起冲突，这种逻辑自然不难理解。至于香港政府，因是直接当事人，显然要从自身利益考量，所以葛量洪态度相对比较强硬。在同伦敦殖民地部、外交部及南京大使馆的电文往来中，葛量洪对外交部可能做出的让步举动总是据理力争，强调自己才是最了解香港情况、对香港真正负责的人。⑤ 因此，英国外交部经常向中方表示，他们也希望能达成妥协，但香港总督并不受外交当局辖制，也不完全听令于殖民地部，有很大的自主权。

葛量洪主张的维持现状对策起到了作用。郑天锡大使委托英国友人、同外相贝文关系密切的法律专家克利浦斯爵士（Sir Cripps）协助解决迁延多日的城寨问题。克利浦斯提出，若未来公园出现涉法案件，由中英两国的董事凭借"英王陛下"的资格进行处理。由于希望尽快了结此案，王世杰表示"大体接受"。⑥ 此后，中英双方围绕

---

① Mayle to Scarlett, 8th March, 1948, FO 371/69580.

② Mayle to Scarlett, 19th March, 1948, FO 371/69580.

③ Future Policy, Kowloon Walled City, Reference to Law Office, CO 537/3711.

④ 同上。

⑤ 〔英〕《葛量洪回忆录》，曾景安译、赵佐荣编，第 170 页。

⑥ 《外交部致驻英使馆第 709 号电》（1948 年 4 月 25 日），《1947～1948 年有关九龙城事件的中英交涉史料》，《民国档案》1990 年第 3 期，第 54 页。

方案细节展开商讨，但英方迟迟不做最后的答复。5 月中旬，英方却转而向中国政府追讨沙面事件的赔偿。而中方一再追问英方考虑结果，英方推说仍在法律顾问研究中。6 月上旬，英国外交部又说要等香港政府答复。中方遂认为"香港或认为有失颜面，故意推宕"。①

　　1948 年的中英九龙城寨交涉之所以无果而终，中国国内政局发生显著变化显然是直接的原因。当时正是国共两党展开战略决战的第一年，国民党的统治江河日下，到了崩溃的边缘。没有直接的证据可以证明英国在 3 月以后对城寨交涉采取拖延战术与战局的变化有关，但从驻华使馆给伦敦的报告中以可以看出，英国始终在关注着国共实力的消长，彼时，他们已经判断中国共产党有可能很快取代国民党建立新政权。② 同年 8 月以后，人民解放军已占领东北、华北和华中大部分地区，南京政府危在旦夕，自然无暇顾及城寨这个小问题，而英国已经着手准备与中共打交道。10 月以后，在英国看来，解放军是否会占领香港才是最重要的问题。从已公布的档案中可以看到，直到 1949 年 4 月，英方还在追讨沙面事件赔偿，施谛文在给伦敦的电报中称中方"不知羞耻地、强硬地回避赔偿"。③ 从现有的材料中判断，在撤离大陆之前，当局最后一次向英方提出城寨问题是 1949 年 2 月，郭德华建议由香港政府先承认中国对城寨的主权，然后中方再请求香港政府履行管理权。④ 然而，英国对此未加理睬。

　　1949 年 10 月 29 日，城寨的一部分居民升起了五星红旗，声明城寨主权属于新生的中华人民共和国。⑤ 而香港政府已经开始考虑如何应对中国的新主人，港府官员们紧张地制定预案，以备"共产党

---

① 《驻英使馆段参事致外交部次长刘师舜电》（1948 年 6 月），《1947～1948 年有关九龙城事件的中英交涉史料》，《民国档案》1990 年第 3 期，第 56 页。

② 参见 *British Documents on Foreign Affairs: Reports and Papers from the Foreign Office Confidential Print*, Part Ⅳ, Series E, Asia 1948, Cheapter Ⅰ 。

③ Nanking to Foreign Office Tel. No. 440, 16ᵗʰ April, 1949, CO 537/4807.

④ Canton to Nanking, 26ᵗʰ February, 1949, CO 537/4807.

⑤ The Red Flag in Old Kowloon, CO 537/4807.

声称对城寨的主权"。① 20 世纪 40 年代有关九龙城寨的交涉，已是无果而终了。城寨的故事却远还未结束，1949 年以后九龙城寨的命运，也一直波折不断，引发中英之间数次交涉。在中英两国的夹缝中，城寨渐渐成为一个私搭乱建严重、帮派势力横行、治安问题成堆、火灾隐患不断的"无主之地"。1950 年 1 月，城寨发生大火，致使 1000 余人无家可归。香港政府本想借机彻底清拆城寨，但唯恐招致中国政府的抗议，遂不了了之。20 世纪 50 年代后期，城寨治安问题越来越严重，被冠以"犯罪天堂"的恶名。1963 年 1 月，根据九龙东北部城市发展规划，港督柏立基（Robin Black）试图拆迁城寨，徙置居民。城寨居民代表集体赴北京请求中国政府援助。在中国外交部的抗议下，香港政府放弃了拆迁城寨的计划。直到 20 世纪 90 年代城寨的命运才最终落定。1987 年 12 月 10 日，根据 1984 年中英联合声明，在中英两国政府经过商议并对解决城寨问题达至共识的基础上，香港政府公布清拆城寨从 1988 年初至 1990 年底分 3 期进行。城寨终于在 1994 年 4 月被彻底拆除，1995 年 8 月，香港政府在原城寨基础上建成"九龙寨城公园"。

---

① Future Policy, Kowloon City, CO 537/4807.

第六章　尴尬的外交成果：
香港关务协定的交涉博弈与实施困境

不平等条约体系勾画出了近代中国的屈辱形象，国民政府自建政以来，积极谋求以改订新约的方式冲破这一体系对中国的束缚。1943年中英新约的签订标志着英国由宰制中国权益的帝国形象转变为平等合作的盟友角色，但由于彼时英国放弃的所谓在华特权多在战火中落入日本之手，所以新约的象征意义远大于实际效用。太平洋战争结束后，中国谋求英国兑现战时做出的给予平等地位的承诺，于外交技术层面，则是力求以新约为基准，签订一系列旨在维护国家具体权益的条约。

尽管战后国民政府在香港问题上频繁"出手"，但因循国际法准则、以条约形式固定的其在港权益的却不多，1948年签订的《中国海关与香港政府间关务协定》（简称"关务协定"）即是其中一项。该协定赋予了中国海关人员在香港境内缉私的权力。与倍受争议的中美商约相比，关务协定几乎是一个中国单方面受益的文件；与同时进行的中英九龙城寨事件交涉不同，关务协定谈判过程中，中方基本势处主动。然而，尽管国民政府通过协定维护了部分国家主权，但民众对此并没有表现出相应的热情，这与战后轰轰烈烈的收回港九运动形成了鲜明的反差。粤港工商界人士反倒对此忧心忡忡，担心协定的实施会进一步窒息本已处境维艰的本地经济。

本章关注的正是战后国民政府的外交在时局动荡中的困厄，形成这种局面，原因除了传统认知上的外力阻碍，亦有来自内政与民意的困扰，关务协定交涉与实施中的波折尤能体现战后国民政府在外力与内争共同作用下的尴尬处境。已有学人注意到该协定的研究价值，但兴趣多集中于中英两国谈判过程，问题意识也多着眼于外交博弈得失。① 相关研究成果已大致勾勒了关务协定谈判的历史轮廓，但仍有两点不足之处：一者受史料运用局限，或多依重于报刊文献或以英国外交档案文献为叙述框架；二者较少探讨国民政府的外交努力与国内政局民意的复杂关系。由此，本章在考察关务协定具体交涉的同时，亦试图探讨该协定的实施绩效在民国特殊政治生态中的畸变。此外，协定虽然于 1948 年 1 月签订，交涉却远未结束，反而愈加精彩起来。协定签订后是否立即着手施行？怎样的境况影响了实施的绩效？粤港舆论反应如何？香港的中国共产党组织在其中扮演了怎样的角色？这些都是本章试图回答的问题。

第一节　谈判背景：
香港走私问题

一　香港走私问题的由来

华南走私问题由来已久，香港在其中扮演了重要的角色。自1842 年开埠以来，香港一直定位于自由港，即进出香港的各国船只

① 就笔者所见，学界关于关务协定的研究成果主要有三。一是刘晓明《战后中港经济协定谈判之研究》（暨南大学历史学系硕士学位论文，2000 年），作者运用中文报刊资料勾勒了关务协定的谈判背景和过程；二是张俊义《近代中国海关的反走私努力与 1948 年中英关于香港〈关务协定〉的签订》（中国社会科学院近代史研究所编《中国社会科学院近代史研究所青年学术论坛（2001 年卷）》，社会科学文献出版社，2002），作者使用英国外交部和殖民地部档案，将关务协定置于近代中国缉私努力的大背景中进行考察，肯定了该协定对于维护国家主权的意义；三是冯琳《中英关于香港关务协定及金融协定谈判中几个问题之考察》（《广东社会科学》2007 年第 4 期），作者利用英国外交档案文件集，厘清了谈判的具体时段，就中英两国的交涉策略与过程进行了较为详细而深入的探讨。

无须缴纳任何税费，可以进行自由贸易。因此，粤港两地商人利用特殊的地理条件和微妙的两地关系，通过走私逃避关税。香港政府对于走私往往采取姑息宽纵的态度，因为从某种程度上讲，早期的香港，是伴随着走私活动的猖獗繁荣起来的。① 19 世纪后半期，华南走私问题的核心是鸦片贸易，而香港则成为鸦片走私的中心，中英双方有关中国海关权责和缉私问题的谈判也正是由此肇始。

鸦片战争后，英国谋图鸦片贸易的合法化，避免因鸦片走私而引起中英之间的外交冲突，清廷对此持反对态度，双方谈判十余年未有结果，而鸦片贸易仍以走私的方式日趋繁荣。第二次鸦片战争期间，清廷被迫于 1858 年 11 月 8 日签订《通商章程善后条约：海关税则》，其中第五款规定准予鸦片进口。② 鸦片贸易虽然已经合法化，但为了逃避每箱 30 两白银的进口税，不法商人仍然利用香港为基地向中国内地大量走私鸦片，尤以粤港之间为甚。根据 1867 年香港总督罗便臣（Hercules Robinson）的报告，邻近香港的广东省鸦片年消费量约为 18000 箱，但在广州报关入口的只有 3400 箱，不到总量的 1/5。③

另一个问题是，鸦片贸易合法化后，如将鸦片运往中国内地，除了要在通商口岸交纳进口税外，还须交纳以厘金为主的地方税。海关总税务司赫德（Robert Hart）曾提出应当由海关在港澳边境设立关卡，代为征收鸦片的厘金，而清廷则下令广东当局自行开征鸦片正税，以免洋人染指。因此，针对日趋严重的鸦片走私问题，广东当局采取强硬措施，一方面设立常关④税卡，自行开收鸦片正税，另一方面加强在广东及附近海域的缉私工作。香港政府指责此举是"封锁

---

① 张俊义：《近代中国海关的反走私努力与 1948 年中英关于香港〈关务协定〉的签订》，《中国社会科学院近代史研究所青年学术论坛（2001 年卷）》，第 18 页。

② 参见王铁崖主编《中外旧约章汇编》第 1 册，第 116~117 页。

③ 《罗便臣致斯坦利函》（1867 年 2 月 28 日），英国外交部档案，FO 17/481，转引自余绳武、刘存宽主编《十九世纪的香港》，中华书局，1993，第 262 页。

④ 鸦片战争后，清政府在各对外通商口岸陆续设置了一系列海关，专司对外洋船舶和货物实施查验并征收关税。由于这些海关几乎全部由外国人把持，因此被称为"洋关"或"新关"。为了以示区别，清朝原设的税关就被称为"常关"或"旧关"，专司对中国帆船和货物实施查验、征税，成了国内税关。

香港"的行为，试图与广东当局磋商以解决该问题，但广东当局依旧我行我素，双方僵持了近 20 年。

19 世纪 70~80 年代，为打破僵局，清廷与英国先后签订了《烟台条约》《烟台条约续增专条》，这两个条约有关鸦片贸易的条款大致包括三个方面的内容：一是所有进口的鸦片应当交纳的进口税和厘金由中国海关统一征收；二是香港政府采取有效措施协助查禁鸦片走私；三是中国海关在九龙设立新关，以便处理相关事宜。1887 年 4 月 2 日，清廷根据协议设立了九龙关，① 总部设在香港维多利亚城内皇后大道。但是 1898 年英国通过《展拓香港界址专条》强租新界后，九龙关所属关卡被迫迁出界外，九龙关也更名为"九龙新关"。1901 年底，九龙新关边境关卡分布及机构设置基本定型，除仍留在香港境内的总部外，新关在陆海边界共设立了 18 处关卡。新的陆路边界较之原来长度大大延长，地理形态也更加复杂；而毗邻广东的海界，即大鹏湾和深圳湾②相关区域均由香港政府管辖，无论陆界还是海界均便于私枭活动，给中国海关的缉私工作带来了很大的困扰。英国强租新界后，华南地区的走私较原来更为猖獗。

二 历次关务协定的流产

20 世纪初至 1937 年全面抗战爆发，中港之间曾四次就关务协定展开谈判，均无结果，大体经过如下。

1909 年九龙关税务司夏立士（A. H. Harris）曾向香港政府建议签订一项纯属海关业务的协定，在清廷不知情的状况下，双方私下展

---

① 九龙关的名称曾历经四次变化：英国强租新界后改名为"九龙新关"；国民政府于 1931 年恢复其旧名"九龙关"；1949 年 10 月九龙关人员宣布起义，人民政府海关总署接管后于 1950 年 1 月将其更名为"九龙海关"；1997 年 7 月 1 日香港回归后"九龙海关"更名为"深圳海关"。

② 深圳湾在香港新界西北部和中国广东省深圳市的西部对开海域，位于元朗平原以西、蛇口以东，香港一般称之为"后海湾"或"后湾"，亦有人称其为"深湾"，英文名称为"Deep Bay"。《展拓香港界址专条》规定大鹏湾和深圳湾的相关区域由香港政府管辖。

开谈判，并于 1910 年 4 月达成协定初稿，以中国出让珠江航行权的条件换取港府协助缉私的承诺。1911 年 2 月，夏立士将协定初稿提交两广总督张鸣岐，请其批准，随即革命骤至，政局动荡，谈判搁浅。① 进入民国，在北京政府时期，中国与香港政府于 1916～1918 年重开关务协定谈判，由于双方难成共识，加上护法军兴，南北对峙，第二次谈判亦告夭折。②

国民革命在广东兴起后，无论是作为屈辱象征的香港还是英帝国控制下的中国海关，都成为广东政权的革命对象。中国海关处在了一个尴尬的位置上，这是一个有意思的现象。一方面海关是帝国主义在华势力的体现，自鸦片战争后，列强通过一系列不平等条约攫取了中国海关的行政管理权和税款征集、保管及支付权；另一方面，海关仍然是中国政府的重要部门，关税是国家岁入的重要组成部分，海关的运作在某种程度上超脱了民族国家的政治结构，外籍总税务司控制的中国海关在损害中国国家主权的同时也从技术层面上（例如缉私）维护了国家利益。在民族主义浪潮的裹挟下，为解决财政困难，孙中山掀起收回关税余款（即"关余"）运动，作为缉私主体的中国海关亦受到强烈冲击，粤港之间合作缉私已无可能。③

国民政府建政南京后，实现关税自主、整顿海关行政一直是其既定的外交目标。在之前北京政府努力的基础上，国民政府于 1929 年

---

① 九龙海关编志办公室：《九龙海关志（1887～1990）》，广东人民出版社，1993，第 409 页。

② Sir M. Young to the Secretary of State for Colonies, 20th December 1946, CO 852/686/1/53903.

③ 关税余款，即关余，是指近代以来中国海关税收中扣除用来偿还以关税作抵押的外债和赔款之后所剩的余额部分。关余问题颇为复杂，简单说，从 1916 年下半年起，中国海关税收开始出现关余，列强各国公使团授权总税务司将关余交给北京政府，这引起了孙中山领导的广州政府的不满。1918～1924 年，广州政府多次试图截取关余、收回粤关，与列强尤其是英国之间产生了激烈的矛盾和冲突。关余事件的相关研究可参见张俊义《南方政府截取关余事件与英国的反应（1923～1924）》（《历史研究》2007 年第 1 期）；徐静钰《广州政府与英国的政治交涉（1918～1926）——以关余、杯葛为中心》（未刊，南京大学历史学系博士学位论文，2008 年 5 月）。

和 1931 年先后实行了两个"国定税则"，基本实现了关税自主权；在整顿海关行政方面，国民政府于 1927 年 6 月在财政部下设关税处，后改为关务署，削弱了海关外籍职员的权力，加强了对海关行政的控制。国民政府在海关事务上的积极作为也体现在加强缉私工作上，因为，如果没有相应的缉私配合，实现关税自主、增加政府财政收入的目标必然会因为走私而大大削弱。为改变海关缉私各自为政、职责不明的积弊，国民政府于 1931 年开始整顿海关缉私行政。主要措施是健全缉私组织机构，于总税务司署内添设缉私科，负责统筹、部署全国海关的缉私工作；并在江海关、粤海关、九龙关等重要关区设立缉私课，总理该区缉私工作。为扭转"会讯"① 制度下海关缉私机构形同虚设的局面，国民政府从厘定海关章程入手，颁行《海关缉私条例》，设立海关罚则评议会，恢复了走私违章的处分管辖权。②

尽管国民政府试图在缉私问题上有所作为，但与香港政府在关务协定问题上的交涉却仍无进展，宁粤分立的局面下，形势反而变得更加复杂。陈济棠主政广东，与中央政府分庭抗礼，陈积极推动"省港复交"，粤港关系得到恢复和发展，两地贸易日益繁荣，而走私活动也日见猖獗。广东军政当局不仅纵容和包庇走私活动，甚至本身也直接参与其中。③ 原因是显而易见的：走私导致关税损失的直接受害者是南京中央政府，而广东地方政府却可从中牟利，由此造成了粤港贸易的畸形繁荣。1929 年 7 月，中国海关总税务司梅乐和（Frederick Maze）奉宋子文之命赴港重启关务协定谈判，双方拟定草案，允许外国船只在中国沿海与内河非开放口岸航行，然而，思前想后，国民

---

① "会讯"即 1867 年经过增订的《会讯船货入官章程》，目的是解决中外之间有关走私违章处分的纷争。在领事裁判权的治外法权框架下，章程规定有关外商的关税案件由海关监督与领事共同会讯，税务司亦应参加；当领事与海关监督、税务司对案件处理意见有分歧时，应申请总理衙门和驻京公使查核定夺。实际上，中国由此失去了走私违章处分管辖权，缉私工作有名无实。

② 连心豪：《中国海关与对外贸易》，岳麓书社，2004，第 252~256 页。

③ 广东军方长期使用军舰通过香港走私出口钨砂，仅 1935~1936 年走私出口的钨砂就近 6 万担；陈济棠为办粮厂，甚至利用缉私舰从香港走私进口食糖，改装冒充国货销售以从中牟利。

政府终以有损主权为由拒绝签字，第三次谈判遂告失败。①

　　此后，经由中方提议，1930 年中港双方再开谈判，港方允诺删除草案中有关内河及沿海航行权的条款，中方则同意九龙关驻港人员以"支援"名义和"香港政府雇员"身份执行公务，双方立场渐趋一致。然而，协定相关条款触犯了粤省官民利益，危及当地贸易地位。在国民党三届四中全会上，由于广东籍代表的一致反对，协定草案竟未能通过。陈铭枢甚至在会上提出，若要彻底解决问题，政府应当废止在九龙设关收税，转而投资广州中山港建设。② 1933～1934 年梅乐和积极斡旋，试图协调各方矛盾，谋求尽快签订协定，但各方歧见难弭，第四次谈判仍旧无果而终。③

三　抗战前后缉私工作的严峻挑战

　　1936 年 7 月两广事变后，广东军政大权重归南京中央政府。然而，一年后抗战爆发，战争期间，华南缉私工作遭到了严重破坏。1937 年 9 月日军全面封锁中国海岸，九龙关被迫暂停海上缉私工作；1938 年 10 月，日军登陆大亚湾，占领广州等地，九龙关陆路边界缉私工作时断时续；1941 年 2 月，日军侵占深圳、大鹏、汕尾等地，大部分边境关卡被迫关闭；太平洋战争爆发后，日军攻占香港，九龙关至此全部落入日本手中。

　　太平洋战争期间，尽管粤港均已沦陷，但国民政府依旧在思考着如何根治香港走私顽疾。中英新约谈判前后，香港走私问题甚至已成为国民政府考虑收回香港的原因之一，外交部欧洲司官员张纪培指出，由于"香港为自由贸易港，过去管理松弛，实为我国沿海走私漏税之总汇，尤以广东为甚。不特有损我国税收，妨碍进出口贸易，

---

① 九龙海关编志办公室：《九龙海关志（1887～1990）》，第 411 页。

② 《行政院致财政部密令》（1930 年 12 月 8 日），行政院档案，二档馆藏，二（2）／954。

③ 九龙海关编志办公室：《九龙海关志（1887～1990）》，第 412～413 页；亦见邓开颂、陆晓敏主编《粤港澳近代关系史》，第 257～258 页。

影响所及，有时甚至不利我国之统一。即使英国允准我国在港设立海关征收一切道经香港至中国之货物的入口税收，是否能杜绝走私，实属疑问"。① 足见国民政府对香港走私问题的重视程度。

战后华南走私迅速猖獗起来，据粤海关报告，1946 年一年间所破获的走私案件共 1008 宗；1947 年 2 月至 11 月，仅仅 10 个月内所破获的走私案件计：广州范围内 3654 宗，价值 1641938400 元（法币，下同）；九龙关破获 3376 宗，价值 13714763756 元；厦门关破获 521 件，价值 933374000 元；合计华南地区各关卡破获的走私案件共 17816 宗，总值 l451968886718 元。② 走私者往来穿梭于漫长的粤港边境，甚至雇佣武装人员押运私货，武装私枭装备精良，往往令缉私人员无可奈何。海关副总税务司丁贵堂坦言：

> 目前派在港澳之海关巡舰及关警实力均尚不敷分配，且武装配备非但不足，而所有枪弹亦多不尽配合，陆上既少机枪，船上复无重炮，以致每遇武装私枭，或因实力悬殊，无法截缉或先被其优势武力压迫后退，近来边界缉私分支卡所常遭袭击，关员一再被枪伤，甚或被掳，以致一般关员视调派分支卡所服务为畏途，遇有强力武装走私者，只有束手无策，任其扬长而去，不做无谓牺牲，对于国家海关并无裨补者也。③

除了一般的走私品，由资源委员会进行专卖统制的特殊矿物也是走私的主要对象，尤其以"特矿之首"的钨砂为甚。广东是产钨大省，陈济棠主粤期间，华南私钨流弊就曾引起中央政府的高度重视。钨砂体积小、价值高，国际市场需求旺盛，加之粤港距离咫尺，

---

① 张纪培：《香港九龙问题》（1943 年），外交部档案，二档馆藏，十八/2952。
② 《经济周报》第 6 卷第 5 期，第 103 页，转引自刘晓明《战后中港经济协定谈判之研究》，第 5 页。
③ 《副总税务司丁贵堂致总税务司李度的报告》（1948 年 2 月 20 日），财政部关务署档案，二档馆藏，一七九（2）/312。

为钨砂走私创造了天然的条件。据报界调查，战后香港每年私钨出口的数量在千吨以上，钨砂走私机构规模相当庞大，甚至背后有官方权势支持，安全极有保障。① 香港是私钨最主要的转运目的地，也是私钨外销最大的集散地，由于私钨丛集，买卖私钨遂长期为香港一门颇具规模的生意。② 钨砂不仅是国家统制经营的"特矿"，直接关系到国民政府的税收，其象征意义也颇为巨大，管理疏漏直接指向政府的统治效能，因此，国民政府对香港的钨砂走私极为关注。

钨砂问题还牵涉中国共产党在粤港地区的活动。国民党当局认为，中共在广东的游击武装以香港为基地经营钨砂贸易，因此，当局试图以打击钨砂走私为名，截断中共游击武装的经费渠道。国民政府主席广州行辕主任张发奎在发给九龙关税务司戈略尔（Gawler）的电报中指出，1946 年中共东江纵队北撤山东之后，留在东江地区的游击武装将钨砂运至香港销售，然后在当地搜购武器装备运回根据地。中共在香港的联络人员为张庭鉴和黄华央，前者以九龙荔枝角张福记机器店为掩护，后者以九龙北河街黄玉合药号为掩护。具体运作方式为：

> 每月往大鹏湾、沙鱼涌、澳头等地，运至新界西贡或大埔墟约三数次，每次数量十担至二十担左右，运抵新界境内即设法向香港矿务公司购买证件转运至港，每担可获纯利港币约七十至一百元，所售之款悉数购械运回东江……该等搜购方法系以高价诱买香港九龙及盗匪等私藏之枪械或由歹徒代收购船舶上之自卫枪械，至运送方法则系勾结渔艇将所购之枪械藏于舱底，派员随船监视，伺机离港。路线多由九龙油麻地、深水埗风塘乘夜驶至新界西贡转入大鹏湾、沙鱼涌，遇事时即沉下海水中灭迹。③

---

① 《钨砂走私密闻》，《新民报》1947 年 10 月 21 日，版次不详。

② 肖自力：《民国时期钨砂走私现象探析》，《近代史研究》2005 年第 4 期，第 168 页。

③ 《广州行辕致九龙关税务司电报》（1947 年 8 月 1 日），九龙关档案，粤档馆藏，95/1/696。

另外，该报告还指出，位于香港干诺道 8 号的安达公司①"表面经营出入口业务，实则专事走私，以米粮、肥田粉及偷运钨砂等物资售予苏联。其走私路线由粤南阳江等县以机帆船运载运至澳门……武器护航抵澳门后即改装其他物品置于上面，串通检查人员偷运至香港"。② 资源委员会第三区特种矿产管理处广东分处在报告中指出，除原东江根据地外，中共游击武装还在广东恩平地区开采钨砂。游击队在开平县县寨、风洞、金鸡，恩平县望底、歇马、那扶等地设立了钨砂转运站，等待时机武装押运至香港，将钨砂卖给苏联驻港贸易专员。③

舆论甚至将走私问题与收回香港联系在了一起，《和平日报》的社论指出：

> 香港这一个走私的大漏洞，如果不迅谋杜塞，不仅我国国民经济，因进口贸易之不能有效管理，被禁止入口物品，大量输入，将受严重之打击，即政府在财政上亦受绝大影响。而由此影响及中英两国的友谊，其损失更难估计……我国为管理国际贸易，增加财政收入，挽救国民经济危机计，亦不能长取消极的被动的姿态，应趁英国新大使来到中国，与我国驻英新大使到达伦敦的机会，再接再厉的请英国实践诺言，交还香港，以一孤悬海

---

① 安达公司的创立者是香港商人庄世平，抗战期间许涤新代表中共中央委托庄世平在东南亚设立公司与苏联进行贸易。1945 年庄世平与翁向东等人到越南河内组建安达公司，抗战胜利后庄返回曼谷，安达公司在当地代理苏联电影发行及经销苏联化工、医药等商品。由于泰国当局的阻挠，安达在泰国的公司被迫关闭，河内总部和西贡分公司也于 1947 年撤退到香港。安达公司在香港面临经济困难时，曾受到中共中央南方局的资助。除广州行辕的报告外，目前笔者尚未发现其他史料能够直接证明安达公司与苏联进行钨砂贸易。

② 《广州行辕致九龙关税务司电报》（1947 年 8 月 1 日），九龙关档案，粤档馆藏，95/1/696。

③ 《资委会第三区特种矿产管理处广东分处致九龙关电报》（1947 年 12 月 17 日），九龙关档案，粤档馆藏，95/1/696。除了九龙关档案以外，中共中央香港分局的相关文件也表明，战后中共在香港曾从事钨砂贸易。见《财委一年来业务报告》（1947 年 11 月），《中共中央香港分局文件汇集（1947.5~1949.3）》，第 84 页。

外的香港，换取中国四亿五千万人的兄弟之谊……①

香港走私问题的严重性迫使国民政府加快与香港政府进行直接交涉，1946 年 8 月 12 日，行政院院长宋子文授权财政部关务署与香港政府商洽防杜香港走私事宜。关务署随即转饬海关美籍总税务司李度（Lester Little）负责，李度令九龙关税务司戈略尔与香港政府进行具体交涉。② 8 月底，宋子文面见英国驻华大使施谛文表示，经由香港的走私活动给中国造成了巨大的损失，他对此深感不安，希望能够派九龙关税务司与香港政府讨论合作制止走私。③ 英国外交部讨论后令施谛文转告宋子文，英国政府同意与中方就此事进行磋商，将会尽快做出安排。中英双方围绕关务协定漫长谈判的帷幕就此拉开。

第二节 谈判焦点：
从中港缉私合作到沿海贸易权纠结

一 关务协定草案的出笼

1946 年 9 月至 12 月，九龙关税务司戈略尔与香港政府商讨了合作缉私事宜，几经周折，双方于 12 月中旬达成《中国海关在香港境内执行职务协定草案》，后来的关务协定基本以这个草案为蓝本。根据草案，中方获得以下主要权利：1. 中国海关可以在香港境内自由指定地点，对于输入中国境内的货物办理征税和估定税额事宜；2. 香港政府将立法对运往中国的货物进行适当限制，指定装运地点，中国海关可以在指定装运地点设立检查所；3. 香港政府将饬令港务长协助

---

① 《外交部剪报资料：香港成了中国走私的大本营》（1946 年 8 月），外交部档案，二档馆藏，十八/2951。

② 《中国海关在香港境内执行职务协定草案（中英文）及有关文件》（1946 年 12 月至 1947 年 3 月），行政院档案，二档馆藏，二（2）/0161。

③ Sir M. Young to the Secretary of State for Colonies, 20th December 1946, CO 852/686/1/53903.

中国海关，对未办手续的船只拒绝结关；4. 中国海关可以在规定的香港领海巡逻；5. 香港政府将限制持指定执照的商船装运货物；6. 香港政府将立法规定由陆路输入中国的商品必须从沙头角和罗湖两处出境。① 中方做出了三点让步：一是海关虽然可以在大鹏湾等香港领海巡逻，但没有对违禁船只惩处的权力；二是协定不适用于由空运输入中国的商品，海关将撤出原驻扎在启德机场的人员；三是海关派驻香港的税务司必须由英籍人员担任。中国海关和香港政府分别向中国财政部和英国殖民地部提交了草案，等待上峰的批示。

海关总税务司署向财政部关务署提交草案时指出："查该项草案各条文字句甚为明晰，自毋庸另加阐述。惟有应行陈明者，此次协商时，香港当局尤以香港总督无不尽其职权范围以内，力谋商应海关之需要，即因国家主权关系有不能融洽之点亦竭力发求方法予以解决，表现其合作之精神。"至于在协定中的让步，海关认为：

> 唯有海关在香港领水由执行查验货物、搜查船只、缉拿私货各项职权，海关认为与查缉由香港走私极关重要，曾竭力求得港政府之准许未获同意，以故该草案未能将此职权规定在内，但该项协定之成功，自仍赖海关之能以圆满执行，将来签字施行后，海关人员必可逐渐使港政府认为该协定内限制各点可以缓和甚或竟予取消，在目前情形下该协定草案规定给予中国海关在友邦统治区域内执行职务之特权实属相当巨大，深冀政府能以全部核准。②

财政部基本同意海关看法，将草案呈送行政院批示，对于英方要求驻港税务司及相关人员必须由英籍人员担任，财政部认为可以做出让步，因为香港政府除此之外未再提别的要求，况且现任九龙关税务

① 《中国海关在香港境内执行职务协定草案（中英文）及有关文件》（1946年12月至1947年3月），行政院档案，二档馆藏，二（2）/0161。

② 同上。

司戈略尔本身就是英国人。① 财政部还建议原草案已经申明由香港政府与总税务司双方议定，可以先命令总税务司签署，至于是否要两国政府核准，可俟签署后商洽决定。② 1946 年 12 月 30 日，行政院批准中国海关按商定的协定与香港政府签署，此后香港政府建议对协定个别条款的文字进行修正，行政院认为经修正后的条文并未损害中国利益，于 1947 年 3 月 3 日再次批准中国海关签署协定。③ 同一天，中国驻英国大使郑天锡面见英国外交大臣贝文，郑天锡说中国政府急切希望知道英国政府对协定的态度，最好在贝文去苏联参加莫斯科外长会议之前能有结果。贝文保证将在自己离开伦敦前将英国政府的决定告诉中方。④

　　然而，阻碍还是来自于英国方面。港督杨慕琦 1946 年 12 月 20 日在致殖民地部的电报中表示，中国方面已经做出了相当的让步，他建议应当由中国海关与香港政府签署协定，但是，他进一步建议可以利用这个机会提出恢复已废除的土货转口章程。⑤ 对于香港来说，这意味着中国商品经由香港转运至另一中国港口时，仍然作为国货看待，任何国籍的商船均可承运，不用缴纳关税。晚清和民国时期，中国政府就土货复进口的税率和承运商国籍等问题曾与英国多次交涉，由此订立了相关章程。抗战期间，由于沿海港口被日本封锁、占领，

---

① 中国海关的外籍雇员，尤其是英籍总税务司和税务司一直被认为是"帝国主义控制中国海关"的主要标志。20 世纪以来，随着历届中国政府对海关权益的不懈争取，尤其是太平洋战争前后英国在远东的颓落，中国海关"洋员"的地位和权力也发生了变化。在 1943 年 1 月签订的中英新约中，英国明确表示放弃总税务司籍的指定权。太平洋战争前后海关"洋员"的尴尬地位以及海关与国民政府的微妙关系可参见 Robert Bickers, "The Chinese Maritime Customs at War, 1941 – 1945", *Journal of Imperial and Commonwealth History*, Vol. 36, No. 2（June 2008）, pp. 295 – 311。

② 《中国海关在香港境内执行职务协定草案（中英文）及有关文件》（1946 年 12 月至 1947 年 3 月），行政院档案，二档馆藏，二（2）/0161。

③ 同上。

④ Mr. Bevin to Sir R. Stevenson, 3ʳᵈ March, 1947, Confidential 17601, C 3655/17/18, BDFA, Part IV, Series E, Asia 1947, Volume 3, p. 219.

⑤ Sir M. Young to the Secretary of State for Colonies, 20ᵗʰ December, 1946, CO 852/686/1/53903.

为缓解物资短缺，当局曾实行土货转口免税办法，后来又恢复征收此种关税。抗战胜利后，若仍然维持土货转口免税办法，将严重影响海关税收，损害本国沿海、内河航运商的利益。更为重要的是，中英平等新约签后，中国收回了沿海贸易和内河航行的主权，若恢复土货转口章程，意味着收回利权仅是表面文章而已，英国仍然拥有在中国的航运特权。考虑到中方的立场，杨慕琦并不主张将转口章程作为签署协定的先决条件或将其纳入协定之中，只是主张可以趁机提出。①

　　尽管协定的谈判主体是中国海关与香港政府，但是英国殖民地部、外交部和其他相关部门一直密切关注谈判的进程。1947 年 1 月 4 日驻华大使施谛文在给外交大臣贝文的电报中指出，应当利用谈判的机会为英国争取交换条件。香港行政局反对将恢复 1943 年中英新约废除的英国在中国的航运特权作为谈判的交换条件，施谛文认为原因大概是中港在缉私问题上有共同的利益。② 考虑到中国会坚决维护沿海贸易和内河航行主权的立场，施谛文也不主张将恢复英国航运特权作为交换条件，但他建议应当向中国政府展示英国"打算利用一切时机争取自身利益"。为此，施谛文提出另一个交换条件，即由中国海关在香港设立保税仓库，若中国商品通过香港转运至其他中国港口时，可以存放在保税仓库中等待装运，进入保税仓库后由中国海关加封，商船无论国籍都可以承运这些商品，运至其他中国港口时不必缴纳关税。施谛文认为这不仅有利于英国航运商和作为贸易中心的香港，也为中国商人解决了运输困难，合法避税。③ 施谛文的建议可谓一石三鸟，由中国海关在香港设立保税仓库的办法在实质上是恢复了

---

① Sir M. Young to the Secretary of State for Colonies, 20ᵗʰ December, 1946, CO 852/686/1/53903.

② 施谛文的这个判断似乎并不准确，事后证明香港政府在配合中国海关缉私方面是被动的、不情愿的。香港政府之所以反对以恢复英国在中国的航运特权为交换条件大概由于以下两点，一是中国在航运权方面一直态度强硬，不可能对英国让步；二是若恢复了英国的航运特权，中国其他港口的繁荣会削弱香港的贸易地位，殃及香港的繁荣与发展。

③ Sir R. Stevenson to Mr. Bevin, 4ᵗʰ January, 1947, Confidential 17601, F 179/179/10, BDFA, Part IV, Series E, Asia 1947, Volume 3, p. 157.

土货转口章程，既有利于香港作为自由港的经济利益，又暗度陈仓地将英国的航运特权问题塞进谈判，并且以便利运输和合理避税为诱饵讨好中国商人。

1947 年 2 月，殖民地部和其他相关部门就协定草案进行了会商，会商的结果是认为协定草案需要进一步修改，不能即刻签署，理由如下：第一，草案存在许多未定要求，需要提出相关建议进行修正；第二，由于协定涉及英国的主权问题，因此这个协定不应当是香港政府和中国海关之间的协定，而应当是英中两国政府间的协定；第三，香港政府做出了重要的让步，因此应当向中国提出，将恢复土货转口章程作为对让步的补偿。然而，外交部有自己的考虑，因为，按照施谛文之前的建议，只是从技术层面上建议中国在香港设立保税仓库，尽管实质上是恢复转口章程，但毕竟这与将其作为签署协定的先决条件是有区别的，转口章程就不单单是技术问题了，而是直接牵涉中国主权的政治问题。考虑到中方会断然拒绝接受这样的条件，外交部不同意将其作为先决条件。但由于其他部门的坚持，外交部还是做了让步。①

二 沿海贸易权的纠结

在行政院批准海关签署协定草案后的第二天，即 1947 年 3 月 4 日，英国外交部通过驻华大使递交了致中国外交部的照会，转达了对关务协定的一系列建议。对于英方照会中提出的要求，中方还是比较配合的，外交部部长王世杰于 4 月 18 日宣布，政府将委派财政部关务署署长张福运作为中方代表与英国驻华大使馆方面商讨关务协定相关事宜。施谛文将中方决定告诉贝文，并建议关务协定的具体细节还是应当先由香港政府与中国政府相关部门先行商讨，再由英国驻华大使馆与中国外交部最终确认。② 5 月 2 日，贝文回电表示同意施谛文

① Mr. Bevin to Sir R. Stevenson, 28th February, 1947, Confidential 17601, F 2793/179/10, BDFA, Part IV, Series E, Asia 1947, Volume 3, p. 214.

② Sir R. Stevenson to Mr. Bevin, 18th April, 1947, Confidential 17601, F 5394/179/10, BDFA, Part IV, Series E, Asia 1947, Volume 3, p. 251.

的建议。① 英国外交部的打算是把球踢回给殖民地部和香港政府，而自己可以不必直接与中方针锋相对。尽管如此，国民政府根据之前的照会，认为英国的意思是要将谈判的级别提升到两国政府之间，并且由此确认英方谈判的主体是驻华大使馆。

1947 年 4 月 18 日，张福运来到位于上海的英国驻华使馆商务处，与驻华商务参赞蓝来讷（Lionel Lamb）和金融参赞托马斯（Thomas）进行了非正式接触，表明中方的立场。但在此后的一个月中，由于英方的拖延，谈判迟迟未能举行，上海的英国外交官向伦敦外交部汇报说由于无法取得进展，中方大为光火。② 施谛文建议蓝来讷也要向中方表示英方的不满态度和困难处境。③

5 月 21 日，张福运在中央银行英籍顾问罗杰士（Cyril Rogers）的陪同下再次会见了蓝来讷和英国驻上海总领事奥格登（A. G. N. Ogden）。张福运开门见山就询问英方是否已经准备好与中方就关务协定进行谈判，他想知道谈判将在上海还是南京举行。奥格登和蓝来讷回答说，他们相信谈判应该会在上海举行，但还需要等待伦敦方面的进一步指示。在接下来的非正式会谈中，蓝来讷说，如果中国政府在恢复转口章程的问题上做出让步，英国政府的处境将会好得多。张福运回答说，由于转口章程涉及沿海贸易权问题，依他的见解，中国政府不会让步，如果恢复转口章程会侵犯中国航运商的利益，他的建议是，这个问题最好放到中英商约的谈判中去。奥格登和蓝来讷向张福运解释说，英国政府关于恢复转口章程的建议并不涉及沿海贸易权问题，仅仅是一个海关的事务性问题。他们强调，从香港到另一个中国港口之间的航运不能被定义成"沿海贸易"。眼看双方分歧不可调和，罗杰士连忙解释，中国政府之所

① Mr. Bevin to Sir R. Stevenson, 2nd May, 1947, Confidential 17601, F 5394/179/10, BDFA, Part IV, Series E, Asia 1947, Volume 3, p. 251.
② Consul-General Ogden to Mr. Bevin, 6th May, 1947, Confidential 17601, F 6250/179/10, BDFA, Part IV, Series E, Asia 1947, Volume 3, p. 260.
③ Sir R. Stevenson to Mr. Bevin, 14th May, 1947, Confidential 17601, F 6671/179/10, BDFA, Part IV, Series E, Asia 1947, Volume 3, p. 263.

以这样理解是基于之前英国外交部的照会,中方认为是英国毫无理由地
将沿海贸易权问题塞进谈判。为此,他认为首先要缓和谈判气氛,并且
建议应该由中国出口商与海关达成协议以满足海关的要求,中方不应限
制从事由香港到其他中国港口之间航运的商船国籍。张福运对此并不赞
同,他认为这个问题已经成为僵局,双方毫无进展。不过,张福运也表
示愿意有限度地让步,即如果英方坚持不肯直截了当放弃恢复转口章程
的话,可以由英方正式阐明在此次非正式会谈所提出的要求无关沿海贸
易权问题。基于张福运的态度,奥格登和蓝来讷在电报中向贝文询问可
否授权他们与张福运共同发表一个关于此次非正式会谈的备忘录,表明
英国政府对提出的要求进行了解释,将有助于中国政府考虑之前英国政
府照会中的要求,并且英国政府将保留提出有关航运权的权利。①

英国之所以在恢复土货转口章程的问题上纠缠,主要与流产的中
英商约有关。② 英国在华利益的主要体现是在华投资,20 世纪 30 年
代之前,英国在华投资总额在列强中位居第一。日本的侵华战争,尤
其是太平洋战争的爆发,使英国在中国巨大的工商业利益化为泡影。
战后,英国对华政策的首要目的是要最大限度地恢复和发展在中国的
商业利益。1943 年签订的中英新约和中美新约中均规定,中国政府
将在战后 6 个月内与两国订立通商条约。战后,美国取代英国在中国
的地位,国民政府又在诸多问题上有赖于美国支持,因此,中美双方
如期展开商约谈判,并于 1946 年 11 月签署中美商约(即《中美友
好航海通商条约》)。而国民政府却对中英商约的谈判态度冷淡,以
"还都南京,无暇顾及"为由一再拖延。③ 英国政界、商界人士,尤

---

① Consul-General Ogden to Mr. Bevin, 21st May, 1947, Confidential 17601, F 6991/
179/10, BDFA, Part IV, Series E, Asia 1947, Volume 3, pp. 269 – 270.

② 有关中英商约的研究可参见冯琳《战后中英商约流产论析》,中国社会科学院近
代史研究所编《中国社会科学院近代史研究所青年学术论坛(2006 年卷)》,社会
科学文献出版社,2007,第 494 ~ 518 页。

③ Mr. Bevin to Sir H. Seymour, 22nd February, 1946, Confidential 17172, F 2464/236/
10, Sir H. Seymour to Mr. Bevin, 27th February, 1946, Confidential 17172, F 3124/
235/10, BDFA, Part IV, Series E, Asia 1946, Volume 1, p. 116.

其是英商中华协会①为此多方奔走，力促中英两国尽快签订商约。然而，中英双方提交的商约草案差距较大，无法取得一致意见。

1946年6月之后，中英之间的交涉重点由通商条约转移到香港关务协定和金融协定的谈判。② 英国政府在中英商约的谈判中遭遇挫折，因此试图将本属于商约范畴的贸易、航运权等问题塞入香港关务协定的谈判中，企图一揽子解决所有问题。所以，在交涉思路上，国民政府是力求尽快签署协定，以利打击走私，挽回关税损失；香港政府介于国民政府的压力，被动应付，拖延时间；英国外交部则多少有些尴尬，一方面认为应当利用谈判之机为英国争取利益，多少不情愿将恢复转口章程作为协定的先决条件，给交涉带来困难，此外也不大情愿直接与中方讨论本属经济范畴的协定细节；至于殖民地部则竭力要求从协定中换取实在利益，力主由中英两国政府直接交涉。

1947年6月4日，外交部次长叶公超以口头方式正式通知英国驻华使馆，中方不能同意英方在3月4日照会中提出的恢复转口章程的要求。对此，施谛文在给贝文的电报中说："尽管如此，我觉得我们还是应当继续关务协定的谈判，但是，如果中国政府再提出超出我们准备的利益要求时，我们要提醒他们，中国丝毫没有满足英国的交换条件，以至于香港的利益受到了损害。"③

英国外交部与殖民地部原本就在是否将恢复转口章程作为谈判条件的问题上有分歧，鉴于交涉陷入僵局，外交部负责中国事务的

---

① 英商中华协会（China Association）于1899年4月成立，代表英国在华工商业人士的利益。有研究者将其翻译为"中国协会"或"英商中华会社"，"英商中华协会"是该组织为自己选定的中文译名。

② 冯琳认为，走私和外汇管理问题的亟待解决是中英由商约交涉转移到香港关务协定和金融协定谈判的原因之一，此外，中英双方要求差距过大以及时局因素与谈判重点的转移共同造成了中英商约的最终流产。具体参见冯琳《战后中英商约流产论析》，《中国社会科学院近代史研究所青年学术论坛（2006年卷）》，第494~518页）。

③ Sir R. Stevenson to Mr. Bevin, 4th June, 1947, Confidential 17601, F 7603/179/10, BDFA, Part IV, Series E, Asia 1947, Volume 3, p. 279.

官员基臣在致殖民地部香港事务主管梅勒的信里指出，他个人认为，由于中英签订的条约中已经废除了英国的沿海贸易权，英国迫使中国接受恢复战前转口章程的机会渺茫。外交部一直主张不应把其作为英国接受关务协定的前提条件，目前依然坚持这一观点。基臣警告说："如果我们坚持中国先接受附加条件，那就要冒扼杀关务协定，激起中国的敌意和香港殖民地遭受打击的危险"。基臣在信中最后说："即便只是为了维护中英关系，殖民地部也应接受外交部的建议"。在外交部的劝告下，殖民地部做出让步，并同意外交部提出的建议，即协定文本将以英国驻华大使馆与中国外交部换文的形式签署。①

三 关务协定的签署

国民政府在谈判中的强硬立场迫使英国放弃了恢复在华航运特权的企图，这样一来，关务协定几乎成为中国单方面受益的协定，尽管不情不愿，迫于国民政府的压力，英方不得不继续谈判。基于形势的变化，英国外交部、殖民地部和香港政府的交涉策略由讨价还价转变为尽量拖延。香港政府于 5 月 16 日接到殖民地部对协定草案的反馈意见，但是直到 7 月 30 日，港府才慢吞吞地回复殖民地部说，他们正在重新起草该协定。②

英方的拖延渐渐消磨了中方的耐心，1947 年 2 月以来，粤港边境又发生多起因走私而造成的恶性事件，引起了国民政府的不安和焦虑。2 月 6 日，广东省保安总队派驻宝安县沙头角负责查缉粮食走私的队员在执行海上缉私任务时与私枭发生武装冲突，4 名保安队员两

---

① 《金特森致梅利》（1947 年 6 月 13 日），英国外交部档案，FO 371/63350/53955。转引自张俊义《近代中国海关的反走私努力与 1948 年中英关于香港〈关务协定〉的签订》，《中国社会科学院近代史研究所青年学术论坛（2001 年卷）》，第 398 页。

② 《英国外交部中国司关于香港关务协定的备忘录》（1947 年 8 月 14 日），英国外交部档案，FO 371/63350/53955。转引自张俊义《近代中国海关的反走私努力与 1948 年中英关于香港〈关务协定〉的签订》，《中国社会科学院近代史研究所青年学术论坛（2001 年卷）》，第 399 页。

人遭枪击身亡，其余两人——吴桂生和叶桂云连人带枪被私枭虏获，后为香港警察当局扣留。中方要求港方立即释放被捕的队员并引渡私枭，而私枭却反告保安队员非法持有武器，越界劫持渔船。法庭经审理以中方两名保安队员在香港境内私藏武器、劫持渔船未遂为由，判刑 4 年，而两名私枭无罪释放。① 一时舆论大哗，外交部两广特派员郭德华和广东省保安司令部向香港政府提出严正抗议。② 4 月 1 日，派驻深圳边境执行缉私任务的保安队员遭到英军士兵开枪射伤，中方再次提出抗议，而香港政府对此的解释居然是英军误以为保安队员在抢劫旅客，所以开枪射击。③ 此后，广东当局又查获多起走私大案，其中"佛山轮"④ 一案涉及私货数量之多为历年罕见。英方的拖延战术使得中方开始怀疑香港政府的诚意。据中国财政部 1947 年 11 月公布的海关缉获私货统计，自 1947 年 1 月 1 日至 10 月 20 日止，各关缉获走私案件共 91 万余件，所有私货价值共计 1451 亿元，其中尤以粤海关、九龙关等缉获私货最多。⑤

　　1947 年 8 月 7 日，叶公超在外交部例行记者招待会上严厉抨击香港政府，谴责港府在缉私问题上没有与中国海关进行有效的配合。叶公超表示，中国政府对港澳日益严重的走私问题极为关注，外交部多次寻求与英方和港方合作采取有效措施打击走私，但至今未得到回应。他还暗示，中国政府将单方面采取非常措施打击走私。⑥ 叶公超的言论引起了英方的关注，在其发表谈话后的第二天，港府新闻处处

---

① 《私枭诬告保安队员图劫案我政府表示遗憾》，《国民日报》1947 年 3 月 22 日，第 4 版。
② 《港法庭擅惩我武装人员我外交当局提出交涉》，《国民日报》1947 年 3 月 25 日，第 4 版。
③ 《中英边境又发生事件》，《国民日报》1947 年 4 月 5 日，第 4 版。
④ "佛山轮"为英籍客轮，在战前就从事广州与香港之间的客货运输，广东沦陷后，由于珠江航道布下了水雷，"佛山轮"停止了航运，于 1946 年 2 月 21 日复航。
⑤ 贵中：《现阶段的中港走私问题》，《国民日报》1947 年 12 月 25 日，第 5 版。
⑥ Mr. Lamb to Mr. Bevin, 8th Auguest, 1947, Confidential 17601, F 10863/179/10, BDFA, Part IV, Series E, Asia 1947, Volume 3, p. 331, 亦见《星岛日报》《华商报》等 1947 年 8 月 7、8 日的报道。

长"以罕有之郑重态度,对叶次长之谈话发表一声明"。据其称:
"中国政府与香港关于经济及缉私问题协定之谈判,现尚在进行中。
至于其详细情形,现尚未届发表之时,故未能宣布。相信如谈判成
功,则将由两方当局届时宣布"。港府力辩中方的谴责,声称并非不
协助中方缉私,指出上半年所破获的走私案共达 500 余宗,而且多数
是企图走私进入中国的货物。除此之外,港府还举出最近在"新疆"
号和"湖北"号两商船所破获的走私案,力图证明香港方面对于缉
私的配合态度。① 驻华商务参赞蓝来讷在给贝文的电报中说,叶公超
在提到关务协定时给人的印象是中国政府急切盼望达成协定,而阻碍
来自英国方面,他判断叶公超所说的"非常措施"是将在粤港边境
建立哨卡。②

8 月 13 日,叶公超再次面见蓝来讷,他言辞激烈地谴责香港政
府在关务协定上拖延不决是"道德问题",表示这"事关香港的名
声"。叶公超威胁说,如果香港政府再不采取行动的话,中国政府将
不得不使用强力手段停止内地与香港之间的一切贸易,包括粮食贸
易。③ 叶公超还说,政府已经准备这么做了,恰恰是他两次阻止了政
府停止贸易的决定。施谛文判断,中方之所以在关务协定的问题上
"歇斯底里",可能是要向美国人显示:面对腐败无能的指控,国民
政府正在尽最大努力解决经济问题。④

8 月 14 日,中国驻英国大使郑天锡会见了英国外交部的一名常
务次官,他催促英方尽快就关务协定做出决定。英方回应说,他们正
在对草案进行修改,这些修改不涉及原则性问题,将稍后提交给中
方。对于拖延的理由,英方的解释是香港政府的官员同时忙于关务协

---

① 《我外次抨击香港走私问题引起港府重视》,《国民日报》1947 年 8 月 8 日,第 4 版。
② Mr. Lamb to Mr. Bevin, 8ᵗʰ Auguest, 1947, Confidential 17601, F 10863/179/10, BDFA, Part IV, Series E, Asia 1947, Volume 3, p. 331。
③ 战后香港的粮食在相当程度依赖于中国内地的供给,所以叶公超实际上是在威胁给香港"断粮"。
④ Sir R. Stevenson to Mr. Bevin, 21ˢᵗ August, 1947, Confidential 17601, F 11608/179/10, BDFA, Part IV, Series E, Asia 1947, Volume 3, p. 339.

定和金融协定的谈判，人手不够。① 英方还解释说，一直以来，英国希望中国能够恢复转口章程，以此作为对英方在协定中让步的补偿，但是，英方现在了解到中方并不准备这样做，尽管如此，英方还是准备达成协定，以显示英国对于帮助中国克服困难的善意。②

几经双方协商，直到 1947 年底，英方才将最终修改后的协定草案提交中方。根据香港法律，协定要由香港立法局三读通过，并经总督批准后方可实施。中方为防止港府以此为借口拖延，在"本协定自香港总督决定并通知之日起发生效力"的后面加上了"此一日期，不得过于 1948 年 1 月 20 日"的时间限定。1948 年 1 月 12 日，外交部部长王世杰就和英国大使施谛文在南京以照会和换文的形式达成了关务协定。

第三节　协定附图的争议与英方的拖延策略

一　附图争议引发协定推迟实施

关务协定既已达成，国民政府似乎取得了战后对外交涉中少有的

---

① 此处需要说明的是，香港金融协定谈判与关务协定谈判的确几乎同时进行，并且两协定有诸多的内在联系，所以时人和学界常将两个协定并称为"中港经济协定"。实际上，这两个协定的谈判是分别进行的。金融协定的谈判源于宋子文的建议，背景是国民政府为应对经济困难所推行的进出口贸易和外汇管制在华南面临诸多困境。由于香港毗邻广东，其自由港和自由市场的地位与中国内地动荡的政局造成内地游资南移和侨汇逃港，给国民政府的金融管制带来了诸多困难。因此，1947 年 4 月，国民政府委派中央银行副行长邵曾华和顾问罗杰士与香港政府库务司佛罗斯在香港举行谈判，双方于 8 月 15 日达成协定备忘录，香港政府在协定中承诺协助中国管制出口商品和外汇，后由于两国汇率的变化，协定推迟至 1948 年 1 月才开始逐步实施。由于王铁崖《中外旧约章汇编》在金融协定附注中注为"本协定见国民党外交部抄本，英文本未找到"，有学者由此推断："从金融协定英文文本的缺失和英国外交部的这一观点，也许我们可以推测，金融协定并未在中英之间正式签订。"参见冯琳《中英关于香港关务协定及金融协定谈判中几个问题之考察》（《广东社会科学》2007 年第 4 期，第 24 页）。协定确实没有由中英两国政府直接签订，而是由国民政府与香港政府之间以交换备忘录的形式达成，但实际上协定的英文本并未缺失，美国斯坦福大学胡佛研究中心藏宋子文档案中就有该协定的英文本，见 T. V. Soong Papers Box 29/20。

② Mr. Bevin to Sir R. Stevenson, 15th August, 1947, Confidential 17601, F 11013/179/10, BDFA, Part Ⅳ, Series E, Asia 1947, Volume 3, p. 331.

一次"完胜"。然而，协定换文前后，香港政府强拆民居引起的九龙城寨事件正愈演愈烈。1948 年 1 月 13 日，香港《国民日报》将中英达成关务协定的消息放在头版的左下角，而占据头版头条的则是粤港各报为抗议九龙城寨事件发表的联合社论。协定中规定实施的日期不晚于 1948 年 1 月 20 日，但期限已过，却丝毫没有动静，坊间猜测是城寨事件发生，横生变数所致。21 日，《国民日报》辟谣说，协定缓期实施的原因是中国海关增派的缉私人员未全部到达，检查站尚未设立，与城寨事件并无关系。该报声称，待海关副总税务司丁贵堂来港视察后方可解决上述问题，实施协定。①

　　1 月 25 日，丁贵堂由台湾飞抵香港，而后又赴九龙、广州、珠海等地视察了九龙关、粤海关和拱北关等各分关关务。2 月 20 日丁贵堂再次返回香港。在他看来关务协定的实施尚需时日，原因主要有以下两点："一、为实施该项协定，九龙关方面最低限度需舍派各级关员三十名，但至今仅只调派少数高级人员，以及执行协定各项工作暂尚无法积极推动，至该关原有人员本属无多，办理日常公务仅敷分配，在未予增派人员以前势难抽调执行协定各项工作。二、在该协定中规定中国海关得在港九方面设立征税及查验之分支卡所，建筑关房及设署验货趸船等，所需费用甚巨，但目前九龙关港币税收就尚不敷经常开支，此项巨额费用非俟请准上峰予以拨发实属无从代付。"② 对于香港方面是否会阻碍协定实施，丁贵堂判断："至香港政府方面，职曾以私人资格面谒港督及港府中高级中外要员数人，对于实施该协定表示均无问题，至于法律上之技术问题亦随时可得顺利通过。"③

　　然而，至当年 5 月，中方已为实施协定做好了准备，香港立法局却认为，协定中有关中国海关在急水门海域巡逻的条款有碍香

----

① 《中港协定缓期实施与九龙事件无关》，《国民日报》1948 年 1 月 21 日，第 4 版。
② 《副总税务司丁贵堂致总税务司李度的报告》（1948 年 2 月 20 日），财政部关务署档案，二档馆藏，一七九（2）/312。
③ 同上。

港船只的正常航行，因此终止立法程序。英国外交部也要求更换协定附件中有争议的地图，驻华大使施谛文发表声明，表示协定附件地图中划定的深圳湾（后海湾）海域界限与协定相关条款不符，英方不能接受。6月23日，中国外交部次长叶公超向施谛文递交了针对其声明的备忘录，声称附图中深圳湾海域的界限完全符合协定相关条款，拒绝英方更换附图的建议。并且声明，自关务协定签署已经5个多月过去了，实施仍然没有兑现，港府既没有经过立法使之具体化，也没有实施，外交部对此深表遗憾；该协定中表明的"英国政府签署协定为了与中国政府合作打击走私，确保中国的关税和合法贸易"的愿望没有达到，强烈希望英国立即履行协定规定的职责。至于相关立法工作，外交部督促香港方面尽快完成不要拖延。①

叶公超在递交备忘录后解释说，中国政府致力于打击以香港为基地的走私和逃避中国金融管制的行为，因为这些造成的损失非常巨大；尽管如此，中国政府并不打算现在提出有关香港地位的问题，只是希望香港政府能够意识到中国的困难，并且尽快推动立法程序的完成。叶还说，中方提供的地图是基于1899年粤港边境的相关条约，中方准备在必要时与英方讨论有关深圳湾海域界限和海关在急水门海域巡逻区域的问题，但是，这需要花费几个月的时间，所以重要的是尽快实施协定。叶强调，如果要修改附图，定会削弱协定的实施效果，因为它阻碍了中国海关在深圳河河口以北一带执行公务。② 施谛文告诉叶公超，英国政府会真诚地支持中国政府克服困难，对于已达成的协定不存在偏见。

事后，施谛文向外交大臣贝文报告说，在这种情况下，只能接受协定中的附图，并推动立法程序使之生效，除此之外没有其他选择。施谛文还说："中国政府抱怨香港的走私活动给经济造成

---

① Sir R. Stevenson to Mr. Bevin, 23rd June, 1948, Confidential 17912, F 8815/118/10, BDFA, Part IV, Series E, Asia 1948, Volume 5, p.193.

② 同上。

的巨大损害（当然他们可能夸大或误判），有关于此的报道和宣传会使我们陷入窘困。中国政府也许会利用正在进行的美国援助谈判的机会，对由于协定延迟实施进行负面而偏激的宣传，事实上，他们已经这样做了……因此，也许为了我们的利益，或许应当接受协定中的附图，看看中国海关是否真的会损害香港政府的管辖权。"① 不过，施谛文也认为外交部需要收集更多的资料和建议才能做出最后的结论。

又一个月过去了，英国政府仍没有就实施关务协定做出结论。7月17日，外交部部长王世杰亲自出马。施谛文即将启程回国度假，他问王世杰有什么话需要他向伦敦方面转达。据施谛文描述，王世杰一开头就发表了"长篇大论"，强调他和外交部的同僚在过去两三年中的困难，当他们面临立法院的质询时，立法委员们总是问为什么英国政府还是要对香港实行殖民统治，将香港与已独立印度、马来亚、缅甸区别对待，事实是绝大部分香港居民都是中国人。王世杰承认自己无法令人满意地回答这个问题。施谛文不客气地打断他，说今后部长先生可以在立法院有一个"简单而完美"的答复："因为这些国家达到了它们可以政治和经济独立的程度。使所有殖民地尽其可能达到这个程度是英国政府的既定目标。发展的速度取决于人民、自然资源的特点。至于决定什么时候撤出殖民地则是英国政府的事情。"为缓和谈话气氛，王世杰接着又说，中英关系应该加强，两国应当紧密合作，所有中国人都关心两国间政治的发展。之后话题转到经济问题上，王世杰声称有关香港金融协定的主要条款和关务协定的所有条款都没有实施。施谛文立刻反驳说，金融协定的某些条款的确不可能实施，但这都是中国政府造成的，不能责备香港政府；至于关务协定，待有关争议问题解决了，协定将很快执行。施谛文向贝文汇报了对会谈的观感，他认为，在中国，

---

① Sir R. Stevenson to Mr. Bevin, 23rd June, 1948, Confidential 17912, F 8815/118/10, BDFA, Part IV, Series E, Asia 1948, Volume 5, p. 193.

立法院经常责难外交部的能力并以此为乐，王世杰对此极为关注。由于在香港问题上的无能为力，王世杰和外交部一直处于立法院和行政院的压力之下。①

施谛文的判断是有一定道理的，1948年上半年，外交部在处理香港问题时的确有些力不从心。先是1月份的九龙城寨事件，城寨民众与内地收回港九运动遥相呼应，掀起战后中国最大规模的反英浪潮。再有邮政储金汇业局原局长徐继庄贪污逃港，在引渡问题上，香港政府以司法独立为由一直不予配合。眼下关务协定与金融协定的实施又遥遥无期，原本已签订的协定无法兑现，在关务协定附图的争议问题上，政府内部主张强硬外交之声甚嚣尘上，拒绝更换附图与英方妥协。外交部成为众矢之的，在激烈的舆论责难与英国人圆滑外交手段的夹缝中处境维艰。

7月14日，财政部次长徐柏园对记者说，日益严重的走私问题，罪责完全是在香港，财政部已拟好一个声明，准备由外交部发表。声明将指出封锁香港和澳门的走私渠道是当前最重要的事，外交部将采取强硬立场。② 19日，施谛文接受了合众社驻南京记者的采访，针对中方对香港的指责，他宣称，香港自视为中国的"善邻"，极愿看到"健全繁荣"的中国出现。并说香港已"尽任何一国政府所能够做到的"，甚至"牺牲主权"的一部分协助中国防止走私，他认为，防止走私的关键在于中国政府应当采取行动解决目前国内的经济问题。③

二　蒋介石的出面与争议的解决

关务协定迟迟无法实施引起了蒋介石的注意。7月20日，在施

---

① Sir R. Stevenson to Mr. Bevin, 17th July, 1948, Confidential 17912, BDFA, Part IV, Series E, Asia 1948, Volume 5, p. 90.

② 《南京外部准备声明封锁港澳走私门路》，《华商报》1948年7月15日，第4页。

③ 《英大使回国渡假前驳斥"罪在香港"论列举港对蒋的协助》，《华商报》1948年7月12日，第4页。

谛文启程回国休假前一天，蒋介石接见了他。两人先讨论了有关欧洲局势和中共在香港的问题，紧接着，蒋介石说关务协定和金融协定达成已经有一段时间了，他难以理解为什么这两个协定都没有执行。施谛文向他解释，香港政府执行协定需要一定的准备时间，即使完成必要的立法程序，协定还是不能完整实施，因为中国海关只完成了单方面的必要安排。施谛文说自己希望阻碍立法程序的小问题能够迅速解决。结束谈话时，他再次强调，就其所了解，事实是香港总督已在将近4个月之前就允许中国海关缉私人员在香港境内执行公务。蒋介石说，他也乐见阻碍关务协定实施的问题尽快解决，希望能够早日实施，并且说，如果是由于中国方面的原因而导致协定推迟实施，他会采取补救措施。① 施谛文对蒋介石的解释显然是一种搪塞和敷衍，问题的关键在于英方的故意拖延，而并非中方准备不足。对此，蒋介石感慨，关务协定签订而未实施、徐继庄引渡港府不配合"实为英国最不荣誉之事，且亦为从来外交上所罕见之举措也"。②

为打破僵局，中方准备做出有限度的让步，决定更换协定中有争议的地图。8月9日，叶公超会见了代理大使馆馆务的蓝来讷。叶说政府将在8月10日讨论关务协定的问题，届时他将建议再次委派关务署署长张福运去香港谈判，确定双方都能接受的深圳湾海域界限。叶补充说他不能保证政府其他部门接受他的建议，尽管如此，他仍会尽力而为。叶还说，协定自签订至今已经过去7个月了，如果政府能够接受他的建议，他希望双方能达成一个君子协定，即协定生效后在第二年能够继续有效，否则他的妥协就没什么价值了。蓝来讷表示支持叶公超的建议。在向贝文汇报的报告中，蓝来讷说，尽管现在期望问题得到解决还为时尚早，但叶公超提出的建议还是多少具有鼓励性

① Sir R. Stevenson to Mr. Bevin, 21st July, 1948, Confidential 17912, F 10787/154/10, BDFA, Part IV, Series E, Asia 1948, Volume 5, p. 92.

② 《事略稿本》（1948年7月20日），蒋中正总统档案，台北，"国史馆"藏，0020000000721A。

质的。① 至于中国方面为什么会做出妥协，蓝来讷判断与宋子文有关。8月7日至9日，广东省主席宋子文赴南京与蒋介石会面，讨论了广东的军政、经济情况。② 蓝来讷认为，宋子文影响了中国政府的态度。③

8月11日，叶公超和张福运一同会见了蓝来讷。叶说，只有英国做出承诺，政府中的其他部门才可能接受他8月9日的建议。他希望英方承诺除了深圳湾海域的划界，不会再有其他问题延迟协定的实施，并且如果中英双方达成共识后，原协定第12条规定的实施日期和协定期限将进行修改，以适用于新的协定。叶担心协定会在香港立法局审议时再次搁浅，要求英国外交部保证立法程序会在一个限定的时段内完成。蓝来讷对此表示抗议，他认为外交部无权干涉香港的司法权。蓝来讷对贝文报告说，他认为叶公超的部分要求是合理的，港督也会同意他的看法。蓝来讷认为，如果顺利的话，中国和香港将委派合适的代表确定双方都能接受的协定附图，附图将一式四份粘贴于协定之后，由中国外交部和英国驻华大使馆互致换文同意，他希望贝文能够批准。④

此后，中方积极准备与港方磋商，然而英国外交部却继续拖延，对蓝来讷的提议一直悬而不决，指示驻华大使馆继续就修订附图的细节问题与中方交涉，南京的英国外交官们承受着巨大的压力。8月15日，叶公超致函蓝来讷，随函附上6日记者招待会上外交部针对关务协定的声明，叶公超请蓝来讷将声明的复本转交给香港政府。蓝来讷回函说，他可以将声明转交给港府，但他必须指出该声明对港府的指责是没有道理的。蓝来讷认为，香港政府面临诸多困难，仍竭力帮助中国政府，他请叶公超注意8月15日《字林西报》

① Mr. Lamb to Mr. Bevin, 9th August, 1948, Confidential 17912, F 11084/118/10, BDFA, Part IV, Series E, Asia 1948, Volume 5, p. 93.

② 吴景平：《宋子文政治生涯编年》，福建人民出版社，1998，第530~531页。

③ Mr. Lamb to Mr. Bevin, 9th August, 1948, Confidential 17912, F 11084/118/10, BDFA, Part IV, Series E, Asia 1948, Volume 5, p. 194.

④ Mr. Lamb to Mr. Bevin, 11th August, 1948, Confidential 17912, F 11111/118/10, BDFA, Part IV, Series E, Asia 1948, Volume 5, p. 195.

(*North China Daily News*) 的相关报道。他指责叶公超的声明误导舆论，阻碍关务协定的谈判进展，并希望中方不要再责难港府，使其抱有怨恨之心。①

8 月 26 日，蓝来讷请求外交部尽快做出决定并解释自己的困难。他认为协定不是中方为英国设下的圈套，他说："我觉得他（叶公超）肯定想与我们合作解决这一困难。如果说这里有什么骗局的话……这应当不是次长和外交当局所为。"② 蓝来讷还说："无论如何，我们难以为自己的立场辩解……很难回答中国的疑问：为什么我们没有在协定的草案中提供自己的地图？为什么我们直到 6 月才提出附图的问题？"他说自己前几天会见叶公超时，叶的态度很明确，如果英国继续在这一问题上持强硬立场，中方将采取报复行动。蓝来讷向贝文抱怨说："我在这里承受了中国外交部的巨大压力，我觉得自己拖不了多久了。"③

英国外交部终于不再拖延，9 月 13 日，蓝来讷与叶公超进行了会晤。叶公超建议委派关务署署长张福运作为谈判代表与香港政府辅政司麦道高进行具体协商，谈判地点选择在香港。蓝来讷表示他将建议外交部和香港政府同意。④ 原协定第 12 款规定："本协定自生效日期起一年内继续有效。本协定生效一年后仍继续有效，直至缔约一方政府将废止之书面通知递交他方之日起三个月后为止。"由于协定延迟实施，中方要求英方做出书面承诺，在香港立法局三读通过协定后

---

① 《蓝来讷致叶公超函》（原件为英文），时间不详，外交部欧洲司档案，台北，中研院近代史研究所档案馆藏，312/8。

② Sir R. Stevenson to Mr. Bevin, 26th August, 1948, Confidential 17912, F 11968/118/10, BDFA, Part IV, Series E, Asia 1948, Volume 5, p. 196. 虽然该资料集编者注明电报是施谛文在南京发给贝文的，但此时施谛文正在英国度假，并不在南京。根据电文和其他有关资料判断，该电报应当是代理馆务的蓝来讷发给贝文的。

③ Sir R. Stevenson to Mr. Bevin, 26th August, 1948, Confidential 17912, F 11968/118/10, BDFA, Part IV, Series E, Asia 1948, Volume 5, p. 196.

④ Mr. Lamb to Mr. Bevin, 14th September, 1948, Confidential 17601, F 12728/118/10, BDFA, Part IV, Series E, Asia 1948, Volume 5, p. 197.

的一年内，英方不行使以书面通知废止关务协定的权利。① 最终，英国外交部和香港总督达成一致意见，决定接受中方的要求。

10 月 4 日，张福运和麦道高在香港签署协定附件，决定用双方都能接受的地图更换协定中有争议的附图。② 6 日，麦道高将关务协定提请香港立法局首读通过。13 日，英国政府宣布接受张福运和麦道高共同签署的地图作为关务协定的附件。③ 18 日，中国外交部次长刘师舜和代理馆务的英国公使蓝来讷在南京互致照会，举行关务协定附件的换文仪式。④ 换文仪式一天后，香港立法局三读通过关务协定，完成立法程序，宣布从 1948 年 11 月 1 日起协定正式实施。⑤

第四节　走私与缉私：
民生困局中的外交困厄

一　走私的症结与错位的应对

关务协定的谈判从 1946 年 9 月到 1948 年 10 月，历经两年多时间才告完全结束，其间波折不断，外交成果来之不易，然而，舆情民意却对此反应冷漠，粤港工商界从谈判伊始便似笼罩在阴霾之中。按常识判断，不法商人从事走私贸易，目的是为逃避关税以牟取暴利；政府打击走私则为减少财政损失，维护合法贸易和正常经济秩序。那

① Mr. Lamb to Mr. Bevin, 21st September, 1948, Confidential 17912, F 13269/118/10, BDFA, Part IV, Series E, Asia 1948, Volume 5, p. 197.
② Mr. Bevin to Mr. Lamb, 30th September, 1948, Confidential 17912, F 12728/118/10, Mr. Bevin to Mr. Lamb, 13th October, 1948, Confidential 17601, F 14297/118/10, BDFA, Part IV, Series E, Asia 1948, Volume 5, pp. 197-198. 亦见《中港历时一载悬案解决关务协定今午签字》，《国民日报》1948 年 10 月 4 日，第 4 版。
③ Mr. Bevin to Mr. Lamb, 13th October, 1948, Confidential 17912, F 14297/118/10, BDFA, Part IV, Series E, Asia 1948, Volume 5, p. 198.
④ 《中港关务协定正式成立中英换文情形》，《华侨日报》1948 年 10 月 19 日，第 2 张第 1 页；亦见《中港协定海界附图今在南京正式换文》，《国民日报》1948 年 10 月 18 日，第 4 版。
⑤ 《中港关务协定法案今午完成立法手续》，《华侨日报》1948 年 10 月 20 日，第 2 张第 1 页。

么，走私猖獗的原因是否为关税过高？时人评论说，战后海关进口税则仍沿用 1934 年的标准，平均税率大约在 25% 左右，而"走私商人资本雄厚，纳这一点进口税，决不在乎，更决不必为逃避进口税冒险走私"。[①] 关务协定几乎遭到粤港工商界的一致抵制，其原因不在关税，而在于国民党实行的进出口管制政策。实行进出口管制是当局为应对战后国内危局所采取的统制经济措施，目的是增加政府的财政收入，减少外汇损失，稳定国币币值，强化国家垄断经济，以应对内战环境下巨大的财政开支和严重的经济失序。

战争结束后，粤港经济一度有着良好的发展前景。广东和香港都曾经历战争破坏，百业待兴，对各种物资需求迫切，两地急于互通有无。1945 年 11 月，香港政府宣布基本恢复自由贸易，1946 年 2 月，中英两国海军在珠江的联合扫雷工作结束，粤港两地航运完全恢复。香港 3 月份的外贸总额比 2 月份增长了 51%，此后基本上逐月增长，其中粤港贸易额约占香港外贸总额的 25%~30%。[②] 然而，1946 年 3 月和 11 月，国民政府先后颁布了《进出口贸易暂行办法》和《修正进出口贸易暂行办法》，对进出口贸易进行严格的管制，此后粤港两地间正常贸易开始萎缩，而走私日渐猖獗。

简言之，进出口贸易管制主要采取两个措施，一是针对出口商的结汇制度，二是针对进口商的许可证和限额分配制度。结汇制度基于战后实行的外汇管制，规定国内出口商必须将货物卖出所得之外汇，按政府官价出售给指定的银行。而当时官价远远低于实际市价，一般都要相差数倍以上，给出口商造成了巨大的损失。此外，当局还规定由中国内地经香港出口的某些特殊商品，要向指定的银行预先购结外汇，即先行结汇。这样一来，出口商无论是否盈利都必须向指定银行交付高于商货实际价格的现款，大大增加了交易成本。至于许可证制度，则规定经香港进口内地的商货，必须向有关部门申请领取进口许可证。1946 年 11 月，

---

① 贵中：《贸易管制与缉私问题》，《国民日报》1947 年 12 月 25 日，第 5 版。
② 邓开颂、陆晓敏主编《粤港澳近代关系史》，第 319 页。

政府成立了输入管理委员会，专司进口贸易管制。与申领许可证相联系的是限额分配输入，即对进口贸易限定贸易额。当局于 1946 年底首先在华中、华北实行限额分配输入，后于 1947 年 7 月，宣布在华南也实行限额分配。① 进口税则规定所列的商货中，准由商人申请领证进口的不到 1/2，这 1/2 可以进口的商货，还必须受限额分配的限制。②

进出口管制政策对粤港贸易打击非常明显。1947 年上半年，香港对华南的输出还在增长，主要原因是华北、华中地区实行限额输入后，原经香港转口华北、华中的商品改由香港转口广东，再运至内地。待 1947 年 7 月华南也实行限额输入后，情况迅速恶化。按规定，整个华南地区的限额一季度只有 150 万美元，仅为正常情况下的 1/10；广州分配到的限额每月仅有 17 万美元。表 6 - 1 是 1948 年粤港之间贸易的统计数据，显示粤港间贸易无论输入还是输出都在减少。

表 6 - 1　1948 年 1～11 月粤港贸易额月表

（单位：万港元）

月份	由港输出	与上年月平均数相比（%）	向港输入	与上年月平均数相比（%）
1	725	52	2209	92
2	639	46	1614	67
3	1206	86	1992	83
4	767	55	1931	81
5	810	58	1536	64
6	792	56	1785	75
7	955	68	2583	108
8	610	43	1798	75
9	1157	82	2195	92
10	729	51	2264	96
11	8391	59	19906	83

资料来源：《经济导报》周刊第 102 期（1949 年 1 月 1 日）。

---

① 邓开颂、陆晓敏主编《粤港澳近代关系史》，第 320 页；亦见张晓辉《略论抗战后的粤港贸易关系（1945.9～1949.10）》，《暨南学报》2000 年第 2 期，第 65～66 页；刘晓明：《战后中港经济协定谈判之研究》，第 4～5 页。

② 贵中：《贸易管制与缉私问题》，《国民日报》1947 年 12 月 25 日，第 5 版；亦见《华商报》12 月 3 日、14 日相关报道。

在这种情况下，合法营商几无利润可图，不得不铤而走险从事走私。连国民党在香港的机关报《国民日报》在分析走私原因时都指出："进口走私主因在逃避管制，出口走私主因在逃避结汇。"[①] 前文述及 1948 年初中国海关副总税务司丁贵堂赴华南视察各关关务，走私问题令他忧心忡忡，在分析原因时，丁贵堂指出进出口管制是造成走私的主因，他在报告中写道：

> 一般商人对于缴纳关税固已熟谙，且均视为并无逃避之必要，故现时走私之主要目的为逃避管制。不但奸商之流遂行走私，即正当商人间亦不能不从事走私，否则无法经营商业。盖在港所存货物为量甚巨，大半多为华侨以自备外汇购运而来，由于政府严格管制进出口之故，无法正式运入国内销售，长此滞销，必将侵蚀血本，因此不得不出于走私之一途，藉冀侥幸于万一。今日在港组织公司专事包揽私运者实繁有徒，其方式有自备武装者、有私通关员者、甚至军舰军车亦多夹带私货，问题之严重，已可概见，但其从事走私之原因大都不出逃避管制之一端而已。[②]

除了进出口管制政策以外，国民党军政当局，甚至海关人员纵容、包庇、参与甚至组织走私也是华南走私猖獗的原因之一，这也是最令粤港工商界愤恨之处。香港《华侨日报》转载上海《密勒氏评论报》（*The China Weekly Review*）指出，政府高级官员和军队将领及其家属利用飞机、军舰甚至行政院救济总署的运输工具从事走私活动。[③] 海关认为："军人走私，已成普遍风气，官营商业，成为公开秘密，一般大走私商都有有力的背景，海关对于此类走私每感

---

① 贵中：《贸易管制与缉私问题》，《国民日报》1947 年 12 月 25 日，第 5 版。
② 《副总税务司丁贵堂致总税务司李度的报告》（1948 年 2 月 20 日），财政部关务署档案，二档馆藏，一七九（2）/312。
③ 兆和：《走私的责任谁负？》，《华侨日报》1947 年 9 月 29 日，第 4 页。

棘手。"①《国民日报》亦指出："缉私工作之严重打击在缉私者本身即为包庇走私者，或即系走私者，以月前广州解散某师为例，该师原驻边境任务乃为缉私，而乃包庇走私及自行走私。"② 丁贵堂也在报告中表示："年来因生活高涨，待遇不足，关员风纪因之大逊于前，尤以外勤低级职员为甚，即在九龙拱北两关区服务之外籍外勤职员间亦不免有行为不检者。"③

1948 年 1 月 12 日关务协定签字之后，粤港工商界一片怨声载道，舆论普遍分析协定对香港并无丝毫利处——香港本就是自由港，港府做出如此巨大让步，其中定有内情。粤港工商界认为所谓"走私"是当局贸易政策不合理的结果，若不改变严苛的进出口管制，不但走私无法杜绝，而且会殃及香港经济，彼时香港市场的窒息，工商业的不景气，其症结全在当局的进出口管制。英国在近代国际舞台上以其实用主义的外交准则和圆滑老辣的交涉手段著称，坊间普遍对关务协定感到诧异，因为按照协定文件本身看来，似乎是对港府完全不利的，如果其执行能完全收到效果，则香港和华南间的走私当被肃清，也就是说，香港的商业及整个经济，将更加趋于不景气。香港出入口署的负责人更是对记者直率表示，这一协定对香港是不利的，完全是表示英国对于中国之精诚合作而已。因此，粤港工商界依据英国人在外交中从不吃亏的逻辑和经验，都认为绝不是无条件地让中国缉私人员到香港执行公务。根据各方面的传闻，工商界纷纷猜测在谈判中当局做出了某些重要让步。有人估计政府以对英国开放内河航行权作为交换条件；另有传闻说政府会将新界的租借期延长来交换这一协定。④两个猜测当然是错误的，在谈判中，中方并没有就内河航行权和新界

①　海关总税务司署印行《缉私问题》（1949 年）第 14 页，转引自连心豪《中国海关与对外贸易》，第 306 页。

②　丁文：《现阶段的中港走私问题》，《国民日报》1948 年 12 月 6 日，第 4 版。

③　《副总税务司丁贵堂致总税务司李度的报告》（1948 年 2 月 20 日），财政部关务署档案，二档馆藏，一七九（2）/312。

④　《中港缉私协定签订港官方认空前让步商界极注意此事内幕》，《华商报》1948 年 1 月 19 日，第 3 页。

问题做出让步。于是，更多的猜测指向当局将放宽对华南的进出口贸易管制。然而，这一猜测很快就被事实证明是一厢情愿。

二　困局笼罩下的缉私尴尬

香港走私问题已然由于当局的进出口管制而异化成为民生利益纠葛，如此一来，关务协定的实施无疑对原本困难重重的粤港工商界来说是雪上加霜。协定谈判曲折艰难，大家原本心存侥幸，以为香港是一个例外，借助"英王陛下领地"尚可苟延残喘。而协定一旦实施，走私将变得更加困难，所以粤港工商界仍试图在体制内进行争取，曾多次呈请政府放宽对华南的贸易管制。1948 年 10 月 10 日，香港华商总会致函输出入管理委员会，呼吁准许港侨自备外汇进口必需货品及生产器材；请求体察华南实际情况，尽量增加进口配额。① 呼吁归呼吁，当局并未理会。

政府中的有识之士也对进口管制颇多意见，丁贵堂就提出，必须改善进口管制办法。他认为，政府限制进口的目的是避免外汇流失、平衡进出口贸易，限制进口不是解决问题的办法，关键在于鼓励出口。但是，当前中国的问题是生产不足、工业萎靡，无法依靠出口创汇。而恢复生产迫切需要机器和原材料，这些都需要进口配额。这样一来，经济反而陷入恶性循环。丁贵堂指出："自备外汇所购之工业用品及生产原料并亦不准顺利输进，其他商品更遑致论。且以库存有限之外汇供给中外商人贩运物资进口无穷之需要，库存外汇自必日见减少，配购限额亦必日形缩减，而国内厂商就不能获得需要之机器，工厂方面亦难得充裕之原料。生产不但无法增加，且日见缩减，同时工人之工资及经常费用偏又无法减少，以致成本加重，物价自必高涨。"② 丁贵堂在香港和澳门广泛接触了工商界人士，对他们的处境体察甚深，在报告中丁贵堂写道：

---

① 《自备外汇输入货品可望获得合理解决》，《国民日报》1948 年 11 月 21 日，第 4 版。
② 《副总税务司丁贵堂致总税务司李度的报告》（1948 年 2 月 20 日），财政部关务署档案，二档馆藏，一七九（2）/312。

职巡视各地所遇之工商界各业领袖巨子，提及进口限制及领取许可证等问题罔不疾首蹙额，视为有害于民不利于国之措施。现时国内各工厂均以此而呈衰落不然之现象，或时开时辍，甚至长期停工倒闭……物价步趋高涨，民不聊生，举目时艰不寒而栗。其尤甚者，国内工商业无法在国内经营，欲求得资本之出路势惟有向国外发展。据职在港澳方面探悉，已有国内多数工商业巨子挟资赴港澳或南洋各埠设厂经商者。似此资金逃避国外造福异邦，对于国内经济之荣枯影响殊非浅鲜，而溯本推源实由现行管制政策逼迫使然耳。①

为此，丁贵堂提出六点应对措施，即取消进口许可证制度；国内急需的工业设备和原料、民生用品由商人自备外汇进口，不受限制；禁止进口奢侈品；裁撤进口管制机构，权力归于海关；严禁非法进口的商品在国内市场销售，违者商品充公并予以处罚；充公的商品不得在国内拍卖转售，最好全部焚毁。②

丁贵堂的看法无疑切中要害，建议也大体可行，但是国民党统治下的政治、经济、社会面临总体崩溃，牵一发而动全身，大局已不可为，细部着手更遑论绩效。关务协定实施后，当局于1948年11月底用所谓"进出口贸易连锁制"和"外汇转移证"来替代原来的限额进口和许可证制度。新规定主要是放宽了自备外汇商人的进口贸易，但仍规定进口商品的数量，并规定先申请者准予先进口，而进出口之间的连锁环节仍要凭借结汇证明书，在实质上并未改变之前的局面。③

除此之外，金融体系的崩溃也制约着协定发挥效能。1948年

---

① 《副总税务司丁贵堂致总税务司李度的报告》（1948年2月20日），财政部关务署档案，二档馆藏，一七九（2）/312。
② 同上。
③ 《自备外汇输入货品可望获得合理解决》，《国民日报》1948年11月21日，第4版；亦见1948年11月23~24日《华商报》第4页相关新闻。

11 月 1 日，关务协定正式实施的第一天就出了问题。九龙关于当日在香港西环招商局码头和油麻地避风塘码头设立了支关，规定商人在两处付关税时必须以港币照官价折算金圆券缴纳，而不能用金圆券直接缴纳。而此时金圆券发行已经完全失控，财政部部长王云五已于 10 月 29 日请辞。11 月 2 日，行政院院长翁文灏在立法院承认币制改革已完全失败；同一天，在上海推行强力措施稳定经济秩序的蒋经国发表《敬致上海市民》，表示措施失败。在这种情况下，金圆券已告崩溃，香港商人当然不愿按照所谓的"官价"以港币结关。由于此时中国内地各海关关口尚未公布是否准许港商直接以金圆券结关，所以大多数港商持观望态度，以待情况明朗再做决定。①

然而协定中最重要的内容，即赋予中国海关在香港领海执行公务的权力，究竟能起到多大作用？这是一个值得商榷的问题。例如，协定中规定由香港开出的船只限定在西环、油麻地、大埔三处港口起航，且只有定期来往船只受约束，所以中国海关检查仅能以定期船只为主，不定期船只如系报关开往澳门的，则不能检查。协定还规定中国海关在香港领海巡逻，待发现违禁船只后只能饬令其返回香港，并且交由香港政府相关部门惩处，也即中国海关其实并未获得完整的缉私权，仅能依照限定区域巡逻、检查和饬令其返航。而且协定中并未规定由中国其他港口起航的船只须接受检查，因为假定其在国内时已经查验。此外，海关经费捉襟见肘也是阻碍协定实施的原因之一，协定中规定中国海关可以在港九方面设立分支卡所，建筑关房及趸船，上文提及丁贵堂认为这些"所需费用甚巨，但目前九龙关港币税收就尚不敷经常开支，此项巨额费用非俟请准上峰予以拨发实属无从代付"。协定实施后，相关设施仍未到位，舆论评价指出："边境各关，又迄未恢复，故缉私力量并未见增强。"② 海关自己也承认，尽

---

① 《"中港协定"实施第一天缴税问题引起疑虑》，《华商报》1948 年 11 月 2 日，第 4 页。

② 丁文：《现阶段的中港走私问题》，《国民日报》1948 年 12 月 6 日，第 4 版。

管关务协定得以实施，但在应对华南走私问题上"总是费力大而收效实微"。①

三　统战制衡　无果而终

除了备受粤港工商界和舆论的责怨，关务协定的困窘还来自中国共产党在香港统战工作的挑战。抗战结束后，连贯、饶彰风等赴香港重建党组织。1947 年 1 月，中共中央香港分局成立，直属中共南方局领导。6 月，香港分局将原中共粤港工作委员会改组为中共香港工作委员会，下设财经委员会。1946 年 11 月由上海到达香港的许涤新接受周恩来的委派负责财经委员会工作，担任香港工委常委兼财委书记。② 中共在香港的商贸企业统一由财委负责领导，面对国民党的封锁，这些企业为党提供了大量的物资与经费，国民党眼中的"走私"行为是从事"革命生意"的重要手段和策略。③ 关务协定以打击走私为名，背后隐含的政治考量在一定程度上是针对中共的，国民党希冀以此阻扼华南中共组织的经济来源。

此外，财委另一个重要职责是与香港进步工商界人士组成统一战线。周恩来在许涤新即将离沪赴港之时再三指示其要在香港开展对工商界的统战工作，此后许涤新在财委下设一个统战小组，由周康仁担任召集人。中共认识到，尽管"香港一般工商界，在思想意识和政治认识上，比较上海和重庆都落后"，④ 但国民党经济政策的失误最终把港商"推"向了中共这一边。这其中，关务协定的作用是显而易见的："走私的被破坏，使大小商人认识国民党是他们的对手，每

---

① 海关总税务司署统计科印行：《缉私问题》（1949 年），第 5 页，转引自连心豪《中国海关与对外贸易》，第 302 页。
② 许涤新：《风狂霜峭录》，三联书店，1989，第 345 页。
③ 中共中央香港分局的相关文件透露了这方面的情况，见《财委一年来业务报告》（1947 年 11 月），《中共中央香港分局文件汇集（1947.5～1949.3）》，第 81～82、84 页。
④ 《财委一年来的群众活动》（1947 年 12 月），《中共中央香港分局文件汇集（1947.5～1949.3）》，第 85 页。

一次经济风暴使香港的商人更进一步认识国民党是不行了，因而逐渐来认识中共，懂懂中国将来的前途。"① 经济统战工作的主要成果是成立了"香港工商界聚餐会""工商俱乐部"等统战组织和建立了以《华商报》为首的舆论阵地。工商俱乐部由香港商人黄长水出面组织，成立于1948年初，每周四晚借聚餐之名商议国事。② 中共和民主党派的经济学家，如许涤新、马寅初、千家驹等经常参加聚餐会，发表对香港和内地经济局势的看法，抨击当局所作所为对香港经济的负面影响。

1948年之后，以《华商报》为首的舆论阵地则利用粤港工商界对关务协定的抵触，开展了颇有成效的统战工作。对于关务协定的谈判和实施，《华商报》在舆论口径上一直秉持怀疑和诘责的基调，在立论上直接将政府谋求关务协定的动机与"四大家族""官僚垄断资本"恶性膨胀、挤压民族资本、戕害民生相联系，将经济议题转化为民生议题。《华商报》经济版编辑、后来成为著名经济学家的孙孺在《再谈中港协定的实施》一文中针对进出口管制指出："四大家族及其附庸的国家垄断官僚资本，完全独占了国内的工商业……单就进口贸易来说，工商业者已遭到不可言状的痛苦了……对于进口商的资格，也诸多限制，登记过程，黑幕重重……连过去获得资格的少数民营商行，也失了资格，数十年的大字号无资格，开张不到三个月仅有写字台一张的却成为有资格的进口商，这些是说明着官僚资本是如何地在垄断。"③ 如果说进出口管制的目的是为官僚资本实施垄断筑桥铺路，那么，如何理解关务协定在其中扮演的关键角色？香港走私问题又当如何评价？在回答这两个关键问题时，孙孺下面的一段话可谓是对实施关务协定的"诛心之论"。

---

① 《财委一年来的群众活动》（1947年12月），《中共中央香港分局文件汇集（1947.5～1949.3）》，第85页。
② 许涤新：《风狂霜峭录》，第359页。
③ 孙孺：《再谈中港协定的实施》，《华商报》1948年1月12日，第3页。

对于国内的出口货，过去是以结汇来限制民营出口贸易，等到民营商行无法出口时，官僚资本的商业机构便出面低价收购，收购完毕之后，结汇牌价即跟着调整，商人眼白白地看见官僚机构赚钱，这是暗劫，到最近几个月来，更进一步地到明劫阶段。四大家族的官僚资本索性规定中国的主要出产品，都要归'国营'……但是，还有一个漏洞，便是华南，这些重要的出产品，有少量还是由人民用走私方法运来香港转出口，逃过了中国官僚资本的管制，这是四大家族官僚资本最憎恨的事情，因此，就三番四次派员来港，进行所谓经济协定的谈判，强调加强缉私，统制出口货，这次协定的局部实施，在四大家族官僚资本的目的，便是想连这一小漏洞也塞起来。因此，所谓对中国有利，只是对中国的官僚资本有利，对中国人民是绝对不利的。①

那么，接下来该怎么办？上升到政治高度的民生问题显然不能再用经济手段予以解决。针对部分港商呼吁政府放宽进出口管制，孙孺在肯定他们反抗官僚资本主义垄断的同时，也告诫香港工商界要放弃幻想："但是四大家族的官僚资本，是以垄断劫掠中国的工商业为目的，会不会放宽华南的贸易呢？过分的乐观是会使我们失望愈大的，今天已有一个必然的结论，不根本推翻中国的国家垄断官僚资本主义，中国及海外的工商业者是不能自由发展他们的工商业的。"②

如此一来，官僚侵蚀、民生困境之中，走私者在道义上实已无可指摘。九广铁路和港粤航线一直是单帮走私者（水客）活跃之处，1948 年下半年九龙关、粤海关会同广东军政当局严查港粤交通线上的水客，波及面甚广。《华商报》抨击海关人员和宪兵的苛严，指出他们不仅断了水客生计，也牵连旅客。③ 财政部于 9 月 10 日发出新规定，限制人民携带现金出入境，按规定出入境时每人携带现金不得

---

① 孙孺：《再谈中港协定的实施》，《华商报》1948 年 1 月 12 日，第 3 页。
② 同上。
③ 《"缉私"带来走私客及航业厄运》，《华商报》1948 年 7 月 9 日，第 4 页。

超过金圆券 20 元，海关检查直接演变成了对旅客的"劫掠"。① 除此之外，《华商报》经常报道缉私人员包私藏私，由于利益纷争甚至相互火并的事件。②

就广东政局派系林立、彼此掣肘的复杂局面，《华商报》将矛头直接指向广东省主席宋子文。中共中央香港分局就认为，宋子文主粤的实质是"美蒋势力"在华南的体现，目的在于以"和平""建设"为幌子，担负拯救蒋政权的最后责任。③ 香港分局进而判断，宋子文在广东的所作所为不仅造成与 CC 系的争斗，而且"引起与地方士绅的对立……宋匪的压力愈大，地方的反抗力也愈大，是必然的……我可争取更多之助力，减少若干之阻力"。④ 由此，中共在香港的舆论宣传工作充分体现了香港分局对宋子文的判断与策略。1948 年初，宋子文强化缉私力量，厉行打击粤港走私，《华商报》明确指出，宋子文积极谋求关务协定的实施，意在打击粤港工商界的生计，维护家族商业利益。原驻粤港边境的国民党军队某部常以走私筹饷维生，宋子文饬令严查相关当事人，致使该部官兵越过边境进入香港避难，《华商报》专门报道了此事，为"落难"军人"鸣冤叫屈"。⑤

当然，关务协定的"大限"取决于内战局势的变化。在进出口管制和缉私打压下的香港商人开始考虑另辟蹊径，与解放区进行贸易，而香港政府对此并没有加以阻挠，反而乐见其成。英国对中国内战一直采取"不干涉"政策，1948 年上半年，驻华英国外交官们已经预见到国民党政权即将崩溃，基于维护英国在华商业利益的目的开始考虑与中共建立"事实上的"（De Facto）关系。⑥ 同年 3 月，中共

---

① 《广九车开到深圳搭客大遭搜掠》，《华商报》1948 年 9 月 12 日，第 4 页。
② 《广九路缉私演成工潮》，《华商报》1948 年 7 月 14 日，第 4 页；《为包庇走私而冲突深圳宪警演全武行》，《华商报》1948 年 10 月 7 日，第 4 页。
③ 汉夫：《美蒋宋的政治阴谋》（1947 年 12 月），《中共中央香港分局文件汇集（1947.5～1949.3）》，第 88～89 页。
④ 《香港分局关于半年工作总结和今后方针任务》（1948 年 8 月），《中共中央香港分局文件汇集（1947.5～1949.3）》，第 190 页。
⑤ 《在逮捕、充军威胁下的一群走私军人》，《华商报》1948 年 2 月 5 日，第 4 页。
⑥ Zhongping Feng, *The British Government's China Policy*, *1945 - 1950*, pp. 96 - 97.

中央获悉英国政府有可能打算与解放区进行贸易，周恩来致电中共中央香港分局，表示原则上对英国的要求可以"非正式表示欢迎"，对通商的具体事宜可继续进行试探。周恩来还致电东北局，指出与英国"建立通商关系，对双方都有利，在地区上，最好对英开放山东、苏北口岸，而暂保留东北"。① 尽管此时英国并没有正式提出与解放区进行贸易的要求，但中共中央无疑释放出愿意与英国人打交道的善意。1948 年初营口解放，英美烟公司（The British American Tobacco Company）在当地的两名英籍职员依然被允许经营烟厂。② 驻华外交官们认为这件事可能暗示中共领导人将会采取措施与外国人做生意，估计时间会是在共产党占领华北的贸易中心天津之后。③

英国外交官们的预测大体是准确的。1948 年底，淮海、平津两大战役局势已渐明朗之际，香港商人已经开始准备与东北、华北通商。④ 1949 年 1 月 15 日天津解放，17 日《华商报》记者采访了香港的英国商人，他们均表示愿恢复天津与香港之间的贸易，与解放区的通商可采用"以物易物"的办法。⑤ 天津解放后，中共也从各种渠道释放出愿与英国和香港商人进行贸易的信息，表示希望恢复天津与香港之间的航线，欢迎英籍商船驶往天津港。《华商报》于1949 年 2 月摘译《远东经济评论》（*Far East Economic Review*）的文章，针对国民党严苛的进出口管制和烦琐的海关手续，指出"解放区内的对外贸易是比较自由的"，"解放区进口的手续是非常简单的"。⑥

2 月底，"湖南"号商船从香港开抵天津大沽口的消息传回香港，

---

① 中共中央文献研究室编《周恩来年谱（1898～1949）》，中央文献出版社，1989，第 768 页。
② Zhongping Feng, *The British Government's China Policy*, 1945–1950, p. 102.
③ Mr. Lamb to Mr. Bevin, 25th May, 1948, Confidential 17912, F8050/33/10, BDFA, Part IV, Series E, Asia 1948, Volume 5, p. 70.
④ 《香港商人正准备与东北华北通商》，《华商报》1948 年 12 月 26 日，第 4 页。
⑤ 《香港天津通商问题英美商看法不同》，《华商报》1949 年 1 月 18 日，第 4 页。
⑥ 《香港与解放区的贸易》，《华商报》1949 年 2 月 2 日，第 2 页。

一时间港商纷纷试探与解放区通商的可能性。香港政府海事处处长在回答记者提问时指出，海事处不会拒绝签发驶往中国港口的航行许可证，不管该港口现在是在国民党手中还是共产党手中，并声明若中共派出驻港贸易代表，可获得半官方地位。① 3 月 15 日，华北人民政府公布解放区对外贸易管理办法。3 月 29 日，香港中华商会会长高卓雄发表言论，指出与解放区进行贸易港商有利可图；而国统区贸易管制甚苛，走私横行，商人无法获利。② 针对港商与解放区的贸易往来，当局已束手无策，原本寄望于利用关务协定对此加以打压，然而，港商灵活变通对应，"以偷天换日方法，凭将货物先送南韩仁川后，再设法化整为零，偷运天津"。③ 上海解放后，沪港之间的贸易也开始逐渐恢复，在港商与解放区的贸易蓬勃展开的背景下，关务协定成了一纸空文。

关务协定从谈判到正式实施历时两年又两个月，而真正实施仅一年不到，时局已天翻地覆。1949 年 10 月 14 日广州解放当天，中共地下党组织与九龙关英籍税务司经蔚斐（W. H. King）达成协议，经蔚斐表示将保护关产，等待中共接管九龙关。④ 21 日"宝深军事管制委员会"宣布接管九龙关，同日，经蔚斐在九龙关香港总部通电北京中央人民政府海关总署，宣告断绝与已迁往台湾的海关总税务司署的关系，接受人民政府海关总署的领导，九龙关正式起义。⑤ 九龙关

① 《对香港华北通商英航商仍有所待》，《华商报》1949 年 2 月 22 日，第 4 页。
② 《香港与解放区贸易高卓雄证明有利润》，《华商报》1949 年 3 月 30 日，第 4 页。
③ 《行政院致经济部通知单》（1949 年 8 月 1 日），经济部档案，二档馆藏，四/30487。
④ 九龙海关编志办公室：《九龙海关志（1887～1990）》，第 419～420 页。经蔚斐于1949 年 8 月 1 日接替艾适丹（K. Ashdowne）担任九龙关税务司，他是时任香港总督葛量洪的连襟。经蔚斐于 1950 年 2 月返回英国。
⑤ 九龙海关编志办公室：《九龙海关志（1887～1990）》，第 421 页。1949 年春，财政部命令海关总税务司由上海南迁广州，成立海关总税务司署驻粤办事处，此后，海关各机构于 1949 年 10 月全部迁往台湾。总税务司李度于 1949 年 4 月赴台，1950 年初返回美国。上海解放后，副总税务司丁贵堂留在中国大陆，参与了组建人民政府海关的工作，成为中华人民共和国海关总署第一任副署长，于 1962 年在北京逝世。

的起义也就意味着关务协定实施的彻底终止。

无论如何，这个结局在关务协定谈判之初，官方是不会想到。谈判中，当局不可谓不努力，态度不可谓不强硬，即便面对英方的拖延战术，也最终历时两年"耗"出了结果。然而，"外交与内政打成一片"的民国政治逻辑中，这个政权为这个协定的付出却大大低于协定带来的收益，其中核心的问题之一就是粤港工商界的民心向背：关务协定的要害在于挤压了商人们的生存空间，使原本凋敝的经济雪上加霜；关务协定的尴尬在于香港走私成因与当局应对方式的错位。英国外交部认为中国政府纯粹是为自己的经济困境找一个转移视线的标靶，而香港成了替罪羊。① 这个判断无疑一句中的。所以，走私的罪魁在于当局的经济政策，协定的致命缺陷在于维护与民争利的贸易管制。当然，濒临崩溃的政局中，外交困厄就不仅仅是统治策略的失误所致，而是根植于这个政权的历史命运所带来的困局之中。

---

① Mr. Bevin to Sir R. Stevenson, 9th May, 1947, Confidential 17601, F 6250/179/10, BDFA, Part IV, Series E, Asia 1947, Volume 3, p. 262.

余论 在祖国与宗主国之间：
对 1945～1949 年香港问题的思考

在内战局势急转直下的震撼中，国民党在香港的政治演出逐渐落下帷幕。1948 年 12 月，时任美国当代世界事务研究所（Institute of Current World Affairs）研究员的鲍大可（A. Doak Barnett）以《芝加哥每日新闻》（*Chicago Daily News*）特约记者的身份在香港发回了两篇报道，详尽描述了当时的政治氛围。此时的香港早已成为反对国民党政权人士的避风港，中共提出召开新政协的号召后，齐集此处的各派人士纷纷响应，"第三条道路"的政治力量在这里彻底完成了向"民主党派"角色的转型。[①] 而 1948 年底，淮海战役正处于高潮，香港社会人心惶惶，国民党当局彻底失去了此处民众的信任，任何官方的消息，均被从反面去解读。而共产党领导下，中国将成立统一的新政府似乎已成为不可阻挡的政治前景。[②]

在中国内战结局日趋明朗的情况下，伦敦做出了在中国"保留立足点"（Keep a foot in the door）的决策，决定选择即将取得胜利的中国共产党，并开始与之进行实质接触，准备承认新政权。从 1948 年第四个季度开始，伦敦在将近一年的时间内，不断讨论其对香港的

---

① A. Doak Barnett, *China on the Eve of Communist Takeover* (New York: Frederick A. Praeger Publisher, 1963), pp. 83 – 95.

② A. Doak Barnett, *China on the Eve of Communist Takeover*, pp. 96 – 98.

政策。① 而香港政府也终于认识到，与一个共产党治下的中国打交道已经不可避免。1949 年 10 月 1 日，中华人民共和国成立的消息传遍了香港，《华商报》的工作人员在报社顶楼的天台上升起了香港第一面五星红旗。② 10 月 14 日广州解放，19 日深圳解放，在距离粤港边境 40 公里的樟木头，解放军野战部队停止了前进。几个月来，人们对香港前途的猜测终于有了结果，紧张的社会氛围逐渐缓和。1949 年即将结束之时，港督葛量洪向伦敦报告，这里的大多数华人希望英国能够承认共产党政权，他的建议也是如此。③ 1950 年 1 月 6 日，英国正式宣布承认中华人民共和国。旧时代已经结束，新时代拉开帷幕，中英两国在香港政治舞台的角力还将继续上演，只不过，中方"主角"已经易人。与此同时，香港的国民党组织转入地下，国共两党在香港的博弈也还将继续下去。

　　回顾 1945～1949 年的香港问题，葛量洪的一段话也许算得上是比较简明而恰当的评价："香港和中国的关系一般来说也算得上友善；严重及不太严重的事件不时发生，不过这些都不曾影响到我们的地位"。④ 本书着力描述的六个历史事件：受降之争、华军过境、汉奸引渡、平民血案、征地风潮、海关谈判，即属于这些"严重及不太严重的事件"。诚如葛氏所言，有些事件的确严重。受降之争虽未兵戎相见，但双方一度为抢占香港竞相出兵，若不是国民政府让步，中英之间完全可能"擦枪走火"；在城寨风潮引发的沙面事件中，英国驻广州总领事馆被付之一炬，中国朝野上下，"收回港九"的呼声不绝于耳。尽管如此，太平洋战争结束后，英国还是得以成功重占香港，并继续维持其殖民统治。无论中国内地政局如何动荡，香港却大

<hr>

① 余绳武、刘蜀永等：《二十世纪的香港》，第 186 页。

② 杨奇：《复刊后的香港〈华商报〉》，《白首记者话华商——香港〈华商报〉创刊四十五周年纪念文集》，第 18 页。关于香港第一面五星红旗的另一种说法是，爱国商人庄世平于 1949 年 12 月 14 日在港岛中环德辅道中 167 号"南洋商业银行"开业时升起。

③ Report by J. J. Paskin, 13th December, 1949, CO 537/4839.

④〔英〕《葛量洪回忆录》，曾景安译、赵佐荣编，第 178 页。

体能够保持稳定。

1945～1949 年，中英之间围绕香港的竞逐既处于中国内战、政权更迭的重要关头，也处于国际格局经历巨大动荡与调整的阶段，一个面积只有 1100 多平方公里的香港，投射出的却是一幅多维的图景：在中英两国政府之间，多方势力交会互动之下，上演着错综复杂的外交角力和惊心动魄的政治博弈，这其中，权力格局、制度结构和社会心理等因素相互缠绕，难以分解。

在近代历史演进的道路上，香港处于祖国与宗主国之间，香港问题的本质是主权问题。战后，国民政府曾设想收回香港，却未真正付诸行动。除了英国对港政策之外，国民政府处置香港问题主要受制于国际格局和自身实力。与此同时，中国内战背景之下，国共两党和英国政府在香港问题上构成了"三方弈局"。英国利用国共之争，实现了继续维持在香港殖民统治的目标，而国民政府进退失据，对英交涉遭遇挫折，导致自身合法性不断流失。由于港府纾解民生困境不力，往往激化社会矛盾，而中国政府介入又使得社会问题异变为政治问题，最终需要通过中英外交谈判解决，由此构成了战后香港特殊的政治格局。某种程度上，1945～1949 年的中英交涉奠定了香港此后半个多世纪的命运。

一 国民政府对收回香港的考量：契机与实力

1997 年前后，学界对于民国时期历届中国政府收回香港的努力多有思考，问题意识多纠结于一个命题：太平洋战争期间和战后数年，历史似乎留给国民政府一个契机，但最终结果是这个政权错失良机，在香港主权问题上并未有多少进展，那么，国民党是如何与收回香港的功绩"失之交臂"的？尽管这个命题多少带有些历史研究者"后见之明"的意味，但也并非一个伪命题。历史发展的轨道在 20 世纪 40 年代中后期，随着国际格局变化呈现出多重的可能性，殖民统治的终结已是世界潮流明确的指向，中英之间在香港问题上可选择的道路也并非只有一条。而对于这个问题的回答，一般着落于三方面的因素。一是强调国家实力，彼时中国虽位列"四强"，却名实难副，于香港问题难有作为。二是批判政权属性，即国民党反共亲英美的政治立场决定其不可能采取强硬态度，自然不会不惜与英国闹翻以争取收回香港。① 三是检讨时局限定，内战烽火迭起，国民党面临全局崩溃已无暇自顾，遑论外交得失。② 客观来说，上述观点均有一定见地，当然，历史往往不似一两句话的总结那样简单。而以下几个问题的探讨，也许可以帮助深化对国民政府在战后香港主权问题上的评价。

首先，收回香港是否是国民政府在战后既定的政治目的与外交方针？

1943 年中英新约签订后，国民政府并未放弃争取收回香港。中国曾通过照会，向英国声明对于九龙租借地保留日后提出讨论的权利，蒋介石在《中国之命运》中也重申了收回九龙租借地的决心。有一点可以明确，自中英新约签订之后，国民政府对于香港主权问题，无论是作为外交构想还是政治承诺，就策略而言始终坚持以两国协商的形式，通过外交途径予以解决，基本上否定了用其他方式收回香港的可能性。

然而，国民政府并没有为解决香港问题开出明确的时间表，只是多次表示将在"战后""合适的时机"，没有时间限制的政治承诺显得目标模糊而诚意不足，很难由此判断其是否愿意竭尽全力。从现已公布的史料来看，战后国民政府曾考虑向英国提出香港主权问题，但最终停留在了试探的阶段，并没有真正付诸实践。1945 年 8 月 22日，当中英之间为香港受降问题激烈纷争之时，美国国务卿贝尔纳斯

---

① 王为民主编《百年中英关系》，世界知识出版社，2006，第 142 页；亦见李世安《太平洋战争时期的中英关系》，第 78 页。更有学者指出国民政府"代表大地主大资产阶级政权"，用香港主权换得英美对其"反共反人民独裁统治的支持"，见张国良、张霖《论中国近现代国家政府在香港问题上的不同作为》，《南京政治学院学报》1997 年第 4 期，第 7～8 页。
② 梁炳华《城寨与中英外交》，第 217 页；亦见吕芳上《1940 年代中英香港问题交涉（1942～1945）》，《港澳与近代中国学术研讨会论文集》，第 530 页。

公开表示，即将举行的伦敦五国外长会议将讨论香港问题，而英国对此表示极为"诧异"。①国民政府外交部欧洲司由此撰写了《收回香港问题》报告，但外交部在何时向英方提出这一关键问题上过于谨慎，在报告中写道："我国此次对香港问题究应如何提出，在会上或在会外讨论，事先应与英美商洽后办理。"②据顾维钧回忆，宋子文和王世杰均主张向英国提出，但他认为"时机尚不成熟"，中英双方最好能援交收威海卫租借地的先例"通过双方都满意的步骤进行"。③外长会议期间，宋子文从美国取道英国回国，在伦敦他曾同英国首相艾德礼和外相贝文见面，但两人均表示英国政府不会放弃香港。王世杰亦向英国朝野人士试探工党政府的态度，据克利浦斯表示，工党政府上台伊始，立足未稳，担心在香港问题上让步会招致保守党的攻击。④其实，无论是工党还是保守党政府，都不会在香港问题上对中国妥协。直至1949年失去大陆政权，国民政府都没有正式向英国提出收回香港。

国民政府在处置涉港事务时，有时会提出主权问题，其用意并非表达中方收回香港的要求，而是以此对英方施压，谋求打破交涉的僵局，"收回港九"一定程度上只是一个高高悬起而无法达到的目标而已。纵观本书所述的六个历史事件，几乎皆由事务问题牵连主权问题，而无论民意舆论如何波涛汹涌，双方交涉仍是就事论事。⑤主权问题更多的是弥散在交涉过程的无形压力氛围中，国民政府注重利用这种压力，而其本身亦受到民意舆论对主权诉求的压力。香港主权问题虽在双方交涉之中隐而不现，却贯穿始终。两国外交部门有时唯恐避之不及，而民意舆论却常常大张旗鼓。可以明确地说，无论战后中

① 外交部欧洲司：《收回香港问题》（1945年8月），外交部档案，二档馆藏，十八/2952；亦见 Evan Luard, *Britain and China*, p. 181。
② 外交部欧洲司：《收回香港问题》（1945年8月），外交部档案，二档馆藏，十八/2952。
③ 《顾维钧回忆录》第5册，第576~580页。
④ 王正华编注《蒋中正总统档案——事略稿本》（62），第548~550页。
⑤ 《王世杰日记》第6册，第152~153页。

英围绕香港如何摩擦不断、纠纷迭起，起因皆非国民政府为收回香港而故意生事，中方在处置涉港事务时亦不打算借此提出收回香港。所以，国民政府在战后并未认真准备收回香港，这多少是个令人遗憾的结论。

其次，国际环境对战后香港问题产生了怎样的影响？又如何制约了国民政府在香港问题上的作为？

较之于北伐建政时期的"革命外交"，战后国民政府的对外政策常被目为"弱势外交"。① 尤以中英在香港问题上的交涉为典型。在"非殖民化"的国际环境中，面对势力收缩的英国，"四强"之一的中国却往往"息事宁人""态度软弱"。② 战后国民政府面临十分微妙的国际环境。一方面，抗战胜利大大提升了中国的国际地位，使之位列"四强"之一。按照战争期间中国与英美之间订立的平等新约，中国将逐步收回近代以来失去的国家利权，并将在国际舞台上发挥一定的作用。另一方面，同这种表面现象极不匹配的是，由雅尔塔体系确立的国际新秩序使中国再次陷入窘境，国际环境异常险恶。在国际格局的调整之中，列强给予平等地位的承诺尚未兑现，新的国家利权又接踵丧失——中国虽获"四强"名号，却仍为列强宰制，虽具大国意识，却难有大国作为。"热战"终结而"冷战"开场，中国如何在这个日益分裂的世界中明确自身的立场与地位，守护濒危的国家利益，着实是一个难题。

战后中国的多边外交中，美国无疑是"最大的一边"，香港问题受到美国立场与政策的深远影响，有时甚至是决定性的。美国在香港问题上存在两面性，而这种两面性主要缘于英美两国关系的特点。一方面，基于共同的文化脉络、政治理念和利益取向，英美同盟是美国

① 吕芳上：《1940 年代中英香港问题交涉（1942～1945）》，《港澳与近代中国学术研讨会论文集》，第 530 页。
② 李朝津：《战后南京政府对香港问题之处理——王水祥事件个案研究》，《港澳与近代中国学术研讨会论文集》，第 626 页；亦见《二次战后国府未能收回香港》，《中国时报》1997 年 6 月 30 日。

一以贯之的外交传统；另一方面，英美之间在战后远东，尤其是中国问题上存在着国家利益的竞争。重返远东并维持在此地的权益是英国在战时的既定政策，而一个英帝国色彩浓厚的远东显然不符合美国的意愿。此外，尽量削弱苏联在远东，特别是对中国的影响又是英美之间共同的战略利益。

具体到香港问题上，中英受降之争时美国态度的转变尤能体现英美间这种微妙而复杂的关系。战争期间，美国曾一度支持中国收回香港，由中国接受香港日军投降本就是美国提出的既定方案，杜鲁门政府并不希望英国以武力重返香港。① 美国远东问题专家裴斐（Nathaniel peffer）在《纽约时报》（*New York Times*）上撰文指出，香港被英国霸占就如同"曼哈顿被其他政治势力霸占"一样。② 英国驻美大使馆向伦敦报告，香港在美国人看来是一个"旧时代的标志"。③ 尽管如此，美国还是在紧要关头不惜修改"一号命令"，劝说中国向英国妥协。其核心原因，是雅尔塔协定所设计的战后政治格局的限制，苏联由此重新攫取了日俄战争之后沙俄在中国东北失去的特权。正如英国外交部官员基臣指出，苏联在中国东北拥有旅顺海军基地，并在大连商港保有特殊地位，那么，英国有什么理由要在战后退出香港？④ 因此，杜鲁门政府不得不牺牲中国的利益以维持雅尔塔体系构建的平衡。

对于中国来说，战后中外关系波折不断，事端频生，如东北问题、外蒙问题、新疆问题等，皆万般棘手。处置不当引起国内政局动荡，外交部疲于奔命，尚无招架之力，对于香港问题又怎可能有机会、有力量主动出击？战后中国刚刚在国际社会扮演"四强"的角色，但她毋庸置疑只是"四强"中的弱国。老牌殖民帝国英国这时

---

① Lanxin Xiang, *Recasting the Imperial Far East*：*Britain and America in China*，1945 – 1950，p. 42.

② Nathaniel peffer, *New York Times*，12 August 1945.

③ Lanxin Xiang, *Recasting the Imperial Far East*：*Britain and America in China*，1945 – 1950，p. 42.

④ Minutes by Kitson，no date，FO 371/46417.

候仍挟其余晖，以强势外交相对待。英国在战后的衰落，并不是其国家整体实力的全面败落。在殖民统治问题上，英国只是在从"日不落"帝国向欧洲回缩过程中进行了符合自身实力的调适。因此，英国对不同的殖民地持不同的态度，其在香港问题上的强硬立场，即是这种政策的体现。以历史研究者的后见之明来检讨国民政府的外交政策，未免过于苛求，毕竟，在 1949 年之前的历届中国政府中，国民政府在香港问题上已走得最远。

再次，国民政府对自身实力的判断是怎样的？民族情绪裹胁下的社会心理又在香港问题上扮演了什么样的角色？

战后国民政府在香港问题上难有作为，国家实力的孱弱当是主要原因之一，这也是国民政府对该问题的自我认知。中英受降之争时，蒋介石就发出"如我国不能自强，今后益被侮辱矣！"的感慨。据葛量洪回忆，在国民党政权"似乎还是十分稳固"的时候，宋子文曾对他说："二十五年之后，我或者我的承继者会要求收回香港的，而我们一定会收回的。"宋子文当然是在表达中国收回香港的决心，但他开出 25 年的时间表，多少暗示了国民政府此时自知无力收回香港。葛量洪也正是这样判断的，他认为："假如中国不是积弱的话，是不会把香港割让予英国的。而后来的各个政权又没有足够的能力去收回这个地区。"对于国民党组织在香港异常活跃的事实，葛量洪似乎并不十分担心，他表示："他们会制造麻烦，有时是很大的麻烦；不过他们对这个殖民地不能构成威胁，因为基本的原因还是中国的政府仍然没有能力向英国的地位挑战。"①

然而，战后中国，以至整个民国时期，中外关系演进的逻辑有着另外一面：较之于国家政权对于自身国力认知的相对"消极"（主要针对外交方面而言），民族情绪裹挟下的民众心态和社会舆论对于收回国家利权十分积极。这亦是整个民国时代政治生态中不可忽视的因素。民族主义情绪在 20 世纪 40 年代后半期再次空前高涨，争取国家

_____

① 本段引文出自〔英〕《葛量洪回忆录》，曾景安译、赵佐荣编，第 177～178 页。

利权渐成一种社会共识和评判各政治势力"进步"与否的标准。标榜民族主义的国民政府不得不尴尬面对这一境况。一般来说,一个政权的政治实践应当与其意识形态相匹配,而国民政府在战后的困窘多少源于两者之间的脱节。国力不强、政局混乱自然是国民政府未能收回香港的原因,然而,历史的发展也曾呈现出"另类"的线索。国民革命时期,高擎反帝旗帜的武汉国民政府挟民众运动之威,一举收回汉口、九江英租界。彼时国力也弱,政局亦乱,足可见在民族主义暗流汹涌的民国时代,外交的强势有时也并不倚仗国力。① 而在战后,国民政府的"弱势外交",一定程度上是"外交心态"的弱势,外交策略若此,固然是基于对国家实力的判断,但"弱势心态"又反过来制约了国民政府在香港问题上的作为。

在民族情绪高涨处于顶峰之际,"外交"成了尴尬的词语。国民党建政之后,基本坚持通过交涉谈判争取国家权益的外交政策,在香港问题上也大体如此。战后殖民地独立运动风起云涌,印度、缅甸等英属殖民地相继独立,不少中国民众认为,英国更加没有理由继续占有本就属于中国的香港。然而,国民政府在香港问题上的作为难以满足民众的期待,"外交解决"几成"示弱恃强"的同义词,外交当局成了众矢之的。城寨事件中,一些报刊甚至鼓吹"撤办外交当局""进兵港九""血洗国耻",足以体现民众情绪的激昂。②

对于民族主义情绪裹胁下的民众运动,国民政府却骑虎难下。一方面,国民党依然保持着动员型政党的某些特征,发动和引导民众运动本是其惯用手段。在香港问题上,若处理得当,因势利导,可将民

---

① 当然,汉口、九江英租界的收回,其背后的原因非常复杂,综合了中共的作用、苏俄的影响和众多偶然因素的汇聚,等等。武汉国民政府的"革命外交"模式亦是特殊时期、特殊情况下的特殊产物,但其中确也体现了民国时期外交的另一种向度,即有时民族主义情绪的爆发会超越对国家实力的考量,成为推动政府对外交涉最强劲的动力。

② 《立即撤办外交当局立即进兵香港九龙》(社论)(《新中华日报》1948年1月14日),中央通讯社剪报资料《九龙问题》上册(1947年12月~1948年1月)。

众对政府的压力转化为谈判桌上的筹码。另一方面，战后国内不靖，政府形象败坏，民心渐失，民众运动中各势力暗流涌动，往往借机掀起惊涛骇浪，严重威胁当局自身。民众运动的发起与演进本就是一个错综复杂的过程，管束不易，放纵危险。战后屡屡被"运动"得晕头转向的国民政府，在香港问题上对于民众运动，更多的还是疑虑和戒备。国家实力与民众心态在一定程度上出现背离，名为强国、实为弱国的处境中，民族主义情绪的高涨更平添对外交涉的变数，由此，战后香港问题尤显风云激荡。

二　国内政局与香港问题的互动：三方弈局

民国政治生态有一个显著特征，即是"内政与外交打成一片，不可复分"。① 战后中英香港交涉亦体现了这一特征。国民政府在处理涉港事务时，往往面临着"牵一发而动全身"的局面，任何细微的举动都有可能牵涉国内政局的变化和权势结构的调整。香港问题并不单单是香港本身的问题抑或中英之间的外交问题，背后体现的常常是中国政局的波云诡谲。各种政治势力面对外交风潮，在趋利避害的本能下借机伸张权势、扩大影响、打击政敌，使得交涉平添变数。因此，在战后香港问题上，一些看似是国民政府与香港政府之间的矛盾与冲突，实际却有着深刻的内政根源。战后数年，中国国内政治最重要的一环是国共关系，国共两党从政争走向内战，并通过战争完成了政权更迭。由此，英国政府与国共两党在香港问题上构成了三方弈局。

国共两党与香港均有着深厚的渊源。对于国民党而言，香港是其革命活动的策源地，孙中山直接策划的 10 次南方武装起义，就有 6 次是以香港为基地筹备的。② 国民革命时期，香港毗邻革命的风暴中心，广州政府以反帝为其政治诉求，大力策动民众运动，与香港政府

---

① 罗志田：《乱世潜流：民族主义与民国政治》，上海古籍出版社，2001，第 281 页。
② 余绳武、刘蜀永主编《二十世纪的香港》，第 60～61 页。

一度交恶。国民革命之后，宁粤对峙多年，而粤港关系趋于缓和，南京国民政府仍能通过外交系统和在港党团组织对香港政府施加影响。太平洋战争结束后，英国重占香港，与此同时，国民党港澳总支部和三青团广东支团港九分团纷纷在香港恢复活动。① 战后数年，国民党党团组织控制下形形色色的商会、工会、报社和侨校已然成为香港当地政治权势和社会结构的重要部分。

对于中国共产党来说，抗战期间是其在香港发展壮大、积极活跃的时期。1937 年底，周恩来征得英国驻华大使卡尔（Archibald Kerr）的同意，在香港设立八路军办事处。② 太平洋战争爆发后，中共领导的港九大队与英国军方进行了卓有成效的合作，英国进一步调整了对中共的看法，将其视作可以打交道的政治势力。抗战胜利后，中共恢复在香港的活动。③ 自东江纵队按照国共军事调处协定北撤之后，广东党组织失去了军事后盾，香港成为中共在华南的工作中心。1947 年 1 月，中共中央决定成立香港分局，直属南方局，下设香港工作委员会等 4 个平行组织，④ 其中，香港工委是香港党组织的核心机构。⑤ 至 1948 年 9 月，香港地区的党员已达 560 余人，领导下的群众有 4 万余名，各类工团组织 30 个。⑥

国共在香港的较量，主要体现在影响香港社会舆论、建立和控制社团组织以及争取在港"中间势力"人士等方面。中共充分注重利用香港的特殊政治格局，在较之国统区相对自由的环境中建构了革命

① 《港澳总支部沈代主委谈话目前展开重要工作》，《华侨日报》1945 年 9 月 5 日，第 4 页。
② 连贯：《回忆八路军驻香港办事处》，连贯同志纪念文集编写组：《贤者不朽：连贯同志纪念文集》，中国华侨出版社，1995，第 280 页。
③ 《中共广东区委长期坚持斗争的工作布置》（1945 年 9 月），《中共广东省组织史料》第一辑，第 292 页。
④ 中共中央文献研究室编《周恩来年谱（1898～1949）》，中央文献出版社，1998，第 716～717 页。
⑤ 中共中央文献研究室编《周恩来年谱（1898～1949）》，第 716～717 页。
⑥ 《香港分局港城委致中央及中城部电》（1948 年 9 月 1 日），《中共中央香港分局文件汇集（1947.5～1949.3）》，第 211 页。

的舆论氛围，对国民党构成了尖锐的挑战。① 占领舆论阵地最重要的途径是办报。战后伊始，中共在香港公开发行了广东区党委的机关报《正报》，1946 年 1 月又复刊《华商报》，内战爆发后，《群众》杂志也由上海移至香港出版。而国民党亦在香港拥有三份报纸，其中影响最大的是《国民日报》。国共在香港的舆论战体现了内争与外力纠结的复杂景象。国民政府调兵遣将过境香港之时，《国民日报》大张旗鼓宣扬"祖国健儿"英姿，而《正报》则撰文劝告过境官兵不要投身内战之中。②《华商报》更是时常报道国军在港种种劣迹，以致该报在香港街头遭到过境官兵公然收缴，总编辑刘思慕致信港府请求其保护"陛下领地的新闻自由"。在处置匿港汉奸的问题上，对比《国民日报》的张扬，《华商报》则保持低调，拒绝刊登广州行营通缉汉奸的名单。城寨事件高潮之际，国民党掌控的各报刊气势汹汹，"收回港九"的口号此起彼伏，而中共背景的报刊则相对温和。无怪乎当国民党试图将沙面事件的罪责嫁祸于中共之时，几乎没有英国人愿意相信。港府一些官员认为，中共避免对英国人采取敌视态度，新华社香港分社"常常是客观冷静并且友好地对待殖民地政府"。③ 中共的宣传策略小心翼翼地游走于港府政策的边缘，尽量不去触碰港英统治者的底线，因而能够成功地建立舆论阵地，有效削弱了国民党在香港的政治影响。

国共均重视在香港发展社团组织，就工人运动而言，为争夺工运领导权，两党各自成立了工会组织。较之于国民党，中共的策略更具灵活性，提出："通过工团领导，保持与英联系，但站在工人群众立场，民族立场，接受英对工人有益之各种工作，如建立工会，扩充劳

---

① 有研究者运用葛兰西（Antonio Gramsci）"文化霸权"理论来阐释中共在香港建构"革命文化"的努力，具体参见叶汉明、蔡宝琼《殖民地与革命文化霸权：香港与四十年代后期的中国共产主义运动》，《中国文化研究所学报》2001 年新第 10 期。

② 田英：《劝北上中央军》，《正报》1946 年 7 月 1 日，第 3 版。

③ Steve Tsang, *Democracy Shelved*: *Great Britain*, *China and Attempts at Constitutional Reform in Hong Kong*, *1945 – 1952*, p. 56.

工子弟学校，其他福利工作等，同时提防暴露组织力量及使国方无打击我之藉口。"①

随着第二次国共合作的终结，主张"第三条道路"的中间派政治势力的生存空间遭到挤压。尤其是民盟被迫宣布解散后，其成员纷纷来港避难。中共在香港成功地开展了统战工作，原本介于国共之间的各派政治力量，完成了由"中间势力"向"民主党派"的历史转型。而筹建新政权的过程中，香港亦成为民主人士北上参加新政协的中转站，中共最大限度地利用了香港政治格局的特殊性。

较之于中共在香港卓有成效的宣传、统战工作，国民党似乎有些目标不明，缺乏章法。表面上，国民党尽占优势——它是当时中国的执政党，又可以在香港公开活动，并且掌控了大量的社会资源。实际上，这些优势在香港的特殊环境中变成了劣势，这是香港政府的立场所决定的。比起共产党，国民党在香港的活动对于港府而言更具威胁。早在 1922 年香港海员大罢工结束时，时任香港总督的司徒拔（Reginald Stubbs）就意识到，罢工结果对于港府来说是一个"不幸"，其原因不在于工人获胜或是资本家失败，而在于港府的让步完全是因为罢工是由国民党组织和操控的。司徒拔总结说："可以预见到，为了获取某种目标，此后国民党可能再次运用同样的手段。在不远的将来，他们的目标很可能更直接，并且更具有政治色彩。"② 战后两任香港总督——杨慕琦和葛量洪均密切关注国民党在香港的活动。1946 年"双十节"期间，不少香港华人悬挂国旗庆祝，港府深受刺激，包括杨慕琦在内的许多港府官员都认为国民党试图挑战"殖民地政府的权威"。③ 九龙城寨事件期间，葛量洪曾向伦敦提出封

---

① 《香港分局城委致周电——目前港九工潮报告》（1947 年 9 月 1 日），《中共中央香港分局文件汇集（1947.5～1949.3）》，第 51 页。

② Hong Kong to Secretary of State for the Colonies, 18th March, 1922, CO 129/474, pp. 224 - 225.

③ Steve Tsang, *Democracy Shelved: Great Britain, China and Attempts at Constitutional Reform in Hong Kong, 1945 - 1952*, pp. 50 - 54.

闭国民日报社、国民党撤出香港的要求，虽未获得批准，但足以体现国民党与港府关系的紧张程度。

对于国民党屡次提出限制中共和反蒋人士在港活动的要求，港府基本上采取敷衍的态度。葛量洪曾表示，尽管受到来自中国官方的压力，但他应当维持香港作为"政治避难所"的形象。[①] 葛量洪对宋子文指出，中共在香港并不是非法组织，除非其所作所为违反香港的法律，否则香港政府无法采取任何行动。[②] 英驻华大使施谛文曾对蒋介石表示，中共在香港十分谨慎，避免违反当局的任何法律和政策，"如果中国当局能够提供有关他们从事颠覆活动的确凿证据，港府将主动与中国政府合作处理这个问题。"[③] 这实质上是在推诿。总体而言，港府在对待国共两党的态度上，并不明显偏向于某一方，有意维持两党互相牵制的局面，以免威胁自身统治。

从 1948 年第四季度开始，香港政府逐渐收紧对中共活动的控制，这种改变源自中国国内政局前景愈发明朗，中共即将赢得政权。对于国共内战，英国采取的是一种谨慎的中立政策，[④] 英国不愿身陷中国内战，担心在华利益受到影响。[⑤] 英国在华投资是其在华利益的集中体现，至 1949 年，投资总额已达 3 亿英镑左右。英国在华利益的特点决定了伦敦希望看到一个"稳定而和平的中国"，愿意与一个"能够控制中国局势"的政权打交道。因此，基于对中共即将获胜的预测，1948 年年底，英国外交部建议采取在中国"保留立足点"的政

---

① Sir Grantham to G. F. Seel, C. M. G., CO 537/3722.

② 叶汉明：《香港与四十年代中国民主运动的边缘化》，《史数》第 3 卷，1998 年 12 月，第 330 页。

③ Sir R. Stevenson to Mr. Bevin, 21st July, 1948, Confidential 17912, F 10787/154/10, BDFA, Part IV, Series E, Asia 1948, Volume 5, p. 92.

④ 陈谦平：《上海解放前后英国对中共的政策》，《南京大学学报》2000 年第 2 期，第 15 页。

⑤ 陈谦平：《上海解放前后英国对中共的政策》，《南京大学学报》2000 年第 2 期，第 16～17 页。

策，与中共保持"不可避免的事实上的联系"。①

另一方面，香港是英国在远东利益的核心，英国并未打算放弃香港。中共虽然多次暗示不会收回香港，② 但港府担心在香港的共产党组织借机发起事端，从而瓦解其殖民统治。此外，1948 年马来亚共产党的武装抗争亦使伦敦对远东神经紧张，港府担心"马来亚模式"在香港重演。因此，从 1948 年第四季度开始，港府加强了对香港社会内部的控制，先后颁布实施《维持公共秩序及安全法案》（即所谓"公安条例"）、《修订 1931 年教育法例》、《人民入境统制条例》和《社团条例》，强行封闭中共与民主人士创办的达德学院，拒绝了 38个左翼社团的注册。③ 1949 年 1 月，英国外交部和军方根据内阁决定，联合拟定了绝密的《香港紧急防卫计划》。4 月，英国海军与解放军在长江发生武装冲突，港府认为，香港华人将此事件视为英国在抵抗中共方面软弱无力的表现，若中共夺取香港，英国将无力保护，因此建议伦敦加强香港防务。④ 5 月下旬，伦敦做出增兵香港的决定。⑤

新政权成立前夕，英国政府一方面保持同中共的接触，为承认新

---

① 《殖民地大臣关于目前中国内战形势的发展的备忘录》（1948 年 12 月 9 日），英国内阁档案，CAB 129/31，C. P. （48）299. 转引自余绳武、刘蜀永主编《二十世纪的香港》，第 173 页。

② 1946 年 12 月，毛泽东在延安回答西方记者提问时说："我们现在不提出立即归还的要求，中国那么大，许多地方都没有管理好，先急于要这块小地方干嘛？将来可按协商办法解决。"见毛泽东《同三位西方记者的谈话》（1946 年 12 月 9 日），《毛泽东文集》第 4 卷，人民出版社，1996，第 207 页。1948 年 12 月，乔冠华在香港接受路透社记者采访时亦暗示了中共建政后香港仍将由英国统治，见 Kevin Lane, *Sovereignty and the Status quo: the Historical Roots of China's Hong Kong Policy* (Boulder: Westview Press 1990), p. 80, 据师哲回忆，1949 年 2 月，毛泽东在会见米高扬时表示，目前急于解决香港和澳门问题没有多少意义，见师哲《在历史巨人身边——师哲回忆录》，中央文献出版社，1991，第 380 页。

③ 周奕：《香港左派斗争史》，香港，利文出版社，2002，第 15 页；余绳武、刘蜀永主编《二十世纪的香港》，第 187 ~ 188 页。

④ Hong Kong to Secretary of State for the Colonies, 30th April, 1949, FO 371/75839.

⑤ 陈谦平：《五十年代初期中英外交与香港》，《〈五十年来的香港、中国与亚洲〉国际学术讨论会论文集》，香港珠海书院亚洲研究中心，2001，第 463 ~ 464 页；亦见余绳武、刘蜀永主编《二十世纪的香港》，第 180 页。

政权做准备；另一方面限制中共在香港的活动，加强香港防务。英国的目的是尽力减少在华利益损失，同时维持在香港的统治。与此同时，中共在香港问题上做出了"暂时维持现状不变"的决策，决定保留香港作为新中国与西方世界交往的窗口，发挥其贸易渠道的重要作用。这一决策最终演变为"长期打算、充分利用"的对港战略方针。英国承认中华人民共和国之后，港府逐渐放松对香港共产党组织的管控，双方形成了一定的"默契"，而国民党在香港的活动空间进一步被压缩。① 内政和外交往往互为制约、互相决定，香港问题也正是这一逻辑的体现。国民政府在香港问题上的作为受缚于内争，进退失据；而外交的困局又恶化了国内的政治环境，其统治合法性不断流失。在内政与外交的夹缝之中，战后香港的三方弈局，国民党是最大的输家。

三　香港特有政治格局的形成：承前启后

从太平洋战争结束到中华人民共和国建立，这短短 5 年时间是香港历史发展承前启后的重要阶段。的确，国民政府并没有能够收回香港，但不可否认，战后，它对香港社会影响的权重增加了，积极争取了一部分国家利权，密切了香港与内地之间的联系，向英国表达了中国希望通过外交渠道最终解决香港问题的诉求。随着战争的结束，英帝国的光辉在远东逐渐黯淡，对于香港的统治者来说，战前的统治方式若不经过调整，已无法保证这里的稳定与发展。香港未来的命运取决于中英两国势力的消长，而在更大程度上取决于中国政府维护主权的意志、实力与策略。香港虽然于 1997 年才回归祖国，但归程的路标在战争结束后已经竖立。

香港与英国的其他殖民地不同，在非殖民化的历史进程中完全排

---

① 　Steve Tsang, *Democracy Shelved: Great Britain, China and Attempts at Constitutional Reform in Hong Kong, 1945 – 1952*, p. 56.

除了成为一个独立国家的可能性。① 这是由三方面的因素决定的。一
是香港完全是英国通过不平等条约胁迫中国割让和租借攫取而来的,
此前并非是"无主之地"。二是民国时代的历届中国政府虽在香港问
题上作为有限,但没有一个政府主张放弃收回香港,而都试图把握契
机,积极宣示对港主权。三是 20 世纪以来,在民族主义潮流的影响
下,香港民众的民族精神逐渐高涨,在民族国家观念和自我身份识别
上,他们并未脱离"中国"与"中国人"的认同。这三个因素紧密
结合、共同作用,形成了香港特有的政治格局。即香港的政治发展,
一直为祖国中国和宗主国英国的合力所左右,香港出现的问题、发生
的事件,已不单纯是港府的内部事务,它常常引起中国政府的关注,
也往往因循中英协商的方式解决。

香港特有的政治格局通过中英两国的交涉得以表现,而这一系列
的交涉又逐渐强化了这种政治格局,且并未伴随中国政权的更迭而发
生改变。纵观战后直至回归前的历史,香港民众的民族情感有两个高
峰,一是 1948 年前后由征地矛盾导致的九龙城寨事件;二是 1967 年
前后由劳资纠纷引发的"反英抗暴"风潮。两者的共同特点除了港
府处置失当、港人宣泄不满、民族情绪激荡之外,最重要的是中国政
府的介入成为影响事件走向的决定因素。对于中国政府来说,恢复大
国地位一直是其奋斗目标,香港作为近代中国主权沦丧之始,关于其
的主张已然成为衡量国内各派政治力量进步与否的标尺,在香港问题
上的作为已然与一个政权的执政能力与执政合法性密切相关。

继续沿着这一思路,回到战后初期的香港,我们可以看到,国民
党的党团组织在香港公开活动,党报《国民日报》亦能公开发行,
约十万中国官兵曾过境香港,宪兵亦曾在街头巡逻,中国海关可以在
此处缉私,更不用说国民政府派驻在此处的林林总总的机构和工作人
员。国民党与国民政府在香港的存在对当地民众无疑是一种宣示:尽

---

① 王赓武:《走向新的现代性:香港回归的历史视角》,《二十一世纪》2007 年 6 月
号,第 4 页。

管香港在英国的统治之下，但中国有能力、责任和义务干预这里发生的事情。而对于香港民众而言，虽然他们能获得有限的自由（其程度往往还要高于中国内地），但在政治参与上却长期被排除在外。香港的种族歧视问题在战后数年之中并没能得到多少改善，而华人民众的心态已随着战争的胜利发生了显著的变化，他们曾目睹英国人在日本的进攻中不堪一击，又深受祖国取得"四强"（尽管是名义上的）地位的鼓舞。当香港民众与港府发生矛盾和纠纷之时，"祖国政府"或主动或被动地挺身而出，一系列交涉事件的逻辑起点也正因此产生。

细究战后香港问题，可以发现其中的微妙之处。国民政府介入香港内部事务，一方面是为伸张国家主权、强化对港影响，一方面亦是香港民众推波助澜的结果。香港民众与国民政府的默契源于两者之间共同的利益诉求。香港民众往往表现出相当的智慧，国家权益和个人利益常常是一体两面，港人与港府发生纠葛时，往往将民生问题政治化，将事件发展引向中英之间的外交解决，国民政府维护国家权益，港人借助国民政府之力维护自身利益。"爱国"在战后香港已不是一个空洞的口号，而是承载着利益诉求的旗帜。

当然，香港民众与"祖国政府"的利益并非总是一致，两者之间亦有发生冲突的时候，民族情感的驱动、维护主权的诉求固然大旗招展、激荡人心，但民众的选择往往依据趋利避害的理性原则。身处祖国与宗主国夹缝中的香港民众，在自身利益与家国情感中自有取舍的逻辑。由此可见，尽管民族主义话语在战后中国似乎已然形成一种霸权，却掩饰不住背后的利益动机，无论内地还是香港，也无论民众还是政府，皆是如此。有时并不存在谁比谁更爱国、更激进，决定的因素往往在于谁比谁更会利用"爱国"，谁比谁表现得更为"激进"罢了。因此，战后香港问题的构图，一方面是中国政府在主权问题上的不懈努力，一方面是香港本身政治演进的曲折辗转，在这背后，则是港人民族情感的激荡与宣泄，对自身利益的权衡与取舍。而香港社会矛盾与社会抗争的实质也并非"反抗港英殖民统治"这么简单笼统，香港民众正是在祖国与宗主国的夹缝中表达着自己的民族情感与利益诉求。

殖民统治在战后已逐渐势微，非殖民化的历史潮流中，香港的命运已定，无论在什么时候，也无论采取怎样的方式，英国的殖民统治必然有终结的一天。[①] 然而，值得注意的是，在香港问题上，20世纪80年代之前，英国并不因为这个前景而主动退让。面对战后香港历次社会运动的波澜迭起和中国政府的干预与施压，港府在处理时往往采取看似悖论的灵活方式。一方面，它以强硬的手段维护在香港的殖民统治，坚持不讨论香港主权或有可能涉及主权的问题，也不愿改变香港的政治体制；另一方面，当交涉止息、浪潮退去后，港府则采用怀柔政策：它保持了一定的开明姿态，愿意改变治理方式，改善民生状况。这决定了战后香港社会政治发展的前景：在政治体制僵化不变、民主停滞不前的状况下实现有限度的自由与人权，并保证适当的社会福利与公平正义。

香港民主化的前景曾在20世纪40年代后半期"昙花一现"，但却无果而终，错综复杂的因素中，中国的政治影响不可小视。港府担心，若香港步入民主进程，无论是国民党还是共产党在港的势力，都将在香港民主化的过程中扩展自身力量，危及英国的统治。[②] 伦敦认为，如果真的开放选举，那么结果只有一个：香港民众选出来的不是国民党就是共产党。这种担心并非完全是杞人忧天，中国政府涉港事务的处理，多多少少冲击了英国统治者的政治底线，港府在民主化问题上的如履薄冰也就不足为怪了。尽管如此，英国殖民者的头脑并非

---

① 在这一点上，英国殖民者认识得很清楚，葛量洪1954年访问美国，当回答英国殖民统治将在香港维持多久时，他说："1997年是决定性的一年，因为新界租约就在这一年届满，而我无法想象会有一个中国政府把租约延长，我也无法想象殖民地的剩余部分——港岛和九龙半岛——继续作为可行的政治团体而存在。"见〔英〕《葛量洪回忆录》，曾景安译、赵佐荣编，第217页。

② Steve Tsang, *Democracy Shelved: Great Britain, China and Attempts at Constitutional Reform in Hong Kong, 1945 - 1952*, pp. 203 - 204. 另见〔英〕《葛量洪回忆录》，曾景安译、赵佐荣编，第146页。

"冥顽不化"，相反，他们的思维相当灵活。战后香港社会冲突引发的中英外交危机促使香港政府将思考方向转移到诱发社会矛盾的根源——民生问题。

在战后一系列社会冲突中，港府疲于应对的同时，也在总结经验，吸取教训，开始考虑如何改善香港的社会结构，提供公共服务，促进社会进步，最终消除可能影响殖民统治的社会危机。如果说社会冲突往往是将个人问题群体化、利益问题政治化，而港府则往往是将群体问题技术化、政治问题行政化。如果说香港的社会风潮是由民生问题而异化为社会政治问题，而港府则用纾解民生困境的方法寻求社会政治问题的破局。由此，香港逐渐形成了金耀基所谓"行政吸纳政治"的制度格局。

20 世纪 40 年代末香港民族主义第一波浪潮过去后，葛量洪在执政的后半期开始着手改善社会结构和民众生活困境。面对积怨甚深的小贩问题，港府开始采用划定专门区域、指定经营时间、颁发营业执照的办法规范小贩经营，以疏导代替一味的堵防，既照顾百姓营生又兼顾城市管理。城寨风波后，香港政府越来越重视处理拆迁与安置问题，在葛量洪授意下，港府斥资积极兴建公屋，徙置居民入住。[①] 这一举措影响深远，经过不懈的努力，香港较为成功地解决了移民城市现代化过程中的住房难题。第二波民族主义浪潮过去，1967 年"反英抗暴"的结束，亦成为香港社会一个新的起点。标志着香港步入"黄金岁月"的"麦理浩时代"（MacLehose Years）拉开帷幕。对比 1949 年以后曾长期封闭的祖国，香港由一个"穷乡僻壤的殖民地"[②] 逐渐转变为一个经济繁荣、社会进步、政府清廉的国际城市。与此同时，港府刻意培育民众的"归属感"，香港社会的"本土意识"开始勃兴。处于祖国和宗主国之间的香港民众，从"旅港华侨"与"英国属民"的概念中转化出"香港人"

---

① 〔英〕《葛量洪回忆录》，曾景安译、赵佐荣编，第 200～201 页。
② 弗兰克·韦尔什如此描述 1967 年的香港，见〔英〕弗兰克·韦尔什《香港史》，王皖强、黄亚红译，第 5 页。

的身份认同。

　　尽管如此，中华民族情感已然成为香港政治文化中不可或缺的一部分，香港"后殖民"政治格局的理念与意识在港英时期就已经"生根发芽"，而培育的土壤正是近在咫尺的祖国——历届中国政府和人民为捍卫主权所做的不懈努力。可以说，当太平洋战争结束后，英国卷土重来之时，香港已经开始迈出了她走向回归的第一步。

附录一 战后香港大事记

（1945～1949）

1945 年	
7 月 14 日	中国陆军总司令部制订《攻略桂林、雷州半岛、衡阳、广州、香港作战指导案》，其中攻占广州、香港作战行动的开始时间拟定为 1945 年 12 月 1 日
8 月 3 日	英国政府获悉中国军队攻占香港的军事方案，殖民地部表示他们已为重占香港做了相应的准备，建议派出香港计划组重返香港
8 月 10 日	英国内阁会议上，殖民地部和军方敦促首相尽快做出派兵占领香港的决策
8 月 11 日	英国外交部电令重庆大使馆，要求设法与关押在香港赤柱战俘营的前香港政府辅政司詹逊取得联系，以便安排英国重占香港相关事宜
8 月 13 日	英国正式做出派兵接收香港的决策，并告知美国军方
8 月 14 日	日本天皇裕仁下达《停战诏书》，宣布无条件投降
8 月 15 日	美国总统杜鲁门向盟军最高司令麦克阿瑟将军下达了关于接受日军投降的第一号命令。中国外交部次长吴国桢对记者表示香港属于中国军队受降范围
8 月 16 日	香港日军宣布投降。英国驻华大使薛慕照会中国外交部，表示英国政府已向香港派出舰队
8 月 23 日	詹逊收到英国外交部的指示后与英国战俘离开赤柱集中营，在法国外方传道会大楼正式设立"临时政府总部"，宣称恢复英国对香港的统治
8 月 24 日	蒋介石公开表示香港将由英军负责受降
8 月 30 日	英国海军少将夏悫率领英军登陆香港，英国重占香港
8 月 31 日	中英两国政府就香港受降安排达成一致意见
9 月 2 日	国民党港澳总支部代主委沈哲臣抵港，恢复国民党在香港的公开活动
9 月 16 日	香港受降仪式举行，中方代表潘华国将军参加了仪式
9 月 28 日	中共领导的东江纵队港九独立大队发表告同胞书，宣布撤出香港
9 月 30 日	中国陆军第十三军由深圳进入香港，驻扎九龙塘，等待船运华北。中国军队开始过境香港

10 月 10 日	香港华人社团举行盛大游行集会,庆祝中华民国国庆日
10 月 25 日	中国陆军第八军开始过境香港
10 月 27 日	屏山机场举行开工仪式,香港军政府征地措施不当,引发当地居民抗议,国民政府因此介入,从而引发中英之间外交风波
11 月 15 日	广九铁路恢复通车
11 月 28 日	中国陆军新编第一军开始过境香港
12 月 10 日	广东省主席罗卓英访问香港
12 月 17 日	香港军政府首脑夏悫回访广州
1946 年	
1 月 4 日	《华商报》在香港复刊
1 月 7 日	香港军政府首脑夏悫访问重庆,并与蒋介石会晤
1 月 17 日	中国军官容裕生在港岛购物时与店家发生冲突,警方拘捕容裕生引发围观群众骚动
2 月	中英联合扫雷行动结束,粤港水路交通恢复正常。中旬,军事委员会广州行营驻港联络专员办事处开始办公
4 月 2 日	香港军政府宣布停止修建屏山机场
4 月 15 日	中国陆军第九十三军开始过境香港
5 月 1 日	杨慕琦复任香港总督,香港军事管制宣告结束,恢复民政
5 月 17 日	香港立法局三读通过《一九四六年中国附敌份子移解法案》,法案共 14 条,有效期 1 年,为引渡匿港汉奸提供法律依据
5 月 19 日	中国陆军第五十四军开始过境香港
6 月 2 日	中共中央南京局指示成立港澳工作委员会
6 月 8 日	香港政府勒令国民党在香港的机关报《国民日报》停刊
7 月 29 日	军事委员会广州行营驻港联络专员办事处停止办公
8 月 26 日	香港总督杨慕琦公布香港政制改革方案,即"杨慕琦计划",其核心内容是成立市议会、有限开放选举
9 月 17 日	中国外交部发言人何凤山在南京召开记者招待会,表示政府不会放弃 1898 年条约所赋予的权利,将采取措施恢复在九龙城寨设治
10 月 26 日	香港油麻地警署在取缔违章摊贩时,小贩王水祥遭警察殴打,伤重不治,引发香港社会骚乱和中英之间外交风波
11 月 18 日	九龙军运指挥所撤销,中国军队过境香港的军事行动宣告结束
12 月 3 日	驻守文锦渡的英军哨兵越境枪杀深圳居民张添祥,引发中英之间外交风波
1947 年	
1 月	中共中央香港分局成立
5 月 3 日	香港政府实施《地方税条例》

续表

5月15日	新华社香港分社成立，乔冠华担任首任社长
7月25日	葛量洪接替杨慕琦就任第22任香港总督
10月1日	葛量洪访问南京并与蒋介石会晤
11月27日	香港政府工务局向九龙城寨居民发出通告，表示将对城寨中不合规定的木屋区进行整治

1948年	
1月1日	中国国民党革命委员会在香港成立
1月4日	中港金融协定开始实施
1月5日	中国民主同盟一届三中全会在香港召开，宣布恢复民盟组织。香港政府工务局对九龙城寨民居进行第一次强拆
1月12日	《中国海关与香港政府间关务协定》在南京换文。香港政府工务局对九龙城寨民居进行第二次强拆，6名居民遭警察枪击受伤
1月16日	广州各界抗议香港政府强拆城寨民居的游行示威活动失控，民众烧毁沙面英国总领事馆，酿成震惊中外的"沙面事件"
5月5日	在港民主党派领导人李济深、沈钧儒、谭平山、何香凝等联名致电毛泽东，表示响应中共中央"五一口号"
10月27日	香港政府颁布实施《维持公共秩序及安全法案》（即"公安条例"），就"煽动、骚乱"等问题做出严格限制
11月1日	《中国海关与香港政府间关务协定》正式实施

1949年	
2月23日	中共与民主党派合办的达德学院因"违反本港及其他地方之治安利益"，被香港政府勒令关闭
4月1日	香港政府实施《人民入境统制条例》，对出入境香港进行控制
5月26日	英国内阁会议批准向香港增兵、巩固防务的计划。当年9月，增援部队陆续抵达香港
5月28日	香港政府实施《社团登记条例》，并依据该条例拒绝了38个左翼社团的注册
8月17日	香港立法局通过新的《人口登记条例》，依照规定发给入境者及本土居民"香港身份证"
10月19日	深圳解放
10月21日	九龙关税务司经蔚斐在香港总部通电北京中央人民政府海关总署，表示接受人民政府海关总署的领导，九龙关正式起义
11月9日	中国航空公司和中央航空公司2000多名员工在香港宣布起义，两公司的12架飞机由香港启德机场飞抵北京、天津

附录二　驻港主要党政军机构概况

（1945～1949）

机构名称	负责人	备注
中国国民党 港澳总支部	沈哲臣、李大超	该总支部隶属中国国民党中央执行委员会海外部
三民主义青年团 广东支团港九分团	赵丛茂	该组织成立于香港沦陷前,日本投降后公开活动,1947 年 9 月撤销
外交部两广特派员公署 驻香港办事处	郭德华	1950 年 1 月 6 日,英国宣布承认中华人民共和国,7 日该办事处撤销
中国军事代表团	潘华国	该代表团于 1945 年 9 月 9 日抵达香港,负责与英方协调受降事宜。代表团使命结束后,潘华国转任军政部驻香港特派员
军政部驻香港 特派员办事处	潘华国、莫与硕	潘华国于 1945 年 11 月调任青年军第二〇一师师长,周雁宾代理其职。后由莫与硕接任特派员职务
九龙军运指挥所	郭炳麒、许让玄	1946 年 11 月 18 日撤销,中国军队过境香港的军事行动结束
军事委员会广州行营 驻港联络专员专事处	骆来添、郭炳麒	1946 年 7 月停止办公,此后,广东军事当局委任卢安华负责粤港军方联络事宜
中央通讯社港九分社	翁　平	
国民日报社	张湖生	《国民日报》于 1949 年 8 月 4 日更名为《香港时报》,1993 年 2 月 17 日停刊
九龙关总部	戈略尔、艾适丹、经蔚斐	1949 年 10 月 21 日,九龙关宣布起义,表示接受人民政府海关总署领导

　　除表中所列机构外，国民政府其他部门在香港设立的派出或分支机构还有：国大代表选举事务所香港通讯处、行政院救济总署驻港侨遣处、四联总处九龙储运局、交通部财政司粤港办事处、交通部九龙材料储转处、交通部香港电报局、财政部香港办事处、资源委员会香港办事处、贸易委员会香港办事处、盐务总局香港办事处、中央国医馆香港分馆、中央造币厂香港办事处、中央信托局香港办事处、邮政储金汇业局香港分局、中央银行香港办事处、中国银行香港分行、交通银行香港分行、农民银行香港分行、招商局香港分局等。

参考文献

中文部分

一　未刊档案

外交部档案，南京，中国第二历史档案馆藏，全宗号：十八、十八（2）

行政院档案，南京，中国第二历史档案馆藏，全宗号：二、二（2）

财政部关务署档案，南京，中国第二历史档案馆藏，全宗号：一七九（2）

国防部史政局和战史会档案，南京，中国第二历史档案馆藏，全宗号：七八七

军事委员会军令部档案，南京，中国第二历史档案馆藏，全宗号：七六九

广东高等法院档案，广州，广东省档案馆藏，全宗号：7

广东省侨务处档案，广州，广东省档案馆藏，全宗号：28

九龙关档案，广州，广东省档案馆藏，全宗号：95

蒋中正总统档案，台北，"国史馆"藏，目录号：002

行政院档案，台北，"国史馆"藏，目录号：014

外交部档案，台北，"国史馆"藏，目录号：020

二　已刊档案、档案文献集、史料汇编、文集、会议记录

程道德、郑月明、饶戈平编《中华民国外交史资料选编（1919～

1931）》，北京大学出版社，1985。

广东省档案馆编《东江纵队史料》，广东人民出版社，1984。

广东省档案馆编《华南党组织档案选编（1945～1949）》，广东省档案馆，1982。

九龙海关编志办公室：《九龙海关志（1887～1990）》，广东人民出版社，1993。

秦孝仪主编《中华民国重要史料初编——对日抗战时期》第3编《战时外交》、第7编《战后中国》，台北，中国国民党中央委员会党史委员会，1981。

秦孝仪主编《总统蒋公思想言论总集》卷4、卷21，台北，中央文物供应社，1984。

日本防卫厅防卫研究所战史室：《昭和二十年的中国派遣军》第2卷第2分册，天津市政协编译委员会译，中华书局，1984。

荣孟源主编《中国国民党历次代表大会及中央全会资料》，光明日报出版社，1986。

王铁崖主编《中外旧约章汇编》第1册，生活·读书·新知三联书店，1957。

王正华等编注《蒋中正总统档案——事略稿本》（48、51、52、53、62），台北，“国史馆”，2011。

叶惠芬编《中华民国与联合国史料汇编——筹设篇》，台北，“国史馆”，2001。

中国第二历史档案馆：《1947～1948年有关九龙城事件的中英交涉史料》，《民国档案》1990年第3期。

中国第二历史档案馆：《抗战胜利后各地参议会要求收回香港电文一组》，《民国档案》1997年第2期。

中国第二历史档案馆编《中华民国史档案资料汇编》第5辑第2编《外交》，江苏古籍出版社，1999。

中国第二历史档案馆编《中华民国史档案资料汇编》第5辑第3编《外交》，江苏古籍出版社，2000。

中国第二历史档案馆编《中华民国史档案资料汇编》第 5 辑第 3 编《政治》，江苏古籍出版社，2000。

中国第二历史档案馆编《抗日战争正面战场》第 1 册，凤凰出版社，2005。

中国国民党中央委员会党史委员会编《国防最高委员会常务会议记录》第 5 册，台北，近代中国出版社，1995。

中央档案馆编《中共中央文件选集》第 13 册（1945～1947），中共中央党校出版社，1987。

中央档案馆、广东省档案馆编《中共中央香港分局文件汇集（1947.5～1949.3）》，广东省档案馆，1989。

中央档案馆、广东省档案馆编《中共中央华南分局文件汇集（1949.4～1949.12）》，广东省档案馆，1989。

三　日记、年谱、忆述资料

谢荣滚主编《陈君葆日记全集》第 2 卷，香港，商务印书馆，1999。

陈梦因：《香港报业史之三大报》，《大成》月刊 1995 年第257 期。

杜建时：《蒋介石为香港主权坚拒邱吉尔》，《镜报》月刊 1984 年 5 月号。

公安部档案馆编注《在蒋介石身边八年——侍从室高级幕僚唐纵日记》，群众出版社，1992。

《顾维钧回忆录》第 5 册，中华书局，1987。

何崇校：《蒋帮在华南勾结汉奸伪军抢夺抗战胜利果实始末》，政协全国委员会文史资料研究委员会编《文史资料选辑》第 67 辑，中华书局，1980。

何崇校：《肃奸机构与肃奸工作》，何邦泰主编、广州市政协文史资料委员会等编《广州抗战纪实》（《广州文史》第 48 辑），广东人民出版社，1995。

何凤山：《外交生涯四十年》，香港，中文大学出版社，1990。

李洁之、张大华：《李汉冲生平事略》，中国人民政治协商会议广东省委员会文史资料委员会编《广东文史资料》第67辑，广东人民出版社，1991。

李汉冲：《张发奎处理有关香港一些事件的经过》，广东省政协、韶关市政协、始兴县政协文史资料研究委员会合编《挥戈跃马满征尘：张发奎将军北伐抗战纪实》，广东人民出版社，1990。

连贯：《回忆八路军驻香港办事处》，连贯同志纪念文集编写组：《贤者不朽：连贯同志纪念文集》，中国华侨出版社，1995。

刘添梅：《肝胆照人的饶彰风》，中国人民政治协商会议广东省委员会文史资料委员会编《广东文史资料》第52辑，广东人民出版社，1987。

陆羽：《抗战胜利后到解放前的广州报业》，广州市政协文史资料委员会等编《广州文史资料》第18辑，广东人民出版社，1980。

吕宝琅：《根据学校特点进行斗争——回忆解放战争时期岭南大学学运》，广州青年运动史研究委员会编《粤海风涛——解放战争时期广州青年运动史文集》，广东人民出版社，1990。

《毛泽东选集》第4卷，人民出版社，1996。

南方日报社、广东《华商报》史学会合编《白首记者话华商——香港〈华商报〉创刊四十五周年纪念文集》，广东人民出版社，1987。

南方报业传媒集团、广东《华商报》史学会合编《欢歌犹自唱华商：〈华商报〉创刊六十五周年纪念特刊》，广州人杰彩印厂，2006。

钱之光：《接送民主人士进解放区参加新政协》，全国政协文史资料委员会编《国民党政权的崩溃》，安徽人民出版社，2000。

秦孝仪总编纂《总统蒋公大事长编初稿》第5卷，台北，中正文教基金会，1978。

《在历史巨人身边——师哲回忆录》，中央文献出版社，1991。

思慕：《香港〈华商报〉的国际时事宣传及其他》，中国人民政治协商会议广东省委员会文史资料委员会编《广东文史资料》第47辑，广东人民出版社，1986。

《王世杰日记》（手稿本），台北，中研院近代史研究所，1990。

〔英〕《葛量洪回忆录》，曾景安译，赵佐荣编，香港，广角镜出版社，1984。

许涤新：《风狂霜峭录》，三联书店，1989。

《徐永昌日记》第9册（1948年1月～1949年12月），台北，中研院近代史研究所，1991。

姚崧龄编《张公权先生年谱初稿》，台北，传记文学出版社，1982。

袁庚：《东江纵队与盟军的情报合作及港九大队的撤出》，陈敬堂等编、香港历史博物馆编制《香港抗战：东江纵队港九独立大队论文集》，香港，香港康乐及文化事务署，2004。

《蒋介石与我——张发奎上将回忆录》，张发奎口述，夏莲瑛访谈及记录，郑义翻译及校注，香港，文化艺术出版社，2008。

中共中央文献研究室编《周恩来年谱（1898～1949）》，中央文献出版社，1989。

中共中央文献研究室编《朱德年谱》，人民出版社，1986。

《曾生回忆录》，解放军出版社，1992。

四 报纸、杂志、剪报资料

《大公报》（重庆、上海、天津）

《观察》（上海）

《工商日报》（香港）

《国民日报》（香港）

《华侨日报》（香港）

《华商报》（香港）

《群众》（上海、香港）

《申报》（上海）

《香岛日报》（香港）

《星岛日报》（香港）

《文汇报》（上海、香港）

《中央日报》（重庆、南京）

《正报》（香港）

中央通讯社剪报资料《港九问题》（1945 年 8 月～1947 年 9 月），台湾政治大学社会科学资料中心藏。

中央通讯社剪报资料《九龙问题》（1947 年 12 月～1948 年 2 月），台湾政治大学社会科学资料中心藏。

五　专著

陈谦平：《抗战前后之中英西藏交涉（1935～1947）》，三联书店，2004。

陈雁：《抗日战争时期中国外交制度研究》，复旦大学出版社，2002。

邓开颂、陆晓敏主编《粤港澳近代关系史》，广东人民出版社，1995。

邓野：《联合政府与一党训政——1944～1946 年间国共政争》，社会科学文献出版社，2003。

杭立武：《国民政府时代的中英关系》，台北，台湾商务书局，1983。

黄鸿钊：《中英关系史》，香港，开明书店，1994。

霍启昌：《香港与近代中国》，香港，商务印书馆，1992。

计秋枫、冯梁等：《英国文化与外交》，世界知识出版社，2002。

金应熙主编《香港史话》，广东人民出版社，1989。

邹云涛等：《金应熙香港今昔谈》，龙门书局，1996。

李谷城：《香港报业百年沧桑》，香港，民窗出版社，2000。

李宏：《香港大事记》，人民日报出版社，1988。

李世安：《太平洋战争时期的中英关系》，中国社会科学出版社，

1994。

李盈慧：《华侨政策与海外民族主义（1912～1949）》，台北，"国史馆"，1997。

李育民：《中国废约史》，中华书局，2005。

连心豪：《中国海关与对外贸易》，岳麓书社，2004。

梁炳华：《城寨与中英外交》，香港，麒麟书业有限公司，1995。

梁敬錞：《开罗会议与中国》，香港，亚洲出版社，1962。

林友兰：《香港史话》，香港，香港上海印书馆，1978。

鲁金：《九龙城寨史话》，香港，三联书店有限公司，1988。

罗志田：《乱世潜流：民族主义与民国政治》，上海古籍出版社，2001。

〔美〕胡素珊：《中国的内战——1945～1949年的政治斗争》，王海良等译，中国青年出版社，1997。

〔美〕邹谠：《美国在中国的失败，1941～1945》，王宁、周先进译，上海人民出版社，1997。

萨本仁、潘兴明：《二十世纪的中英关系》，上海人民出版社，1996。

陶文钊：《中美关系史》上册，上海人民出版社，2004。

汪朝光：《中华民国史》第3编第5卷，中华书局，2000。

王赓武编《香港史新编》，香港，三联书店有限公司，1997。

王为民：《百年中英关系》，世界知识出版社，2006。

文松：《近代海关洋员概略——以五任税务司为主》，中国海关出版社，2006。

吴东之主编《中国外交史：中华民国时期（1911～1949）》，河南人民出版社，1990。

吴景平：《宋子文评传》，福建人民出版社，1992。

吴景平：《宋子文政治生涯编年》，福建人民出版社，1998。

吴景平、郭岱君编《宋子文驻美时期电报选（1940～1943）》，复旦大学出版社，2008。

谢永光：《香港抗日风云录》，香港，天地图书有限公司，1995。

谢永光：《香港战后风云录》，香港，明报出版有限公司，1996。

徐蓝：《英国与中日战争（1931～1941）》，北京师范学院出版社，1991。

薛谋洪、吕杰：《英美特殊关系与英国对华政策（1949～1954）》，西安交通大学出版社，2003。

杨奇主编《香港概论》，中国社会科学出版社，1992。

〔英〕弗兰克·韦尔什：《香港史》，王皖强、黄亚红译，中央编译出版社，2007。

余绳武、刘存宽主编《十九世纪的香港》，中华书局，1993。

余绳武、刘蜀永主编《二十世纪的香港》，中国大百科全书出版社，1995。

袁小伦：《战后初期中共与香港进步文化》，广东教育出版社，1999。

张顺洪等：《大英帝国的瓦解：英国的非殖民化与香港问题》，社会科学文献出版社，1997。

张宗保、王松、蒋仕民：《蒋介石与丘吉尔——民国中英关系研究》，湖北人民出版社，1998。

赵佳楹：《中国现代外交史》，世界知识出版社，2005。

郑绍泰、黄绍伦：《香港将军——何世礼》，香港，三联书店有限公司，2009。

中共深圳市委党史办公室，东纵港九大队队史征集编写组编《东江纵队港九大队六个中队队史》，中共深圳市委党史办公室，1986。

周淑真：《1949 飘摇港岛》，时事出版社，1996。

周奕：《香港左派斗争史》，香港，利文出版社，2002。

六 论文

陈进金：《蒋介石对中英新约的态度（1942～1943）》，《东华人文学报》2005 年第 7 期。

陈谦平：《上海解放前后英国对中共的政策》，《南京大学学报》（哲学社会科学版）2000 年第 2 期。

陈谦平：《论紫石英号事件》，《南京大学学报》（哲学社会科学版）1998 年第 2 期。

陈谦平：《五十年代初期中英外交与香港》，胡春惠主编《〈五十年来的香港、中国与亚洲〉论文集》，"五十年来的香港、中国与亚洲国际学术研讨会"，香港，2000。

邓开颂、陆晓敏：《广东学者研究香港史概述》，《香港史研究现状与前景研讨会论文集》（未刊），"香港史研究现状与前景研讨会"，珠海，1995。

杜俊华：《周恩来与抗战时期中共—英国关系的嬗变——以中共南方局与英国驻华大使馆为中心的考察》，《中共党史研究》2008 年第 1 期。

冯琳：《中英关于香港关务协定及金融协定谈判中几个问题之考察》，《广东社会科学》2007 年第 4 期。

冯琳：《战后中英商约流产论析》，中国社会科学院近代史研究所编《中国社会科学院近代史研究所青年学术论坛（2006 年卷）》，社会科学文献出版社，2007。

傅颐：《黄作梅在香港》，陈敬堂等编，香港历史博物馆编制《香港抗战：东江纵队港九独立大队论文集》，香港，香港康乐及文化事务署，2004。

洪卜仁、孔永松：《论胡文虎在香港沦陷期间的大节——还胡文虎的历史真面目》，《抗日战争研究》1993 年第 1 期。

金仁芳：《试论英国对香港政策演变》，《华东师范大学学报》（哲学社会科学版）1996 年第 4 期。

金以林：《战时国民党香港党务检讨》，《抗日战争研究》2007 年第 4 期。

李朝津：《战后国民政府对香港问题之处理——王水祥事件个案研究》，港澳与近代中国学术研讨会论文集编辑委员会编辑《港澳与近代中国学术研讨会论文集》，台北，"国史馆"，2000。

李世安：《英国与冷战的起源》，《历史研究》1999 年第 4 期。

李云汉：《国民政府收回香港九龙之决策与交涉（1941 ~ 1948)》，台北《近代中国》第 119 期。

刘承宗：《驻港英军编制的演变》，《中国行政评论》第 5 卷第 2 期。

刘存宽：《英国重占香港与中英受降之争》，《抗日战争研究》1992 年第 2 期。

刘存宽、刘蜀永：《1949 年以前中国政府收复香港的尝试》，《历史研究》1997 年第 3 期。

刘蜀永：《九龙城问题始末》，《近代史研究》1994 年第 6 期。

刘蜀永：《英国对香港的政策与中国的态度（1948 ~ 1952)》，《中国社会科学》1995 年第 2 期。

刘晓明：《战后中港经济协定谈判之研究》（未刊），硕士论文，暨南大学历史系，2000。

罗永生：《香港的殖民主义（去）政治与文化冷战》，《台湾社会研究季刊》第 67 期。

吕芳上：《1940 年代中英香港问题交涉（1942 ~ 1945)》，港澳与近代中国学术研讨会论文集编辑委员会编辑《港澳与近代中国学术研讨会论文集》，台北，"国史馆"，2000。

〔美〕杜赞奇等：《1941 ~ 1966 年香港与东亚新帝国主义》，《中国海洋大学学报》（社会科学版）2008 年第 4 期。

潘荣：《国民党十万兵马过香港》，《文史春秋》2003 年第 12 期。

齐鹏飞：《旧中国早期"收回香港"的外交活动述评》，《中国人民大学学报》1997 年第 5 期。

陶文钊：《太平洋战争期间的香港问题》，《历史研究》1994 年第 5 期。

王赓武：《走向新的现代性：香港回归的历史视角》，《二十一世纪》2007 年 6 月号。

王红续：《二十八年的不解之缘——建国前的中国共产党与香

港》,《广东党史》1997年第2、3期。

王建朗:《大国意识与大国作为——抗战后期的中国国际角色定位与外交努力》,《历史研究》2008年第6期。

王垒、袁小伦:《论解放战争中后期香港文化阵地与中共财经统战活动》,《广东社会科学》2004年第2期。

吴淑凤:《抗战胜利后匿港汉奸的引渡》,港澳与近代中国学术研讨会论文集编辑委员会编辑《港澳与近代中国学术研讨会论文集》,台北,"国史馆",2000。

吴淑凤:《1948年九龙事件再探——兼论战后国民党内的派系之争》,胡春惠、吴景平主编《现代化与国际化进程中的中国社会变迁——两岸三地历史学研究生论文发表会论文集》,复旦大学历史系、香港珠海书院亚洲研究中心,2003。

肖自力:《民国时期钨砂走私现象探析》,《近代史研究》2005年第4期。

邢悦:《建国前后中英两国对香港的政策及其影响》,《山西大学学报》1995年第4期。

徐友珍:《论英美在承认新中国问题上的分歧与协调》,《史学月刊》2006年第8期。

杨盛云:《抗战胜利后的香港受降问题》,《历史教学》1996年第1期。

叶汉明:《从"中间派"到"民主党派":中国民主同盟在香港(1946~1949)》,《近代史研究》2003年第6期。

叶汉明:《香港与四十年代中国民主运动的边缘化》,《史薮》第3卷。

叶汉明、蔡宝琼:《殖民地与革命文化霸权:香港与四十年代后期的中国共产主义运动》,《中国文化研究所学报》2001年新第10期。

尹骏:《胜利后国军率先光复香港记》,台北,《传记文学》第46卷第3期。

袁小伦:《战后初期中共利用香港的策略运用》,《近代史研究》

2002 年第 6 期。

张国良、张霖：《论中国近现代国家政府在香港问题上的不同作为》，《南京政治学院学报》1997 年第 4 期。

张俊义：《近代中国海关的反走私努力与 1948 年中英关于香港〈关务协定〉的签订》，中国社会科学院近代史研究所编《中国社会科学院近代史所青年学术论坛（2001 年卷）》，社会科学文献出版社，2002。

张俊义：《1948 年广州沙面事件之始末——以宋子文档案为中心》，《中国社会科学》2008 年第 6 期。

张俊义：《南方政府截取关余事件与英国的反应（1923～1924）》，《历史研究》2007 年第 1 期。

张淑华：《试论建国前夕英国的对华政策》，《泰山学院学报》2003 年第 1 期。

张晓辉：《略论抗战后的粤港贸易关系（1945.9～1949.10）》，《暨南学报》（哲学社会科学）2000 年第 2 期。

张晓辉：《简论近代台湾与香港贸易》，《广东社会科学》2003 年第 5 期。

赵佳楹：《抗日战争胜利前后中英在香港问题上的斗争》，《外交学院学报》1997 年第 3 期。

郑会欣：《宋子文与九龙城寨事件》，《史学月刊》2009 年第 2 期。

周军：《1945：国民党十万兵马过香港》，《文史月刊》2004 年第 1 期。

周乾：《论二战后期中英美围绕香港战后地位问题的交涉与斗争》，《安徽史学》2003 年第 6 期。

曾锐生：《蒋介石为何不收回香港》，鲁言等著《香港掌故》第 10 集，香港，广角镜出版有限公司，1985。

曾锐生：《战后初期英国对港政策史话》，鲁言等著《香港掌故》第 11 集，香港，广角镜出版有限公司，1987。

曾锐生：《1949 年英国对香港的防卫政策》，鲁言等著《香港掌故》第 13 集，香港，广角镜出版有限公司，1991。

英文部分

一 未刊档案、手稿

British Colonial Office Records （CO 129，CO 537，CO 852），The National Archives，Kew，London.

British Foreign Office Records （FO 17，FO 371），The National Archives，Kew，London.

British Colonial Office Records （CO 129，microfilms），University Library，The Chinese University of Hong Kong.

Gimson，Franklin，*Internment in Hong Kong，March 1942 to August 1945* （microform），Hong Kong University Libraries，Spec Coll Microfilm – MF 2535495.

Hong Kong Government Records （HKRS），Public Records Office of Hong Kong.

二 档案文献集

Best，Anthony，*British Documents on Foreign Affairs：Reports and Papers from the Foreign Office Confidential Print Part III Part IV Series E.* （University Publications of America，2001）.

United States Government Printing Office，*Foreign Relations of the United States，Diplomatic Paper，1942 – 1951，China*，（Washington，1969 – 1974）.

三 报纸、公报

North China Daily News （Shanghai）.

South China Morning Post （Hong Kong）.

The Hong Kong Government Gazette （Hong Kong）.

四　论著

Barnett, A. Doak, *China on the Eve of Communist Takeover* (New York: Frederick A. Praeger Publisher, 1963).

Bickers, Robert, "The Chinese Maritime Customs at War, 1941 – 45", *Journal of Imperial and Commonwealth History*, Vol. 36, No. 2 (June 2008).

Bullock, Alan, *Ernest Bevin: Foreign Secretary, 1945 – 1951* (London: Heinemann, 1983).

Chan, Lau Kit-ching, *China, Britain and Hong Kong 1895 – 1945* (Hong Kong: Chinese University Press, 1990).

Chan, Ming K., *Precarious Balance: Hong Kong between China and Britain, 1842 – 1992* (Hong Kong: Hong Kong University Press, 1994).

Darwin, John, *Britain and Decolonization: The Retreat from Empire in the Postwar World* (London Macmillan Press, 1988).

Donnison, Frank, *British Military administration in the Far East, 1943 – 1946* (London: H. M. S. O., 1956).

Duara, Prasenjit, "Hong Kong and the New Imperialism in East Asia, 1941 – 1966", Paper prepared for the conference "Colonialisms and Chinese Localities", Qingdao, September 17 – 19, 2007.

Endacott, G. B., *Hong Kong Eclipse* (Hong Kong: Oxford University Press, 1978).

Feng, Zhongping, *The British Government's China Policy, 1945 – 1950* (Keele: Keele University Press, 1994).

Grantham, Alexander, *Via Ports, from Hong Kong to Hong Kong* (Hong Kong: Hong Kong University Press, 1965).

Louis, William Roger, *Imperialism at Bay, 1941 – 1945: the United States and the Decolonization of the British Empire* (Oxford: Clarendon Press,

1977).

Luard, Evan, *Britain and China* (Baltimore: Johns Hopkins, 1962)

Mark, Chi-Kwan, *Hong Kong and the Cold War: Anglo-American Relations, 1949 - 1957* (Oxford, Clarendon Press, 2004).

Porter, Brain, *Britain and the Rise of Communist China: A Study of British Attitudes 1945 - 1954* (London: Oxford University Press, 1967).

Ride, Edwin, *BAAG, Hong Kong Resistance, 1942 - 1945* (Hong Kong: Oxford University Press, 1981).

Shai, Aron, *Britain and China 1941 - 47: Imperial Momentum* (London: The Macmillan Press LTD, 1984).

Tang, James Tuck-Hong, *Britain's Encounter with Revolutional China, 1949 - 54* (New York: St. Matin's Press, 1992).

Thorne, Christopher, *Allies of a Kind: the United States, Britain, and the War against Japan, 1941 - 1945* (London: Hamilton, 1978).

Tsang, Steve, *A Modern History of Hong Kong, 1841 - 1997* (Hong Kong: Hong Kong University Press, 2004).

Tsang, Steve, *Democracy Shelved: Great Britain, China, and Attempts at Constitutional Reform in Hong Kong, 1945 - 1952* (New York: Oxford University Press, 1988).

Xiang, Lanxin, *Recasting the Imperial Far East: Britain and America in China, 1945 - 1950* (New York: East Gate Book, 1995).

Welsh, Frank, *A History of Hong Kong* (London: HarperCollins Publishers, 1993).

Wesley-Smith, Peter, *Unequal Treaty 1898 - 1997: China, Great Britain and Hong Kong's New Territories* (Hong Kong: Oxford University Press, 1983).

Woodward, Llewellyn, *British Foreign Policy in the Second World War*, Volume 4 (London: H. M. S. O. , 1970).

后　记

　　研究香港问题与博士论文选题有关，本书是在我的博士论文基础上经过扩充、调整、修改完成的。人生有缘，虽只在香港居住过短短半年，但那里却成为我除了生长之地南京以外，迄今为止连续生活时间最长的城市。南京与香港，一种历史记忆牵连着两座城市的命运。1842 年 8 月 4 日，英国远征舰队驶抵南京下关江面，清廷被迫在静海寺与英国政府议约，29 日双方代表在英军旗舰康华丽号（HMS Cornwallis）上签订了《南京条约》，正式确定将香港岛割让于英国。南京因此成为近代中国起点的象征之一，而香港亦成为萦绕国人心头一个半世纪的荣辱情结。1997 年 7 月 1 日零点，静海寺撞响钟声 155 次，纪念香港分离 155 年之后重归祖国。40 分钟后，英国军政要员登船离开香港，大英帝国从海上来，又从海上去。如今，无论下关江畔或是维港两岸，鳞次栉比的现代都市建筑早已将百年苍黄的历史记忆掩去，一国两制之下，扬子江畔生机盎然，太平山下繁华依旧。

　　虽已搁笔，但本书的旨趣之一——香港特殊政治生态的形成与发展，仍是"现在进行时"。某种程度上，香港从未脱离祖国的怀抱，即便在港英时代，历届中国政府对香港依然有着举足轻重的影响，这种力量之强大怎样估计都不过分。"九七"之前，香港的政治发展正是游走在祖国与宗主国之间。而无数仁人志士的努力，使得香港回归祖国终成现实。从战后中国内地"光复港九"的舆论热潮，到七十年代香港青年"认中关社"的认同选择，再到中英关于香港前途谈判的针锋相对，直至九七香港回归，一国两制顺利实施。香港不再是屈辱的历史印痕，民族复兴的梦想之光已然照进现实。

香港回归已经 17 年，一路走来，风雨兼程。香港社会正在经历着一系列深刻的变化，"再国族化""本土化"和"国际化"三股力量相互博弈，潮起潮涌。一国两制方针是一个伟大的创举，也面临着诸多挑战。两地都需要发挥政治智慧，以更加开阔的胸襟去观察、思考，借鉴不同社会制度之下的生活经验，这恐怕是香港和祖国之间相对彼此的最可宝贵之处。邓小平曾说："现在有一个香港，我们在内地还要造几个'香港'"，他还说："五十年只是一个形象的讲法，五十年后也不会变。前五十年是不能变，五十年之后是不需要变。"香港的繁荣稳定与中国内地的现代化建设是联系在一起的，中国内地与香港的发展在某些方面是同向的。包括香港在内，未来的中国会更加开放、繁荣和进步。

感谢业师陈谦平教授，是他的一再鼓励，使我下定决心投入近代中外关系史的研究领域，并把论文选题锁定在战后中英香港问题交涉。感谢陈师辛勤付出，正是他的博学与睿见、宽容和耐心，一步步将我这个历史学的门外汉引入学术正轨。于论文指导，从选题到构思，陈师倾注心血颇多，师徒间几多切磋，记忆犹新。陈师惠我良多，学术以外，从处事方式到做人准则皆身先垂范，每每想起，感佩不已。

南京大学历史学系有研究中英关系史的传统，强调中英文史料的比照对应，尤其注重档案史料的研读。上世纪三十年代，王绳祖、蒋孟引两位前辈学者负笈英伦，他们利用英国外交档案与中文资料相互印证，分别留下《马嘉理案和烟台条约》与《第二次鸦片战争》两部史学名著。茅家琦教授于 1984 年出版的《太平天国对外关系史》也正是沿循这一传统的力作。业师陈谦平教授更是穷十年之功，搜集大量中英文公私藏档，写成《抗战前后之中英西藏交涉（1935～1947）》一书。前辈时贤，成就斐然，后学驽钝，只能望其项背，然而，心中潜影如是，依然渴望在学术研究中继承这一传统。

2007 年夏，借参加暑期学校的契机，得以逗留伦敦，尤其在英国国家档案馆（The National Archives）收获颇丰。2008 年又获利希慎基金会"内地优秀博士生访港计划"资助，赴香港中文大学历史系访问。居港半年，于论文材料收集，条件自然得天独厚，香港历史档案馆、中文大学图书馆等机构典藏资料均可方便利用；于研究志趣，更是难能的经历与体验，得以亲身感悟香港历史陈迹与现实情境的交汇，无论学问见识还是人生阅历皆自觉有所受益。尤为难忘的是，在港期间得到香港中文大学梁元生教授、郑会欣教授悉心指引和照料，心中感激之情难于言表。

因缘际会，居港期间又与香港史研究前辈刘蜀永教授相识。尤记九七香港回归，中央电视台国际频道 72 小时特别报道，刘教授作为特邀嘉宾与主持人徐俐一起进行现场直播，那时坐在电视机前的我还是一名高中生。我自认是刘教授的私淑弟子，从他的身上，我充分感受到老辈学者的执着、敬业与严谨。从 2008 年到现在，如果没有刘教授的鼓励和帮助，这本书是不可能顺利完成的。

衷心感谢博士论文答辩的诸位评阅人和答辩委员，南京大学崔之清教授、朱宝琴教授、朱庆葆教授、张生教授、计秋枫教授，复旦大学吴景平教授，中国第二历史档案馆曹必宏研究员，他们提出了许多宝贵的意见和建议。此外，南京大学申晓云教授、马俊亚教授、李玉教授、陈蕴茜教授、刘相平教授和姜良芹教授亦时常关心我的研究进展，尤其是姜良芹教授，亦师亦友，惠助颇多。在此，我还要感谢浙江大学陈红民教授一直以来的关切与扶助。

书中的一些内容曾在学术会议和学术期刊上发表，承蒙评阅人和与会学者指教。衷心感谢《南京大学学报》朱剑主编，中国社会科学院王建朗研究员、张俊义研究员、高士华研究员、徐志民研究员、杨宏老师，复旦大学金光耀教授，上海社会科学院王敏研究员，广东省社会科学院陈志雄研究员。

博士论文答辩后，我曾数度赴台湾补充收集资料，在台期间受到许多师长和朋友的帮助和照料。在此衷心感谢中研院张力研究员、林美莉研究员、张志云博士，台湾大学吕绍理教授，政治大学彭明辉教授、刘维开教授，台北大学李朝津教授，亚太创意技术学院刘熙明教授。

南大十载寒窗，同学情谊难忘。感谢蒋宝麟，居港访学期间，承他照料无微不至。感谢徐静玉和王东进慷慨地分享资料和研究心得。感谢陆远、董为民、严海建等学友，在学术之路上我们互相勉励，砥砺共进。

本书能够书版，得益于南京大学历史学系和社会科学文献出版社双方领导的大力支持，得益于南京大学人文基金和江苏高校优势学科建设工程提供资助。感谢社会科学文献出版社杨群总编辑和徐思彦副总编辑扶助青年、奖掖后进。感谢责任编辑徐碧姗，她的才识、严谨与热心让我深为感动。此外，我还要感谢近代史编辑室宋荣欣主任的帮助与支持。

衷心地感激我的父母和妻子，他们一贯的理解与激励、支持与付出是我在人生道路上前行的最大动力。

孙　扬

2014 年 11 月 15 日

于南京明故宫

图书在版编目（CIP）数据

无果而终：战后中英香港问题交涉：1945－1949/孙扬著.
—北京：社会科学文献出版社，2014.12
（南京大学青年历史学人书系）
ISBN 978－7－5097－6753－5

Ⅰ.①无… Ⅱ.①孙… Ⅲ.①中英关系－香港问题－
史料－1945～1949 Ⅳ.①D676.58

中国版本图书馆 CIP 数据核字（2014）第 262181 号

·南京大学青年历史学人书系·

无果而终
————战后中英香港问题交涉（1945－1949）

著　　者／孙　扬

出 版 人／谢寿光
项目统筹／徐碧姗
责任编辑／徐碧姗

出　　版／社会科学文献出版社·近代史编辑室（010）59367256
　　　　　地址：北京市北三环中路甲29号院华龙大厦　邮编：100029
　　　　　网址：www.ssap.com.cn
发　　行／市场营销中心（010）59367081　59367090
　　　　　读者服务中心（010）59367028
印　　装／三河市尚艺印装有限公司

规　　格／开　本：787mm×1092mm　1/20
　　　　　印　张：16.8　字　数：302千字
版　　次／2014年12月第1版　2014年12月第1次印刷
书　　号／ISBN 978－7－5097－6753－5
定　　价／59.00元